ITALIEN
DÉBUTANT

Nouvelle édition

par
Vittorio Fiocca

mise à jour par
Danièle Polard

Le Livre de Poche

© Librairie Générale Française, 1970 et 2002.

© Arnoldo Mondadori Editore S.p.A., Milano pour l'extrait de *Notturno*, de Gabriele D'Annunzio.

© Antonio Tabucchi, pour l'extrait de *I Volatili del Beato Angelico* publié par Sellerio Editore.

© Gaetano Campanile, pour l'extrait du *Manuale di conversazione* publié par Rizzoli.

Tous droits réservés.

ISBN : 978-2-253-08426-6 – 1ʳᵉ nouvelle édition revue et corrigée.
(ISBN 2-253-08095-0 – 1ʳᵉ publication LGF)

SOMMAIRE

Présentation 9

1 L'Italia è bella • L'Italie est belle 12

2 Come stà? • Comment allez-vous ? 16

3 Che cosa abbiamo? • Qu'est-ce que nous avons ? ... 20

4 Parla italiano? • Parlez-vous italien ? 24

5 Loro scrivano in italiano? •
Écrivez-vous en italien ? 28

6 Parte solo? • Partez-vous seul ? 32

7 Capisce l'italiano? • Vous comprenez l'italien ? 36

8 Perché non ci va? • Pourquoi n'y allez-vous pas ?.... 40

9 Che cosa fa? • Que faites-vous ? 44

10 Bisogna ch'io parta • Il faut que je parte 48

10 bis *Contrôle et révisions* 52

11 Devo, posso, so, voglio •
Je dois, je peux, je sais, je veux 54

12 Sedere, rimanere, vedere • S'asseoir, rester, voir ... 58

13 Venga via, esca! • Venez dehors, sortez 62

14 Che cosa mangeremo? • Que mangerons-nous ? 66

15 Se lo sapessi glielo dire! •
Si je le savais, je vous le dirais 70

16 La vita è bella • La vie est belle 74

17 Chiuse la porta • Il a fermé la porte 78

18 Che cosa desiderava? • Que désiriez-vous ? 84

19 Arrivederla, signore • Au revoir, monsieur 86

20 Che ore sono? • Quelle heure est-il ? 90

20 bis *Contrôle et révisions* 94

21 La fiamma brucia allegramente •
La flamme brûle allègrement 96

22 Agli esami di guida • Le permis de conduire 100

23 Vorrei que tu ti alzassi •
Je voudrais que tu te lèves 104

24 Dal tabaccaio • Au bureau de tabac 108

25 L'autostrada del Sole • L'autoroute du Soleil 112

26 La macchina • La voiture 116

27 Alla stazione di servizio • À la station-service 120

28 L'aereo • L'avion 124

29 Per prendere l'aereo • Pour prendre l'avion 128

30 Il treno • Le train 132

30 bis *Contrôle et révisions* 136

31 Prendiamo il treno • Nous prenons le train 138

32 La nave • Le navire 142

33 L'arrivo a bordo • L'arrivée à bord 146

34 Il passaporto • Le passeport 150

35 La dogana, il cambio• La douane, le change 154

36 L'albergo, la camera • L'hôtel, la chambre 158

37 Per prenotare una camera d'albergo •
Pour réserver une chambre d'hôtel 162

38 L'arrivo all'albergo • L'arrivée à l'hôtel 166

39 I pasti • Les repas 170

40 La prima colazione • Le petit déjeuner 174

40 *Contrôle et révisions* 178
bis

41 Una rapida colazione • Un déjeuner rapide 180

42 Il pranzo • Le dîner 184

43 La circolazione in città • La circulation en ville 188

44 Per chiedere informazioni •
Pour demander son chemin 192

45 La banca, la posta • La banque, la poste 194

46 Alla banca • À la banque 200

47 Alla posta • À la poste 204

48 Il telefono • Le téléphone 208

49 Il medico • Le médecin 212

50 Dal medico e dal dentista •
50 Chez le médecin et chez le dentiste 216
bis

Contrôle et révisions 220

SOMMAIRE

51 I monumenti, i musei •
Les monuments, les musées 222

52 Al museo e alla cattedrale •
Au musée et à la cathédrale 226

53 A teatro • Au théâtre 230

54 Il Palio di Siena • Le Palio de Sienne 234

55 Formule di cortesia • Formules de politesse 238

56 Visita ad amici • Une visite à des amis 242

57 La campagna • La campagne 246

58 Escursioni • Excursions 250

59 Acquisto di regali • Achat de souvenirs 254

60 A zonzo, guardando le vetrine •
En flânant devant les devantures 258

60 bis *Contrôle et révisions* 262

61 Acquisti alimentari • Achats d'alimentation 264

62 Libri, carta, giornali • Livres, papier, journaux 268

63 Abbigliamento maschile • Vêtements d'homme 272

64 Abbigliamento femminile • Vêtements de femme 276

65 Le scarpe • Les chaussures 280

66 Dal parrucchiere • Chez le coiffeur 284

67 Pulizia • Propreté 288

68 La casa di campagna • La maison de campagne 292

69 L'appartamento • L'appartement 296

70 Alcuni amici vi prestano il loro appartamento •
Des amis vous prêtent leur appartement 300

71 La famiglia • La famille 304

72 Bambini a scuola • Enfants à l'école 308

73 Il corpo umano • Le corps humain 312

74 Che cosa vi piace leggere? • Qu'aimez-vous lire ? .. 316

75 Che cosa volete vedere? Che cosa volete sentire? •
Que voulez-vous voir ? Que voulez-vous entendre ? 320

75 *Contrôle et révisions* 324

76 Il Pian • Le Lambin (Umberto Fracchia) 326

77 Vecchia città • Vieille ville (Felice del Beccaro) 330

78 Tu ed io • Toi et moi (Vasco Pratolini) 334

79 Caso, padrone mio! •
Mon maître, le hasard (Giuseppe Marotta) 338

80 Le piccole cose •
Les petits riens (Stefano Benni)) 342

81 Quando mi chiamerai? •
Quand m'appelleras-tu ? (Mario Soldati) 346

82 Ho detto che non voglio... •
J'ai dit que je ne veux pas (Italo Calvino) 350

83 Il corvo di Mizzaro •
Le corbeau de Mizzaro (Luigi Pirandello) 354

84 Il corvo di Mizzaro •
Le corbeau de Mizzaro (suite) 358

85 Lettera di Calipso, ninfa, a Odisseao, re di Itaca •
Lettre de la nymphe Calypso à Ulysse,
roi d'Ithaque (Antonio Tabucchi) 362

86 Le bugie bisogna saperle dire •
Les mensonges, il faut savoir les dire
(Achille Campanile) 366

87 La fine del ballo •
La fin du bal (G. Tomasi di Lampedusa) 370

88 Come si faceva un film •
Comment on faisait un film (Pitigrilli) 374

89 Appellativi • Exclamations (Dino Buzzati) 376

90 Alcuni piatti italiani • Quelques plats italiens 378

Mémento grammatical 387
Table des matières du Mémento grammatical 445
Index grammatical 447

PRÉSENTATION

Plan de l'ouvrage
- **90 leçons réparties en 3 séries**

Leçons 1 à 25 : **éléments de base** (prononciation et grammaire).

Leçons 26 à 75 : **situation pratique** (vocabulaire nouveau).

Leçons 76 à 90 : **choix de textes** (langue des journaux, du théâtre et des romans).

- **7 leçons de révision**
(10 bis, 20 bis, 30 bis, 40 bis, 50 bis, 60 bis, 75 bis).
Exercices de contrôle.

- **Mémento grammatical**
(conjugaisons, verbes irréguliers, etc.).
Au total, 2 500 mots du vocabulaire le plus courant.

Comment utiliser ce livre
Les leçons 1 à 25 sont conçues pour des débutants qui devront en respecter la progression. Les lecteurs possédant déjà les bases de la langue peuvent revoir ces leçons plus rapidement.

Cadre de travail
Les leçons 1 à 75 comportent 4 pages :
- 1ʳᵉ page (gauche) : texte italien + prononciation des mots difficiles.
- 2ᵉ page (droite) : traduction du texte italien + explications de prononciation et, éventuellement, vocabulaire.

• 3ᵉ page (gauche) : éventuellement, explication de grammaire.

• 4ᵉ page (droite) : exercice + corrigé.

Pour les leçons 26 à 75, la 3ᵉ page comporte souvent, à la fois, l'explication de grammaire, l'exercice et son corrigé ; dans ce cas, la 4ᵉ page présente un texte d'illustration avec sa traduction.

Méthode de travail

• **lire** le texte italien en consultant la page de droite.

• **se reporter** au bas de la page de gauche pour la **prononciation** des mots signalés par un astérisque (*), ainsi qu'aux notes de la page de droite.

• **relire** le texte à la lumière des explications de **grammaire** (et éventuellement des renvois au Mémento).

• **apprendre** au fur et à mesure le **vocabulaire** nouveau de chaque leçon.

• **faire** les exercices pour contrôler les acquisitions.

• **réviser** en traduisant (par écrit ou oralement) du français en italien et vice versa le texte de chaque leçon et des exercices correspondants.

Comment bien prononcer l'italien

L'accentuation

En italien comme en français, tout mot de plus d'une syllabe présente une voyelle portant l'accent tonique ; les différences avec le français, de ce point de vue, sont les suivantes :

1) **L'accent tonique** est beaucoup **plus fort** en italien qu'en français.

2) **L'accent tonique,** en français, tombe toujours sur la dernière voyelle, le e muet final étant exclu par définition (exemple : parl**er**, je p**a**rle, nous parl**ons**) alors qu'en italien l'accent tonique peut tomber sur :

– **la dernière syllabe :** *parló*, il a parlé. Dans ce cas, la voyelle finale porte obligatoirement un accent écrit.

– **l'avant-dernière syllabe :** *parlo*, je parle.

– **la syllabe précédent l'avant-dernière syllabe :** *parlano*, ils parlent. De l'accent tonique correctement placé pourra naître le rythme, porteur à la fois de signification et d'agrément (voyez le Mémento § 1 et suivants).

Les sons

Les difficultés propres à l'italien sont présentées progressivement dans la *Méthode 90* afin que l'utilisateur puisse, dès la première leçon, lire à vitesse normale et faire naître, en lui, le rythme d'élocution indispensable au fonctionnement de la mémoire et à la compréhension de toute phrase entendue ou dite, lue ou écrite.

On lira avec beaucoup d'attention les explications données en page 2 de chaque leçon ou dans le Mémento (§ 1 et suivants). **Bien prononcer une langue vivante est à la portée de tout le monde.** Il convient essentiellement de considérer que, comme tout acte de vie, l'expression linguistique surgit de l'être – corps et esprit – et que le fonctionnement des organes de phonation (par exemple les muscles de la langue et ceux des lèvres) pour une langue nouvelle, à l'âge de raison, dépend, en particulier, d'une prise de conscience kinesthésique intime. L'homme moderne ne doit-il pas apprendre à se détendre, à se contrôler pour être plus heureux ?

L'ITALIA È BELLA

1 *Un uomo, *una donna, *due bambini.
L'uomo è italiano.
La donna *non è italiana.
I bambini non sono italiani.

2 Essi sono in Italia.
L'Italia è bella.
Il *sole è caldo.
L'italiano è *gentile.

3 *C'è un posto *vuoto.
È un posto vicino al bambino.
– C'è un posto?
– Sì, c'è un posto vicino al bambino.
– *Lei è italiano?
– Sì, sono italiano. E lei è italiana?
– No, non sono italiana, ma amo l'Italia.
– Lei è *molto gentile.

---

1. un uomo [**ou**-n ou**ò**mo]; una donna [**ou**na d**ò**-nna]; due bambini [d**ou**é ba-mbini]; non [n**ò**-n].
2. sole [s**ó**lé]; gentile [djé-nt**i**lé].
3. c'è [tchè]; vuoto [vou**ò**to]; lei [l**è**i]; molto [m**ó**lto].

L'ITALIE EST BELLE

1 *Un homme, une femme, deux enfants. L'homme est italien. La femme n'est pas italienne. Les enfants ne sont pas italiens.*

2 *Ils sont en Italie. L'Italie est belle. Le soleil est chaud. L'Italien est gentil.*

3 *Il y a une place vide. C'est une place près de l'enfant. – Y a-t-il une place ? – Oui, il y a une place près de l'enfant. – Êtes-vous italien ? – Oui, je suis italien. Et vous, êtes-vous italienne ? – Non, je ne suis pas italienne, mais j'aime l'Italie. – Vous êtes très gentille.*

Prononciation

- Lorsqu'un mot italien a plusieurs syllabes, l'une d'entre elles porte l'accent tonique et c'est généralement l'avant-dernière syllabe. C'est le cas de tous les mots de cette première leçon. Nous marquerons en caractère gras la voyelle tonique des mots de plus d'une syllabe.
- En italien, le son « u » du mot français « une » n'existe pas. La lettre *u* se prononce toujours [ou].
- Le *e* est tantôt ouvert (français « belle ») : *lei, c'è* ; tantôt fermé (français « été ») : *gentile, due.*
- Le *o* est tantôt ouHvert (français « comme ») : *uomo, donna*; tantôt fermé (français « autre ») : *sole, molto.*
- La lettre *c* devant « i » ou « e » se prononce toujours [tch]. Le groupe *gl* devant « i » ou « e » se prononce presque comme le « l » mouillé en français. Prononcez « lié » ; puis au lieu du son « é », prononcez « i » ; vous obtenez ce que nous écrirons [lyi] dans la prononciation figurée (page de gauche). C'est exactement ce que vous devez prononcer lorsque vous voyez écrit *gli.*
- Toutes les lettres se prononcent. Vous devrez prononcer clairement les deux « l » dans *bella* ; les deux « n » dans *donna*, les deux « s » dans *spesso*, etc. De même, séparez nettement le « a » du « m » dans *bambina*, le « e » du « n » dans *gentile,* etc.

LE PAYS OÙ LE « SI » RÉSONNE.

GRAMMAIRE

• Essere : être

> **io sono,** *je suis*
> **egli, ella è,** *il, elle est*
> **noi siamo,** *nous sommes*
> **essi, esse sono,** *ils, elles sont.*

Nous ne tutoierons pas pour l'instant. Mais dans le Mémento grammatical, vous trouverez le verbe **essere** aux six personnes (les trois du singulier et les trois du pluriel, avec les pronoms correspondants).

• Il bambino, i bambini, la bambina, le bambine
Le pluriel des noms et des adjectifs masculins est en **-i**.

Le pluriel des noms et des adjectifs féminins se terminant en **-a** est en **-e**.
Il bambino, i bambini. La bambina, le bambine.
Lorsque le féminin singulier est en **-e**, le féminin pluriel est en **-i**.
La donna è gentile, le donne sono gentili.

• L'italiano, gli italiani
De même qu'en français vous dites « le chêne » mais « l'arbre », « la chaise » mais « l'aiguille », en italien vous direz **il posto,** mais **l'uomo** ; **la bambina,** mais « l'**i**taliana ».
En français, au pluriel, vous direz « les » dans tous les cas. En revanche, vous direz en italien :
– au masculin pluriel, **i bambini,** mais, **gli italiani** (parce que le mot **italiani** commence par une voyelle).
– au féminin pluriel, **le bambine** et **le italiane.**

• Vicino al bambino, nel bus
Vicino a signifie « près de » (remarquez la différence des prépositions : **a** en italien, « de » en français). **Al** est mis pour « **a il** ». Comparez en français : je vais au bois (au = à le). De même **nel bus, nel** = « **in il** ».

• Lei è italiano?
Pour s'adresser à une personne que l'on vouvoierait en français (par exemple un monsieur que l'on ne connaît pas et à qui l'on demanderait : « Êtes-vous italien ? »), il faut employer **lei** et le verbe à la troisième personne du singulier. Au féminin : **lei è italiana,** vous êtes italienne ; quand on s'adresse à plusieurs personnes : **loro sono italiani** (masc.), **loro sono italiane** (fém.).

EXERCICE

Traduisez en italien :
1. Les dames sont belles et gentilles.
2. Les enfants sont beaux et gentils.
3. Ils sont italiens.
4. Les dames ne sont pas italiennes.
5. Dans le bus il y a une dame près de l'enfant.
6. Y a-t-il un Italien dans le bus ?
7. Vous n'êtes pas italienne ?
8. Si, je suis italienne, mais je ne suis pas souvent en Italie.
9. Il y a un Italien.
10. Y a-t-il un enfant ?
11. Est-ce qu'il y a une place ?

CORRIGÉ

1. Le signore sono belle e gentili.
2. I bambini sono belli e gentili.
3. Sono italiani.
4. Le signore non sono italiane.
5. Nel bus c'è una signora vicino al bambino.
6. C'è un Italiano nel bus?
7. Non è italiana?
8. Sì, sono italiana, ma non sono spesso in Italia.
9. C'è un Italiano.
10. C'è un bambino?
11. C'è un posto?

COME STA?

1 – Buon *giorno. Come sta?
– Sto *molto bene. *Grazie. E lei?
– Io non sto molto bene, *oggi.

2 – I bambini, dove sono?
– Sono da una *zia a Napoli.
– Sono *contenti?
– Sì, sono molto contenti.

3 – *Giuseppe è in casa?
– *No, non c'è. È a *scuola.
– E Aldo e Giovanna, ci sono?
– No, non ci sono, sono *fuori.
– Bene, *arrivederci.

Vocabulaire

Arrivederci, au revoir (mot à mot : à nous revoir).

1. giorno [djólno]; molto bene [mólto bèné]; grazie [glatcié]; oggi [òdji].
2. zia [tcìa]; contenti [co-ntè-nti].
3. Giuseppe [Djouzèp-pè]; no [nò]; scuola [scouòla]; fuori [fouòli]; arrivederci [allivédéltchi].

IL BUON GIORNO SI VEDE DAL MATTINO.

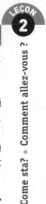

COMMENT ALLEZ-VOUS ?

1 – Bonjour. Comment allez-vous ? – Je vais très bien. Merci. Et vous ? – Je ne vais pas très bien aujourd'hui.

2 – Les enfants, où sont-ils ? – Ils sont chez une tante à Naples. – Sont-ils contents ? – Oui, ils sont très contents.

3 – Joseph est-il à la maison ? – Non, il n'y est pas. Il est à l'école. – Et Aldo et Jeanne sont là ? – Non, ils n'y sont pas ; ils sont dehors. – Bien, au revoir.

Prononciation

● Le *r* italien est roulé du bout de la langue comme on le fait encore dans certaines régions de France. Vous parviendrez progressivement à une prononciation correcte en pensant à un « l » chaque fois que vous verrez écrit un « r ». C'est en effet à la partie avant de la langue que s'articule le « l ». C'est la raison pour laquelle nous représentons le son de *r* par [l] dans la prononciation figurée (page ci-contre).

● Nous avons vu que *cè* se prononce [tchè]. Aujourd'hui rappelez-vous que « *z* » se prononce [tç] et que *ge, gio, giu* par exemple se prononce [dje], [djo], [djou].

● En français nous prononçons différemment « rose » et « rosse ». En italien cette distinction phonétique existe aussi : par exemple, bien distinguer la prononciation de *roso*, rongé, de celle de *rosso*, rouge.

● Prenez bien garde de séparer la voyelle du *n* dans *non, contenti*, de bien prononcer [ou] dans *tutti, scuola, fuori*.
Napoli. L'accent tonique tombe dans ce mot sur la 3ᵉ syllabe avant la fin. Prenez une impulsion sur la syllabe « na » et prononcez le reste du mot d'une manière plus rapide.

BON DÉBUT PROMET BONNE FIN
(m. à m. : le bon jour se voit dès le matin).

GRAMMAIRE

• **Stare**

io sto
egli, ella sta
noi stiamo
essi, esse stanno

Le verbe **stare** a plusieurs sens : *être, se trouver*… Suivi des adverbes **bene, male,** il indique l'état de santé :

Come sta lei? *Comment allez-vous ?*

• **Emploi idiomatique de c'è, pluriel ci sono**
C'è un posto. *Il y a une place.*

Ci sono posti. *Il y a des places.*

• La forme négative s'exprime par **non** placé devant le verbe :
Sono contento. Non sono contento.
Je suis content. Je ne suis pas content.

Ci sono posti. Non ci sono posti.
Il y a des places. Il n'y a pas de places.

Remarquez que dans la dernière phrase, « pas de » ne se traduit pas.

• **A casa,** *à la maison* ; le mot **casa** veut dire *maison.*
Sto a casa, *je suis à la maison, chez moi.*

• **Arrivederci**
Rivedere, *revoir ;* **ci** est le pronom complément « nous ».

Constatez que le pronom se place après l'infinitif et se soude à lui, contrairement au français.

EXERCICES

A. Traduisez en italien :

1. Bonsoir madame. Comment allez-vous ? Monsieur est-il à la maison ?
2. Non, il n'est pas ici, il est à Rome chez un ami.
3. Comment va-t-il ? Il va bien.
4. Et la famille, comment va-t-elle ? Elle va bien, merci.
5. Les enfants ne sont pas à la maison ?
6. Ils sont à l'école.

B. Traduisez puis mettez à la forme négative :

7. Il y a une place.
8. Il y a un enfant.
9. Je suis chez un oncle.
10. Aldo est ici.
11. Il est à l'école.
12. Êtes-vous (singulier) à Rome ?

CORRIGÉS

A. 1. Buona sera signora. Come sta? Il signore è in casa?
2. No, non c'è, è a Roma da un amico.
3. Come sta? Sta bene.
4. E la famiglia come sta? Sta bene, grazie.
5. I bambini, non sono in casa?
6. Sono a scuola.

B. 7. C'è un posto. 8. C'è un bambino. 9. Io sono da uno zio.
10. Aldo è qui. 11. È a scuola. 12. Lei è a Roma?

7. Non c'è un posto. 8. Non c'è un bambino. 9. Io non sono da uno zio. 10. Aldo non è qui. 11. Non è a scuola. 12. Lei non è a Roma?

CHE COSA ABBIAMO?

1 – Io ho un' Alfa Romeo. *Anche lei ha una macchina?
   – Sì, è una macchina italiana. La mia macchina ha *quattro posti, quattro *portiere.
   – La mia è una macchina *francese. Non è veloce ma è *comoda.

2 – Noi *abbiamo una casa. È una grande casa.
   – Ha due piani e un *orto.
   – L'*orto è pieno di alberi da frutto : un *arancio, un *pero, due *meli e un *ciliegio.
   – Le *ciliege, le arance, le pere e le mele sono buone.

3 – *Che *cosa ha Paolo? Paolo ha una macchina?
   – Lei ha una casa? Con un orto? I *nostri amici hanno un orto e un giardino.
   – Nell' orto c'è tanta frutta.
   – Nel giardino ci sono tanti *fiori.

Vocabulaire

Le ciliege, le arance, le pere, le mele font au singulier : *la ciliegia, l'arancia, la pera, la mela.*
La porta, la porte ; *la portiera,* la portière ; *il portone,* la porte cochère ; *il portale,* le portail (d'église, etc.).

1. macchina [**ma**kina]; anche [**a**-nké]; quattro [**couatt**l̩o]; portiere [po**l̩tié**l̩è]; francese [fl̩antché**zé**]; [**cò**moda].
2. abbiamo (doublement du « b »); arancio [a**l̩a**-ntcho]; orto [**ò**l̩to]; pero [**pé**l̩o]; melo [**mé**l̩o]; ciliegio [tchili**è**djo].
3. Che cosa [ké]; nostri [**nò**stl̩i]; fiori [fi**ó**l̩i].

IL BENE NON È MAI TROPPO.

QU'EST-CE QUE NOUS AVONS ?

1 – *Moi, j'ai une Alfa Romeo. Vous aussi vous avez une voiture ? – Oui, c'est une voiture italienne. – Ma voiture a quatre places, quatre portières. – La mienne est une voiture française. Elle n'est pas rapide, mais elle est confortable.*

2 – *Nous, nous avons une maison. – C'est une grande maison. – Elle a deux étages et un jardin potager. – Le jardin potager est plein d'arbres fruitiers : un oranger, un poirier, deux pommiers et un cerisier. – Les cerises, les oranges, les poires et les pommes sont bonnes.*

3 – *Qu'est-ce qu'a Paul ? Paul a-t-il une voiture ? – Vous avez une maison ? Avec un jardin potager ? – Nos amis ont un potager et un jardin. Dans le potager il y a beaucoup de fruits. – Dans le jardin il y a beaucoup de fleurs.*

Prononciation

- *Che, anche :* le *ch* se prononce comme un « k »; nous le représentons [k].
- La lettre *h* ne se prononce pas.

Remarque importante :
Nous avons vu (page 13) que l'italien connaît un *e* fermé (comme le français « et »), un *e* ouvert (« est »), un *o* fermé (« sot »), un *o* ouvert (« sotte »). Cette distinction est juste, en ce qui concerne le *e* et le *o* toniques. Les *e* et *o* atones (c'est-à-dire qui ne sont pas sous l'accent tonique) ont un son moyen, entre fermé et ouvert. Inutile donc de figurer la prononciation des *e* et *o* atones.
Nous continuerons à figurer la fermeture par l'accent aigu [é], [ó], l'ouverture par l'accent grave [è], [ò] des seuls *e* et *o* toniques ; nous n'aurons pas besoin, dans ce cas, d'utiliser le caractère gras, sauf si, par exemple, la présence de deux *e* ou de deux *o* risquait de vous faire hésiter (cas de *inter**è**sse, emozi**ó**ne*).

ABONDANCE DE BIENS NE NUIT PAS
(m. à m. : le bien n'est jamais de trop).

L'ouverture ou la fermeture restera longtemps un problème pour vous (il l'est aussi pour les Italiens, d'ailleurs !). Car, comment un francophone formé à des habitudes constantes d'orthographe peut-il deviner, en lisant, que les *e* toniques de *stesso, freddo, questo* sont fermés ? Nous n'hésiterons pas à nous répéter, pour vous aider à établir vos habitudes. D'autre part, nous ne ferons mention que des mots recevant un traitement identique à Rome et à Florence : par exemple *uomo, giorno* prononcés [uòmo], [gióĮno] dans ces deux villes.

Pour certains mots, en effet, le *e* ou le *o* est ouvert à Rome mais fermé à Florence et vice versa pour d'autres mots. Nous ne signalerons donc pas ces cas.

N.B. : dans les groupes *uo, ie*, le « o » et le « e » sont toujours ouverts. Ex. : *ieri* [ièĮi].

GRAMMAIRE

• **Verbe avere**

> **io ho**
> **lei, egli, ella ha**
> **noi abbiamo**
> **loro, essi, esse hanno.**

• Notez au masc. sing. : un **a**mico – un **g**iardino, et au fém. sing. : un' Alfa Romeo – una m**a**cchina.

• Un amico, amici

La prononciation de la dernière syllabe change au pluriel [amitchi], mais en règle générale, les mots en **-co** dont l'accent tonique tombe sur l'avant-dernière syllabe font leur pluriel en **-chi** [ki].

ex : **parco** [parko], **parchi** [parki] avec maintien de la même prononciation au sing. et au plur.

Au féminin, les mots en **-ca** [ka] font leur pluriel en **-che** [ke] et gardent leur prononciation.

ex. : **un amica, delle amiche** [ke].

• Un **a**lbero **da** frutta. La préposition **da** indique l'usage. De même on dira carta da l**e**ttere, *du papier à lettre*.

Vous connaissez déjà un autre sens de la préposition **da** : chez. **Sono da uno zio a Napoli.** *Je suis (ils sont) chez un oncle à Naples.*

• **Io sono contento; sono contento**

Vous pouvez toujours supprimer le pronom sujet devant un verbe chaque fois que le sens est clair.

Par exemple : **sono contento**, *je suis content* ; **sono contenti**, *ils sont contents*… ou bien : **sono contenta**, *je suis contente* ; **sono contente**, *elles sont contentes*.

Mais **sono a Parigi**, *je suis à Paris*, ou : *ils (ou elles) sont à Paris*. Si le contexte ne permet pas de préciser, il faudra donc employer le pronom sujet **io, essi, esse**…

On fera de même pour insister : **Noi siamo a Parigi.** *Nous, nous sommes à Paris.*

EXERCICE

Traduisez en italien :

1. Aldo a-t-il une maison ? **2.** Est-ce une grande maison ? **3.** Comment est-elle ? **4.** Est-ce une maison avec un jardin ? **5.** Aldo n'a pas de maison. **6.** Les amis d'Aldo ont une grande maison. **7.** Elle est belle. **8.** Elle a un jardin et un potager. **9.** Il y a quatre orangers. **10.** Les amis d'Aldo sont très contents d'avoir des orangers. **11.** Le jardin a beaucoup de fleurs. **12.** Françoise a une âme gentille : elle aime les fleurs et travaille souvent parmi les fleurs. **13.** Et vous ? Avez-vous aussi un jardin ? **14.** Non, nous n'avons pas de jardin. **15.** Mais nous, nous avons une voiture. **16.** Les amis d'Aldo n'ont pas de voiture.

CORRIGÉ

1. Aldo ha una casa? **2.** È una casa grande? **3.** Com'è? **4.** È una casa con un giardino? **5.** Aldo non ha una casa. **6.** Gli amici di Aldo hanno una casa grande. **7.** È bella. **8.** Ha un giardino e un orto. **9.** Ci sono quattro aranci. **10.** Gli amici di Aldo sono content**issimi** di avere degli aranci. **11.** Il giardino ha molti fiori. **12.** Francesca ha un **a**nimo gentile : ama i fiori e lavora spesso tra i fiori. **13.** E loro? Hanno pure un giardino? **14.** No, noi non abbiamo un giardino. **15.** Ma noi abbiamo una m**a**cchina. **16.** Gli amici di Aldo non hanno m**a**cchina.

PARLA ITALIANO?

1 – Desidera *imparare l'italiano?
– Sì, desidero imparare l'italiano.
– Anche il mio amico desidera imparare l'italiano.
– Il suo amico non parla italiano?
– Lo parla *molto *poco.
– E la sua amica?
– No, lei parla *benissimo l'italiano.

2 – *Con chi parla italiano?
– Lo parlo con i *miei amici italiani.
– Di che cosa parla con *loro?
– Con loro parlo del più e del *meno.
– Parla anche di *letteratura?
– No, parliamo di pittura.
– Le piace la pittura?
– Sì, la pittura, la scultura e la musica.

3 – Con chi parla Maria in italiano?
– Maria parla con le sue amiche.
– Maria *insegna l'italiano alle sue amiche?
– No, le sue amiche parlano benissimo l'italiano.

Vocabulaire

Chi è Paolo? Qui est Paul ? *Chi è?* Qui est-ce ?
Che cosa è? Qu'est-ce ? *Che cosa c'è?* Qu'est-ce qu'il y a ?

1. imparare [i-mpaḷaḷé]; [mólto]; [pòco]; benissimo (doublement du s).
2. con chi [có-n ki]; miei [mièi]; loro [lóḷo]; meno [méno]; letteratura (doublement du t).
3. insegna [i-nségna].

SBAGLIANDO S'IMPARA.

PARLEZ-VOUS ITALIEN ?

1 – *Désirez-vous apprendre l'italien ? – Oui, je désire apprendre l'italien. – Mon ami aussi désire apprendre l'italien. – Votre ami ne parle-t-il pas italien ? – Il le parle très peu. – Et votre amie ? – Non, elle parle très bien l'italien.*

2 – *Avec qui parlez-vous italien ? – Je le parle avec mes amis italiens. – De quoi parlez-vous avec eux ? – Avec eux je parle de choses et d'autres (m. à m. : du plus et du moins). – Parlez-vous de littérature aussi ? – Non, nous parlons de peinture. – Aimez-vous la peinture ? – Oui, la peinture, la sculpture et la musique.*

3 – *À qui parle Marie en italien ? – Marie parle avec ses amies. – Marie enseigne l'italien à ses amies ? – Non, ses amies parlent très bien l'italien.*

Prononciation

● *Desidero, imparo*. Prenez garde : dans *desidero* l'accent tonique tombe sur *i* (3e syllabe avant la fin) ; dans *imparo* il tombe sur a (avant-dernière syllabe.)

● *Benissimo, letteratura, pittura* : n'oubliez pas le doublement du *s*, du *t*.

● En faisant l'effort de doubler le « t » de « letteratura », ne déplacez pas l'accent tonique : c'est le « u » qui est accentué.

● *Chi, amiche* : le « ch » se prononce comme un « k », ainsi que nous le représentons entre crochets, au bas de la page ci-contre.

● Chaque fois que vous lisez un mot italien, imposez-vous de mettre correctement l'accent tonique. Nous indiquons, à dessein, en caractères gras la voyelle tonique de chaque mot de deux syllabes et plus, dans la première page de chaque leçon. C'est à dessein aussi que nous employons le moins possible le caractère gras dans les trois autres pages de chaque leçon. Vous devez alors retrouver dans votre mémoire le rythme propre à chaque mot.

C'EST EN FORGEANT QU'ON DEVIENT FORGERON
(m. à m. : en se trompant, on apprend).

• Verbe **parlare**

> **io parlo**
> **egli, essa parla**
> **noi parliamo**
> **essi, esse parlano**

> **Attention :** « p**a**rlano » est *sdrucciolo* (voyez pages 8 et 9, et Mémento § 1). Nous venons de signaler au paragraphe « Prononciation » la différence d'accentuation tonique entre certaines formes des verbes *desiderare* et *imparare*. Comparons les formes de ces deux verbes au présent de l'indicatif :

desidero	imparo
desidera	impara
desideriamo	impariamo
desiderano	imparano

Seul l'usage permet de se familiariser avec cette différence de traitement. Remarquez qu'à la 3ᵉ personne du pluriel, **desiderano** est accentué sur la 4ᵉ syllabe avant la fin (mot **bisdrucciolo** ; voyez le Mémento). L'infinitif des verbes en -are est toujours accentué sur le *-a-* de la terminaison.

• L'emploi ou le non-emploi des pronoms sujets deviendra vite spontané. Voici un cas où sans hésiter vous emploierez les pronoms sujets :
Lei non parla italiano, ma io parlo italiano.
Vous ne parlez pas italien mais moi je parle italien.

• **Lei parla; loro parlano,** *vous parlez.* (Voyez pages 12-13).
Le pronom **lei** s'emploie si on s'adresse à une seule personne.

Le pronom **loro** s'emploie si on s'adresse à plusieurs personnes que l'on vouvoierait individuellement.

> **Attention :** *loro* veut dire aussi : eux. *Con loro* : avec eux. (Le contexte évite toute confusion.)

• **Il mio professore,** *mon professeur.*
On emploie l'article défini devant l'adjectif possessif (on le fait en français seulement devant le pronom possessif « le mien »…).

| il mio professore | i miei professori |
| il suo professore | i suoi professori |

Cependant pas d'article devant un nom de parenté singulier : **mio padre, mia madre; mio fratello,** *mon frère ;* **mia sorella,** *ma sœur.*

• Le piace la pittura

Attention à cette construction : le verbe *piacere* a pour sujet « la peinture » et pour complément la personne à qui la peinture plaît. La construction française si courante : « vous aimez la peinture », dans laquelle « vous » est sujet et « la peinture » complément, se rendra donc, en italien, mot à mot : « vous plaît la peinture », dans laquelle « vous » est complément et « la peinture » sujet. Nous reviendrons sur le verbe *piacere* à la leçon suivante.

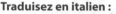

EXERCICE

Traduisez en italien :
1. Qui parle italien ? **2.** À qui parlez-vous ? **3.** De quoi parlez-vous ? **4.** Avec qui parlent-ils ? **5.** Eux ne parlent pas italien. **6.** Vous (messieurs) vous parlez italien. **7.** Mes amis parlent aussi italien. **8.** Ils parlent très bien. **9.** Ma sœur désire parler italien avec eux. **10.** Elle parle avec ses amis et aussi avec sa mère. **11.** Qui enseigne l'italien à votre sœur, monsieur ? **12.** C'est très utile de bien parler l'italien. **13.** Je parle avec beaucoup de plaisir à mes amis qui parlent très bien.

CORRIGÉ

1. Chi parla italiano? **2.** A chi parla? **3.** Di che cosa parla? **4.** Con chi parlano loro? **5.** Loro non parlano italiano. **6.** Loro (signori) parlano italiano. **7.** Anche i miei amici parlano italiano. **8.** Parlano molto bene. **9.** Mia sorella desidera parlare italiano con loro. **10.** Lei parla con i suoi amici e anche con sua madre. **11.** Chi insegna l'italiano a sua sorella, signore? **12.** È molto utile parlare bene italiano. **13.** Io parlo con molto piacere ai miei amici che parlano molto bene.

LORO SCRIVONO IN ITALIANO?

1 – Sì, *noi parliamo, scriviamo e *leggiamo in italiano.
– *Pensano anche in italiano?
– Non *sempre. E loro pensano, *leggono e scrivono in italiano?
– Sì, quando siamo stanchi di parlare, leggiamo un libro o un giornale; e, prima *della *colazione, scriviamo.
– Io scrivo molte lettere ai miei *genitori.

2 – Anche a *me piace scrivere le lettere. E a lei piace scrivere?
– A me piace scrivere, ma a *Francesco non piace scrivere.
– No, a Francesco piace leggere libri di *storia e geografia.

3 – Parliamo *molto *spesso con i *nostri amici in italiano.
– Ci piace parlare con loro.
– Io non parlo molto, non mi piace parlare.
– Impariamo l'italiano a *poco a poco, *ogni *giorno.
– Le piace l'italiano?
– A me piace molto. Scrivo ogni giorno qualche frase.

Vocabulaire

« Apprendre » en français a aussi le sens d'enseigner. En italien on distingue bien *insegnare*, enseigner ; *imparare*, apprendre.

1. [nói]; [pènsano]; [sèmple]; [lèggono]; leggiamo [leddjamo]; colazione [colatcióné]; genitori [djénitóḷi].
2. [mé]; Francesco [flantchésco]; storia [stòḷia].
3. [mólto]; [spésso] (doublement); nostri [nòstḷi]; [pòco]; [ógni]; giorno [djóḷno].

ÉCRIVEZ-VOUS EN ITALIEN ?

1 – Oui, nous parlons, nous écrivons et nous lisons en italien.
– Pensez-vous aussi en italien ? – Pas toujours. Et vous,
vous pensez, vous lisez et vous écrivez en italien ? – Oui,
quand nous sommes fatigués de parler, nous lisons un
livre ou un journal ; et, avant de déjeuner, nous écrivons.
– Moi, j'écris beaucoup de lettres à mes parents.

2 – J'aime aussi écrire des lettres. Et vous, vous aimez
écrire ? – J'aime écrire, mais François n'aime pas écrire.
– Non, François aime lire des livres d'histoire et de
géographie.

3 – Nous parlons très souvent avec nos amis en italien.
– Nous aimons parler avec eux. – Moi, je ne parle pas
beaucoup, je n'aime pas parler. – Nous apprenons l'italien
peu à peu, chaque jour. – Aimez-vous l'italien ? – Je
l'aime beaucoup. J'écris quelques phrases chaque jour.

Prononciation

Vous savez prononcer *genitori, giornale*, dans ce dernier mot le
i après le *g* a un rôle comparable au « e » français après un « g »
devant « a, o, u » ; ainsi : nous mangeons, en italien *mangiamo*.
Dans *leggere* faites entendre la double consonne. Vous remarquerez ci-après *io leggo leg-go*, le son [dj] de l'infinitif n'est pas
conservé.

Remarque importante :
L'orthographe italienne marque un accent sur la voyelle tonique
lorsqu'elle est à la fin d'un mot : *città, più*, etc. (Voyez le Mémento).
Dans les autres cas le mot est *piano* ou *sdrucciolo*. Nous emploie-
rons désormais le caractère gras uniquement pour les mots
sdruccioli (sauf cas délicats ; par exemple : *compagnia*). Continuez
toujours à prendre appui sur les voyelles toniques, à l'exclusion
de toute autre, pour communiquer à la phrase son rythme exact.
N'hésitez pas à souligner d'un trait de crayon la voyelle accentuée,
si vous constatez que ce procédé visuel vous aide.

LES MOTS S'ENVOLENT, LES ÉCRITS RESTENT.

GRAMMAIRE

• **Verbes leggere et scrivere**

Ces infinitifs sont des mots **sdruccioli** [lèdgele] [sclìvele]

leggo	scrivo
legge	scrive
leggiamo	scriviamo
leggono	scrivono

La 3ᵉ personne du pluriel est toujours **sdrucciola** (Comparez avec : **parlano**, à la leçon précédente).

• **A me piace** leggere = **mi piace** leggere ; *j'aime lire* (m. à m. : lire me plaît).

Rappel : en français celui qui aime est sujet du verbe « aimer », tandis qu'en italien il est complément indirect du verbe **piacere**. Il faut donc penser que **piacere** veut dire « *plaire* ».

Servons-nous de cette construction pour apprendre les pronoms personnels compléments.

A me piace leggere	=	**Mi piace leggere**
(à moi plaît lire)		*(me plaît lire)*
A lui »	=	**Gli** "
(à lui)		
A lei »	=	**Le** "
(à elle)		
A lei »	=	**Le** "
(à vous, singulier)		
A noi »	=	**Ci** "
(à nous)		
A loro »	=	**Piace loro leggere**
(à eux, elles)		
A loro »	=	"
(à vous, pluriel de vouvoiement)		

Vous remarquerez qu'à chaque pronom complément indirect simple correspond un pronom complément précédé de **a**.

De plus, **loro** se place toujours après le verbe.

• **Ogni giorno, ogni settimana,** *chaque jour, chaque semaine*. *Ogni* est invariable et suivi d'un nom singulier.

• **Qualche amico, qualche frase,** *quelques amis, quelques phrases*. **Qualche** est invariable et suivi du singulier mais il a un sens pluriel.

On pourrait aussi employer l'adjectif **alcuni**, masc. plur., ou **alcune**, fém. plur. : **Alcuni amici, alcune frasi.**

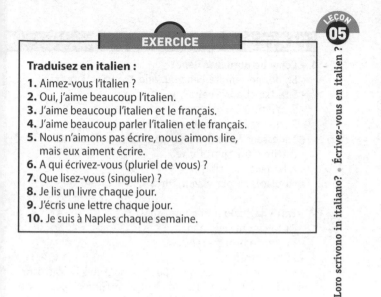

EXERCICE

Traduisez en italien :

1. Aimez-vous l'italien ?
2. Oui, j'aime beaucoup l'italien.
3. J'aime beaucoup l'italien et le français.
4. J'aime beaucoup parler l'italien et le français.
5. Nous n'aimons pas écrire, nous aimons lire,
   mais eux aiment écrire.
6. A qui écrivez-vous (pluriel de vous) ?
7. Que lisez-vous (singulier) ?
8. Je lis un livre chaque jour.
9. J'écris une lettre chaque jour.
10. Je suis à Naples chaque semaine.

CORRIGÉ

1. A lei piace l'italiano?
2. Sì, mi piace molto l'italiano.
3. Mi piacciono molto l'italiano e il francese.
4. Mi piace molto parlare italiano e francese.
5. A noi non piace scrivere, ci piace leggere,
   ma a loro piace scrivere.
6. Loro, a chi scrivono?
7. Lei che legge?
8. Io leggo ogni giorno un libro.
9. Io scrivo ogni giorno una lettera.
10. Sono a Napoli ogni settimana.

PARTE SOLO?

1 – Come ha dormito? Bene?
  – Sì, dormo sempre bene quando *sono a *Firenze.
  – Sua *sorella è partita?
  – Sì, *ieri.
  – E lei, *quando parte?
  – *Adesso. *Avverto i miei amici e i miei genitori.
  – Partire è un *po' morire.
  – A lei piace partire?
  – Mi piace ma per viaggi *brevi.

2 – Parte da *solo o in compagnia?
  – Parto con un mio amico.
  – In *treno o in macchina?
  – In *piroscafo.
  – Buon viaggio per mare. Lo *scorso anno ho fatto un viaggio sulle Alpi. Ho avuto la fortuna d'incontrare molti compagni simpatici. Abbiamo fatto molte gite in montagna. Siamo saliti sulle cime più vicine. Dalle alture abbiamo ammirato uno *splendido panorama.

3 Giovanni ha seguito dei *corsi d'italiano. Anch'io li ho seguiti. Li ho seguiti con *interesse e sono stato lodato. Il *professore ha spiegato le prime *lezioni. Le ha spiegate con molti esempi e ha parlato di tante cose.

---

1. [bèné]; dormo [dòlmo]; sóno; Firenze [filéntcé]; sorella [solèlla] (doublement); ieri [ièli]; quando [coua-ndo]; [adèsso] (doublement); avverto [avvèlto] (doublement), infinitif [avvértire]; pò; brevi [blèvi].
2. [solo]; treno [tlèno]; piroscafo [pilòscafo]; scorso [scólso]; [splèndido].
3. corsi [cólsi]; interesse [intelèsse]; professore [plofessóle] (doublement); lezioni [letcióni].

ACQUISTA FAMA E DORMI.

PARTEZ-VOUS SEUL ?

1 – Comment avez-vous dormi ? Bien ? – Oui, je dors toujours bien quand je suis à Florence. – Est-ce que votre sœur est partie ? – Oui, hier. – Et vous, quand partez-vous ? – Tout de suite. J'avertis mes amis et mes parents. – Partir c'est un peu mourir. – Aimez-vous partir ? – J'aime, mais pour de courts voyages.

2 – Partez-vous seul ou en compagnie ? – Je pars avec un ami à moi. – Par le train ou en voiture ? – En bateau. – Bon voyage en mer. L'an passé j'ai fait un voyage dans les Alpes. J'ai eu la chance de rencontrer de nombreux compagnons sympathiques. Nous avons fait beaucoup d'excursions en montagne. Nous sommes montés sur les cimes les plus proches. Des hauteurs nous avons admiré un splendide panorama.

3 Jean a suivi des cours d'italien. Moi aussi je les ai suivis. Je les ai suivis avec intérêt. Et j'ai été complimenté. Le professeur a expliqué les premières leçons. Il les a expliquées avec beaucoup d'exemples et il a parlé de beaucoup de choses.

Prononciation

Seguire [çégouiré]. N'oubliez pas de prononcer le *u* après *g* comme vous le faites déjà après *q* (dans *quando*, par exemple). Pensez aux consonnes doubles : *avverto, sorella, adesso, opportuno, Giovanni, professore,* etc. L'accent tonique doit toujours être votre première préoccupation. Prononcez *io* (accent sur l'o) dans *io parlo*, mais *anch'io parlo*, en détachant l'*i* portant l'accent tonique du *o* [**i**-yo].

Remarque importante :
Outre l'accent tonique, c'est l'ouverture ou la fermeture des *e* et des *o* qui constitue l'élément le plus fréquent de nos remarques de prononciation. A partir de la leçon 7, nous utiliserons le signe
• pour indiquer la fermeture du *e* et du *o* tonique, le signe ° pour en indiquer l'ouverture.

ACQUIERS BONNE RENOMMÉE ET FAIS LA GRASSE MATINÉE
(m. à m. : acquiers renommée et dors).

Vocabulaire

Apprenez des groupes de mots afin de fixer dans votre mémoire certains petits mots de liaison :

andare con la sorella; parlare col direttore; fare gite in montagna; la cima prossima al villaggio.

po' est l'abréviation de *poco*, d'où l'apostrophe.

GRAMMAIRE

• **Verbe dormire**

> **dormo**
> **dorme**
> **dormiamo**
> **dormono**

• **Participes passés et passés composés**

Parlare **ho parlato** (avec **avere**)

credere **ho creduto**

partire **sono partito** (avec **essere**)

• **Accord du participe passé**

Le participe passé employé avec **essere** s'accorde avec le sujet, comme en français.

Mia sorella è partita ieri. *Ma sœur est partie hier.*

Siamo saliti sulle cime piú alte.

Employé avec **avere** (*avoir*), il s'accorde avec le complément d'objet direct placé devant le verbe, mais cet accord n'est obligatoire qu'avec les pronoms **lo, la, li, le, ne.**

Ho seguito dei corsi d'italiano. I corsi d'italiano che ho seguito (ou seguiti). I corsi d'italiano, li ho seguiti con interesse.

Les exemples suivants vous permettront de raccorder, dans votre mémoire, cette règle d'accord du participe passé avec les pronoms personnels compléments :

il corso, l'ho seguito (l' = lo), *le cours, je l'ai suivi ;*

i corsi, li ho seguiti;

la lezione, l'ho seguita (l' = la), *la leçon, je l'ai suivie ;*

le lezioni, le ho seguite.

• **Le vouvoiement, le tutoiement** (voyez pages 14 et 16).

La forme de politesse en italien (vouvoiement) s'exprime par la 3ᵉ personne du verbe au singulier précédée de **lei** si l'on s'adresse à une seule personne, ou la 3e personne du pluriel précédée de **loro** si l'on s'adresse à plusieurs personnes.

Lei è molto gentile, *vous êtes très aimable.*
Loro sono molto gentili, *vous êtes très aimables.*

Pour la forme familière (tutoiement), l'on emploie :
Tu au singulier : **tu parli italiano,** *tu parles italien.*
Voi au pluriel : **voi parlate italiano,** *vous parlez italien.*

Les pronoms sujets sont naturellement facultatifs.
Il en résulte que « vous croyez » se traduira de trois manières :
Credete, à plusieurs personnes que l'on tutoierait individuellement.
Lei crede, à une personne à qui l'on dit « vous ».
Loro credono à plusieurs personnes à qui l'on dit « vous ».

Il en ira de même à tous les temps. Et l'emploi des pronoms compléments ou des adjectifs possessifs respectera cette distinction. Ainsi : votre livre (forme de politesse) : **il suo libro** (**suo** = son).

EXERCICE

Traduisez en italien :
1. Quand êtes-vous (singulier) parti ? **2.** Quand avez-vous suivi le cours d'italien ? **3.** Qui a parlé à votre professeur ? **4.** Avez-vous averti le directeur ? **5.** Avez-vous eu la chance de rencontrer des amis sympathiques ? **6.** Oui, je suis sorti souvent. **7.** J'ai parlé chaque jour avec mon professeur. **8.** Je dors beaucoup. **9.** Je suis un cours d'italien avec ma sœur. **10.** Nous partons demain.

CORRIGÉ

1. Quando è partito? **2.** Quando ha seguito il corso d'italiano? **3.** Chi ha parlato col suo professore? **4.** Ha avvertito il direttore? **5.** Ha avuto la fortuna di incontrare amici simpatici? **6.** Sì, sono uscito spesso. **7.** Ho parlato ogni giorno col mio professore. **8.** Dormo molto. **9.** Seguo un corso d'italiano con mia sorella. **10.** Partiamo domani.

1 – Fra il caldo e il •freddo che cosa preferisce?
– Io preferisco il caldo e lei?
– Anch'io preferisco il caldo, ma non eccessivo.
– •Allora non le piace l'estate?
– Preferisco la primavera perché fioriscono gli alberi e il paesaggio è tutto in •fiore. I miei amici preferiscono l'autunno, quando le °foglie ingialliscono e cadono. A me non spiace neanche l'inverno.

2 – L'anno •scorso, °dopo aver caricato la macchina, sono partito per gli °sport invernali. °Purtroppo durante le vacanze ha fatto cattivo tempo, è nevicato continuamente. Al •ritorno mi sono fermato dai miei amici di Firenze.
– Avete visitato la città in macchina?
– No, la macchina °era *troppo carica per portare anche i miei amici. Non ho potuto. Abbiamo girato a piedi, senza °meta e quando siamo arrivati sulla piazza del °Duomo, col °cuore •colmo di •emozione, mi è sembrato di sognare.

3 – Lei capisce l'italiano? Capisce ciò che dicono gl'Italiani?
– Sì, capisco un po' ciò che mi dicono i miei amici fiorentini. Capisco sempre più. Questi amici sono molto °affettuosi. Mi hanno sempre colmato di •gentilezze. Parlando con •loro arricchisco il mio vocabolario. Quando ho delle •incertezze, mi suggeriscono.

[ò] foglie; dopo; sport; troppo; duomo; cuore; affettuosi.
[ó] allora; fiore; scorso; ritorno; colmo; emozione; loro.
[è] era; meta; sempre.
[é] freddo; gentilezze; incertezze.

SOTTO LA •NEVE IL PANE.

VOUS COMPRENEZ L'ITALIEN ?

1 Entre la chaleur ou le froid, que préférez-vous ? – Je préfère la chaleur et vous ? – Moi aussi je préfère la chaleur, mais pas excessive. – Alors vous n'aimez pas l'été ? – Je préfère le printemps parce que les arbres fleurissent et que le paysage est tout en fleurs. Mes amis préfèrent l'automne, quand les feuilles jaunissent et tombent. L'hiver ne me déplaît pas non plus.

2 – L'an passé, après avoir chargé la voiture, je suis parti pour les sports d'hiver. Malheureusement, pendant les vacances il a fait mauvais temps ; il a neigé continuellement. Au retour, je me suis arrêté chez mes amis, à Florence. – Avez-vous visité la ville en voiture ? – Non, la voiture était trop chargée pour prendre en plus (m. à m. : aussi) mes amis. Je n'ai pas pu. Nous nous sommes promenés (m. à m. : nous avons tourné) à pied, sans but, et quand nous sommes arrivés sur la place de la Cathédrale, le cœur rempli d'émotion, il m'a semblé rêver.

3 – Vous comprenez l'italien ? Vous comprenez ce que disent les Italiens ? – Oui, je comprends un peu ce que disent mes amis florentins. Je comprends de plus en plus. Ces amis sont très affectueux. Ils m'ont toujours comblé de gentillesses. En parlant avec eux j'enrichis mon vocabulaire. Quand j'ai des doutes, ils viennent à mon aide.

Prononciation

Doublez bien [ttç] dans *gentilezza, incertezza*. Rappelons que le z en général, se prononce [tç] ; il y a quelques cas où z se prononce [dz]. Nous les signalerons.
À partir de cette leçon, nous indiquons la fermeture des *e* et des *o* toniques par le signe •, leur ouverture par le signe °. Pendant quelques leçons encore, vous trouverez au bas de la première page, la suite des mots classés [ò], [ó], [è], [é].

ANNÉE NEIGEUSE, ANNÉE FRUCTUEUSE
(m. à m. : sous la neige, le pain).

Il freddo, il caldo. Fa molto freddo, il fait très froid ; *fa molto caldo*, il fait très chaud. *Che caldo! Che freddo! La macchina*, la voiture ; *la macchina da scrivere*, la machine à écrire ; *la macchina fotografica*, l'appareil photographique.

Sempre più, de plus en plus. De moins en moins se dit *sempre meno*.

Les noms des saisons : *la primavera, l'estate, l'autunno, l'inverno*.

GRAMMAIRE

• **Lo sport, gli sport**

Les noms terminés par une consonne sont invariables.

• Verbe **capire**.

Ce verbe, par rapport à **servire**, présente une variante aux présents de l'indicatif et du subjonctif.

Comparons-les au présent de l'indicatif.

servo	capisco
serve	capisce
serviamo	capiamo
servono	capiscono

Tutoiement

servi	capisci
servite	capite

Subjonctif présent : **capisca, capisca, capiamo, capiscano**.

Vous remarquez que les accents toniques sont placés de la même manière qu'à l'indicatif présent.

On vous demandera en Italie : **Lei capisce?** *Vous comprenez ?*

Et nous espérons que vous répondrez : **Capisco molto bene,** *Je comprends très bien*.

Le participe passé est **capito**, compris, régulier comme **servito**.

• **È piovuto,** il a plu ; **è tuonato**, il a tonné ; **è grandinato,** il a grêlé. L'auxiliaire est **essere**, *être*, au lieu de « avoir », en français. De même : **è nevicato**, il a neigé.

• **Ho caricato la macchina. È troppo carica.**

Au verbe **caricare** correspondent le participe passé **caricato**, chargé, et l'adjectif **carico**, chargé.

De même, **colmare**, combler, participe passé **colmato** et adjectif **colmo**.

Caricato, colmato s'emploient aux temps composés :

Ex. : **Ho caricato la macchina,** *j'ai chargé la voiture.*

La madre ha colmato il bambino di gentilezze, *la mère a comblé l'enfant de gentillesses.*

Mais : **La macchina è troppo carica,** *la voiture est trop chargée.*

Ho il cuore colmo di emozione, *j'ai le cœur gros d'émotion.*

EXERCICE

Traduisez en italien :

1. Que préférez-vous ? (singulier) Aimez-vous l'automne ?
2. Je n'aime pas l'été parce qu'il fait trop chaud. **3.** Vous, vous aimez l'été parce que vous n'êtes pas à Rome. La chaleur y est parfois excessive. **4.** L'été dernier il a fait mauvais temps.
5. Hier nous sommes partis à dix heures du matin. **6.** La voiture est assez grande. **7.** Nous sommes tous arrivés à l'heure.
8. Aujourd'hui le temps est beau. Il y a de la neige sur les montagnes. **9.** Il a neigé toute la nuit. **10.** Nous marchons sans but. **11.** Cela est très agréable. **12.** Vous comprenez qu'il m'a semblé rêver quand je suis arrivé ici.

CORRIGÉ

1. Che cosa preferisce? Le piace l'autunno? **2.** Non mi piace l'estate perché fa troppo caldo. **3.** A lei piace l'estate perché non vive a Roma. A volte il caldo è eccessivo. **4.** L'estate scorsa ha fatto un tempo cattivo. **5.** Ieri siamo partiti alle dieci del mattino. **6.** La macchina è abbastanza grande. **7.** Siamo arrivati tutti in tempo. **8.** Oggi fa bel tempo. C'è neve sulle montagne. **9.** È nevicato tutta la notte. **10.** Camminiamo senza meta. **11.** È molto piacevole. **12.** Lei capisce che mi è sembrato di sognare quando sono arrivato qui.

PERCHÉ NON CI VA?

1 Il •sole mi dà •calore e luce. La terra mi dà i °suoi frutti.
°L'ozio mi dà °noia.
Gli amici mi dànno la loro amicizia.
Le •persone care mi dànno il •loro °affetto.
– Lei che °cosa dà ai suoi cari?
– °Do •generosamente tutto quello che °posso.
– Tutti diamo °qualcosa quando amiamo.

2 – Lei va in Italia?
– °Certo. Vado fino a Napoli. È la città che preferisco.
Mi piace andare a •zonzo soprattutto per le sue viuzze.
Perché non ci va anche lei?
– Purtroppo ho •molto lavoro e i programmi per le
vacanze sono andati in fumo.
– Vado °sempre °volentieri a Napoli anche perché
ho un sarto che mi taglia dei vestiti che mi vanno a
°pennello.

3 – Come si dicono in •francese gli italianismi : andare a
•braccetto, andare di male in °peggio, andare di bene
in °meglio, andare con la °testa fra le nuvole? E come
•ancora : dare in uno °scroscio di risa, darla a •bere,
dare una mano, dare •ascolto a..., darsela a gambe, dare
del tu?
– È *difficile. Ma °aspetti... guardo nella pagina a fianco
la •traduzione, e le •rispondo subito!

[ò] suoi; ozio; noia; cosa; do; posso; scroscio; zoppo [dz]; loro.
[ó] sole; calore; persone; zonzo; molto lavoro; ancora; ascolto;
traduzione; rispondo.
[è] affetto; certo; sempre; volentieri; pennello; peggio; meglio;
testa; aspetti.
[é] generosamente; francese; braccetto; bere.

CHI VA CON LO °ZOPPO, IMPARA A ZOPPICARE.

POURQUOI N'Y ALLEZ-VOUS PAS ?

1 – Le soleil me donne de la chaleur et de la lumière. La terre me donne ses fruits. La paresse m'ennuie (m. à m. : me donne de l'ennui). Les amis me donnent leur amitié. Les personnes (qui me sont) chères me donnent leur affection. – Vous, que donnez-vous aux personnes qui vous sont chères ? – Je donne généreusement tout ce que je puis. – Nous donnons tous quelque chose quand nous aimons.

2 – Vous allez en Italie ? – Certainement. Je vais jusqu'à Naples. C'est la ville que je préfère. J'aime aller sans but, surtout à travers ses ruelles. Pourquoi n'y allez-vous pas, vous aussi ? – Malheureusement, j'ai beaucoup de travail et les programmes pour les vacances sont partis en fumée. – Je vais toujours volontiers à Naples, également parce que j'ai un tailleur qui me coupe des vêtements, qui me vont à la perfection.

3 – Comment dit-on en français les italianismes : aller bras dessus bras dessous, aller de mal en pis, aller de mieux en mieux, être dans la lune (m. à m. : aller avec la tête entre les nuages). Et comment encore : éclater de rire, faire croire, donner un coup de main, prêter attention à..., se sauver à toutes jambes, tutoyer ? – C'est difficile. Mais attendez... Je regarde la traduction sur la page d'en face et je vous réponds tout de suite.

Vocabulaire

● Ne confondez pas : *primo*, premièrement ; *prima*, d'abord.
  quanto, combien ; *quando*, [koua-ndo] quand.
● Apprenez quelques expressions avec les verbes *dare* et *andare* : *dare in uno scroscio di risa*, éclater de rire ; *darla a bere, a intendere*, en faire accroire ; *dare una mano a*, donner un coup de main ; *dare ascolto a*, prêter l'oreille à ; *darsela a gambe*, prendre ses jambes à son cou ; *dare del tu*, tutoyer.

ON APPREND À HURLER AVEC LES LOUPS
(m. à m. : qui va avec le boiteux apprend à boiter).

Andare a pennello, aller à la perfection ; *andare d'accordo*, bien s'entendre avec quelqu'un.

• *Il frutto*, le fruit, a deux pluriels : *le frutta* (sens propre) : *frutta di prima scelta*, des fruits de premier choix ; et *i frutti* (sens figuré) : *i frutti del lavoro*, les fruits du travail.

De plus, l'usage populaire a créé le collectif féminin singulier *la frutta* : *la frutta fresca*, les fruits frais, et par extension le dessert : *Non sono ancora alla frutta*, ils n'en sont pas encore au dessert.

GRAMMAIRE

• **Verbes dare, andare** (andare est irrégulier).

do	vado (vo)
dà	va
diamo	andiamo
dànno	vanno

Remarquez l'accentuation écrite sur **dà** destinée uniquement à distinguer cette forme verbale de la préposition **da** = chez.

De même **dànno**, ils donnent et **il danno**, le dommage.

Forme de tutoiement **dài** (tandis que **dai** = da + i = des.)

• **Pronoms compléments**

Apprenez, par question et réponse :

Mi dà (lei)...? – Sì, le do (a lei)... *Vous me donnez... ? – Oui, je vous donne...* (forme polie, singulier).

Me lo dà? – Sì, glielo do. *Vous me le donnez ? – Oui, je vous le donne* (N. B. : **le + lo = glielo**).

• **Perché** a deux sens : *pourquoi... ? parce que.* Autrement dit, il sert à la fois dans les questions et les réponses.

Solo a deux sens : a) adjectif seul : **sono solo**, *je suis seul* ; b) adverbe seulement : **vado solo fino a Roma,** *je vais seulement jusqu'à Rome.*

• **Fino a Roma**

Fino al 5 (cinque) gennaio, *jusqu'au 5 janvier.*

• **Già = déjà.**

Vous lirez souvent en Italie **già** sur les plaques indiquant le nom de certaines rues. Par exemple à Naples : **Via Roma, già via Toledo,** *rue de Rome, autrefois rue de Tolède.*

• **Con lo scopo,** *dans le but.*
Pourquoi emploie-t-on l'article **lo** et non point **il** ? Parce que la première lettre de **scopo** est un **s** suivi d'une consonne, appelé **s impur.** Pour des raisons d'euphonie, de commodité de prononciation, l'article dans ce cas est **lo.** De même devant un **z : lo zio.** Au pluriel : **gli scopi; gli zii.**

EXERCICES

Traduisez en italien :

A. 1. Je donne ce que j'ai. Je vais à Brescia. **2.** Je dis que je vais à Venise demain. **3.** Je donne tout ce que j'ai à mes amis.
B. 4. Jean préfère aller seul. **5.** Il aime être seul. **6.** Il n'aime pas donner ce qu'il a. **7.** Lui non plus n'aime pas dire où il va. **8.** Il est aujourd'hui chez ses amis à Rome. **9.** Il va demain chez d'autres amis à Tivoli. Il part demain. **10.** Il ne va qu'à Tivoli.
C. 11. Quando mi dà quello che mi ha detto? **12.** Mi dà solo ciò (quello) che ha già fatto. **13.** Lo faccio solo con lo scopo di darglielo. **E**ccolo.
D. 14. J'ai des fruits. Je vous en donne. **15.** Nous n'en donnons pas à Louis. **16.** Nous n'en donnons qu'à nos amis. **17.** Je m'en vais. **18.** Vous en allez-vous ? **19.** Non, nous ne nous en allons pas.

CORRIGÉS

A. 1. Do quello che ho. Vado a Brescia. **2.** Dico che vado a Venezia domani. **3.** Do ai miei amici tutto quello che ho.
B. 4. Giovanni preferisce andare da solo. **5.** Gli piace star solo. **6.** Non gli piace dare quello che ha. **7.** Neanche a lui piace dire dove va. **8.** Oggi è dai suoi amici a Roma. **9.** Domani va da altri amici a Tivoli. Parte domani. **10.** Va soltanto a Tivoli.
C. 11. Quand me donnez-vous (singulier) ce que vous m'avez dit ? **12.** Vous me donnez seulement ce que vous avez déjà fait. **13.** Je ne le fais que pour (dans le dessein de) vous le donner. Le voici.
D. 14. Ho delle frutta. Gliene do. **15.** Non ne diamo a Luigi. **16.** Ne diamo solo ai nostri amici. **17.** Me ne vado. **18.** Se ne vanno? **19.** No, non ce ne andiamo.

CHE COSA FA?

1 – Che °cosa fa, lei °oggi?
– Glielo dico subito.
– Oggi ho •molto •lavoro. Non faccio neanche una passeggiata.
– E loro che cosa fanno?
– Che cosa facciamo? Prepariamo una •colazione *al sacco e andiamo in campagna. Stiamo per partire.

2 – Paolo dice che in campagna si sta molto °bene.
– Lo dico anch'io.
– Giovanni non dice nulla, ma è °d'accordo. Giovanni e Paolo dicono °sempre la •stessa cosa.
– E loro che dicono?
– Anche •noi diciamo che la campagna è molto •piacevole. Soprattutto °ora che il °tempo va migliorando.

3 – •Come sta Giovanni questa mattina? Dov'è?
– Sta molto bene. È nella sua camera.
– Che cosa fa ora? Sta °scrivendo? Sta °leggendo?
– Che va °dicendo? Giovanni non °legge né scrive. È un •poltrone : sta °dormendo.

[ò] cosa; oggi; accordo.
[ó] molto; lavoro; colazione; noi; poltrone; ora.
[è] glielo; bene; sempre; tempo; scrivendo; leggendo; dicendo; legge; dormendo; mezzo.
[é] stesso; piacevole.

DAL DIRE AL FARE C'È DI •MEZZO IL MARE.

QUE FAITES-VOUS ?

1 – Qu'est-ce que vous faites aujourd'hui ? – Je vais vous le dire tout de suite (m. à m. : je vous le dis...). – Aujourd'hui j'ai beaucoup de travail. Je ne fais pas même de promenade. – Et vous, qu'est-ce que vous faites ? – Qu'est-ce que nous faisons ? Nous préparons un repas froid (m. à m. : au sac) et nous allons à la campagne. Nous sommes sur le point de partir.

2 – Paul dit qu'à la campagne on est très bien. – Je le dis aussi. – Jean ne dit rien, mais il est d'accord. Jean et Paul disent toujours la même chose. – Et vous que dites-vous ? – Nous disons aussi que la campagne est très agréable. Surtout maintenant que le temps s'améliore.

3 – Comment va Jean ce matin ? Où est-il ? – Il va très bien. Il est dans sa chambre. – Qu'est-ce qu'il fait maintenant ? Est-il en train d'écrire ? – Est-ce qu'il est en train de lire ? – Qu'êtes-vous en train de dire ? Jean ne lit ni n'écrit. C'est un paresseux ; il est en train de dormir.

Prononciation

Camera, dicono, piacevole sont accentués sur la 3e syllabe avant la fin. Doublez bien les consonnes : *soprattutto* (sopra tutto), surtout.

C'est à dessein que nous laisserons encore, au cours des quelques leçons à venir, une liste des mots ayant, à la tonique, un *e* ou un *o* ouvert ou fermé. Lisez souvent ces listes à haute voix afin que le son correct se fixe dans votre mémoire, dans vos habitudes.

IL Y A LOIN DE LA COUPE AUX LÈVRES
(m. à m. : du dire au faire il y a au milieu la mer).

Vocabulaire

• *Molto* a le sens de beaucoup *(molto pane)*, de très *(molto contento)*. Devant un nom, au sens de « beaucoup de », il est adjectif, donc s'accorde : *molti spaghetti e molta frutta*, beaucoup de spaghetti et beaucoup de fruits. Devant un adjectif, au sens de « très », il est adverbe, donc invariable : *sono molto contenta*, je suis très contente ; *siamo molto contente*, nous sommes très contentes.

• *Non dice nulla = non dice niente*, il ne dit rien.
Niente affatto = assolutamente niente, rien du tout.
Non sono affatto contento, je ne suis absolument pas content. *Sono affatto contento*, je suis tout à fait content.

GRAMMAIRE

• Verbes	*fare*, faire	*dire*, dire	*stare*, être
	fo ou **faccio**	**dico**	**sto**
	fa	**dice**	**sta**
	facciamo	**diciamo**	**stiamo**
	fanno	**dicono**	**stanno**
Le tutoiement			
	fai	**dici**	**stai**
	fate	**dite**	**state**

• Gérondifs

Pour les gérondifs réguliers : **parlare, parlando ; scrivere, scrivendo ; dormire, dormendo.**

Les gérondifs des trois verbes que nous étudions aujourd'hui sont **fare, facendo ; dire, dicendo ; stare, stando.**

Seul **stare, stando** est régulier.

Sta parlando, il est en train de parler ; **sto scrivendo**, *je suis en train d'écrire* ; **stanno leggendo**, *ils sont en train de lire*.

Stare suivi du gérondif traduit « être en train de ». Si vous avez étudié l'anglais, rappelez-vous la forme progressive.

À la question **Dov'è Giovanni ?** *Où est Jean ?* On peut répondre : **Sta leggendo, sta scrivendo...** *Il est en train de lire, d'écrire.*

Autre emploi de **stare : Sta per partire**, *il va partir, il est sur le point de partir.*

• **Anch'io**, moi aussi (i tonique).
De même : **anche lui**, *lui aussi* ; **anche noi, anche loro.**

EXERCICES

Traduisez en italien :

A. 1. Je fais ce que je dis. **2.** Vous (*singulier*) vous ne faites pas toujours ce que vous dites. **3.** Louis non plus ne fait pas toujours ce qu'il dit. **4.** Il a déjà fait, cependant, beaucoup de choses. **5.** Il nous en a donné passablement.

B. 6. Que faites-vous ? Que dites-vous ? Où allez-vous ? **7.** Où vous en allez-vous ? Quand partez-vous ? **8.** Qu'aimez-vous faire ? **9.** Que préférez-vous faire ? **10.** Qu'êtes-vous en train de faire ? **11.** Êtes-vous en train d'écrire à Jean, à Rome ? **12.** Non, je suis sur le point de lui écrire. Je ne l'ai pas fait encore.

C. 13. Lui aussi, il lit. **14.** Elle aussi, elle fait ce qu'elle dit. **15.** Nous aussi, nous lisons beaucoup. **16.** Nous aussi, nous préférons lire. **17.** Vous me dites ce que vous faites ? Vous me le dites ? **18.** Oui, je vous le dis (*voyez page 40*).

D Même exercice à la forme négative.
13. Lui non plus, il ne lit pas…

CORRIGÉS

A. 1. Faccio ciò (quello) che dico. **2.** Lei non fa sempre ciò (quello) che dice. **3.** Neanche Luigi fa sempre quello (ciò) che dice. **4.** Tuttavia ha già fatto molte cose. **5.** Ce ne ha dato abbastanza.

B. Che cosa fa? Che cosa dice? Dove va? **7.** Dove se ne va? Quando parte? **8.** Che cosa le piace fare? **9.** Che cosa preferisce fare? **10.** Che cosa sta facendo? **11.** Sta scrivendo a Giovanni, a Roma? **12.** No, sto per scrivergli. Non l'ho fatto ancora.

C. 13. Anche lui legge. **14.** Anche lei fa ciò (quello) che dice. **15.** Anche noi leggiamo molto. **16.** Anche noi preferiamo leggere. **17.** Mi dice ciò (quello) che fa? Me lo dice? **18.** Sì, glielo dico.

D. 13. Non legge neanche lui. **14.** Neanche lei fa ciò che dice. **15.** Non leggiamo molto neanche noi. **16.** Non preferiamo leggere neanche noi. **17.** Non mi dice ciò (quello) che fa? Non me lo dice? **18.** No, non glielo dico.

BISOGNA CH'IO PARTA

1 – •Bisogna ch'io parta subito in °aereo per Parigi. C'è un posto?

– Non •credo che sia possibile, •signore. Per •ottenere un passaggio aereo in questi *giorni è necessario che lei si °prenoti in °tempo utile.

– •Veda in •ogni °modo se c'è •ancora un posto libero.

2 – È un •vero peccato che non abbia prenotato prima. Ora è troppo tardi. Mi spiace per il contrattempo, mi creda, ma non °posso far nulla per lei. La °prossima °volta scriva o °telefoni in anticipo.

– Non c'è neanche la possibilità di andare a Bruxelles?

– No, signore, mi spiace, °bisogna che aspetti fino a domani.

3 – È necessario •allora ch'io °prenda il primo °treno.

– Tra un'•ora circa c'è un °treno e, °sebbene non sia il più rapido, le °consente di raggiungere Parigi nella mattinata di domani. Prenda una •cuccetta, °dorma e può darsi *che non rimpianga di aver dovuto prendere il treno. È °meglio che arrivi a Parigi °ben riposato.

Prononciation

Prenez garde aux mots accentués sur la troisième syllabe avant la fin : *subito, utile, prossima, telefoni, rapido,* et les verbes *prendere, raggiungere.*

Notez le redoublement : *raggiungere* [ddj], tandis que *Parigi* [dj].

[ò] modo; posso; prossimo; volta; dorma; prenoti; nuocere.
[ó] bisogna; signore; giorno; allora; ora.
[è] aereo; tempo; prenda; treno; sebbene; consente; meglio; ben.
[é] credo; ottenere; veda; vero; cuccetta; che.

NON TUTTI I MALI VENGONO PER °NUOCERE.

IL FAUT QUE JE PARTE

1 – *Il faut que je parte tout de suite en avion pour Paris. Y a-t-il une place ? – Je ne crois pas que ce soit possible, monsieur. Pour avoir une place à bord d'un avion (m. à m. : pour obtenir un passage aérien) ces jours-ci, il faut que vous réserviez en temps utile. – Voyez de toute manière s'il y a encore une place libre.*

2 – *C'est vraiment dommage (m. à m. : c'est un vrai péché) que vous n'ayez pas réservé plus tôt. Maintenant c'est trop tard. Je suis ennuyé de ce contre-temps, croyez-moi, mais je ne peux rien faire pour vous. La prochaine fois, écrivez ou téléphonez à l'avance. – Il n'est pas même possible d'aller à Bruxelles ? – Non, monsieur : je regrette, il faut que vous attendiez jusqu'à demain.*

3 – *Il faut alors que je prenne le premier train. – Dans une heure environ il y a un train et bien que ce ne soit pas le plus rapide, il vous permet d'atteindre Paris dans la matinée de demain. Prenez une couchette, dormez et il se peut que vous ne regrettiez pas d'avoir dû prendre le train. Il vaut mieux que vous arriviez à Paris bien reposé.*

Vocabulaire

Comunque, de toute façon.
Un peccato, un péché.
Mais les expressions : *è un peccato,* c'est dommage.
                 è un vero peccato, c'est vraiment dommage.
Bisogna che, il faut que ; *bisogna che lei dorma,* il faut que vous dormiez.
Un bisogno, un besoin ; *ho bisogno di denaro,* j'ai besoin d'argent.
Mi occorre denaro, il me faut de l'argent. L'infinitif est *occorrere.*

À QUELQUE CHOSE MALHEUR EST BON
(m. à m. : tous les maux n'arrivent pas pour nuire).

GRAMMAIRE

• Dans cette leçon (§ 1) les verbes *parta* (infinitif : *partire*), *sia* (infinitif : *essere*), *si prenoti* (infinitif : *prenotarsi*) sont **au subjonctif présent**. Vous pouvez vous-même tirer la règle : les infinitifs en -are font le subjonctif en -i et ceux en -ere ou en -ire le font en -a. De plus, l'impératif français, à la forme de politesse, se traduit en italien par la 3e personne du subjonctif :

Contrôlez ! **Controlli!**
Croyez ! **Creda!**
Ecrivez ! **Scriva!**

Ces constatations doivent suffire à votre mémoire. Puisque vous connaissez le présent de l'indicatif, lancez-vous ! Écrivez sur une feuille de papier le subjonctif présent des verbes : **telefonare, prendere, dormire** ; il vous suffit en outre de savoir que la 1re personne du pluriel est toujours terminée par **-iamo** aux présents de l'indicatif et du subjonctif :

Telefonare	*Prendere*	*Dormire*
telefoni	**prenda**	**dorma**
telefoni	**prenda**	**dorma**
telefoniamo	**prendiamo**	**dormiamo**
telefonino	**prendano**	**dormano**

Constatez que dans le texte de cette leçon, tous les subjonctifs italiens se traduisent par des subjonctifs en français. Ils viennent après les expressions :

Non credo che…   **È un vero peccato che…**
È necessario che…   **Sebbene…**

• **Mi spiace,** *je regrette.*
Spiacere est le contraire de **piacere**. Le **s** initial a une valeur privative : **un pittore conosciuto,** *un peintre connu* ; **un pittore sconosciuto,** *un peintre inconnu.*
Le préfixe **dis-** a la même valeur négative : **dispiacere,** *déplaire, regretter* ; **disdire,** *dédire* ; **disfare,** *défaire* ; **disconoscere,** *méconnaître.*

EXERCICES

Traduisez en italien :

A. 1. Vous *(singulier)* n'allez pas à Naples ? C'est dommage !
2. Vous ne partez pas tout de suite ? C'est dommage.
3. C'est dommage que vous ne partiez pas tout de suite.
4. Quand partez-vous ? Je ne crois pas que vous partiez. Il n'y a plus de place libre. **5.** De toute façon il faut que vous partiez. **6.** Nous avons écrit à l'avance. **7.** Nous avons téléphoné. Nous avons réservé notre place. **8.** Et vous *(singulier)* quand avez-vous écrit ? Quand avez-vous téléphoné ?

B. 9. Nous écrivons. Il faut que nous écrivions. Écrivons, donc. Écrivez aussi, monsieur, s'il vous plaît. **10.** Nous téléphonons. Il faut que nous téléphonions. Téléphonons donc. Téléphonez aussi, monsieur, s'il vous plaît. **11.** C'est dommage que vous n'écriviez pas. C'est dommage que vous ne téléphoniez pas.

C. 12. Je regrette que vous ne partiez pas. Je regrette que cela ne soit pas possible. Je regrette que vous n'ayez pas réservé votre place. **13.** Il n'est pas content (traduire par *dispiacere*) que vous ne partiez pas. Cela me déplaît qu'il ne prenne pas le premier train.

CORRIGÉS

A. 1. Non va a Napoli? Peccato! **2.** Non parte subito? Peccato! **3.** Peccato che non parta subito. **4.** Quando parte? Non credo che parta. Non c'è un posto libero. **5.** In ogni modo bisogna che lei parta. **6.** Abbiamo scritto in anticipo. **7.** Abbiamo telefonato. Abbiamo prenotato il nostro posto. **8.** E Lei quando ha scritto? Quando ha telefonato?

B. 9. Noi scriviamo. Bisogna che noi scriviamo. Dunque scriviamo. Scriva anche lei, signore, per favore. **10.** Noi telefoniamo. Bisogna che noi telefoniamo. Dunque, telefoniamo. Telefoni anche lei, signore, per favore. **11.** Peccato che lei non scriva. Peccato che lei non telefoni.

C. 12. Mi spiace che lei non parta. Mi spiace che ciò non sia possibile. Mi spiace che non abbia prenotato il suo posto. **13.** Gli dispiace che lei non parta. Mi dispiace che non prenda il primo treno.

CONTRÔLE ET RÉVISIONS

Les verbes ; *piacere* ; la forme de politesse

A. Traduisez :
1. Il est italien. Elle aussi est italienne. **2.** D'où est-il ?
Et elle, d'où est-elle ? **3.** D'où sont-ils ? De Rome ? D'où
sont-elles ? De Florence ? **4.** Êtes-vous italien, monsieur ?
Et vous, madame ? **5.** Non, nous ne sommes pas italiens !
6. D'où êtes-vous ? De Paris ? **7.** Oui, nous sommes de
Paris, mais nous sommes à Rome, chez un oncle.

B. Traduisez :
8. Aimez-vous cette maison, monsieur ? **9.** Aimez-vous
ces arbres ? Qu'aimez-vous ? **10.** J'aime ces arbres. Nous
aimons cette maison.

C. Traduisez :
11. Nos amis de Rome parlent très bien l'italien. **12.** Je
le parle un peu. Je le lis. **13.** Je le comprends quand mes
amis parlent. **14.** Je préfère parler avec eux. **15.** J'écris
quelques phrases tous les jours (= chaque jour).

D. Traduisez :
16. Comment allez-vous ? **17.** Quand partez-vous,
monsieur ? **18.** Où allez-vous ? **19.** Avez-vous une
voiture ? **20.** Allez-vous à Rome en voiture ? **21.** Allez-
vous jusqu'à Rome ?

E. Traduisez :
22. J'ai besoin d'aller à Milan. **23.** Je ne crois pas que
ce soit possible maintenant. **24.** Si, c'est possible si
vous partez maintenant. **25.** Je vous attends. **26.** Ne
m'attendez pas. **27.** Partez immédiatement.

F. Conjuguez au présent de l'indicatif :
consentire, preferire, partire.

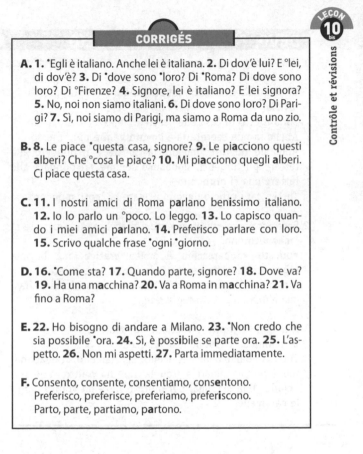

CORRIGÉS

A. 1. *Egli è italiano. Anche lei è italiana. **2.** Di dov'è lui? E °lei, di dov'è? **3.** Di *dove sono *loro? Di *Roma? Di dove sono loro? Di °Firenze? **4.** Signore, lei è italiano? E lei signora? **5.** No, noi non siamo italiani. **6.** Di dove sono loro? Di Parigi? **7.** Sì, noi siamo di Parigi, ma siamo a Roma da uno zio.

B. 8. Le piace *questa casa, signore? **9.** Le piacciono questi alberi? Che °cosa le piace? **10.** Mi piacciono quegli alberi. Ci piace questa casa.

C. 11. I nostri amici di Roma parlano benissimo italiano. **12.** Io lo parlo un °poco. Lo leggo. **13.** Lo capisco quando i miei amici parlano. **14.** Preferisco parlare con loro. **15.** Scrivo qualche frase *ogni *giorno.

D. 16. *Come sta? **17.** Quando parte, signore? **18.** Dove va? **19.** Ha una macchina? **20.** Va a Roma in macchina? **21.** Va fino a Roma?

E. 22. Ho bisogno di andare a Milano. **23.** *Non credo che sia possibile *ora. **24.** Sì, è possibile se parte ora. **25.** L'aspetto. **26.** Non mi aspetti. **27.** Parta immediatamente.

F. Consento, consente, consentiamo, consentono.
Preferisco, preferisce, preferiamo, preferiscono.
Parto, parte, partiamo, partono.

DEVO, °POSSO, °SO, °VOGLIO

1 Devo alzarmi ogni mattina alle sette. Devo uscire di casa alle °otto.

Questa mattina son dovuto andare al più presto in ufficio.

Sono uscito di casa alle °sette e °mezzo.

Anche la mia segretaria è dovuta venire più °presto.

Abbiamo dovuto °leggere la °posta e rispondere alle lettere più urgenti. Dobbiamo sempre •rispondere alle lettere che ci giungono.

Tutti i capi ufficio devono firmare la °corrispondenza.

2 Posso scrivere •direttamente a macchina o registrare al °magnetofono.

•Questo •apparecchio è molto pratico, ma la mia segretaria non ha saputo farlo funzionare subito.

Ora la mia segretaria od io possiamo riascoltare le frasi che abbiamo potuto registrare.

3 Marcello °strepita: °voglio le °caramelle!

La mamma °vuole bene a °Marcello.

Tutti vogliamo bene a Marcello, ma Marcello, stamattina, non è voluto andare a °scuola. Non ha voluto in nessun °modo. E la mamma, per punirlo, non ha voluto dargli le caramelle.

[ò] otto; posso; so; magnetofono; voglio; vuole; scuola; modo.
[ó] rispondere; ora.
[è] sette; presto; leggere; corrispondenza; mezzo; Marcello; strepita; caramelle.
[é] direttamente; questo; apparecchio.

VOLERE È POTERE.

JE DOIS, JE PEUX, JE SAIS, JE VEUX

1 Je dois me lever tous les matins à sept heures. Je dois sortir de chez moi à huit heures. Ce matin j'ai dû aller au plus vite au bureau. Je suis sorti de chez moi à 7 heures et demie. Ma secrétaire a dû venir aussi plus tôt. Nous avons dû lire le courrier et répondre aux lettres les plus urgentes. Nous devons toujours répondre aux lettres qui nous parviennent. Tous les chefs de bureau doivent signer la correspondance.

2 Je peux écrire directement à la machine ou enregistrer au magnétophone. Cet appareil est très pratique, mais ma secrétaire n'a pas su le faire fonctionner tout de suite. Maintenant, ma secrétaire ou moi, nous pouvons écouter à nouveau les phrases que nous avons pu enregistrer.

3 Marcel tempête : je veux les bonbons ! La maman aime (m. à m. : veut du bien à) Marcel. Tous aiment Marcel, mais Marcel, ce matin, n'a pas voulu aller à l'école. Il ne l'a pas voulu en aucune façon, et sa maman, pour le punir, n'a pas voulu lui donner les bonbons.

Devo, posso, so, voglio • Je dois, je peux, je sais, je veux

Prononciation

Attention aux doublements de consonnes : *mattina, alle, sette, ufficio, capoufficio, abbiamo, leggere.*
Repérez des phrases où se trouvent des mots présentant des redoublements de consonnes et lisez-les à haute voix.

Vocabulaire

Corrispondere, correspondre ; *corrispondenza,* correspondance.
Rispondere, répondre ; *risposta,* réponse.
leggere la posta, lire le courrier.
giungere, arriver.
registrare, enregistrer.
strepitare, faire du vacarme ; *lo strepito,* le vacarme.
ufficio, bureau ; *il capoufficio,* le chef de bureau.

VOULOIR C'EST POUVOIR.

• **Dovere** : devo, deve, dobbiamo, devono.
potere : posso, può, possiamo, possono.
sapere : so, sa, sappiamo, sanno.
volere : voglio, vuole, vogliamo, vogliono.

Tutoiement :

devi, puoi, sai, vuoi ; *tu dois…*
dovete, potete, sapete, volete ; *vous devez…*

• **Son dovuto andare,** *j'ai dû aller.* **Ho dovuto leggere,** *j'ai dû lire.*
Dans le premier exemple on emploie **essere** à cause du verbe **andare** : on dirait en effet : **sono andato,** *je suis allé.* Dans le second, on emploie **avere,** à cause du verbe **leggere** : on dirait **ho letto,** *j'ai lu.*

Les verbes **dovere, potere, volere,** seuls, emploient l'auxiliaire **avere : ho voluto, ho potuto, ho dovuto.** Mais suivis d'un infinitif, ils se laissent précéder par l'auxiliaire correspondant à cet infinitif.

Ho dovuto mangiare. *J'ai dû manger.*
Non sono potuto andare. *Je n'ai pas pu aller.*
Non è voluto venire. *Il n'a pas voulu venir.*

N.B. **Non ha voluto partire** est correct, mais il insiste sur le fait de « n'avoir pas voulu ».

Son pour **sono ; esser** pour **essere ; star** pour **stare ; vuol** pour **vuole.** L'usage vous permettra d'utiliser ces formes élidées à bon escient.

• **Alle sette e mezzo,** *à sept heures et demie.*
Le mot **ore** qui est du féminin est sous-entendu ; **mezzo** est invariable. On dira : **alle sette e un quarto. Sono le otto meno un quarto. Un'arancia e mezzo.**

Mais vous direz : **desidero una mezza arancia,** *je désire une demi-orange ;* **un quarto di mela,** *un quart de pomme.*

• **Il capoufficio, i capouffici**

❘ **Attention** au pluriel des noms composés avec *-capo* :

– si **capo** indique une personne, il se met au pluriel. Ainsi : **il capostazione,** *le chef de gare,* **i capistazione** ;

– sinon, c'est le 2ᵉ nom qui prend la marque du pluriel. Ainsi : **il capoluogo,** *le chef-lieu,* **i capoluoghi.**

EXERCICES

Traduisez en italien :

A. 1. Il sait beaucoup de choses. **2.** Il peut faire beaucoup pour son frère, mais il n'aime pas son frère. **3.** Il n'aime pas faire ce qu'il ne veut pas. **4.** Alors que veut-il ? **5.** Que veut-il voir ? Que peut-il voir aujourd'hui ? **6.** À qui doit-il parler ? **7.** Que puis-je faire pour vous ? **8.** À qui puis-je écrire pour réserver ma place ? **9.** Avec qui dois-je partir ? **10.** Que voulez-vous ? Que voulez-vous que je vous donne ?

B. Mêmes phrases à la première personne du pluriel :
1. Nous savons…

C. 11. J'ai fait ce que vous voulez. **12.** J'ai dû faire ce que vous m'avez dit. **13.** Je n'ai pas pu ni voulu faire ce que Paul m'a dit. **14.** Je suis parti. **15.** J'ai dû partir. **16.** Je n'ai pas pu ni voulu partir sans Paul. **17.** Je n'ai pas pu le faire. **18.** Je n'ai pas pu partir. **19.** Je n'ai pas pu venir. **20.** Je n'ai pas pu aller à la banque. **21.** Je n'ai pas pu changer mon argent.

CORRIGÉS

A. 1. Sa molte cose. **2.** Può fare molto per suo fratello, ma non ama suo fratello. **3.** Non gli piace fare ciò (quello) che non vuole. **4.** Allora che cosa vuole? **5.** Che cosa vuol vedere? Che cosa può vedere oggi? **6.** Con chi deve parlare? **7.** Che cosa posso fare per lei? **8.** A chi posso scrivere per prenotare il mio posto? **9.** Con chi devo partire? **10.** Che cosa vuole? Che cosa vuole che le dia?

B. 1. Sappiamo… **2.** – Possiamo… per nostro…, … non amiamo… **3.** – Non ci piace… vogliamo. **4.** – … vogliamo…? **5.** – … vogliamo…? … possiamo…? **6.** – … dobbiamo…? **7.** – … possiamo…? **8.** – … possiamo… il nostro…? **9.** – … dobbiamo…?

C. 11. Ho fatto ciò che vuole. **12.** Ho dovuto fare ciò che mi ha detto. **13.** Non ho potuto né voluto fare ciò (quello) che Paolo mi ha detto. **14.** Sono partito. **15.** Son dovuto partire. **16.** Non ho potuto né voluto partire senza Paolo. **17.** Non ho potuto farlo. **18.** Non son potuto partire. **19.** Non son potuto venire. **20.** Non sono potuto andare in banca. **21.** Non ho potuto cambiare il mio denaro.

°SEDERE, °RIMANERE, °VEDERE

1 Giovanni è un •poltrone. Rimane seduto tutto il giorno. Rimane a °leggere lo stesso giornale per molte ore •ogni mattina. Non ha mai le sue °cose in •ordine e quando cerca °qualcosa mette la casa a soqquadro.

2 – Ha visto la •mostra del •Tintoretto a °Venezia?
– Ho ammirato quelle grandi pitture che si vedono nel Palazzo Ducale, tra cui si °trova il più grande dipinto del •mondo.
– Dal •balcone del Palazzo si può •vedere il Lido. La vista è •molto °bella. L'acqua non è mai calma. I vaporetti vanno e °vengono per la gioia dei turisti. Nei canali •dove passano •solo le •gondole, lo specchio delle acque resta °immobile. Mi piace •sedere in una gondola e •vedere i palazzi sfilare davanti a •me.

3 – Si °accomodi, signora, •prego, non rimanga in piedi.
– °Prenda la mia °sedia.
– °Prego, prego, signori, non si °scomodino.
– Non °vuol •rimanere con •noi?
– °Sieda e rimanga a farci compagnia. È già stata a °Venezia?
– Sì, l'anno •scorso e sono rimasta °sei •mesi. Questa °volta rimarrò molto •meno.

[ò] cosa; trova; immobile; vuol; volta; accomodi; scomodino.
[ó] poltrone; ogni; ordine; mostra; mondo; balcone; dove; solo; gondole.
[è] leggere; cerca; Venezia; bella; vengono; prenda; sedia; prego; sieda.
[é] mette; Tintoretto; quelle; vedere; sedere; me; rimanere; mesi; meno.

VENEZIA È LA REGINA DELL'ADRIATICO.

S'ASSEOIR, RESTER, VOIR

1 – Jean est un paresseux. Il reste assis toute la journée. Il reste à lire le même journal des heures durant, chaque matin. Il n'a jamais ses affaires en ordre et quand il cherche quelque chose il met la maison sens dessus dessous.

2 – Avez-vous vu l'exposition du Tintoret à Venise ? – J'ai admiré ces grandes peintures que l'on voit au Palais ducal, parmi lesquelles se trouve la plus grande toile du monde. – Du balcon du Palais, on peut voir le Lido. La vue est très belle. L'eau n'est jamais calme. Les vapeurs vont et viennent pour la joie des touristes. Dans les canaux, où passent seulement les gondoles, le miroir de l'eau (m. à m. : des eaux) reste immobile. J'aime m'asseoir dans une gondole et voir les palais défiler devant moi.

3 – Asseyez-vous, madame, je vous en prie ; ne restez pas debout. – Prenez ma chaise. – Je vous en prie, je vous en prie, messieurs, ne vous dérangez pas. – Ne voulez-vous pas rester avec nous ? – Asseyez-vous et restez pour nous tenir compagnie. Avez-vous déjà été à Venise ? – Oui, l'année dernière, et je suis restée six mois. Cette fois-ci, je resterai beaucoup moins.

Prononciation

• **Rappel :** l'accent tonique peut tomber sur la voyelle finale *(più)*, sur l'avant-dernière syllabe *(palazzo)*, sur la troisième avant la fin *(gondola)*, plus rarement sur la quatrième avant la fin *(scomodino)*. Mémento § 1.
Prononcez comme en français « c'est » : *siede*, il s'assoit ; *piede*, pied ; *ieri* [è], hier.

• Doublement de consonnes : faites bien sonner les 2 *m*, les 2 *n*, les 2 *t*, les 2 *s*, les 2 *c*, les 2 *z* : *ammirare, Giovanni, tutto, passano, specchio, palazzo*…

VENISE EST LA REINE DE L'ADRIATIQUE.

•Sedere, •rimanere, •vedere • S'asseoir, rester, voir

Vocabulaire

Vedere, la vista.
Sedere, la sedia.
Il vaporetto, le bateau qui assure le service des transports en commun sur les canaux de Venise.
La pittura peut être « l'art de peindre » ou « le tableau » ; *il dipinto* est toujours le tableau = *il quadro.*

GRAMMAIRE

• **Sedere: siedo, siede, sediamo, siedono.** Subj. **sieda.**
rimanere: rimango, rimane, rimaniamo, rimangono. Subj. **rimanga.**
vedere: vedo, vede, vediamo, vedono. Subj. **veda.**

Tutoiement
au singulier : **tu siedi, tu rimani, tu vedi...**
au pluriel : **voi sedete, voi rimanete, voi vedete...**
participe passé : **seduto,** *assis ;* **rimasto,** *resté ;* **veduto (visto),** *vu.*

• **Il giornale; lo stesso giornale.** Voyez la leçon 8.
Le **s** initial suivi d'une consonne est appelé impur, parce qu'on ne peut pas l'attaquer directement sans prendre appui, en quelque sorte, sur la voyelle précédente.

L'article masculin « **il** » ne permettrait pas cet appui sur une voyelle puisqu'il est terminé par la consonne **l.** C'est pourquoi on emploie « **lo** » devant un mot commençant par un **s** impur.

Au pluriel l'article « **i** » n'offrant pas suffisamment d'appui, c'est « **gli** » que l'on emploiera. Ex. : **Gli stessi uomini,** *les mêmes hommes.*

• **Farci compagnia**
Le verbe est **fare**, le pronom complément **ci,** nous, est placé après le verbe et soudé à lui. Ce rejet se produit pour tout pronom personnel complément d'un infinitif et l'infinitif perd sa dernière lettre.

• **Si accomodi, signora !** *Asseyez-vous, madame.*
Rappelez-vous qu'un ordre, exprimé en français à l'impératif, s'exprime à la forme de politesse italienne au subjonctif : « Que madame s'assoie ! » D'où l'emploi du pronom réfléchi de la 3ᵉ pers. sing. **si** placé devant le subjonctif.

EXERCICES

Traduisez en italien :

A. 1. Au lieu d'aller et venir tout le temps comme cela, restons un peu à la maison. **2.** Asseyons-nous. **3.** Prenons un livre ; lisons-le. **4.** Il faut que nous restions tranquilles un jour entier. **5.** Toujours voir des musées et des églises nous fatigue. **6.** Nous avons vu cent tableaux hier, autant avant-hier ; c'est magnifique. **7.** Mais nous ne savons plus très bien où ils se trouvent. **8.** Restons à regarder le Grand Canal et les gondoles. **9.** C'est magnifique ce que les meilleurs peintres ont fait.

B. 10. Nous nous sommes assis. **11.** Nous avons dû nous asseoir pour boire, tellement il faisait chaud. **12.** Nous sommes restés une heure assis. **13.** Nous avons dû rester une heure assis. **14.** Nous n'avons pas pu nous asseoir. **15.** Nous avons vu le musée de la sculpture de la Renaissance. **16.** Ils n'ont pas pu voir les fresques. **17.** L'église a dû rester fermée toute l'après-midi. **18.** Nous n'avons pas pu tenir compagnie à vos amis. **19.** Jean et Paul n'ont pas pu leur tenir compagnie non plus.

•Sedere, •rimanere, •vedere • S'asseoir, rester, voir

CORRIGÉS

A. 1. Invece di andare e venire continuamente così, restiamo un poco in casa. **2.** Sediamoci. **3.** Prendiamo un libro ; leggiamolo. **4.** È necessario che noi restiamo un giorno intero tranquilli. **5.** Veder sempre musei e chiese ci stanca. **6.** Abbiamo visto cento quadri ieri, altrettanti l'altro ieri ; è magnifico. **7.** Ma non sappiamo più esattamente dove si trovino. **8.** Rimaniamo a guardare il Canal Grande e le gondole. **9.** È magnifico ciò (quello) che hanno fatto i migliori pittori.

B. 10. Ci siamo seduti. **11.** Ci siamo dovuti sedere per bere, tanto faceva caldo. **12.** Siamo rimasti un'ora seduti. **13.** Siamo dovuti restare un'ora seduti. **14.** Non abbiamo potuto sederci. **15.** Abbiamo visto il museo della scultura del Rinascimento. **16.** Non hanno potuto vedere gli affreschi. **17.** La chiesa è dovuta restar chiusa tutto il pomeriggio. **18.** Non abbiamo potuto tener compagnia ai nostri amici. **19.** Neanche Giovanni e Paolo hanno potuto tener loro compagnia.

1 – Di °dove •viene lei?
– Vengo da Tivoli. Sono uscita, dalla casa di mia zia nel pomeriggio. Sono venuta con mia cugina. Ogni lunedì veniamo da Tivoli °insieme.
– E loro di dove vengono?
– •Ora veniamo da casa. Abbiamo assistito ad uno spettacolo alla •televisione. Siamo usciti °dieci minuti fa. Da dieci minuti siamo in strada. Tra un quarto d'ora andiamo a •vedere un film.

2 – È un signore che non ha •preoccupazioni. •Appena si alza, °eccolo che °esce di casa per incontrare gli amici al bar. Parla un °po' con loro e poi °legge i giornali. Quindi viene un altro amico che vuole portarlo via :
– °Venga via di qui! Andiamo a respirare un po' d'aria pura. Su, via, usciamo.

3 – Per •favore, •signore, •dov'è l'uscita della •stazione?
– È lì, in •fondo a °destra. Può uscire anche a sinistra. L'uscita principale è di •fronte. Se lei esce dall'uscita principale °trova la fermata dell'autobus.

[ò] trova; po'.
[ó] televisione; occupazione; favore; stazione; fondo; fronte.
[è] viene; insieme; dieci; eccolo; esce; legge; venga; destra.
[é] vedere; appena.

VENNI, VIDI, VINSI.

VENEZ DEHORS, SORTEZ !

1 – D'où venez-vous ? – Je viens de Tivoli. Je suis sortie
de chez ma tante dans l'après-midi. Je suis venue avec
ma cousine. Tous les lundis nous venons ensemble de
Tivoli. – Et vous, d'où venez-vous ? – Maintenant nous
venons de chez nous. Nous avons assisté à un spectacle à
la télévision. Nous sommes sortis il y a 10 minutes. Nous
sommes dans la rue depuis 10 minutes. Dans un quart
d'heure nous allons voir un film.

2 – C'est un monsieur qui n'a pas de soucis. À peine se
lève-t-il, le voilà qui sort de chez lui pour retrouver ses
(m. à m. les) amis au bar. Il parle un peu avec eux, puis
il lit les journaux. Ensuite vient un autre ami qui veut
l'emmener : – Sortez d'ici ! Allons respirer un peu d'air
pur. Allons, dehors, sortons.

3 – S'il vous plaît, monsieur, où est la sortie de la gare ?
– Elle est là, au fond à droite. Vous pouvez sortir aussi à
gauche. La sortie principale est en face. Si vous sortez par
la sortie principale, vous trouvez l'arrêt de l'autobus.

Prononciation

● *esco uscita* [ch] *usciamo*
Doublement de consonnes : *pomeriggio, legge, appena, spettacolo, eccolo.*

● Attention à l'accent tonique : *via* (séparez bien le *i* et le *a*) ;
tranvia (séparez bien le *a*).

● Pour l'entraînement de votre mémoire auditive, amusez-
vous à répéter les deux premières lignes du § 3, avec sa succession d'o fermés et d'e ouverts :
favore – signore – dov'è – stazione – è – fondo – destra
　°o　　　°o　　°o°e　　°o　　°e °o　　　°e

JE SUIS VENU, J'AI VU, J'AI VAINCU.

Vocabulaire

- *La mattina*, le matin ; *il pomeriggio*, l'après-midi ; *la sera*, le soir ; *la notte*, la nuit.
- *Via*, adverbe, traduit une idée d'éloignement qu'il communique au verbe qu'il suit ; ex. : *andare via*, aller au loin, partir.
- *Stamattina*, ce matin (*sta* est mis pour *questa*) ; *questo pomeriggio*, cet après-midi ; *stasera*, ce soir ; *stanotte*, cette nuit.
- *Quindi* a deux sens : 1. ensuite ; on peut employer aussi *dopo* 2. donc ; on peut employer aussi *dunque*.

GRAMMAIRE

• *Venire*	*Uscire*
vengo	**esco**
viene	**esce**
veniamo	**usciamo**
vengono	**escono**

Le subjonctif de ces deux verbes se forme en partant de la 1re personne du singulier du présent de l'indicatif :

	Venire :	**vengo,**	**venga,** *que je vienne*
	Uscire :	**esco,**	**esca,** *que je sorte*
Rappel :	**Rimanere :**	**rimango,**	**rimanga,** *que je reste.*

L'impératif français de politesse se traduit par le subjonctif italien : **Venga, Signore,** *Venez, monsieur* (m. à m. : que monsieur vienne).

• Ne confondez pas :
1) **se** : conjonction qui introduit l'hypothèse : *se esce*, s'il sort.
2) **si** : pronom réfléchi : *si alza*, il se lève.
Pour s'en souvenir, retenez cet exemple : **Se si alza, esce presto,** *S'il se lève, il sort de bonne heure.*
3) **si** = on : **Si esce nel pomeriggio,** *On sort dans l'après-midi.*

• Attention à l'expression du temps :
Dieci minuti fa, *il y a dix minutes.*
Da dieci minuti, *depuis dix minutes.*
Tra un quarto d'ora, *d'ici un quart d'heure.*

• Il faut intercaler la préposition **a** entre un verbe de mouvement et l'infinitif qui le suit : **Andiamo a respirare un po' d'aria pura.**

EXERCICES

A. 1. On peut sortir quand on veut. **2.** On ne peut pas entrer sans billet. **3.** Si l'on veut entrer à nouveau après être sorti, il faut donc acheter un autre billet. **4.** Avec un billet on peut aller partout. **5.** On peut voir tout ce que l'on veut. **6.** On ne peut pas voir ce tableau en ce moment parce qu'il a été prêté à une exposition, à Londres ou à Paris.

B. 7. Venez (singulier) chez moi. **8.** Apportez tout ce qu'il vous faut pour écrire, lire, etc., pour faire tout ce que vous voulez. **9.** Si vous voulez, vous pourrez faire de la musique. **10.** Si vous n'êtes pas content, partez (pluriel). **11.** Emportez toutes vos affaires. **12.** Allez-vous-en. **13.** Partez tous ensemble. **14.** Il y a 20 minutes que vos amis sont partis. **15.** Sortez, vite.

C. 16. Ils sont venus nous voir. **17.** Ils ont absolument voulu venir nous voir. **18.** Nous sommes allés les voir. **19.** Nous avons pu aller les voir. **20.** Vous (singulier) avez assisté au concert. **21.** Vous avez dû assister au concert. **22.** Cela ne vous a pas plu. **23.** Cela n'a pas dû leur plaire (à Jean et à Pierre) non plus.

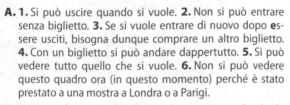

CORRIGÉS

A. 1. Si può uscire quando si vuole. **2.** Non si può entrare senza biglietto. **3.** Se si vuole entrare di nuovo dopo **es**sere usciti, bisogna dunque comprare un altro biglietto. **4.** Con un biglietto si può andare dappertutto. **5.** Si può vedere tutto quello che si vuole. **6.** Non si può vedere questo quadro ora (in questo momento) perché è stato prestato a una mostra a Londra o a Parigi.

B. 7. Venga da me (a casa mia). **8.** Porti tutto quello che le occorre per scri**v**ere, l**e**ggere ecc… per fare tutto ciò che vuole. **9.** Se vuole, potrà suonare. **10.** Se non sono conten**ti**, **p**artano. **11.** **P**ortino via tutte le loro cose. **12.** Se ne **v**adano. **13.** **P**artano tutti insieme. **14.** I loro amici sono partiti venti minuti fa. **15.** **E**scano, presto.

C. 16. Sono venuti a trovarci. **17.** Hanno voluto assolutamente venire a trovarci. **18.** Siamo andati a trovarli. **19.** Abbiamo potuto andare a trovarli. **20.** Ha assistito al concerto. **21.** Ha dovuto assi**s**tere al concerto. **22.** Ciò non le è piaciuto. **23.** Ciò non è dovuto piacere neanche a loro (a Giovanni e a Pietro).

CHE COSA MANGEREMO?

1 – •Domenica, °dopo una passeggiata nei °boschi, rimarrò in casa tutta la giornata.
   – Riceverà i suoi amici?
   – Sì, certamente.
   – In quanti saranno?
   – Non so, ma in ogni modo si potrà approfittare per invitarli a colazione. Che cosa •mangeremo?
   – Quello che vorrà, ci sarà di tutto. Potrò servire antipasti di prosciutto, salame, mortadella, olive, quindi spaghetti, carne °arrosto o bistecca ai °ferri con •contorno, formaggi e •dolce, dipenderà dal loro appetito.

2 – Piano, piano. Chi mangia °troppo ingrassa. È vero che avrò molta fame se andrò nei boschi, ma può preparare un pasto più leggero. Non desidero diventare più grasso di Giovanni.
   – Ma Giovanni non è grasso, al contrario è magrissimo e perciò mangerà e berrà •come al solito °senza preoccuparsi. Lei parla certamente di °Antonio che è grassissimo e più basso di me.

3 – Giovanni è tanto alto quanto °Pietro. Pietro e Giovanni sono •meno grassi di Antonio. Antonio è il più grasso di tutti. Quanti sapranno °essere °sobri davanti a pietanze tanto °buone?

L'APPETITO VIEN MANGIANDO.

QUE MANGERONS-NOUS ?

1 – Dimanche, après une promenade dans les bois, je resterai chez moi toute la journée. – Vous recevrez vos amis ? – Oui certainement. – Combien seront-ils ? – Je ne sais pas mais on pourra de toute manière (en) profiter pour les inviter à déjeuner. Qu'est-ce que nous mangerons ? – Ce que vous voudrez, il y aura de tout. Je pourrai servir des hors-d'œuvre avec du jambon, du saucisson, de la mortadelle, des olives, ensuite des spaghetti, du rôti ou du *bifteck* au gril avec des légumes, des fromages et du dessert, cela dépendra de leur appétit.

2 – Doucement, doucement. Qui mange trop grossit. Il est vrai que j'aurai très faim si je vais (m. à m. : j'irai) dans les bois, mais vous pouvez préparer un repas plus léger. Je ne désire pas devenir plus gros que Jean. – Mais Jean n'est pas gros, au contraire, il est très maigre et c'est pourquoi il mangera et boira comme d'habitude sans se faire de souci. Vous parlez certainement d'Antoine qui est très gros et plus petit que moi.

3 – Jean est aussi grand que Pierre. Pierre et Jean sont moins gros qu'Antoine. Antoine est le plus gros de tous. Combien sauront être sobres devant des plats aussi bons ?

Prononciation

- *Sarà, rimarrò, potrà, vorrà...* ont l'accent tonique sur la dernière syllabe mais vous devez prononcer beaucoup plus fort le *a* final : « *sarà* » que celui de « il sera ». Prononcer le *r* correctement : pensez à « *l* » [l].
- Redoublement de consonnes *saranno*. Par contre *saremo*.
- L'accent tonique passe de l'avant-dernière à la troisième avant la fin dans les superlatifs : *grasso, grassissimo ; magro, magrissimo*. Au contraire, lorsqu'une forme verbale s'allonge de ses pronoms compléments, l'accent tonique ne change pas de place. Exemples : *dare, darsela ; sedere, sederci ; sediamo, sediamoci ; leggiamo, leggiamolo*.

L'APPÉTIT VIENT EN MANGEANT.

Vocabulaire

● *Al solito = di solito* ; du verbe *solere*, avoir l'habitude de. Le français possède l'adjectif « insolite », *insolito*.
● *Il magro*, le maigre de la viande.
● *Invitare a colazione.* De même : *invitare a cena.* On dira aussi : *invitare a prendere l'aperitivo, il tè; invitare a passare tre giorni in campagna.*

GRAMMAIRE

● **Le futur** se forme très simplement.
En français : j'ai, tu as, il a se retrouvent après l'infinitif : je parlerai, tu parleras…
Apprenez de la manière suivante :

J'ai à parler = je parlerai
Ho da parlare = parlerò
ha da parlare = parlerà
abbiamo da parlare = parleremo
hanno da parlare = parleranno

Remarquez que le **a** de l'infinitif devient **e**.
Remarquez aussi l'anomalie **abbiamo da…** terminaison **parleremo.**
N'oubliez pas qu'une langue est vivante et que tout ce qui vit tend par cela même à s'échapper des règles, mais y revient constamment !
Il y a quelques futurs irréguliers : ayez recours au Mémento grammatical et prenez note de quelques futurs irréguliers : **andare** (§ 58), **vedere, sapere, bere, rimanere, volere** (§ 62), **potere** (§ 44), **dovere** (§ 64), **avere** (§ 51), **essere** (§ 52). À partir de la 1re du singulier qui vous est donnée vous pouvez conjuguer tout le temps. Ainsi : **rimarrò, rimarrà, rimarremo, rimarranno.**

● *Più* alto *di, meno* alto *di*; *plus grand que, moins grand que.*

È così alto come me = È tanto alto quanto me = È alto quanto me. *Il est aussi grand que moi.*

Grasso, grassissimo; *gros, très gros.*
bene, benissimo; *bien, très bien,*
buono, buonissimo; *bon, très bon.*

Vous pouvez dire : **è buonissimo, è molto buono, è buono buono,** *c'est très bon, ou il est très bon.*

EXERCICES

A. 1. Quand nous serons à Florence, nous pourrons aller, tous les jours, à San Miniato. **2.** Nous verrons la coupole de Brunelleschi, le campanile de Giotto et toutes les églises. **3.** Ensuite nous irons jusqu'aux jardins de Boboli. **4.** Mais avant, nous aurons passé plusieurs heures au musée des Offices. **5.** Nous aurons visité le Bargello pour admirer les œuvres de Donatello. **6.** Alors nous saurons beaucoup de choses et nous pourrons aller nous promener.

B. 7. Quand viendrez-vous (*singulier*) à Florence ? **8.** Combien de temps y resterez-vous ? **9.** Que voudrez-vous faire ? **10.** Avec qui serez-vous ? **11.** Devez-vous voir d'autres villes ? **12.** Voudrez-vous aller au bord de la mer ? **13.** Que ferez-vous ? **14.** Aurez-vous du temps pour visiter les musées ?

C. Mêmes phrases que B au tutoiement pluriel.

CORRIGÉS

A. 1. Quando saremo a Firenze, potremo, ogni giorno, andare a San Miniato. **2.** Vedremo la Cupola di Brunelleschi, il campanile di Giotto e tutte le chiese. **3.** Andremo in seguito fino ai giardini di Boboli. **4.** Ma prima, avremo passato molte ore nella Galleria degli Uffizi. **5.** Avremo visitato il Bargello per ammirare le opere di Donatello. **6.** Allora sapremo molte cose e potremo andare a passeggiare.

B. 7. Quando verrà a Firenze? **8.** Quanto tempo vi resterà? **9.** Che cosa vorrà fare? **10.** Con chi sarà? **11.** Deve vedere altre città? **12.** Vorrà andare in riva al mare? **13.** Che cosa farà? **14.** Avrà il tempo per visitare i musei?

C. 7. … verrete…? **8.** … resterete? **9.** … vorrete fare? **10.** … sarete? **11.** Dovete…? **12.** Vorrete…? **13.** … farete? **14.** Avrete…?

SE LO °SAPESSI GLIELO °DIREI

1 – °Vorrei che mi •dicesse che °tempo farà domani.

– Se lo •sapessi glielo °direi. Oggi è •domenica e non •credo che si °possano °chiedere informazioni al servizio °meteorologico.

–In ogni modo °ieri °era buon tempo ed oggi pure.

– Sì, °oggi c'è un °bel •sole ed il °cielo è •sereno. Se il tempo non •fosse così •mutevole, si potrebbe affermare senz'altro che domani sarà una °bella giornata.

2 – E se andassimo oggi in campagna?

– È un' °ottima °idea. •Vedremmo finalmente il •nostro •orto •sotto il sole e se i nostri amici venissero anche •loro, sarebbe più divertente.

– Li °inviterei volentieri se non dovessimo rimanere in campagna fino a dopodomani.

3 – In campagna all'alba e al •tramonto c'è •spesso la •nebbia e il tempo è umido.

– Ma la mattina e il pomeriggio, quando c'è il •sole, il tempo è asciutto e fa quasi caldo.

– Non mi piace stare in campagna quando è piovuto o è nevicato : c'è fango e fa freddo. Preferisco restare in città.

– A me piace la campagna anche col temporale. I fulmini ed i °tuoni non mi °spaventano.

DOPO IL FULMINE IL •SERENO.

SI JE LE SAVAIS, JE VOUS LE DIRAIS

1 – Je voudrais que vous me disiez quel temps il fera demain. – Si je le savais, je vous le dirais. Aujourd'hui, c'est dimanche et je ne crois pas que l'on puisse demander des informations au service météorologique. – De toute manière, hier il faisait beau et aujourd'hui aussi. – Oui, aujourd'hui il y a du soleil et le ciel est pur. Si le temps n'était pas aussi changeant, on pourrait affirmer sans aucun doute que demain sera une belle journée.

2 – Et si nous allions aujourd'hui à la campagne ? – C'est une excellente idée. Nous verrions enfin notre jardin potager sous le soleil et si vos amis venaient aussi, ce serait plus amusant. – Je les inviterais volontiers si nous ne devions rester à la campagne jusqu'à après-demain.

3 – À la campagne, à l'aube et au coucher du soleil, il y a souvent du brouillard et le temps est humide. – Mais le matin et l'après-midi, quand il y a du soleil, le temps est sec et il fait presque chaud. – Je n'aime pas être à la campagne quand il a plu ou quand il a neigé ; il y a de la boue et il fait froid. Je préfère rester en ville. – J'aime la campagne, même avec l'orage. Les éclairs et les coups de tonnerre ne me font pas peur.

Prononciation

● Amusez-vous à répéter en les accentuant correctement : *domenica, possano, chiedere, meteorologico*. Puis les imparfaits du subjonctif : *andassimo, venissero, dovessimo*, et le présent de l'indicatif *spaventano*.

● Séparez bien *possano, chiedere*. Puis liez-les comme dans le texte *possano chiedere…* Mettez ici un accent plus fort sur le deuxième mot que sur le premier.

● Accentuez les conditionnels comme les futurs, sur la terminaison : *andrei* [a-ndǉei] comme *andrò*.

APRÈS LA PLUIE, LE BEAU TEMPS
(m. à m. : après la foudre, le ciel bleu).

Vocabulaire

Apprenez soigneusement la préposition correcte dans les expressions suivantes :

● Préposition *a* : *all'alba*, à l'aube ; *al tramonto,* au coucher de soleil ; *vado a casa,* je vais chez moi ; *vado al mare,* je vais à la mer ; *vado al campo sportivo*, je vais au terrain de sports.

● Préposition *in* : *vado in campagna,* je vais à la campagne ; *vado nella campagna di mio zio,* je vais dans les terres de mon oncle. *Vado in città,* je vais en ville ; *vado in riva al mare,* je vais au bord de la mer ; *sto in casa,* je suis à la maison.

GRAMMAIRE

• Le conditionnel

Récitez le verbe **avere** au passé simple, dites-le « allegretto », sans vous tromper :

ebbi, ebbe, avemmo, ebbero (accent sur la 1ʳᵉ syllabe dans ce dernier mot). Mémento § 51.

Puis formez le conditionnel en pensant à l'infinitif du verbe que vous conjuguez ; soit **stare**, puis **avere**.

Starei, starebbe, staremmo, starebbero.
Avrei, avrebbe...

Tutoiement :

Avesti, aveste *(tu eus, vous eûtes).*
Staresti, *tu serais,* **stareste** (pluriel de *tu serais :* vous seriez).
Avresti, *tu aurais,* **avreste** (pluriel de *tu aurais :* vous auriez).

Toute irrégularité affectant le futur se retrouve au conditionnel. Exemple : vorrò... vorrei (voyez la leçon précédente).

> **Attention :** prononcez bien les doubles consonnes : *avremmo,* nous aurions ; *vorremmo,* nous voudrions. Distinguez bien *avremo,* nous aurons ; *vorremo,* nous voudrons.

• Il libro, •glielo darei ; *le livre, je le lui donnerais.*

lo est complément direct ; **gli** est complément indirect. L'ordre des compléments est toujours d'abord indirect puis direct : **gli + lo = glielo**. (Voyez pages 42, 47.)

I libri, glieli darei.
La camicia, gliela darei.
Le camicie, gliele darei.

Retenez ces exemples pour l'instant.

• Se lo sapessi, glielo direi.

Le verbe **sapessi** est à l'imparfait du subjonctif alors qu'en français l'imparfait de l'indicatif est utilisé. De même : **Se il**

tempo fosse buono, andremmo al mare, *si le temps était beau, nous irions à la mer.*
Se andassero, andrei, *s'ils allaient, j'irais.*
Se venissero, rimarrei qui, *s'ils venaient, je resterais ici.*
Se non dovessero venire, partirei, *s'ils ne devaient pas venir, je partirais.* Cette construction est très importante. Vous risquez de l'oublier. Revoyez-la souvent.
La règle est la suivante : le conditionnel présent dans la principale introduit une subordonnée hypothétique à l'imparfait du subjonctif.

EXERCICES

A. 1. À Florence nous pourrions, tous les jours, aller jusqu'à San Miniato. **2. Mettez les verbes de l'exercice A de la page 69 au conditionnel.**

B. Mettez les verbes de l'exercice B de la page 69 au conditionnel.

C. Mêmes phrases que B au tutoiement pluriel.

D. 15. Avez-vous le guide sur Florence ? **16.** Donnez-le-moi, s'il vous plaît. **17.** Jean voudrait le livre sur Assise. **18.** Donnez-le-lui. **19.** Donnez-nous ce livre ; donnez-le-leur. **20.** Donnez-nous ce guide ; donnez-le-leur. **21.** Quand je trouverai ce livre, je vous l'achèterai. **22.** Je vous apporterai ces livres. **23.** Cette chemise, Pierrette vous la lavera.

CORRIGÉS

A. 1. A Firenze potremmo, ogni giorno, andare fino a San Miniato. **2.** Vedremmo. **3.** Andremmo. **4.** Avremmo passato. **5.** Avremmo visitato. **6.** Sapremmo. Potremmo andare.

B. 7. Verrebbe. **8.** Resterebbe. **9.** Vorrebbe. **10.** Sarebbe. **11.** Dovrebbe. **12.** Vorrebbe. **13.** Farebbe. **14.** Avrebbe.

C. 7. Verreste. **8.** Restereste. **9.** Vorreste. **10.** Sareste. **11.** Dovreste. **12.** Vorreste. **13.** Fareste. **14.** Avreste.

D. 15. Ha la guida di Firenze? **16.** Me la dia per favore. **17.** Giovanni vorrebbe il libro su Assisi. **18.** Glielo dia. **19.** Ci dia questo libro; lo dia loro. **20.** Ci dia questa guida; la dia loro. **21.** Quando troverò questo libro glielo comprerò. **22.** Le porterò questi libri. **23.** Questa camicia, gliela laverà Pierina.

LA VITA È BELLA

1 I bimbi quando nascono piangono. •Forse •non sono °contenti di •essere in vita? In ogni modo una poppata di °solito li calma. Essi •crescono °presto. Qualche anno °dopo sono ragazzi o fanciulli.

I *ragazzi che °sogliono fare delle birichinate sono dei °monelli, ma piacciono lo •stesso.

2 Alla •fanciullezza °segue la gioventù.

I •giovani si •formano per la vita.

Vanno a °scuola e vivono •con i loro coetanei e traggono profitto dagli insegnamenti e dalle •esperienze altrui.

Sono °minorenni, non hanno •ancora l'età della •ragione, ma •scelgono già la loro strada. Uno si prepara per il °commercio e un altro •sceglie un °mestiere o una •professione : gli uni e gli altri hanno •fede nell'avvenire.

3 °Raggiungendo l'età matura essi °diventano °uomini con le loro responsabilità di •lavoro e di famiglia.

Questi è già °sessantenne, ma •dimostra meno della sua età.

Quell'altro, alla stessa età, pare più °vecchio.

Ma per tutti la vita °volge alla fine. Ognuno si °duole di lasciarla, anche se un giorno °aveva pianto affacciandosi alla vita. La vita vale la •pena di essere vissuta.

[tz] ragazzi; fanciullezza; esperienze.

L'ETÀ °PORTA •SENNO.

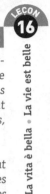

LA VIE EST BELLE

1 Les bébés pleurent quand ils naissent. Peut-être ne sont-ils pas contents d'être en vie ? De toute façon une tétée les calme, en général. Ils grandissent vite. Quelques années plus tard ce sont des enfants. Les enfants qui ont l'habitude de faire des gamineries sont des polissons, mais on les aime tout de même.

2 À l'enfance fait suite la jeunesse. Les jeunes gens se forment pour la vie. Ils vont à l'école et vivent avec leurs semblables et ils tirent profit des enseignements et des expériences des autres. Ils sont mineurs, ils n'ont pas encore l'âge de raison, mais ils choisissent déjà leur voie. L'un se prépare pour le commerce et un autre choisit un métier ou une profession : les uns et les autres ont foi en l'avenir.

3 En atteignant l'âge mûr, ils deviennent des hommes avec leurs responsabilités de travail et de famille. Celui-ci est déjà sexagénaire mais il paraît moins que son âge. Cet autre, du même âge, paraît plus vieux. Mais pour tous, la vie va vers sa fin. Chacun se plaint de la laisser, même si un jour il avait pleuré en venant à la vie. La vie vaut la peine d'être vécue.

Prononciation

Distinguez bien la place de l'accent tonique dans *chiamare*, appeler ; *chiamiamo*, nous appelons ; *chiamano*, ils appellent.
De même : *cresciamo, crescono*, de l'infinitif *crescere*, grandir.

Vocabulaire

Il bambino : crescere un bambino, élever un enfant.
Educare, formare, il ragazzo, il fanciullo. L'adolescente e il giovanotto.
Il giovane. Il monello, gamin. *L'uomo maturo,* l'homme mûr.
Il vecchio, le vieillard, le vieux (pluriel : *i vecchi*).

AVEC L'ÂGE, ON DEVIENT SAGE
(m. à m. : l'âge porte sagesse).

GRAMMAIRE

• **Verbes irréguliers (au présent)**

Trarre : traggo, trai, trae, traiamo, traete, traggono.
Scegliere : scelgo, scegli, sceglie, scegliamo, scegliete, scelgono.
Venire : vengo, vieni, viene, veniamo, venite, vengono.
Dolersi : io mi dolgo, tu ti duoli, egli si duole, noi ci dogliamo, voi vi dolete, essi si dolgono.
Piacere : piaccio, piaci, piace, piacciamo, piacete, piacciono.
Parere : paio, pari, pare, paiamo, parete, paiono.

Les verbes précédents sont irréguliers. Mais de la première personne du singulier du présent de l'indicatif, l'on tire tout le subjonctif présent. Exemples :

Piacere, *plaire,* **piaccio…**
parere, *paraître,* **paio…**

donnent au présent du subjonctif :

piaccia, piaccia, piacciamo, piacciano.
Paia, paia, paiamo, paiano.

Trarre, *tirer ;* **scegliere,** *choisir ;* **dolere,** *souffrir ;* **venire,** *venir,* font **traggo, scelgo, dolgo, vengo,** *je tire, je choisis…*

D'où le subjonctif présent : **tragga, scelga, dolga, venga…**

Exercez-vous au maniement du Mémento grammatical en y retrouvant les verbes ci-dessus.

• **Solere :** *avoir l'habitude de.*

Soglio, suole, sogliamo, sogliono. D'où **soglia.**

Employé dans la langue écrite, **solere** est remplacé généralement par **essere solito = avere l'abitudine,** *avoir l'habitude.* Retenez les expressions dérivées : **di solito,** *d'habitude ;* **dire le solite cose,** *dire toujours les mêmes choses ;* **siamo alle solite,** *nous y revoilà encore !* Pensez au français insolite, **insolito** (voyez page 68).

• **Ognuno,** *chacun.* **Ognuna** *si duole, chacune…*

Ogni giorno, *chaque jour ;* **ogni settimana, ogni mese, ogni anno,** *chaque semaine, chaque mois, chaque année.*

• **Quell'altro :** élision de quello en quell'.

Comparez avec l'uno e l'altro, *l'un et l'autre.* Au pluriel : **gli uni e gli altri ;** donc : **quegli altri** (voir Mémento). Comparez avec **po'** de poco.

La vita è bella • La vie est belle

EXERCICES

A. 1. I miei bambini sono appena arrivati. **2.** Hanno lasciato i loro gioc**a**ttoli a Roma. **3.** Si lam**e**ntano di non averne qui. **4.** È sempre la s**o**lita cosa : i bambini sono noiosi quando non sanno che cosa fare. **5.** Gli uni pi**a**ngono, gli altri gr**i**dano. **6.** Qui, in riva al mare, abbiamo l'abit**u**dine di fare il bagno la mattina alle **u**ndici e la sera verso le sei. **7.** I bambini v**e**ngono con noi. **8.** Fortunatamente, l'acqua piace loro. **9.** Scegliamo queste ore perché ci s**e**mbrano più convenienti. **10.** Ognuno può fare ciò che vuole, può andare dove vuole.

B. 11. Il n'a pas l'habitude de se plaindre. **12.** D'habitude elle non plus ne se plaint pas. **13.** Ils semblent heureux. **14.** Ils ne semblent pas avoir besoin de changer leurs habitudes. **15.** Chaque jour, à la même heure, ils font les mêmes choses. **16.** L'un et l'autre aiment leur travail. **17.** Ils s'aiment.

CORRIGÉS

A. 1. Mes enfants viennent d'arriver. **2.** Ils ont laissé leurs jouets à Rome. **3.** Ils se plaignent de n'en pas avoir ici. **4.** C'est toujours la même chose : les enfants sont désagréables quand ils ne savent pas quoi faire. **5.** Les uns pleurent, les autres crient. **6.** Ici, au bord de la mer, nous avons l'habitude d'aller nous baigner le matin à onze heures et le soir vers six heures. **7.** Les enfants viennent avec nous. **8.** Ils aiment l'eau, heureusement. **9.** Nous choisissons ces heures parce qu'elles nous semblent plus convenables. **10.** Chacun peut faire ce qu'il veut, peut aller où il veut.

B. 11. Non ha l'abit**u**dine di lamentarsi. **12.** Abitualmente neanche lei si lamenta. **13.** S**e**mbrano felici. **14.** Non sembra che **a**bbiano bisogno di cambiare le loro abit**u**dini. **15.** Ogni giorno alla stessa ora fanno le stesse cose. **16.** L'uno e l'altro **a**mano il loro lavoro. **17.** Si **a**mano.

CHIUSE LA PORTA

1 °Vittorio credette infini di •avere il tempo di lavorare.
•Corse a casa, chiuse la porta, accese la luce e decise
una °volta per tutte di terminare il suo •lavoro.
Cominciò a sfogliare le sue carte, ne °lesse alcune, mise
un po' d'•ordine e scrisse °poche righe.

2 Qualche minuto °dopo il telefono squillò :
– •Pronto? Ah, è lei... già, già... per la •cena... non ho
dimenticato, vengo subito!
– L'aspettiamo, gli altri invitati sono già arrivati.
Il °povero °Vittorio che •voleva lavorare finse di esserne
lieto, ma se ne afflisse.
Ebbe persino °voglia di gridare, °diede una manata al
•portacenere, e suo malgrado, per °convenienza, gli
toccò •rispondere con •gentilezza. Poi °volle essere più
calmo.

3 Stette un momento °soprappensiero e si °accorse di
avere anche la barba lunga. Andò nel bagno, aprì il
•rubinetto, •fece •scorrere l'acqua nella vasca e intanto
si rase. Poi s'°immerse nell'acqua calda. Si vestì quindi
in •fretta, •prese il °cappotto •appeso all'attaccapanni,
lo mise sul braccio, •scese le scale e fu presto dai °suoi
cari amici...

OGNI FRUTTO ALLA SUA STAGIONE.

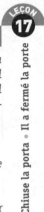

IL A FERMÉ LA PORTE

1 Victor a enfin cru avoir le temps de travailler. Il a couru chez lui, il a fermé la porte, il a allumé la lumière et il a décidé une fois pour toutes de terminer son travail. Il a commencé à feuilleter ses papiers, il en a lu quelques-uns, il a mis un peu d'ordre et il a écrit quelques lignes.

2 Quelques minutes après, le téléphone a sonné :
– Allô ? Ah, c'est vous… C'est cela… pour le dîner… je n'ai pas oublié, je viens tout de suite !
– Nous vous attendons, les autres invités sont déjà là.
Le pauvre Victor qui voulait travailler, a feint de s'en réjouir (m. à m. : d'en être joyeux), mais il s'en est affligé.
Il a même eu envie de crier, il a repoussé le cendrier d'un coup de la main et malgré lui, il a dû répondre avec amabilité, par convenance. Ensuite, il a voulu se calmer.

3 Il est resté pensif un moment et il s'est aperçu que sa barbe était longue. Il est allé dans la salle de bain, il a ouvert le robinet, il a fait couler l'eau dans la baignoire pendant qu'il s'est rasé. Ensuite il s'est plongé dans l'eau chaude. Il s'est ensuite habillé en hâte, a pris son manteau accroché au porte-manteau, l'a mis sur son bras, a descendu l'escalier et est allé rapidement chez ses chers amis…

Prononciation

Doublement de consonne à certains passés simples : *credette, scrisse, afflisse, ebbe, volle, stette*.
Consonne simple dans : *corse, chiuse, rase, prese, mise*.

Vocabulaire

Il pensiero, la pensée ; *pensieroso*, pensif ; *soprappensiero*, soucieux.
Doublement de consonne (rappel : *soprattutto*) : *tassa*, taxe, *soprattassa; prezzo*, prix, *soprapprezzo*, augmentation de prix.
Già, déjà. *Già, già!* Ah ! c'est vrai.

CHAQUE CHOSE EN SON TEMPS
(m. à m. : chaque fruit à sa saison).

GRAMMAIRE

• Le passé simple
Temps très fréquent en italien. Nous avons traduit les passés simples de cette leçon par des passés composés français.
Pour l'étude des passés simples, ayez recours au Mémento. Nous vous conseillons d'écrire ceux de cette leçon qu'il convient de classer de la façon suivante :

• Verbes réguliers : **cominciare, squillare; credere; vestirsi** (Mémento § 42, 44, 46).

• **Avere** (Mémento § 51) ; **essere** (§ 52) ; **dare** (§ 59) ; **fare** (§ 66) ; **stare** (§ 60).
Sont irréguliers au passé simple et au participe passé : **chiudere, accendere, decidere, leggere, mettere, scrivere, fingere, affliggere, rispondere, immergere, prendere, appendere, scendere** (§ 61). Exercez-vous à les conjuguer oralement et par écrit. Par exemple pour **chiudere** : **chiusi, chiudesti, chiuse, chiudemmo, chiudeste, chiusero** (notre formule : **1, 3, 3**).

• Participes passés absolus des verbes réfléchis
Le participe passé absolu, contrairement à ce qui se passe en français, est suivi du pronom réfléchi.
Ex. : **accorgersi** : *s'apercevoir* ; en français le participe passé est « aperçu » ; en italien : **accortosi** [çi] *s'étant aperçu*.
De même : **radersi,** *se raser,* **rasosi** [çi] *s'étant rasé*.
Les exemples suivants vous donneront une idée de la souplesse que le rejet du pronom réfléchi donne à la phrase italienne :
Accortosi che veniva la pioggia ritornò a casa, *s'étant aperçu que la pluie venait, il retourna chez lui*.
Si le sujet est nous, le pronom complément sera **ci** donc…
Accortici che… ritornammo a casa, *nous étant aperçus que… nous sommes retournés chez nous*.
Rasomi (ou rasatomi) venni in ufficio, *m'étant rasé, je suis venu au bureau*.
Les deux verbes **accorgersi, radersi,** sont irréguliers (Mémento § 61, 3 et 72). **Rasarsi,** synonyme de **radersi,** est régulier.

• Qualche minuto, alcuni minuti
Qualche est toujours invariable et suivi d'un nom singulier, mais il a un sens pluriel : **Qualche riga :** *quelques lignes*.
Par contre, **alcuno** prend la marque du pluriel.
Qualche minuto = alcuni minuti.

EXERCICES

A. Mettez au passé simple : 1. J'ai lu la lettre de Jeanne.
2. J'ai écrit immédiatement à son frère. **3.** Je lui ai donné de
nos nouvelles. **4.** Je me suis décidé à aller la voir après avoir
téléphoné à mes parents. **5.** Je leur ai donné son adresse pour
qu'ils m'y écrivent. **6.** J'ai eu à peine le temps de me raser.
7. J'ai couru pour prendre le train. **8.** Il est parti à 8 h 30 avec
quelques minutes de retard.

B. Faites les questions correspondantes : 1. As-tu lu la
lettre…?

**C. Mettez les verbes de l'exercice B à la forme
de politesse singulier.**

D. Mettez les verbes de l'ex. A au passé composé.

E. 9. Il s'est plaint de ne rien savoir. **10.** Elle s'est aperçue
qu'elle n'avait pas le temps de prendre son train. **11.** Après
m'être aperçu que vous m'aviez donné de quoi écrire, j'ai
écrit dix lettres à la suite.

CORRIGÉS

A. 1. Lessi la lettera di Giovanna. **2.** Scrissi immediatamente
a suo fratello. **3.** Gli diedi nostre notizie. **4.** Mi decisi ad
andare a trovarla dopo aver telefonato ai miei genitori.
5. Diedi loro il suo indirizzo affinché mi ci scrivano. **6.** Ebbi
appena il tempo di radermi. **7.** Corsi per prendere il treno.
8. Partì alle otto e mezzo con qualche minuto di ritardo.

B. 1. Leggesti la lettera di Giovanna? **2.** Scrivesti immediatamente a suo fratello? **3.** Gli desti nostre notizie? **4.** Ti
decidesti…? **5.** Desti loro…? **6.** Avesti appena il tempo di
raderti? **7.** Corresti…? **8.** Partì…?

C. 1. Lesse. **2.** Scrisse. **3.** Gli dette. **4.** Si decise. **5.** Dette loro.
6. Ebbe. **7.** Corse.

D. 1. Ho letto. **2.** Ho scritto. **3.** Ho dato. **4.** Mi sono deciso.
5. Ho dato. **6.** Ho avuto. **7.** Sono corso per prendere il
treno. **8.** È partito.

E 9. Si è lamentato di non saper niente. **10.** Si è accorta che
non aveva il tempo di prendere il treno. **11.** Dopo essermi
accorto che mi aveva dato di che scrivere, ho scritto dieci lettere di •seguito.

CHE COSA DESIDERAVA?

1 – Mi aveva chiamato, signore? Che cosa desiderava?
 – °Per me •porti un caffè, per •favore e per l'amico...
 – Desiderava qualcosa anche lei?
 – °Certo, ieri avevano delle °ottime granite di •limone.
 – Spiacentissimo, ma oggi non ci sono granite. Ce n'°erano ieri, oggi non ce ne sono più. °Vuole una granita di caffè?
 – Non so, se i miei °nervi stessero calmi, volentieri. Ma la caffeina non la °sopporto. Mi porti un'aranciata.

2 – Le •dicevo che quando ero a Napoli, andavo •spesso a Margellina; posteggiavo la mia macchina e restavo lungamente di •fronte al golfo e a Capri. Ciò che m'infastidiva di più era la °presenza di uno scugnizzo che voleva che gli dessi una mancia per guardarmi la macchina. *Ed io lo scacciavo : « Vattene via! » Lei •crede che se ne andasse? Neanche per sogno.

3 – Le dirò che a me non dànno fastidio questi monelli. Una volta andavo •spesso anch'io a Margellina a •godermi il sole e l'azzurro, ma quando incontravo quei monelli dagli occhi °neri e intelligenti offrivo loro un gelato, °proprio affinché non se ne andassero via.
Gli scugnizzi sono i ragazzi di strada. Sono molto vivaci e mi piacciono tanto.

* [ediyo]

ANDATE A FARVI BENEDIRE!

QUE DÉSIRIEZ-VOUS ?

1 – Vous m'aviez demandé, monsieur ? Que désiriez-vous ?
– Pour moi apportez un café, s'il vous plaît, et pour
mon ami… – Désiriez-vous quelque chose, vous aussi ?
– Certainement, hier vous aviez d'excellents granités de
citron. – Je suis désolé, mais aujourd'hui il n'y a pas de
granités. Il y en avait hier, aujourd'hui il n'y en a plus.
Voulez-vous un granité de café ? – Je ne sais pas, si mes
nerfs étaient calmes, volontiers. Mais la caféine, je ne la
supporte pas. Apportez-moi une orangeade.

2 – Je vous disais que lorsque j'étais à Naples, j'allais
souvent à Margellina ; je garais ma voiture et je restais
longuement face au golfe et à Capri. Ce qui me dérangeait
le plus, c'était la présence d'un gosse qui voulait que je
lui donne un pourboire pour garder ma voiture. Et moi
je le chassais : « Va-t'en ! » Vous croyez qu'il s'en allait ?
Pas le moins du monde (m. à m. : pas même en rêve).

3 – Je vous dirai que ces gamins ne me dérangent pas.
Autrefois j'allais fréquemment, moi aussi, à Margellina
pour jouir du soleil et de l'azur, mais quand je rencontrais
ces gamins aux yeux noirs et intelligents, je leur offrais
une glace, précisément pour qu'ils ne s'en aillent pas.
Les « scugnizzi » sont les enfants de la rue. Ils sont très
vifs et je les aime beaucoup.

Prononciation

Prononcez le « e » de *certo* comme le français « certes ».
Le même « e » dans *lei, pieno, dieci*. Le même dans *caffè* (distinguer bien du français : 2 f et un « è » ouvert). Mais par contre, vous
direz *volevo* avec é de même *nero, crede*.

Vocabulaire

Guardare, custodire ; surveiller.
Qualche cosa, qualcosa ; quelque chose.
Qualcuno, qualcheduno ; quelqu'un.
Niente, rien. *Nessuno*, personne.

ALLEZ AU DIABLE !
(m. à m. : allez vous faire bénir).

• L'imparfait

Parlare	*Credere*
parlavo	credevo
parlava	credeva
parlavamo	credevamo
parlavano	credevano

Tutoiement : **parlavi, parlavate credevi, credevate**

Tous les verbes à l'imparfait de l'indicatif sont réguliers à l'exception de **dire** et **fare** (Mémento § 65 et 66), **essere** (§ 52) **bere**, **trarre** (§ 62). Tous les imparfaits du subjonctif sont réguliers à l'exception de : **stare** qui fait **stessi; dare, dessi; essere, fossi.**

• Un ragazzo, uno scugnizzo

L'on dit **uno** et non pas **un**, parce que le mot qui suit commence par **s** + consonne (**s** impur : voyez la leçon 12).

De même : **quel ragazzo** mais **quello scugnizzo ;**
è un buon ragazzo mais **è un buono scugnizzo ;**
è un bel ragazzo mais **è un bello scugnizzo ;**
la camicia del ragazzo, la camicia dello scugnizzo.

• Vattene via

Doublement du t : **va** + **te** = **vatte**. Donc : **vattene.**
via, hors, dehors, se place après quelques verbes pour insister sur l'idée d'éloignement.

andarsene via = *s'en aller*. **Buttar via** = *jeter*. **Mandar via**, *chasser, renvoyer*. **Portar via**, *enlever, emporter*.

Exemples :

vattene via, *va-t'en* : **non andartene via,** ne *t'en va pas.*
andatevene via, *allez-vous-en* (tutoiement) ; **non andatevene via,** *ne vous en allez pas.*
se ne vada via, *allez-vous-en* ; **non se ne vada via ;**
butti via la cicca della sigaretta, *jetez le mégot* (vouvoiement) ;
mandi via quell'uomo, *renvoyez cet homme ;*
porti via questi piatti, *enlevez ces assiettes.*

• Dagli occhi neri

Le détail caractéristique est introduit par la préposition **da** :
L'uomo dai capelli bianchi, *l'homme aux cheveux blancs.*
Il soldato dall'uniforme azzurra, *le soldat à l'uniforme bleu.*
I giovani dai capelli lunghi, *les jeunes gens aux cheveux longs.*
Un uomo dalla fronte alta, *un homme au front large.*

EXERCICES

A. 1. Cet homme-là parlait trop. **2.** Il croyait avoir toujours raison. **3.** Quand il parlait, tout le monde devait se taire. **4.** Charles venait nous voir quelquefois. **5.** Son frère avait l'habitude de venir tous les dimanches. **6.** Il choisissait un programme à la radio et il l'écoutait. **7.** Il restait assis des heures et des heures. **8.** Il ne se plaignait jamais. **9.** Il aimait être seul.

B. 10. J'étais allé à Messine. **11.** J'avais voulu connaître la Sicile. **12.** J'avais dû aller d'abord à Naples. **13.** Une fois décidé je ne changeais jamais. **14.** Mes frères aussi faisaient toujours ce qu'ils avaient dit. **15.** C'était plus facile pour eux. **16.** Et leurs amis aimaient cela. **17.** Ils savaient à qui ils avaient à faire, n'est-ce pas ?

C. 18. Ce garçon aux cheveux longs est un beau garçon ; il est beau. **19.** C'est aussi un bon garçon ; il est bon. **20 et 21. :** phrases 18 et 19 au pluriel.

CORRIGÉS

A. 1. Quell'uomo parlava troppo. **2.** Credeva di aver sempre ragione. **3.** Quando parlava tutti dovevano tacere. **4.** Qualche volta Carlo veniva a trovarci. **5.** Suo fratello aveva l'abitudine di venire tutte le domeniche. **6.** Sceglieva un programma alla radio e lo ascoltava. **7.** Restava seduto ore e ore. **8.** Non si lamentava mai. **9.** Gli piaceva star solo.

B. 10. Ero andato a Messina. **11.** Avevo voluto ·conoscere la Sicilia. **12.** Ero dovuto andare prima a Napoli. **13.** Una volta deciso non cambiavo mai. **14.** Anche i miei fratelli facevano sempre ciò che avevano detto. **15.** Era più facile per loro. **16.** E ciò piaceva ai loro amici. **17.** Sapevano con chi avevano a che fare, non è vero?

C. 18. Quel ragazzo dai capelli lunghi è un bel ragazzo; è bello. **19.** È anche un buon ragazzo; è buono. **20.** Quei ragazzi dai capelli lunghi sono dei bei ragazzi; sono belli. **21.** Sono anche dei buoni ragazzi, sono buoni.

ARRIVEDERLA, °SIGNORE

1 Lungo la strada •dove °Antonio se ne va a spasso ci son molti negozi le cui vetrine lo attirano. C'è anche quello di abbigliamento con tante °belle camicie, maglie, calzini, cravatte e guanti!

– Mi °vuol dire il °prezzo di •quella camicia, per favore? °Chiede alla •commessa, la quale gli risponde con •gentilezza : – °Costa sessanta euro. È un po' cara, ma è la migliore che abbiamo.

2 – Non ne ha di •meno care? le chiede ancora.

– Ne ho di un altro tipo, ma non •gliele consiglio. Altri °clienti, ai quali le •avevo sconsigliate, sono rimasti scontenti. Può vederle in vetrina. Ce ne sono due esposte. Una bianca e l'altra azzurra.

Antonio le vede, gli piacciono e ne compera due. Paga settantacinque euro alla commessa e la saluta : « •Arrivederla, •signora, la ringrazio. »

3 Antonio, passeggiando per la strada, era stato attirato dalla vetrina di un negozio di •abbigliamento. Era entrato perché aveva visto delle camicie. Ne aveva •bisogno. La •commessa gliene aveva consigliate alcune di °ottima qualità, ma, trovandole care, ne •aveva •scelte due di qualità •inferiore. La •commessa lo aveva avvertito che altri clienti non ne erano rimasti soddisfatti. La commessa aveva sconsigliato anche a loro di acquistarle. Antonio, •come loro, aveva voluto °prenderne per sé di •meno care per risparmiare.

Prononciation

Attention à l'accent tonique : *°tiepido, °ottimo, attirano, piacciono*. *Glielo, gliela, glieli, gliele, gliene*, l'accent tonique tombe sur le premier de ces deux pronoms (voir grammaire).

[ttz] prezzo; gentilezza.

°SPENDERE E SPANDERE.

AU REVOIR, MONSIEUR

1 Le long de la rue où Antoine va se promener, il y a de nombreux magasins dont les vitrines l'attirent. Il y a également celui de confection avec tant de belles chemises, de pulls, de chaussettes, de cravates et de gants !
– Voulez-vous me dire le prix de cette chemise, s'il vous plaît ? demande-t-il à l'employée qui lui répond avec gentillesse :
– Elle coûte soixante euros. Elle est un peu chère, mais c'est la meilleure qualité que nous ayons.

2 – Vous n'en avez pas de moins chères ? lui demande-t-il encore. – J'en ai d'un autre modèle, mais je ne vous les conseille pas. D'autres clients, à qui je les avais déconseillées, en ont été mécontents. Vous pouvez les voir en vitrine. Il y en a deux exposées. L'une blanche et l'autre bleue.
Antoine les voit, elles lui plaisent et il en achète deux. Il paie soixante-quinze euros à l'employée et la salue : « Au revoir, madame, je vous remercie. »

3 Antoine, en se promenant dans la rue, avait été attiré par la vitrine d'un magasin de prêt-à-porter. Il était entré parce qu'il avait vu des chemises. Il en avait besoin. L'employée lui en avait conseillé quelques-unes d'excellente qualité mais, les trouvant chères, il en avait choisi deux de qualité inférieure. L'employée l'avait averti que d'autres clients n'en avaient pas été satisfaits. L'employée leur avait déconseillé à eux aussi d'en faire l'acquisition. Antoine, comme eux, avait voulu en prendre pour lui de moins chères, afin de faire des économies.

Vocabulaire

La commessa, la vendeuse.
Ringraziare, remercier ; *riconoscente,* reconnaissant.
Rifare, refaire ; *da rifare,* à refaire ; *ridire,* redire.
Il Rinascimento, la Renaissance.
*And**a**rsene a spasso = passeggiare,* s'en aller se promener.
lo spasso, l'amusement ; *spass**a**rsela,* prendre du bon temps.

BRÛLER LA CHANDELLE PAR LES DEUX BOUTS
(m. à m. : dépenser et répandre).

GRAMMAIRE

• **Le avevo sconsigliate** (§ 2, page 86).
Le, ce sont les chemises **(la camicia, le camicie)** ; le participe passé s'accorde avec le complément d'objet direct s'il est placé avant le verbe **avere,** obligatoirement si ce complément est un pronom **(lo, la, li, le),** facultativement si ce complément est un nom (voyez page 34).

La règle italienne diffère encore de la française en ce que l'accord se fait avec **ne** = en ; en français nous considérons généralement « en » comme complément indirect ; donc nous ne faisons pas l'accord. Ex. : *Elle lui en avait conseillé,* **gliene aveva consigliate alcune** (§ 3 page 86).

Vous vous rappelez le rôle du préfixe **s-** (page 48). Aujourd'hui : **consigliare,** *conseiller ;* **sconsigliare,** *déconseiller ;* **contento,** *content ;* **scontento,** *mécontent.*

Nous avons déjà évoqué ce caprice arithmétique (page 72) : **Gli + le** devient **gliele ; gli + ne** devient **gliene.**

Tout en raisonnant sur l'emploi et de l'ordre correct des pronoms, répétez souvent certains exemples afin de forger vos habitudes. **Andarsene, arrivederla** (**la** étant la forme polie) : rejet du pronom après l'infinitif.

• **Se ne va,** *il s'en va.*
Se ne afflisse (leçon 17), *il s'en est affligé :* l'ordre est le même qu'en français.

Distinguer bien ce dernier exemple de : **si afflisse,** *il s'est affligé* de l'infinitif **affliggersi.**

De même ne confondez pas : **si vestì,** *il s'habilla* (**vestirsi**), et **se ne vestì,** *il s'en habilla.*

• **Il negozio di alimentari, di abbigliamento**
On peut dire aussi : **il negozio d'alimentari, d'abbigliamento.** L'élision est donc facultative, dans ces deux exemples.

• **Le cui vetrine…,** *dont les vitrines…*
Dont + nom se traduit par **cui** intercalé entre l'article et le nom. *Le monsieur dont la maison…,* **il signore la cui casa…** *Le monsieur dont les amis…,* **il signore i cui amici…**

• **Seimila lire**
Mille lire; duemila lire, ecc. Le pluriel de **mille** est **mila** (Mémento § 28). Apprenez de temps à autre les nombres.

EXERCICES

A. 1. Je le vois tous les jours. **2.** Nous ne nous voyons pas souvent mais nous aimons nous rencontrer. **3.** Je lui disais il y a quelques jours que je vous (*singulier*) avais vu. **4.** Je ne lui ai pas parlé de votre visite. **5.** Je ne lui en ai pas parlé.

B. 6. En allant à la place Navone, j'ai vu des chemises qui m'ont beaucoup plu. **7.** J'achète d'ordinaire mes chemises à la Trinité-des-Monts. **8.** Je n'en achète jamais ailleurs. **9.** Quand on en vendra de belles ici, j'en achèterai. **10.** Ce sera plus facile pour moi. **11.** Combien en avez-vous acheté ? **12.** En avez-vous besoin de beaucoup ?

C. 13. Ils sont allés se promener. **14.** Ils prennent du bon temps. **15.** Vous aussi vous avez dû prendre du bon temps !

CORRIGÉS

A. 1. Lo vedo ogni giorno. **2.** Non ci vediamo spesso, ma ci piace incontrarci. **3.** Qualche giorno fa gli dicevo che l'avevo visto. **4.** Non gli ho parlato della sua visita. **5.** Non gliene ho parlato.

B. 6. Andando a Piazza Navona ho visto delle camicie che mi son piaciute molto. **7.** Abitualmente compro le mie camicie a Trinità dei Monti. **8.** Non ne compro mai altrove. **9.** Quando se ne venderanno di belle qui, ne comprerò. **10.** Sarà più facile per me. **11.** Quante ne ha comprate? **12.** Ne ha bisogno di molte?

C. 13. Sono andati a passeggiare. **14.** Se la spassano. **15.** Anche lei ha dovuto spassarsela!

CHE °ORE SONO?

1 – Dimmi che ore sono, per favore. Il mio °orologio è di •**o**ttima marca, ma va sempre indietro. •Segna le °dieci meno cinque.

– Anche il mio è di una buona marca, ma non è preciso. Di °s**o**lito va avanti. •Segna le dieci e dieci.

– E il tuo orologio, Pierino, che •ore fa? Di s**o**lito va •**bene**.

– •Quello che mi •**a**vete comprato è una marca secondaria, ma è precis**i**ssimo. È certamente il più preciso. Sono le dieci in punto.

2 – Che ore °**e**rano quando siamo partiti?

– **E**rano le °**o**tto e un quarto all'orologio della stazione.

– Tra quanto tempo pensi che •arriveremo?

– Tra un'•**o**retta al m**a**ssimo. L'arrivo è previsto per le °dieci e cinquanta.

– Il viaggio è lungo, ma sono già stanco. Hai •messo la °sveglia °troppo °presto •questa mattina. Prest**i**ssimo.

3 – Abbiamo sempre avuto orologi di **o**ttime marche, ma mai nessuno è stato preciso : l'orologio a •p**e**ndolo, la sveglia e persino •quell'•**o**rologetto piccolino che tu mi regalasti. Lo •avevi pagato così caro. •Ricordi? Andava sempre avanti. Non si riusciva a farlo regolare. E io ti •chiedevo sempre : – Che ore saranno?

– Con i °nostri °orologi non sapevamo mai l'ora esatta. L'orario preciso ce lo dava •solo l'orologio della •torre, che •batteva le ore sul •campanone.

Prononciation

Remarquez le déplacement de l'accent tonique : *orol**o**gio, orologetto* ; *piccolo, piccolino,* tout petit ; *camp**a**na, campan**o**ne,* grosse cloche ; *Pi**e**ro, Pierino,* Pierrot ; *un'**o**ra, un'or**e**tta,* une petite heure.

MEGLIO TARDI CHE MAI.

QUELLE HEURE EST-IL ?

1 – Dis-moi quelle heure il est, s'il te plaît. Ma montre est d'excellente qualité mais elle retarde toujours. Elle indique 10 heures moins cinq. – La mienne est aussi d'une bonne marque, mais elle n'est pas précise. En général, elle avance. Elle indique 10 h 10. – Et ta montre, Pierrot, quelle heure indique-t-elle ? En général elle marche bien. – Celle que vous m'avez achetée est d'une marque de second ordre, mais elle est très précise. C'est certainement la plus précise. Il est 10 heures juste.

2 – Quelle heure était-il quand nous sommes partis ? – Il était huit heures un quart à l'horloge de la gare. – Dans combien de temps pensez-vous que nous arriverons ? – Dans une petite heure au plus. L'arrivée est prévue pour 10 h 50. – Le voyage est long, mais je suis déjà fatigué. Tu as mis le réveil trop tôt ce matin. Très tôt.

3 – Nous avons toujours eu des horloges ou des montres d'excellentes marques, mais aucune n'a jamais été précise : la pendule, le réveil et même cette petite montre minuscule que tu m'as offerte. Tu l'avais payée si chère ! Tu te rappelles ? Elle avançait toujours. On n'arrivait pas à la faire régler. Et moi je te demandais toujours : – Quelle heure peut-il bien être ? – Avec nos pendules et nos montres, nous ne savions jamais l'heure exacte. L'heure précise, seule l'horloge de la tour, qui sonnait les heures sur la grosse cloche, nous la donnait.

Vocabulaire

L'arrivo, la partenza ; l'arrivée, le départ.
I signori viaggiatori sono pregati di salire sul treno. MM. les voyageurs sont priés de monter dans le train.
Andare indietro, retarder. ***E**ssere in ritardo,* être en retard.
Andare avanti, avancer ; ***e**ssere in anticipo,* être en avance.

MIEUX VAUT TARD QUE JAMAIS
(m. à m. : mieux tard que jamais).

Ex. : *Sono in ritardo perché il mio orologio va indietro.*
Je suis en retard parce que ma montre retarde.
L'orologio da polso, la montre bracelet ; ... *a pendolo,* la pendule ; ... *del campanile,* l'horloge (d'un clocher par exemple.) ; ... *elettrico,* la pendule, l'horloge électrique ; *la sveglia,* le réveil.

GRAMMAIRE

• **Mettere, misi, messo,** *mettre, j'ai mis, mis.*
Mémento § 61 n° 53. Familiarisez-vous avec les verbes de cette liste où nous mettons en jeu un moyen mnémotechnique qui vous sera d'un grand profit.

• **Superlatifs**
Di qualità molto buona peut aussi se dire : **di ottima qualità.**

De même :
molto cattivo, *très mauvais*	**pessimo**
molto preciso, *très précis*	**precisissimo**
molto grande, *très grand*	**massimo**.

Ne confondez pas **presto** avec **pronto**. **Se lei è pronto, è meglio che partiamo presto.** *Si vous êtes prêt, il vaut mieux que nous partions rapidement.* **Meglio** s'oppose à **peggio,** pis.

È così caro, *c'est si cher.*

Retenez aussi **inferiore, superiore ; peggiore,** *pire ;* **migliore,** *meilleur.*
Il mio orologio è *migliore del* tuo.
Ma montre est meilleure que la tienne.
È migliore di quello, *elle est meilleure que celle-là.*
È il migliore. *C'est la meilleure.*

• **Nessuno**, *personne* (contraire de **qualcuno**).
Nessuno dice che lei è un uomo cattivo, *personne ne dit que vous êtes un méchant homme.*
On peut dire aussi : **non dice nessuno che...**

• **Tra quanto tempo = Fra quanto tempo...?** = *Dans combien de temps ?*

EXERCICES

A. 1. Nous avons un très mauvais temps. **2.** Il a neigé tout le temps. **3.** J'aime la neige en montagne. **4.** Mais en ville c'est très déplaisant. **5.** Nous avions eu meilleur temps l'année dernière. **6.** Il est vrai que nous étions arrivés plus tôt. **7.** J'aime mieux vraiment l'été que l'hiver ; le ciel bleu, la mer bleue, la chaleur, même s'il fait un peu humide, les fruits exquis, les boissons fraîches, les vêtements légers. **8.** C'est tellement mieux !

B. 9. Le pire serait qu'il pleuve tous les jours. **10.** Si vous n'êtes pas prêt, il faut rester. **11.** C'est si facile d'être prêt à l'heure. **12.** On ne peut pas partir si personne ne le veut. **13.** Dans combien de temps croyez-vous que nous pourrons nous en aller ?

CORRIGÉS

A. 1. Abbiamo un p**e**ssimo tempo. **2.** È nevicato continuamente. **3.** Mi piace la neve in montagna. **4.** Ma in città è spiacevol**i**ssimo. **5.** Avevamo avuto tempo migliore l'anno scorso. **6.** È vero che eravamo arrivati prima. **7.** Preferisco veramente di più l'estate che l'inverno : il cielo blu, il mare blu, il caldo, anche se è un po' **u**mido, le frutta squisite, le bevande fresche, i vestiti leggieri. **8.** È tanto meglio!

B. 9. Il peggio sarebbe che piovesse ogni giorno. **10.** Se non è pronto, bisogna restare. **11.** È così f**a**cile **e**ssere pronti in tempo. **12.** Non si può partire se nessuno lo vuole. **13.** Tra quanto tempo pensa che potremo and**a**rcene?

CONTRÔLE ET RÉVISIONS

Révision des verbes au passé simple, aux futur et conditionnel, au participe passé ; le verbe « devoir » (auxiliaire *essere*) et les autres questions de grammaire étudiées des leçons 11 à 20.

A. Traduisez :

   1. Je dois partir. Je suis parti. J'ai dû partir. **2.** J'ai fait ce travail. J'ai dû faire ce que vous m'avez dit. **3.** Il n'a pas compris. Il n'a pas dû comprendre. **4.** Il a dû aller jusqu'à Rome.

B. Traduisez (tutoiement pluriel) :

   5. Nous sommes restés trop longtemps à Milan : plus d'une semaine. **6.** Nous n'avons pas pu bien voir Venise. **7.** Venise est plus intéressante que Milan. **8.** Nous devons retourner à Venise. Et vous ? **9.** Nous y sommes restés moins d'une semaine. **10.** Venise est moins grande que Milan mais nous préférons Venise. **11.** Nous sommes restés autant de temps que vous à Milan.

C. Traduisez (tutoiement pluriel) :

   12. Quand vous serez à Florence, je vous écrirai. **13.** Je vous dirai quand nous partirons. **14.** Vous aimerez Florence. **15.** Irez-vous en Italie cet été ? **16.** Si vous allez en Italie j'irai avec vous. **17.** Si vous y allez, vous me le direz ?

D. Traduisez (tutoiement pluriel) :

   18. Dites-le-moi, s'il vous plaît. **19.** D'ordinaire quand je pars, je vous le dis. **20.** Écrivez-moi. **21.** Montrez ce livre à Pierre. Montrez-le-lui. **22.** Pas à Jeanne ? Je ne le montre pas à Jeanne ? **23.** Si, si vous le montrez à Pierre, montrez-le à elle aussi ; montrez-le à tous les deux.

E. Traduisez les phrases 18 à 23 (vouvoiement singulier).

A. 1. Devo partire. Sono partito. Sono dovuto partire. **2.** Ho fatto questo lavoro. Ho dovuto fare •quello che lei mi ha •detto. **3.** Non ha capito. Non ha dovuto capire. **4.** È dovuto andare fino a •Roma.

B. 5. Siamo rimasti °troppo a lungo a Milano : più di una settimana. **6.** Non abbiamo potuto •vedere °bene °Venezia. **7.** Venezia è più interessante di Milano. **8.** Dobbiamo tornare a Venezia. E •voi? **9.** Noi ci siamo rimasti •meno di una settimana. **10.** Venezia è meno grande di Milano, ma noi preferiamo Venezia. **11.** Noi siamo rimasti a Milano tanto °tempo quanto voi.

C. 12. Quando sarete a Firenze, vi scriverò. **13.** Vi dirò quando partiremo. **14.** Firenze vi piacerà. **15.** Andrete in Italia quest'estate? **16.** Se andrete in Italia, verrò con voi. **17.** Se ci andrete, me lo direte?

D. 18. Ditemelo, °prego. **19.** Abitualmente quando parto ve lo dico. **20.** Scrivetemi. **21.** Mostrate questo libro a °Pietro. Mostrateglielo. **22.** A Giovanna, no? Non lo mostro a Giovanna? **23.** Sì, se lo mostrate a Pietro, mostratelo anche a °lei; mostratelo a tutti e due (= fatelo vedere…).

E. 18. •Me lo dica, prego. **19.** Abitualmente quando parto •glielo dico. **20.** Mi scriva. **21.** Mostri questo libro a Pietro. Glielo mostri. **22.** A Giovanna, no? Non lo mostro a Giovanna? **23.** Sì, se lo mostra a Pietro, lo mostri anche a lei; lo mostri a tutti e due (lo faccia vedere…).

LA FIAMMA BRUCIA ALLEGRAMENTE

1 – Una °volta si conservava la brace da un giorno all'altro, •costantemente. Oggi, per fortuna, quando si ha bisogno del °fuoco, lo si °ottiene subito °premendo il pulsante di un •apparecchio °elettrico. Lì accanto in cucina, c'è il piano di cottura con le piastre elettriche, il che facilita •considerevolmente il lavoro della °cuoca.

2 – Allora ci si può perfino °accendere una •sigaretta?
 – Certo. Del resto il °sistema elettrico, lo ritrovi inserito nel °cruscotto di tutte le macchine; •l'aggeggio è ormai così diffuso, che hai capito a •volo a che cosa alludo, senza insistere •oltre.
 – Frattanto, mi hai •messo la voglia di accendere immediatamente una •sigaretta. Ma •vedo che te ne rimangono poche.

3 – Di due ne ho abbastanza. Anzi, meno fumo meglio è. In •fondo più mi astengo e meno ci •rimetto nei miei bronchi.
 – D'altra parte, nonostante l'opinione degli igienisti, che •pongono in cima a tutti i •veleni di oggigiorno il tabacco, io sono °disposto a tirarmi °addosso ogni °genere di guai, ma non °posso vivere senza sigaretta.

[tz] abbastanza; senza.

•MOLTO FUMO E •NIENTE •ARROSTO.

LA FLAMME BRÛLE ALLÈGREMENT

1 – Autrefois, on conservait les braises d'un jour à l'autre, constamment. Aujourd'hui, heureusement, quand on a besoin de feu, on l'obtient tout de suite en appuyant sur le bouton d'un appareil électrique. Là, à côté dans la cuisine, il y a le plan de cuisson avec les plaques électriques, ce qui facilite considérablement le travail de la cuisinière.

2 – Alors, on peut même allumer une cigarette ?
– Certainement. D'ailleurs, le système électrique, tu le retrouves inséré dans le tableau de bord de toutes les voitures ; l'appareil est désormais si répandu que tu as compris tout de suite à quoi je fais allusion, sans insister davantage.
– En attendant, tu m'as donné l'envie d'allumer immédiatement une cigarette. Mais je vois qu'il t'en reste peu.

3 – Avec deux, j'en ai assez. Et même, moins je fume, mieux c'est. Au fond, plus je m'abstiens et moins mes bronches en souffrent.
– D'autre part, malgré l'opinion des hygiénistes, qui mettent le tabac au-dessus de tous les poisons d'aujourd'hui, je suis disposé à attirer sur moi toutes sortes d'ennuis, mais je ne puis vivre sans cigarette.

Vocabulaire

Sotto, sous ; *sopra*, sur. *Sotto la tavola, sopra la tavola.* Sous la table, sur la table.

Qui, qua, ici ; *lì, là*, là. *Qui c'è una sedia, là c'è una poltrona.* Ici, il y a une chaise, là il y a un fauteuil.

Accanto, à côté ; *vicino*, près ; *lontano*, loin. *La chiesa è accanto*, l'église est à côté.

Rappel : *dove*, où ; *sempre*, toujours ; *mai*, jamais ; *ora*, maintenant ; *prima*, d'abord ; *poi*, après ; *dopo*, ensuite ; *una volta*, une fois, autrefois.

BEAUCOUP DE FUMÉE POUR RIEN
(m. à m. : beaucoup de fumée et pas de rôti).

GRAMMAIRE

• **Mots invariables**
– pour le lieu :
– **al di sotto, c'è un tappeto**, *dessous il y a un tapis* ; ou aussi : **sotto, c'è un tappeto**.
– **al di sopra, c'è un lume**, *au-dessus il y a une lampe* ; ou aussi : **sopra c'è un lume**.
– **qua e là**, *çà et là*.
– **l'albergo è qui vicino**, *l'hôtel est près d'ici*.

– pour le temps :
– **lì per lì**, *sur-le-champ, aussitôt*.
– **ormai**, *désormais* (**ora**, *maintenant*).
– **dapprima**, *d'abord* ; **prima di tutto**, *tout d'abord*.
– **a volte, talvolta, talora**, *parfois*.
– **da molto tempo,** *depuis longtemps*.

• **Les adverbes en « mente »,** se forment comme en français.
Lent, lente, lentement : **lento, lenta, lentamente**.
Certo, certa, certamente : *certainement*.
Vous trouverez aussi des adjectifs employés comme adverbes :
Parla basso, parla forte, *il parle bas, fort…* = **a bassa voce, ad alta voce**.
Cammina piano,… **svelto**, *il marche lentement, … vite*.

• Veillez à l'emploi correct de la préposition :
Pronto a partire, *prêt à partir* ; **lento a venire, a…**, *long à venir, lent à…*
Da molto tempo, *depuis longtemps*.
Rappel : **Vengo da Roma** (**da** indique la provenance).
Et rattachez à cette idée les noms propres : **Fra' Giovanni da Fiesole, Santa Caterina da Siena, Leonardo da Vinci, San Francesco d'Assisi** (**da + A = d'A**).

• **Quelques diminutifs**
Uomo : omino, *petit homme*.
Oggetto : oggettino, *petit objet*.
Bottone : bottoncino, *petit bouton* ;
Forno, fornello a gas [gaz], *fourneau à gaz* ;
Fiamma, *flamme :* **fiammella**.

EXERCICES

A. 1. Avant de fumer une cigarette, dites-vous : est-ce utile ? **2.** Ensuite : je fume depuis longtemps ; est-ce que cela m'a fait du bien ? **3.** Certainement non ! Pendant longtemps, je n'ai pas fumé et, alors, je me trouvais beaucoup mieux. **4.** Alors ! Désormais je ne fumerai plus. **5.** Je prends cette décision sur-le-champ. **6.** Hors d'ici, le tabac ! Hors d'ici, les cigarettes ! **7.** Mieux vaut tard que jamais ; je fume cette dernière et ça suffit !

B. 8. On se plaint souvent d'être malade alors que l'on en est soi-même responsable. **9.** L'on choisit d'être malade plutôt qu'en bonne santé. **10.** Nous prenons souvent de mauvaises habitudes. **11.** Il me semble que chacun peut le constater sur soi et sur les autres.

C. 12. Dites-lui de moins fumer. **13.** Dites-le-lui. **14.** Moi, il ne me croit pas. **15.** Et l'argent qu'il dépense en cigarettes ! **16.** Qu'est-ce que ça coûte d'être fumeur !

CORRIGÉS

A. 1. Prima di fumare una sigaretta si dica : è **u**tile? **2.** Quindi : fumo da molto tempo; mi ha fatto bene? **3.** Certamente no! Per molto tempo non ho fumato e, allora, mi trovavo molto meglio. **4.** Allora! Ormai non fumerò più. **5.** Prendo questa decisione immediatamente. **6.** Via di qui il tabacco! Via di qui le sigarette! **7.** Meglio tardi che mai; fumo quest'ultima e basta!

B. 8. Ci si lamenta spesso di essere ammalati, quando siamo noi stessi respons**a**bili. **9.** Si sceglie di **e**ssere ammalati piuttosto che in buona salute. **10.** Prendiamo spesso delle cattive abit**u**dini. **11.** Mi sembra che ognuno possa costatarlo su di sé e sugli altri.

C. 12. Gli dica di fumar meno. **13.** Glielo dica. **14.** A me lui non crede. **15.** E il denaro che spende in sigarette! **16.** Quanto costa ad **e**ssere fumatori!

AGLI ESAMI DI GUIDA

1 – Si sorpassa sulla °destra o sulla sinistra?
 – Sempre sulla sinistra. Ci si riporta sulla destra appena è possibile, quando non c'è pericolo per il veicolo sorpassato che sarà venuto a trovarsi °dietro di noi.
 – Si può sorpassare sulla destra?
 – Solo quando il °conducente che si vuole sorpassare si è portato nel °mezzo della strada, segnalando che intende voltare a sinistra, oppure quando è •ammessa la circolazione a file °parallele.

2 – Quando è vietato il sorpasso?
 – ... In prossimità o in °corrispondenza delle curve, dei dossi e in caso di scarsa visibilità... °Ogniqualvolta si incontra il segnale che indica il °divieto di sorpasso... È vietato il sorpasso dell'autobus in sosta alla fermata, della macchina che si sia fermata per consentire ai pedoni di attraversare la strada.
 – Potrebbe sorpassare •quella macchina che è di •fronte a •noi, laggiù?
 – No, perché ne sta già sorpassando un'altra.

3 – °Bene. Vediamo la guida. Metta in °moto e prenda a destra. •Ora vada diritto e mantenga la destra lungo il ciglio della strada fino all' •altezza di quella casa che vede lassù. Ecco. Ora guardi °bene °indietro, non dimentichi di segnalare la sua °manovra con i lampeggiatori e si °metta in mezzo alla strada. Giri a sinistra sulla cima del °dosso e si •fermi °presso quell'albero vicino alla casa.

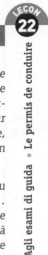

LE PERMIS DE CONDUIRE

1 – Est-ce qu'on double à droite ou à gauche ?
– Toujours à gauche. On se replace sur la droite dès que cela est possible, quand il n'y a pas de danger pour le véhicule doublé qui se trouvera derrière nous. – Peut-on doubler à droite ? – Seulement quand le conducteur que l'on veut doubler s'est porté au milieu de la route, montrant qu'il a l'intention de tourner à gauche, ou bien lorsque la circulation en files parallèles est admise.

2 – Quand le dépassement est-il interdit ? – À proximité ou dans les virages, les côtes et en cas de visibilité réduite.... Chaque fois que se trouve le signal d'interdiction de doubler... Est interdit le dépassement de l'autobus à l'arrêt, de la voiture qui se serait arrêtée pour permettre aux piétons de traverser la rue. – Pourriez-vous doubler cette voiture qui est là devant nous ? – Non, parce qu'elle est déjà en train d'en doubler une autre.

3 – Bien. Voyons la conduite. Démarrez et prenez à droite. Maintenant allez tout droit et tenez votre droite sur le bord de la route jusqu'à la hauteur de cette maison que vous voyez là-haut. Voici. Maintenant regardez bien derrière vous, n'oubliez pas de signaler votre manœuvre avec le clignotant et mettez-vous au milieu de la route. Tournez à gauche au sommet de la côte et arrêtez-vous près de cet arbre à côté de la maison.

Vocabulaire

La guida, le guide (le livre ou la personne), la conduite (automobile, par exemple).
E vietato l'ingresso = *è proibito l'ingresso*, l'entrée est interdite.
Divieto di sosta, stationnement interdit (m. à m. : défense de stationnement) ; *divieto di caccia*, chasse interdite.
Laggiù, là-bas ; *quaggiù*, ici, en bas. *Lassù*, là-haut ; *quassù*, ici, en haut.
In sosta alla fermata, m. à m. : en arrêt, à la station.

MÉFIANCE EST MÈRE DE SÛRETÉ
(se fier est bien, ne pas se fier est mieux).

GRAMMAIRE

• **Traduction du verbe « aller » et futur proche**
1) Le verbe « aller » indiquant un déplacement se traduit par **andare** : *Je vais à Rome.* **Vado a Roma.**
2) Le verbe « aller » servant à exprimer le futur proche est intraduisible littéralement. Il faut employer le futur ou le présent avec *ora*, maintenant : *Nous allons faire les exercices.* **Ora facciamo** (ou **faremo**) **gli esercizi.**

• **Le passé proche**
Le français « venir de » + infinitif exprimant le passé proche est intraduisible littéralement. Il faut employer le passé composé ou le plus-que-parfait avec **appena**, *à peine, tout juste* :
Nous venons d'arriver. **Siamo appena arrivati.**
Nous venions d'arriver. **Eravamo appena arrivati.**

• **Préposition** *a*
È venuto a trovarsi dietro di noi.
Car **venire** est un verbe de mouvement. Une langue vivante, même très solidement construite, comme l'italien, a toujours des caprices. Ainsi vous direz : **Dietro di noi**, *derrière nous ;* mais **davanti a noi**, *devant nous,* **davanti alla casa**, *devant la maison ;* **dietro alla casa**, ou **dietro la casa**, *derrière la maison.*

• **Ogniqualvolta,** forme littéraire = **ogni volta che**, *chaque fois que.* **ogni** est invariable ; **ogni settimana**, chaque semaine ; **ogni due** settimane, toutes les deux semaines. **Ogni quindici giorni**, tous les quinze jours.

EXERCICES

A. 1. Je vais passer mon permis de conduire. **2.** Je vais aller à Rome bientôt. **3.** Je vais voir Saint-Pierre. **4.** Nous allons rester plusieurs semaines dans la capitale italienne. **5.** Vous allez avoir beau temps certainement. **6.** Vous allez pouvoir vous reposer. **7.** Est-ce que Rome est aussi grand que Paris ? **8.** Est-ce que Paris n'est pas plus grand ?

B. 9. Nous venons d'arriver à Rome. **10.** Il fait assez chaud. **11.** L'après-midi, je fais la sieste. **12.** Tout près d'ici, il y a deux églises semblables. **13.** Nous avons devant nos fenêtres une coupole baroque. **14.** Au-dessous, il y a un vaste parc. Nous aimons de plus en plus la Rome baroque. **15.** Au début, nous trouvions qu'il y avait trop d'églises. **16.** Maintenant, nous en faisons le but de nos promenades.

C. 17. Chacun peut faire ce qu'il veut. **18.** C'est la grande vie ! **19.** Chaque jour on se lève quand on le désire. **20.** On part quand on est prêt. **21.** Tous les jours, on mange des nouilles. **22.** Toutes les semaines, nous allons une ou deux fois en excursion à la campagne.

CORRIGÉS

A. 1. Vado a fare gli esami di guida. **2.** Andrò presto a Roma. **3.** Vado a vedere San Pietro. **4.** Resteremo molte settimane nella capitale italiana. **5.** Avranno certamente bel tempo. **6.** Potranno riposarsi. **7.** Roma è così (tanto) grande come (quanto) Parigi? **8.** Non è più grande Parigi?

B. 9. Siamo appena arrivati a Roma. **10.** Fa abbastanza caldo. **11.** Il pomeriggio faccio la siesta. **12.** Qui vicino ci sono due chiese simili. **13.** Davanti alle nostre finestre abbiamo una cupola barocca. **14.** Di sotto c'è un ampio parco. La Roma barocca ci piace sempre più. **15.** In principio reputavamo che ci fossero troppe chiese. **16.** Ora ne facciamo lo scopo delle nostre passeggiate.

C. 17. Ognuno può fare quello che vuole. **18.** È la gran vita! **19.** Ci si alza ogni giorno quando si desidera. **20.** Si parte quando si è pronti. **21.** Mangiamo (si mangiano) tagliatelle ogni giorno. **22.** Ogni settimana andiamo una o due volte in gita in campagna.

VORREI CHE TU TI ALZASSI

1 – °Avviene di rado che tu mi faccia una visita. •Occorrerebbe che tu venissi da me per vedere il giardino in •fiore. °Desidererei che mi portassi un'altra pianta come •quella che mi portasti l'anno •scorso. Sarà possibile farti accompagnare da tuo fratello? Gradirei che veniste °insieme.

2 La correlazione dei °tempi in italiano è •molto importante. Sull'°argomento si racconta un °divertente aneddoto che ha per protagonista il letterato napoletano Basilio Puoti. Un suo amico, per fargli uno •scherzo, nel bel •mezzo della °notte, andò a bussare all'uscio di casa sua. Il povero letterato si •sveglia, si alza e domanda chi ha bussato alla porta a quell'ora così inopportuna.

3 – Vorrei che tu ti alzi – gli grida l'amico dalla strada, dopo essersi fatto •riconoscere.
– Sciagurato! – esclama Basilio Puoti – si deve dire « che tu ti alzassi, che tu ti alzassi! ».
Il letterato, pedante anche in una simile circostanza, era più risentito per •l'infrazione alla regola della •correlazione dei tempi che per essere stato svegliato •bruscamente nel cuore della notte.

SE GIOVENTÙ •SAPESSE. SE VECCHIAIA POTESSE…

JE VOUDRAIS QUE TU TE LÈVES

1 – *Il arrive rarement que tu me fasses une visite. Il faudrait que tu viennes chez moi pour voir le jardin en fleurs. Je désirerais que tu m'apportes une autre plante comme celle que tu m'as apportée l'année dernière. Sera-t-il possible que tu te fasses accompagner par ton frère ? Cela me ferait plaisir que vous veniez ensemble.*

2 *La concordance des temps est très importante en italien. A ce sujet on raconte une anecdote amusante qui a pour protagoniste le lettré napolitain Basilio Puoti. Un de ses amis, pour lui faire une plaisanterie au beau milieu de la nuit, alla frapper à la porte de sa maison. Le pauvre lettré se réveille, se lève et demande qui a frappé à la porte à cette heure si inopportune.*

3 – *Je voudrais que tu te lèves, lui crie l'ami depuis la rue, après s'être fait reconnaître. – Malheureux ! s'exclame Basilio Puoti. On doit dire : « que tu te levasses ! que tu te levasses ! » Le lettré, pédant jusque dans une circonstance de ce genre, était plus irrité par l'infraction à la règle de la concordance des temps que pour avoir été réveillé brusquement au cœur de la nuit.*

Vorrei che tu ti alzassi • Je voudrais que tu te lèves

Vocabulaire

● *Di rado*, rarement ; *ogni tanto*, de temps en temps ; aussi : *di quando in quando*.
Gradirei. On peut dire aussi : *mi piacerebbe*.
Letterato : de *lettera*, lettre ; *letteratura*, littérature.
● *Lo scherzo*, la plaisanterie ; *scherzare*, plaisanter. *Scherzo* est aussi un terme de musique. De même *allegro*, allègre, gai ; *andante* vient de *andare* qui veut dire aller ; *adagio*, lentement ; *presto*, vif ; *prestissimo*, très vif.
● *Nel bel mezzo della notte, nel cuore della notte*. Pour dire l'heure, revoyez la leçon 20 et apprenez les expressions : *sono le dieci in punto*, il est 10 heures précises ; *sono press'a poco le undici*, il est à peu près 11 heures.

SI JEUNESSE SAVAIT, SI VIEILLESSE POUVAIT.

GRAMMAIRE

• **La concordance des temps** et les constructions invariables qui en découlent :

1. **Desidero che vada**, *je désire qu'il aille.*
2. **Desideravo che fosse**, *je désirais qu'il fût.*
3. **Desiderai che fosse**, *j'ai désiré qu'il fût.*
4. **Desidererò che vada**, *je désirerai qu'il aille.*
5. **Desidererei che fosse**, *je désirerais qu'il fût.*

Les phrases 2, 3 et 5 demanderaient normalement en français comme en italien l'imparfait du subjonctif ; mais vous savez qu'en français ce temps est considéré comme désuet aujourd'hui. En italien, l'emploi de l'imparfait du subjonctif dans les phrases 2 et 3 (temps du passé) et 5 (conditionnel) est absolument obligatoire.

Il vous faut donc :
– y penser,
– connaître les imparfaits du subjonctif qui sont très simples (rappel : l'imparfait du subjonctif des verbes irréguliers au passé simple et au participe passé est toujours régulier sauf **stare**, **essere** et **dare**. Voyez leçon 17).

• Dans de nombreux cas, le subjonctif s'emploie en italien ainsi qu'en français :
Bisogna che io parta subito, *il faut que je parte* ; **è necessario ; è utile che ; è opportuno che ; è desiderabile...**
Preferisco che parta, *je préfère qu'il parte.*

De même :
... **affinché lo sappia**, *afin que vous le sachiez.*
... **perché lo sappia**, *afin qu'il le sache.*
... **comunque sia**, ... *quoi qu'il en soit.*
... **sebbene lei dica**, ... *quoique vous disiez.*
... **purché questo libro sia buono**, *pourvu que ce livre soit bon.*

• Dans d'autres cas, l'italien emploie le subjonctif tandis que le français emploie l'indicatif.

L'italien, par exemple, emploie systématiquement le subjonctif pour marquer le doute :
Non so se sia venuto. *Je ne sais pas s'il est venu.*
Non so che si debba fare in caso di incidente, *je ne sais ce qu'on doit faire en cas d'accident.*

EXERCICES

A. 1. Je veux qu'il écrive à ses parents. **2.** Il veut que nous nous décidions avant le 3 août. **3.** Nous voulons faire en sorte qu'il puisse étudier. **4.** Ils veulent que je m'en aille.

B. Même exercice : **a)** en mettant le verbe « vouloir » au passé composé : j'ai voulu. **b)** en mettant le verbe « vouloir » au futur : je voudrai. **c)** en mettant le verbe « vouloir » au conditionnel : je voudrais.

C. 5. Quand vous verrez ce monsieur, vous l'aimerez. **6.** Quand vous lirez ce livre, vous comprendrez mieux cette question. **7.** Quand vous m'écrirez, vous me direz ce que vous en pensez. **8.** Quand vous serez décidé, vous me ferez savoir la date de votre arrivée.

D. 9. Si vous voyiez ce monsieur, vous l'aimeriez. **10.** Si vous lisiez ce livre, vous comprendriez mieux cette question. **11.** Si vous m'écriviez, vous me diriez ce que vous en pensez. **12.** Si vous étiez décidé, vous me feriez savoir la date de votre arrivée.

CORRIGÉS

A. 1. Voglio che egli scriva ai suoi genitori. **2.** Vuole che ci decidiamo prima del tre agosto. **3.** Vogliamo fare in modo che possa studiare. **4.** Vogliono che me ne vada.

B. a) 1. Ho voluto che scrivesse. **2.** Ha voluto che ci decidessimo. **3.** Abbiamo voluto fare in modo che potesse studiare. **4.** Hanno voluto che io me ne andassi. **b) 1.** Vorrò che scriva… **2.** Vorrà… **3.** Vorremo… **4.** Vorranno… **c) 1.** Vorrei che scrivesse… **2.** Vorrebbe che ci decidessimo. **3.** Vorremmo che potesse. **4.** Vorrebbero che me ne andassi.

C. 5. Quando vedrà quel signore, lo amerà. **6.** Quando leggerà questo libro, capirà meglio questa questione. **7.** Quando mi scriverà, mi dirà quello che ne pensa. **8.** Quando si sarà deciso, mi farà sapere la data del suo arrivo.

D. 9. Se vedesse quel signore, lo amerebbe. **10.** Se lei leggesse questo libro, capirebbe meglio questa questione. **11.** Se mi scrivesse, mi direbbe ciò che ne pensa. **12.** Se lei fosse deciso, mi farebbe sapere la data del suo arrivo.

Vorrei che tu ti alzassi • Je voudrais que tu te lèves

DAL TABACCAIO

1 – •Lo sa che si comprava il sale dal tabaccaio?
– Ma •come?
– E sì! Tutti i tabaccai lo vendevano. Pochi anni fa,
in Liguria c'era •ancora qualcuno che chiamava il
tabaccaio « salinante », perché, prima dell'•istituzione
dei •francobolli e del °commercio del tabacco, era il suo
commercio principale. Oggi il sale è •prodotto di regìa.

2 – Regìa?, che significa?
– Storicamente era una società che aveva l'appalto di
•vendita dei •prodotti di privativa, cioè fabbricati dallo
Stato e non dai cittadini, come i francobolli, la carta
bollata, i sigari, il tabacco, i fiammiferi. Oggi •vendono
anche •sigarette di °provenienza straniera sulle quali
gravano delle tasse governative. *(Al tabaccaio)* Per
favore, dia a questo mio amico tre o quattro tipi di
sigari italiani, Toscano, Virginia... Faccia lei. E anche
del tabacco da pipa.

3 – Forte?
– No, piuttosto •dolce. Ma non troppo. Abbiamo
•orrore di °certi tabacchi •olandesi e nordamericani
che •sembrano impastati di °miele e acqua di °Colonia.
Anche una di quelle scatole cilindriche di tabacco per
pipa e quell'altro tabacco presentato in una •borsa
tascabile di cauccıù.
– Ah! Dimenticavo le sigarette per mia moglie. Mi dia
un °po'di tutto.

BACCO, TABACCO E °VENERE RIDUCON L'°UOMO IN •CENERE.

AU BUREAU DE TABAC

1 – Vous savez qu'on achetait le sel chez le buraliste ?
– Mais comment ça ?
– Eh oui ! Tous les buralistes en vendaient. Il y a quelques années en Ligurie, il y avait encore des personnes qui appelaient le buraliste « marchand de sel » parce que, avant l'institution des timbres et du commerce du tabac, c'était son commerce principal. Aujourd'hui le sel est un produit de régie.

2 – Régie ? Qu'est-ce que cela signifie ? – Historiquement, c'était une société qui avait la concession de vente des produits de monopole, c'est-à-dire fabriqués par l'État et non par les citoyens, tels que les timbres, le papier timbré, les cigares, le tabac, les allumettes. Aujourd'hui on vend aussi des cigarettes de provenance étrangère sur lesquelles pèsent des taxes gouvernementales. *(Au buraliste)* : S'il vous plaît, donnez à mon ami trois ou quatre types de cigares italiens, Toscano, Virginie… Choisissez-les vous-même (m. à m. : *Faites vous-même*). Et aussi du tabac pour la pipe.

3 – Fort ? – Non plutôt doux. Mais pas trop. Nous avons horreur de certains tabacs hollandais et nord-américains qui semblent imprégnés de miel et d'eau de Cologne. Et aussi une de ces boîtes cylindriques de tabac pour la pipe et cet autre tabac présenté dans une bourse de caoutchouc pour mettre dans la poche. Ah ! J'oubliais les cigarettes pour ma femme. Faites-moi un assortiment (m. à m. : *Donnez-moi un peu de tout*).

Vocabulaire

Prodotto di regìa, prodotto di privativa, de monopole.
Sale da cucina, da tavola, sel de cuisine, de table.
Tascabile vient de *la tasca*, la poche.

m. à m. :
Bacchus, le tabac et Vénus réduisent l'homme en cendres.

Piuttosto, plutôt. Distinguer bien de *più presto*, plus tôt.
Pour les fumeurs, *Per i fumatori*.
I fiammiferi, il fiammifero ; les allumettes : *i cerini, il cerino*,
les allumettes bougies, allumettes de cire *(la cera)*. N.B. :
Regìa, régie ; on écrit l'accent sur « i » pour distinguer ce
mot de l'adjectif féminin *regia*, royale. Ex. : *la Regia Acca-
demia delle Belle Arti*, l'Académie royale des beaux-arts (*del
tempo della monarchia*, au temps de la monarchie).
L'accendino, le briquet.
La scintilla, l'étincelle ; *la fiamma*, la flamme.
Un pacco di tabacco, un paquet de tabac (pluriel : *pacchi,
tabacchi*) ; *tabacco da pipa*, … pour la pipe ; *tabacco di pro-
venienza straniera*, de provenance étrangère.

GRAMMAIRE

• **Da** et **di**.
Carta da lettere, *papier à lettre*.
Sale da cucina, da tavola, *sel de cuisine, de table*.
Pagato dallo Stato, *payé par l'État*.
Pagato dai cittadini, *payé par les citoyens*.
Tandis que :
prodotto di regìa, prodotto di privativa, *produit de monopole*.
Negozio di abbigliamento, *magasin d'habillement ;* **negozio di
alimentazione**, *épicerie*.

• **La marchandise, le marchand et la boutique.**
Le pain, le boulanger, la boulangerie : **il pane, il panettiere, la
panetteria**.
De même :
Les gâteaux…, **le paste, il pasticciere, la pasticceria**.
Les livres… **i libri, il libraio, la libreria**.
Le saucisson, le charcutier…, **il salame, il salumaio, la salumeria**
(prenez garde au changement de **a** en **u**).
La viande… **la carne, il macellaio, la macelleria**.
Attention :
Il pastificio, *la fabrique de pâtes alimentaires*.
Il caseificio, *la fabrique de fromages*.

• **Faccia lei**
Vous pouvez dire aussi **come vuole**, *comme vous voulez ;* **come
crede**, *comme bon vous semble* (m. à m. : comme vous croyez).

Toscano, maledetto Toscano. Per quanto paradossale possa sembrare, questa è una dichiarazione d'amore.

E dire che la nascita del Toscano è stata un caso fortunato, almeno secondo la leggenda accreditata e diffusa da tutti i suoi fumatori. Siamo a Firenze, all'inizio dell'800, in una di quelle estati piene di temporali che fanno sacramentare i buoni toscani. Le scorte di tabacco Kentucky, importato dall'America, marciscono nei depositi, e mandano uno sgradevole odore d'ammoniaca. Piuttosto che rassegnarsi a restare senza tabacco, i commercianti decidono di tentare la sorte e di salvarlo grazie ad un procedimento di fermentazione. Nascono così i primi sigari made in Italy, seppure fatti con una famosa qualità di tabacco americana. Un sigaro « povero », al risparmio, una foglia di tabacco arrotolata senza sottofascia. In Italia, il sigaro incontra subito una gran fortuna, tanto che Firenze all'inizio del secolo XIXe una delle prime città in Europa per la produzione di sigari.

Fabio Sindici, (revue *Arrivederci*, Alitalia)

Toscano, maudit Toscano : si paradoxal que cela puisse paraître, il s'agit d'une déclaration d'amour.

Et dire que la naissance du Toscano a été un heureux hasard, du moins selon la légende accréditée et répandue par tous ceux qui le fument. Nous sommes à Florence au début du XIXe siècle, par un de ces étés orageux qui font sortir les bons Toscans de leurs gonds. Les stocks de tabac Kentucky, importé d'Amérique, moisissent dans les dépôts et dégagent une désagréable odeur d'ammoniaque. Plutôt que de se passer de tabac, les commerçants décident de tenter le sort et de sauver le tabac grâce à un procédé de fermentation. Naissent ainsi les premiers cigares « made in Italy », bien que faits à partir d'une célèbre qualité de tabac américain. Un cigare « pauvre », fait à l'économie, une feuille de tabac roulée sans sous-cape. En Italie, le cigare a aussitôt un grand succès, si bien que Florence est au début du XIXe l'une des premières villes d'Europe pour la production de cigares.

L'AUTOSTRADA DEL SOLE

1 L'Autostrada del •Sole costituisce °oggi la grande via di •comunicazione che °collega la Lombardia alla Calabria attraversando l'Emilia-Romagna, la Toscana, l'Umbria, il Lazio e la Campania.
•Numerose uscite °consentono di raggiungere •rapidamente altre autostrade e strade nazionali che °portano alle •regioni contigue, quali il •Piemonte, la Liguria, il Veneto, le Marche, gli Abruzzi, le Puglie e la Basilicata.

2 Il tratto dell'autostrada che ha °richiesto •maggiori °sforzi per la •costruzione, è quello appenninico, che congiunge °Bologna, sede della più antica Università, a °Firenze, culla della lingua italiana.

3 Una °volta per coprire la distanza di circa °cento °chilometri, •occorrevano tre o quattro ore, a causa della strada °tortuosa e a volte °coperta di •neve, che portava da Bologna a Firenze attraversando il passo della Futa. Oggi, purtroppo, nonostante l'°opera titanica compiuta •contro gli elementi, non si contano più gli •ingorghi dovuti all'intensità del traffico.

[tz] Abruzzi

SE BEVI NON GUIDARE, SE GUIDI NON •BERE.

L'AUTOROUTE DU SOLEIL

1 L'autoroute du Soleil constitue aujourd'hui la grande voie de communication qui relie la Lombardie à la Calabre en traversant l'Émilie-Romagne, la Toscane, l'Ombrie, le Latium et la Campanie.

De nombreuses sorties permettent de gagner rapidement d'autres autoroutes et des routes nationales qui conduisent aux régions contiguës telles que le Piémont, la Ligurie, la Vénétie, les Marches, les Abruzzes, les Pouilles et la Basilicate.

2 Le tronçon d'autoroute qui a demandé les plus grands efforts pour la construction est le tronçon des Apennins qui relie Bologne, siège de l'université la plus ancienne, à Florence, berceau de la langue italienne.

3 Autrefois, pour couvrir la distance de près de cent kilomètres, il fallait 3 ou 4 heures, à cause de la route tortueuse et parfois couverte de neige qui conduisait de Bologne à Florence en franchissant le col de la Futa.

Aujourd'hui, malheureusement, en dépit de l'œuvre titanesque accomplie contre les éléments, on ne compte plus les bouchons dus à l'intensité de la circulation.

Vocabulaire

Apprenez le nom des régions d'Italie :

a) *L'Italia settentrionale: Val d'Aosta,* Val d'Aoste. *Piemonte,* Piémont. *Lombardia,* Lombardie. *Trentino-Alto Adige,* Trentin-Haut-Adige. *Veneto,* Vénétie. *Friuli-Venezia Giulia,* Friuli-Vénétie Julienne. *Emilia-Romagna,* Émilie-Romagne. *Liguria,* Ligurie.

b) *L'Italia centrale: Toscana,* Toscane. *Umbria,* Ombrie. *Marche,* Marches. *Lazio,* Latium. *Abruzzo,* Abruzzes. *Molise,* Molise.

c) *L'Italia meridionale: Campania,* Campanie. *Puglie,* Pouilles. *Basilicata o Lucania,* Basilicate ou Lucanie. *Calabria,* Calabre.

d) *L'Italia insulare: Sicilia,* Sicile. *Sardegna,* Sardaigne.

BOIRE OU CONDUIRE, IL FAUT CHOISIR.
(m. à m. : Si tu bois, ne conduis pas ; si tu conduis, ne bois pas.)

GRAMMAIRE

• **Non guidare, non bere**

L'impératif négatif, 2ᵉ personne singulier, se forme avec *non* + infinitif. Vous direz donc : **bevi, non bere**, *bois, ne bois pas* ; **guida, non guidare,** *conduis, ne conduis pas.*

• **Occorrere,** *falloir, être nécessaire*

Occorrono tre o quattro ore, *il faut 3 ou 4 heures* (m. à m. : 3 ou 4 heures sont nécessaires). **Occorrevano tre giorni,** *il fallait 3 jours.*

Lecture

Il test dell'automobilista

• Mantieni sempre la massima concentrazione alla guida? (Evitando di distrarti con i passeggeri, di ammirare il panorama, ecc.)   sì   no

• Se hai bambini a bordo, li metti in condizioni di sicurezza prima di partire?   sì   no

• Rispetti sempre i segnali stradali? (Non sono un obbligo fastidioso, ma utili avvertimenti nel tuo interesse)   sì   no

• In colonna, mantieni sempre le distanze di sicurezza? (Tenendo d'occhio inoltre gli stop delle vetture che precedono)   sì   no

• In città, stai attento al comportamento, non sempre prevedibile, dei pedoni?   sì   no

• Se ascolti l'autoradio, la tieni a giusto volume? (La musica troppo alta non lascia sentire i segnali degli altri)   sì   no

• Quando guidi, ti limiti nel fumo? (È un pericoloso fattore di deconcentrazione)   sì   no

• Verifichi spesso l'efficienza della tua vettura? (In particolare i pneumatici, lo sterzo, i freni e le luci)   sì   no

• Ricordi sempre che la tua macchina non è un autobus (numero dei passeggeri) né un TIR (sovraccarichi e ingombri pericolosi)?   sì   no

• E infine, metti e fai mettere ai passeggeri le cinture di sicurezza?   sì   no

Con 9 o 10 « sì » sei un automobilista perfetto, o quasi, con 7-8 « sì » sei ancora un buon guidatore, con 6 « sì » sei appena sufficiente. Ma se scendi sotto questo limite, cerca di correggere le tue abitudini di guida.

Le test de l'automobiliste

● Gardez-vous toujours la concentration maximale sur la conduite (sans vous laisser distraire par vos passagers ou par le paysage) ?

● Si vous avez des enfants à bord, vérifiez-vous s'ils sont en sécurité avant le départ ?

● Respectez-vous toujours les panneaux de signalisation (il ne s'agit pas d'une corvée mais ce sont des avertissements utiles dans votre intérêt) ?

● Dans une file de voitures, observez-vous toujours les distances de sécurité (tout en prêtant attention aux voitures qui vous précèdent) ?

● En ville, êtes-vous attentif au comportement, souvent imprévisible, des piétons ?

● Si vous écoutez votre autoradio, le volume sonore est-il le bon (la musique trop forte empêche d'entendre les signaux des autres conducteurs) ?

● Quand vous conduisez, limitez-vous l'usage de la cigarette (c'est un dangereux facteur de distraction) ?

● Vérifiez-vous le bon état de votre voiture (en particulier les pneus, la direction, les freins et l'éclairage) ?

● Vous souvenez-vous que votre voiture n'est ni un autobus (nombre de passagers) ni un semi-remorque (surcharge et encombrement dangereux) ?

● Et enfin, attachez-vous et faites-vous attacher les ceintures de sécurité ?

Avec 9 ou 10 « oui », vous êtes un automobiliste parfait ou presque, avec 7-8 « oui », vous êtes encore encore un bon conducteur, avec 6 « oui », vous avez tout juste la moyenne. Mais si vous descendez au-dessous de cette limite, essayez de corriger votre façon de conduire.

LA MACCHINA

1 L'autista mette in marcia il •motore, per °mezzo del •motorino d'•avviamento. Mette in marcia la macchina °premendo sul pedale della frizione e sull'acceleratore, dopo •aver posto la °leva della marcia in prima. Via via che la vettura °prende velocità, egli passa alla •seconda, °poi alla °terza e quindi in quarta.

2 Per arrestare la macchina si •frena, si mette la leva del cambio in °folle. Per •spegnere il motore si gira la •chiavetta di contatto e si mette il •freno a mano.

3 Io, personalmente, preferisco le vetture a quattro porte. La mia è grande : ci °possono stare °sei persone.
Nel portabagagli •posteriore ho °sempre una latta d'°olio •come °riserva e la °ruota di °scorta.
Ho invertito la disposizione delle ruote : la ruota •anteriore destra l'ho messa °dietro, a sinistra.
Il •lampeggiatore di sinistra non •funziona, e il tergicristallo cigola; bisogna dargli del grasso.

Rappel :
Le signe °indique l'ouverture de l'*e* ou de l'*o* (français : cet, sotte).
Le signe •indique la fermeture de l'*e* ou de l'*o* (français : été, sot).

CHI VA PIANO VA SANO E VA LONTANO.

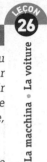

LA VOITURE

1 Le conducteur met le moteur en marche au moyen du démarreur. Il met la voiture en marche en appuyant sur la pédale d'embrayage et sur l'accélérateur, après avoir mis le levier de vitesses en première. Au fur et à mesure que la voiture prend de la vitesse, il passe en seconde, puis en troisième, et ensuite en quatrième.

2 Pour arrêter la voiture on freine, on met le levier de changement de vitesse au point mort. Pour arrêter le moteur, on tourne la clef de contact et l'on met le frein à main.

3 Moi, personnellement je préfère les voitures à quatre portes. La mienne est grande : six personnes peuvent y prendre place. Dans la malle arrière, j'ai toujours un bidon d'huile en réserve et la roue de secours. J'ai croisé les roues : la roue avant droite, je l'ai mise derrière, à gauche. Le clignotant gauche ne marche pas et l'essuie-glace grince ; il faut le graisser.

Vocabulaire

L'auto, la voiture se dit *l'automobile, la macchina*. Le camion, *l'autocarro, il camion* ; le garage, *l'autorimessa*. *L'autonoleggio* est la location de voitures. *Il paraurti*, le pare-chocs ; *il cofano*, le coffre ; *lo specchio retrovisore*, le rétroviseur ; *il copertone*, le pneu ; *la camera d'aria*, la chambre à air.
Le segnalazioni acustiche, luminose, les signaux acoustiques et lumineux.
La panna, il guasto, la panne.
Mettere la chiave di contatto, mettre la clef de contact ; *mettere in prima*, passer en première.
Essere in folle, être au point mort.
Bisognare, falloir, est un verbe impersonnel (il ne se conjugue, donc qu'à la 3e pers. du singulier) : *bisogna stringersi, … partire*, il faut se serrer, … partir.

MIEUX VAUT FAIRE LE TOUR DU FOSSÉ QUE D'Y TOMBER
(m. à m. : celui qui va doucement va sainement et va loin).

GRAMMAIRE

À partir de cette leçon, nous ferons des rappels de notions déjà étudiées.

• **Verbes**
preferire, preferisco, *je préfère.*
invertire, inverto, et **invertisco,** *j'inverse* (Mémento § 46 et 47).
mettere, misi, messo, *mettre.*

• **L'élision** en italien n'est pas toujours facile. Ainsi l'on peut dire **una latta di olio** (ou d'olio), *un bidon d'huile.* Mais vous devez prononcer et écrire correctement : **sul pedale** ; **sul = su + il** (il devant un masculin commençant par une consonne). **Sull'acceleratore** ; **sull' = su + l'** (l' devant un masculin ou féminin commençant par une voyelle).

• **La ruota, l'ho messa.**
Accord du participe passé avec le pronom complément **l'** mis pour **la ruota,** *la roue* : l'auxiliaire est en effet **avere.**

• **Si frena**
Traduction de « on » avec le pronom **si.** Dans les exemples suivants le sujet du verbe, en italien, est le complément du verbe en français.
Di questa macchina si lodano le sue qualità, *on loue les qualités de cette voiture.*
Si vendono macchine, *on vend des voitures.*

Lecture

Regolamento per la circolazione sulle autostrade
(dal Testo **U**nico del **Co**dice della strada e suo Regolamento di Esecuzione).

Sosta
1. La °sosta è consentita •solo in caso di necessità, ed esclusivamente negli spazi ad essa destinati.
2. Siete stanchi? Ferm**a**tevi nelle **a**ree di servizio o nei parcheggi. Ogni sosta in autostrada è un per**i**colo.
3. La vostra m**a**cchina ha un guasto? In attesa del soccorso ferm**a**tevi nella corsia per la sosta di emergenza.
4. In caso di incidente altrui se la vostra presenza non è necessaria, non ferm**a**tevi solo per curiosare su quanto è accaduto.

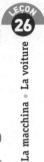
Sorpasso
1. Prima di sorpassare attenzione a chi segue.
2. Segnalate per tempo il sorpasso.
3. Guardate nel retrovisore per un sorpasso sicuro.
4. Dopo il sorpasso rientrate gradualmente in corsia di marcia.

Altre raccomandazioni
1. A 100 km (cento chilometri) occorrono 100 m (cento metri) per fermarsi.
2. A 140 km (cento quaranta) occorrono 200 (duecento) metri per fermarsi.
3. Accendete i fari in galleria.
4. Moderate la velocità.
5. Mantenersi sempre a distanza di sicurezza.

Règlement pour la circulation sur les autoroutes
(Extrait du texte unique du code de la route et son règlement d'exécution.)

Arrêt
1. L'arrêt est autorisé seulement en cas de nécessité, et exclusivement dans les espaces qui lui sont destinés.
2. Êtes-vous fatigués ? Arrêtez-vous dans les stations ou sur les aires de stationnement. Tout arrêt sur l'autoroute est un danger.
3. Votre voiture est-elle en panne ? En attendant du secours, arrêtez-vous sur la bande d'arrêt d'urgence. **4.** En cas d'accident survenu à autrui, si votre présence n'est pas nécessaire, ne vous arrêtez pas par simple curiosité pour savoir ce qui est arrivé.

Dépassement
1. Avant de dépasser attention à la voiture qui suit. **2.** Signalez à temps le dépassement. **3.** Regardez dans le rétroviseur pour un dépassement sûr. **4.** Après le dépassement, rentrez progressivement dans la file de marche.

Autres recommandations
1. À 100 km, il faut 100 mètres pour s'arrêter. **2.** À 140 km, il faut 200 mètres pour s'arrêter. **3.** Allumez les phares dans un tunnel. **4.** Modérez la vitesse. **5.** Maintenir toujours une distance de sécurité.

ALLA STAZIONE DI SERVIZIO

1 – Che °cosa le do? Senza piombo o gas**o**lio?

– Gas**o**lio. Il °pieno, per favore.

– •Metta dell'olio.

– Verifichiamo anche la •pressione. Non lo faccio da °tempo.

Se può pulire il •parabrezza...

– Occorre altro?

– °Nient'altro, per il •momento. Sabato °pr**o**ssimo •ritorneremo per il lavaggio e il cambio dell'olio. Quanto fa?

– Trentadue euro e cinquanta.

– Prenda.

– Non ha sp**i**ccioli?

– No, ho •appena comprato il giornale ed ho solo questo •biglietto da cento euro.

– •Attenda.

2 – Per andare a casa non passi per °Salerno. Sarebbe più lungo perché la strada fa molte deviazioni e si °perde tempo. •Segua la strada diritto, sempre diritto. A •tre chil**o**metri da qui, arrivato davanti all'**a**rea di serv**i**zio, prenda la seconda a sinistra. Quando la strada °diventa a °senso **u**nico, °volti a destra; la nostra casa è s**u**bito dopo la banca a circa °cento °metri dal quadr**i**vio.

CHI LASCIA LA STRADA °VECCHIA PER LA •NUOVA SA •QUEL •CHE LASCIA E NON SA QUEL CHE °TROVA.

À LA STATION-SERVICE

1 – Qu'est-ce que je vous donne ? Du sans plomb ou du gaz-oil ?
– Du gaz-oil. Le plein s'il vous plaît. – Mettez de l'huile.
– Nous allons vérifier aussi la pression. Il y a longtemps que je ne l'ai pas fait. Si vous pouvez nettoyer le pare-brise… – Y a-t-il autre chose ? – Rien d'autre pour le moment. Samedi prochain nous reviendrons pour le lavage et la vidange. Combien cela fait-il ? – 32 euros et demi. – Prenez. – Vous n'avez pas de monnaie ? – Non, je viens d'acheter le journal et je n'ai rien que ce billet de cent euros. – Attendez.

2 Pour aller à la maison ne passez pas par Salerne. Ce serait plus long parce que la route fait beaucoup de détours et l'on perd du temps. Suivez la grand-route tout droit, toujours tout droit. À trois kilomètres d'ici, en arrivant à la station d'essence, prenez la deuxième à gauche. Quand la route devient à sens unique, tournez à droite. Notre maison est tout de suite après la banque, à quelque cent mètres du carrefour.

Alla stazione di servizio • À la station-service

Vocabulaire

● *La benzina*, l'essence ; *la pompa dell'olio*, la pompe à huile ; *il filtro dell'aria*, le filtre à air ; *il serbatoio della benzina*, le réservoir à essence ; *la miscela*, le mélange.

Il radiatore ; l'anticongelante, l'antigel ; *il ventilatore ; il carburatore. La batteria ; le candele*, les bougies. *Le valvole*, les soupapes ; *la smerigliatura delle valvole*, le rôdage des soupapes. *Il motorino d'avviamento*, le démarreur.

Cambiare marcia, changer de vitesse.

La retromarcia, la marche arrière.

● Se rendre au théâtre, *andare a teatro* ; rendre la monnaie, *dare il resto* ; rendre un service, *fare un favore*.

LÂCHER LA PROIE POUR L'OMBRE
(m. à m. : celui qui laisse la vieille route pour la nouvelle sait ce qu'il laisse et ne sait pas ce qu'il trouve).

GRAMMAIRE

• **Notez les subjonctifs exhortatifs** (équivalents des impératifs français de vouvoiement : Mémento § 49).

metta, *mettez*, de **mettere**

prenda, *prenez*, de **prendere**

segua, *suivez*, de **seguire** (**io seguo**, *je suis*).

• **Passé proche, futur proche** (voyez leçon 22).

En français : *je viens d'acheter le journal, nous allons vérifier la pression.*

En italien, dans le premier cas : passé composé + **appena : ho appena comprato il giornale.**

En italien, dans le second cas : le présent ou le futur éventuellement accompagnés de **ora**, maintenant : **(ora) verifichiamo la pressione.**

Verifichiamo : remarquez la modification orthographique destinée à conserver le son de l'infinitif **verificare**. Cette modification se produit avec tous les verbes en -**care** et -**gare**.

• La tendance phonétique de l'italien est la succession régulière consonne + voyelle (sur la consonne s, voyez les leçons 8, 12, 18). Mais il ne s'agit que d'une tendance, pas d'une règle.

Nient'altro au lieu de **niente altro** qui ferait se rencontrer deux voyelles.

De même **ed, ad** dans : **logico ed evidente, andare ad Amalfi.**

EXERCICE

Traduisez : 1. Abbiamo solo cinque litri di benzina in riserva. **2.** Dove si trova la prossima stazione di servizio ? **3.** A quasi tre chilometri di qui, a destra prima di entrare nel paese. **4.** Non perdiamo tempo. **5.** Continuiamo. **6.** Quando avremo attraversato la frontiera compreremo la benzina. **7.** Il confine è vicinissimo.

CORRIGÉ

1. Nous n'avons que cinq litres d'essence en réserve. **2.** Où se trouve la prochaine station service ? **3.** À quelque trois kilomètres d'ici, à droite avant d'entrer dans le village. **4.** Ne perdons pas de temps. **5.** Continuons. **6.** Quand nous aurons traversé la frontière nous achèterons de l'essence. **7.** La frontière est très proche.

Voici les mesures prises par l'Italie dans les années 1960-1970 pour promouvoir son tourisme.

Rilascio di °buoni di benzina a tariffa •ridotta

Il turista che si reca in Italia con un veicolo a •motore ha diritto a due assegnazioni annuali di buoni di benzina a tariffa ridotta, ognuna per un •soggiorno di quarantacinque giorni consecutivi al massimo. L'assegnazione giornaliera è di quindici litri per le °automobili, di dieci litri per le motociclette di cilindrata uguale o superiore a centoventicinque centimetri cubi, di cinque litri per le motociclette di cilindrata inferiore a centoventicinque cm³ (centimetri cubi).

Prezzi della benzina a tariffa ridotta : normale a settantaquattro lire il litro; super a ottantaquattro lire il litro.

La tariffa piena è, rispettivamente, di centodieci e centoventi lire il litro. Ci si può procurare i buoni di benzina : 1) Prima della partenza, presso una banca abilitata alla vendita, a presentazione della carta grigia del veicolo e del documento d'identità del proprietario dell'auto. Vi consigliamo vivamente di procurarvi la prima assegnazione di buoni di benzina prima della partenza per l'Italia. 2) In Italia, a presentazione della « Carta carburante e turistica » e del documento d'identità del proprietario del veicolo, in un ufficio dell'Automobile Club Italiano (A.C.I.); questi buoni sono pagabili in lire.

Délivrance des bons d'essence à tarif réduit

Le touriste qui se rend en Italie avec un véhicule à moteur a droit à deux attributions annuelles de bons d'essence à tarif réduit, chacune pour un séjour maximal de 45 jours consécutifs. L'attribution journalière est de 15 litres pour les automobiles, 10 litres pour les motos de cylindrée égale ou supérieure à 125 cm³, 5 litres pour les motos de cylindrée inférieure à 125 cm³.

Prix de l'essence à tarif réduit : normale à 74 lires le litre, super à 84 lires le litre.

Le plein tarif est respectivement de 110 et 120 lires le litre. On peut se procurer les bons d'essence : 1) Avant le départ, auprès d'une banque habilitée à la vente, sur présentation de la carte grise du véhicule et du document d'identité du propriétaire de la voiture. Nous vous conseillons vivement de vous procurer la première attribution de bons d'essence avant le départ pour l'Italie. 2) En Italie, sur présentation de la « Carte carburant et touristique » et de la pièce d'identité du propriétaire du véhicule, dans un bureau de l'Automobile Club Italien (A.C.I.) ; ces bons sont payables en lires.

L'AEREO

1 Per prendere °l'aereo bisogna comprare il •biglietto. Molti °passeggeri vedrebbero di buon °occhio la possibilità di •scegliere il •posto a •sedere già al •momento della •prenotazione e non al check-in come avviene di °consueto.

2 Ogni compagnia aerea importante ha una °propria °sede •nelle grandi città. Ma ci si può anche °rivolgere ad una agenzia di viaggi. In linea di massima tutte le agenzie di viaggi possono procurare un passaggio su qualunque linea.

3 In ogni aereo ci sono °diverse classi : la classe economica, la classe business, la prima classe. Sui voli intercontinentali bevande e cuffiette sono spesso distribuite gratuitamente anche in classe economica. Grosso °successo stanno ottenendo le compagnie che informano periodicamente i passeggeri sull' andamento del volo visualizzando su uno •schermo la •posizione dell' aereo, e la velocità di °crociera.

L'AVION

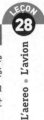

1 Pour prendre l'avion, il faut acheter un billet. De nombreux passagers verraient d'un bon œil la possibilité de choisir leur place dès le moment de la réservation et non à l'enregistrement comme cela se produit habituellement.

2 Chaque compagnie d'aviation importante a un siège qui lui est propre dans les grandes villes. Mais l'on peut passer aussi par une agence de voyage. En principe, toutes les agences de voyage peuvent délivrer un billet sur n'importe quelle ligne.

3 Sur tout avion, il existe différentes classes : la classe économique, la classe affaires, la première classe. Sur les vols intercontinentaux, on distribue souvent gratuitement des boissons et des écouteurs, même en classe économique. Succès assuré pour les compagnies qui informent régulièrement les passagers sur le déroulement du vol en visualisant sur un écran la position de l'avion et la vitesse de croisière.

Vocabulaire

L'aereo (l'aeroplano); l'elicottero; l'idrovolante, l'hydravion ; *il reattore.*
L'aereo da turismo; l'aereo da caccia, l'avion de chasse. *Il bombardiere.*

Il monomotore, le monomoteur : *bi-, tri- quadri-, pluri-.*
La carlinga; l'elica, l'hélice ; *il timone di direzione,* le gouvernail.
La fusoliera, le fuselage.

Il pilota, l'equipaggio [coui], *la hostess.*

AUTANT DE PAYS, AUTANT DE COUTUMES
(m. à m. : pays où tu vas, usages que tu trouves).

- **I sintomi più comuni** (p. 124), les symptômes les plus courants.
Le superlatif italien perd son article quand il y a un autre article devant le nom.
- **I comportamenti da adottare** (p. 125), *les comportements à adopter.*
Da marque l'idée d'obligation.
- **Scarpe che non costringano il piede** (p. 125), le verbe de la relative est au subjonctif car cette relative contient une nuance finale (des chaussures confortables « pour qu'elles ne compriment pas le pied »).
- **Si è seduti** (p. 125), le participe passé se met au pluriel, car il renvoie à **si** = on, contenant une idée de pluriel.

EXERCICE

Traduisez : 1. Abitualmente viaggio in aereo quando devo fare un percorso considerevole. **2.** Mi piace molto viaggiare in aereo. **3.** Costa quasi come le ferrovie. **4.** Non si arriva stanchi. **5.** Si può scrivere più facilmente che nel treno. **6.** Mi piace molto che i miei amici mi aspettino all'arrivo.

CORRIGÉ

1. Je voyage d'ordinaire par avion quand je dois faire un parcours important. **2.** J'aime beaucoup voyager par avion. **3.** Cela coûte à peu près comme le chemin de fer. **4.** On n'arrive pas fatigué. **5.** On peut écrire plus facilement que dans le train. **6.** J'aime beaucoup que mes amis m'attendent à l'arrivée.

Lecture

Comme affrontare il volo

Il vostro « orologio biologico » può a volte non gradire i cambi di fuso orario legati al viaggio aereo : senso di affaticamento, difficoltà a prendere sonno e riduzione dell'appetito sono tra i sintomi più comuni. Per minimizzare l'impatto di tale fenomeno, si consiglia di dormire bene la notte prima del volo e di mantenere le proprie « lancette biologiche » sull'orario di casa se la permanenza nel luogo di destinazione non dovesse superare i due giorni. In caso di una permanenza più prolungata, è opportuno adeguarsi il prima possibile all'orario locale e attenersi a regole di vita salutari.

Tra i comportamenti da adottare a bordo si consiglia di :
• Bere acqua frequentemente durante il volo;
• Limitare l'assunzione di alcolici prima e durante il volo;
• Indossare scarpe comode e che soprattutto non costringano il collo del piede;
• Evitare il più possibile di accavallare le gambe mentre si è seduti a bordo.
• Per superare gli eventuali piccoli disagi derivanti dalla variazione di altitudine soprattutto in fase di decollo e atterraggio, si consiglia di effettuare sbadigli profondi, bere acqua, masticare una gomma americana o gustare una caramella.

(Revue *Arrivederci*, Alitalia)

Comment affronter le vol

Votre « horloge biologique » peut parfois ne pas apprécier les changements de fuseau horaire inhérents au voyage en avion : sensation de fatigue, difficulté à trouver le sommeil, manque d'appétit sont parmi les symptômes les plus courants. Pour atténuer les effets de ce phénomène, il est conseillé de bien dormir la nuit précédant le vol et de régler son « horloge biologique » sur l'horaire du lieu de départ si le séjour ne dépasse pas 48 heures. Sinon, il faut s'adapter dès que possible à l'horaire du lieu de destination et respecter une bonne hygiène de vie.

Parmi les comportements à adopter à bord, il est conseillé de :
• boire fréquemment de l'eau pendant la durée du vol ;
• limiter la prise d'alcool avant et pendant le vol ;
• porter des chaussures confortables et qui ne compriment pas le cou de pied ;
• éviter le plus possible de croiser les jambes en position assise.
Pour surmonter les désagréments éventuels liés aux variations d'altitude, notamment en phase de décollage et d'atterrissage, il est conseillé d'effectuer de longs bâillements, de boire de l'eau, de mâcher un chewing-gum ou de sucer un bonbon.

1 – Vorrei andare a Palermo in aereo. •Potrebbe darmi gli orari e i °prezzi per favore?

– Sì, signore, quando desidera partire?

– Il 12 (dodici) ottobre.

– Il 12 ottobre è un venerdì.

– Scalo a Malpensa o a Fiumicino?

– Preferirei Fiumicino perché lì mi potrebbe raggiungere un'amica romana e finiremmo insieme il viaggio in Sicilia.

– Dunque il venerdì lei ha un primo volo Alitalia con partenza da Charles de Gaulle alle tredici e cinquantacinque. Scalo a Fiumicino dalle sedici alle diciassette e dieci e arrivo a Palermo alle diciotto e cinque. Oppure c'è il volo delle diciassette e quindici, via Fiumicino, che arriva a Palermo alle ventuno e quaranta.

2 – °Vuol dirmi le condizioni, per favore?

– °Volentieri. Il biglietto in classe turistica fine settimana, andata e ritorno, costa trecentodieci euro. La validità è di un •mese. Ogni persona ha diritto a •venti kg (chilogrammi) di bagaglio in franchigia. Se le conviene è la tariffa più economica. Se no, lei pagherà molto di più in prima classe; ma è vero che in questo caso la validità del biglietto sarà di tre mesi.

3 – I signori viaggiatori a •destinazione di Palermo, •volo numero trecentoventuno, sono pregati di presentarsi alla °porta numero tre. Imbarco immediato. I signori viaggiatori sono pregati di presentare la carta d'imbarco.

TUTTO IL MONDO È PAESE.

POUR PRENDRE L'AVION

1 – Je voudrais aller à Palerme en avion. Pourriez-vous me
donner les horaires et les prix s'il vous plaît ?
– Oui, monsieur. Quand désirez-vous partir ?
– Le 12 octobre.
– Le 12 octobre est un vendredi. Escale à Malpensa ou à
Fiumicino ?
– Je préfèrerais Fiumicino parce qu'une amie romaine
pourrait m'y rejoindre et nous finirions ensemble le
voyage en Sicile.
– Donc le vendredi vous avez un premier vol Alitalia
avec départ de Charles de Gaulle à 13 h 55. Escale à
Fiumicino de 16 h à 17 h 10 et arrivée à Palerme à
18 h 05. Ou bien il y a le vol de 17 h 15 via Fiumicino
qui arrive à Palerme à 21 h 40.

2 – Voulez-vous me donner les conditions, s'il vous
plaît ?
– Volontiers. Le billet en classe touriste pour un week-
end, aller et retour, coûte 310 euros. La validité est d'un
mois. Chaque personne a droit à 20 kg de bagages en
franchise. Si cela vous convient, c'est le tarif le plus
économique. Sinon, vous allez payer beaucoup plus cher
en 1re classe ; mais il est vrai que dans ce cas la validité
du billet sera de trois mois.

3 – Messieurs les voyageurs à destination de Palerme vol
n° 321 sont priés de se présenter à la porte numéro 3
pour embarquement immédiat. Présenter la carte
d'embarquement s'il vous plaît.

LES HOMMES SONT PARTOUT LES MÊMES
(m. à m. : tout le monde est village).

GRAMMAIRE

• **Verbes**

Volere, potere, vedere sont irréguliers (Mémento § 62 et 64). Chaque fois que vous rencontrez un verbe irrégulier, révisez l'ensemble de sa conjugaison, car ces verbes sont très fréquents : c'est la raison de leur irrégularité.

Partire fait **parto**, *je pars*, mais **unire : unisco.** Attention à l'accent tonique : **Che desidera? – Desidero…** (mots **sdruccioli**).

Pagherà. Les verbes en -**gare** gardent le son guttural du -**g** tout au long de leur conjugaison. Il faut donc ajouter un -**h** à toutes les personnes du futur pour maintenir ce son : **pagherò, pagherai**…

• **La tariffa più economica,** *le tarif le plus économique.* Comparez les deux langues : à la différence du français, l'italien refuse la répétition des deux articles et supprime l'article du superlatif, mais on dit, dans une autre construction : **la più economica delle tariffe.**

EXERCICE

Traduisez en français :

1. Il suo biglietto e il suo passaporto, per favore. **2.** Dove sono i suoi bagagli, prego? **3.** Quanto pesano? – Venti chili. **4.** Che cos'ha come bagaglio a mano? **5.** Questo? è troppo. **6.** Dovrà registrarlo. **7.** Avrà un piccolo supplemento di bagaglio. **8.** Mi spiace molto.

CORRIGÉ

1. Votre billet s'il vous plaît et votre passeport ! **2.** Où sont vos bagages s'il vous plaît ? **3.** Combien pèsent-ils ? – Vingt kilos. **4.** Qu'avez-vous comme bagages à main ? **5.** Ceci ? C'est trop. **6.** Vous devrez l'enregistrer. **7.** Vous aurez un petit supplément de bagage. **8.** Je regrette beaucoup.

Bagaglio a mano

È possibile portare in cabina, oltre agli effetti personali, un solo bagaglio a mano identificato dall'apposita etichetta e con dimensioni che non superino i 55 centimetri di base, i 35 centimetri di altezza e i 25 centimetri di profondità, per un massimo di 5 chilogrammi di peso. Per verificare che le dimensioni del vostro bagaglio a mano rientrino nelle misure massime sopra indicate, sono disponibili presso i banchi check-in e i gate d'imbarco Alitalia degli appositi misuratori. Il bagaglio a mano che dovesse superare le dimensioni consentite dalla Compagnia sarà etichettato e collocato in stiva. Vi suggeriamo inoltre di portare con voi in cabina i documenti importanti, gli oggetti di valore, i computer portatili o articoli che siano necessari durante il volo (medicinali, indumenti o alimenti per neonati, ecc.).

(Alitalia)

Bagage à main

En dehors des effets personnels, il est possible de prendre avec soi dans la cabine un seul bagage à main dûment étiqueté et dont les dimensions ne dépassent pas 55 cm de long, 35 cm de haut et 25 cm de large pour un maximum de 5 kg. Pour vérifier si les dimensions de votre bagage à main sont compatibles avec les mesures indiquées ci-dessus, des appareils de mesure sont à votre disposition près des comptoirs d'enregistrement et des accès à l'embarquement. Si le bagage à main dépasse les dimensions autorisées par la Compagnie, il sera étiqueté et placé dans la soute. Nous vous suggérons également de prendre avec vous les documents importants, les objets de valeur, les ordinateurs portables ou tout objet qui vous serait nécessaire pendant le vol (médicaments, vêtements ou aliments pour bébé, etc.).

Per prendere l'aereo • Pour prendre l'avion

IL °TRENO

1 Si può comprare il biglietto e prenotare il posto in una stazione ferroviaria o in un' agenzia. Per le linee suburbane il biglietto si prende al momento di salire sul treno. I biglietti di andata e •ritorno sono •valevoli per più giorni. Per viaggiare su alcuni treni è necessario un •supplemento : si tratta generalmente di treni rapidi e di treni di lusso.

2 I treni che viaggiano di °notte hanno generalmente una o più vetture-•cuccette (di prima o •seconda classe). Questi treni hanno •spesso anche dei •vagoni-°letto divisi in cabine; in ogni cabina ci sono un letto o due letti °sovrapposti e un lavabo.

La maggior parte dei treni importanti ha •almeno una carrozza ristorante, che •funziona durante una parte del •percorso, oppure una vettura-buffet. In certi treni di lusso, i viaggiatori sono serviti al loro posto.

3 Vi sono treni rapidi, treni espressi, treni accelerati. Molte linee della ferrovia sono state soppresse. Sono state sostituite con autobus. Il vantaggio degli autobus è che lasciano il viaggiatore al centro delle città e dei paesi. Le stazioni sono in certi casi lontane dal centro.

4 Tra Parigi e Roma circolano treni molto rapidi e lussuosi. Bisogna prenotare molto tempo prima soprattutto in periodi di vacanze e di ferie.

Ci sono anche formule con incluso il viaggio in treno e l'autonoleggio.

▶ Prononciation

N'oubliez pas notre principe : la voyelle tonique des mots *sdruccioli* nouveaux est en caractère gras. Cependant, nous n'hésitons pas à nous répéter, afin que vous puissiez acquérir l'habitude d'une accentuation correcte dans le fil de la phrase. Vous remarquerez

PARTIRE È UN PO' MORIRE.

LE TRAIN

1 On peut acheter son billet et réserver sa place dans une gare de chemins de fer ou dans une agence. Pour les lignes de banlieue, l'on prend son billet au moment de monter dans le train. Les billets d'aller et retour sont valables plusieurs jours. Pour voyager dans certains trains, un supplément est nécessaire ; il s'agit, en général, de trains rapides et de trains de luxe.

2 Les trains qui circulent de nuit ont, en général, une ou plusieurs voitures-couchettes (de première ou de deuxième classe). Ces trains ont souvent aussi des wagons-lits divisés en cabines ; dans chaque cabine, il y a un lit ou deux lits superposés et un lavabo. La plupart des trains importants ont au moins un wagon-restaurant, qui opère sur une partie du parcours, ou bien une voiture-buffet. Dans certains trains, les voyageurs sont servis à leur place.

3 Il y a des trains rapides, des trains express, des trains omnibus. Beaucoup de lignes de chemin de fer ont été supprimées. Elles ont été remplacées par des autocars. L'avantage des autocars est qu'ils déposent le voyageur au centre de la ville et des villages. Les gares sont, dans certains cas, éloignées du centre.

4 Entre Paris et Rome circulent des trains très rapides et luxueux. Il faut réserver très à l'avance, surtout en période de vacances et de congés. Il existe également des formules incluant le voyage en train et une location de voiture.

que les paragraphes 3 et 4 de cette leçon ne comportent aucune voyelle en caractère gras, ni aucun signe de fermeture ou d'ouverture. Cherchez les mots intéressés sur le dictionnaire ; écrivez-les sur une feuille de papier ; puis corrigez-vous (page 137 , exercice F).

PARTIR C'EST MOURIR UN PEU.

Vocabulaire

La ferrovia, le chemin de fer. *Le Ferrovie dello Stato*, les chemins de fer de l'État.

Il treno; il capotreno, le chef de train ; *il controllore; il facchino (il portabagagli)*, le porteur.

La stazione [tç] ; *il capostazione*, le chef de gare.

La biglietteria, le guichet ; *la sala d'aspetto*, la salle d'attente ; *il deposito bagagli*, la consigne ; *il chiosco dei giornali*, le kiosque à journaux.

Il binario, la voie ; *la banchina, il marciapiede*, le quai.

Il sottopassaggio, le passage souterrain.

Il passaggio a livello, le passage à niveau.

La galleria, le tunnel.

GRAMMAIRE

• **Sovrapposto** est le participe passé de **sovrapporre**. L'infinitif simple est **porre**, *mettre*, verbe irrégulier (Mémento § 62). Vous êtes déjà familier avec le doublement de la consonne dans certains mots composés.

• **Soprattutto (de tutto)**, *surtout*.

Remarquez, dans cette leçon, la quantité de mots à doubles consonnes et rappelez-vous que vous devez les prononcer doubles toujours et non de manière facultative comme en français. Dans **lusso**, les -**ss**- remplacent notre x ; de même dans **eccedente, accettare**, les -**cc**- correspondent au son [kç] des mots français équivalents. L'auteur du texte de la page 135 a écrit **le valigie**, pluriel de **la valigia**. Nous expliquons dans le mémento (§ 11) que l'orthographe nouvelle est **valige** au pluriel.

• **Un violentare** (page 135).

Le français moderne connaît « le boire », « le manger », « le devenir », c'est-à-dire qu'il est possible d'employer un infinitif précédé de l'article défini « le ». Cette construction est analogue en italien et encore plus fréquente.

EXERCICE

1. À quelle heure part le rapide pour Milan ? **2.** A-t-il un wagon restaurant ? **3.** Oui madame, et un bar aussi. **4.** Combien coûte le billet ? **5.** Je n'ai pas le tarif maintenant mais environ quatre-vingts euros. **6.** Combien de temps met-il ? **7.** Environ six heures. **8.** Faut-il réserver les places ? **9.** Il vaut mieux, surtout si vous partez un samedi.

CORRIGÉ

1. A che ora parte il rapido per Milano? **2.** Ha una vettura ristorante? **3.** Sì, Signora, e anche un bar. **4.** Quanto costa un biglietto? **5.** Non ho la tariffa ora, ma circa ottanta euro. **6.** Quanto tempo impiega? **7.** Circa sei ore. **8.** È necessario prenotare i posti? **9.** È meglio soprattutto se parte un sabato.

Lecture

L'amico di Florestano

Tu vai alla stazione per veder arrivare Bartoletti, che evidentemente è tuo conoscente o tuo amico, credendo di usare nell'un caso atto di cortesia, nell'altro di affetto verso di lui. Invece gli fai la peggiore villania che si possa immaginare. Andar a prendere qualcuno alla stazione è un violentare la sua libertà, un dargli l'umiliazione d'esser veduto da te mentre è sporco, polveroso, scarmigliato, impazientito, pesto, stanco e nelle peggiori condizioni di corpo e di spirito. E il minuto ch'egli perderà a salutarti, sarà forse il solo in cui avrebbe potuto afferrare a volo l'inafferrabile facchino o la fugace carrozza, onde per colpa tua egli dovrà andare a casa a piedi e portandosi le valigie da sé. C'è di peggio. Tu vai a prendere Bartoletti, perché credi d'essere un intimo suo. No. Eri intimo del Bartoletti che è partito, non di quello che ritorna.

Massimo Bontempelli (Ed. Mondadori).

L'ami de Florestan

Tu vas à la gare pour voir arriver Bartoletti, qu'évidemment tu connais ou qui est ton ami, croyant faire dans le premier cas un acte de courtoisie et dans l'autre d'affection envers lui. Au contraire, tu lui fais la pire injure que l'on puisse imaginer. Aller chercher quelqu'un à la gare, c'est violer sa liberté, c'est lui causer l'humiliation d'être vu de toi au moment où il est sale, poussiéreux, dépeigné, énervé, moulu, las et dans les pires conditions de corps et d'esprit. Et la minute qu'il perdra à te saluer sera peut-être la seule où il aurait pu saisir au vol l'insaisissable porteur ou le taxi fugace ; à cause de cela, par ta faute, il devra marcher jusque chez lui et en portant lui-même sa valise. Il y a pis. Tu vas chercher Bartoletti, parce que tu crois être un de ses intimes. Non. Tu étais intime du Bartoletti qui est parti, non de celui qui revient.

CONTRÔLE ET RÉVISIONS

Révisions de toutes les notions de grammaire depuis la leçon 21.

A. 1. Quelqu'un m'a dit qu'il y a des trains pour Brindisi. **2.** Est-ce vrai ? **3.** Non, madame. Avec la grève, il n'y a aucun train pour Brindisi. **4.** Y a-t-il un bateau ? **5.** Non plus : pas de bateau, pas de train !

B. 6. Alors nous allons prendre l'autobus. **7.** Non, nous venons de faire un long voyage. **8.** Nous avons besoin de dormir. **9.** D'abord nous allons chercher un hôtel. **10.** Ensuite nous verrons ce que nous ferons.

C. 11. Où montez-vous ? Devant ? Derrière ? **12.** Montez derrière. **13.** Vous serez mieux : vous pourrez dormir. **14.** Montez devant. **15.** Vous verrez mieux. **16.** Où sont les cartes ? **17.** Je les ai mises sous le siège avant.

D. 18. J'aime beaucoup les housses de vos sièges. **19.** On dirait du cuir. **20.** C'est du cuir, n'est-ce pas ? **21.** Non, elles ne sont pas en cuir. **22.** Ah ! En quoi sont-elles ? **23.** C'est une matière plastique. **24.** Vous savez bien, on fait tout en matière plastique maintenant. **25.** D'où est-ce qu'elles viennent ? **26.** Nous les avons achetées à Assise, mais je crois qu'on les fait à Parme. **27.** Après tout, je ne sais pas si elles ne sont pas fabriquées en France.

E. 28. Mange, bois et surtout ne parle pas. **29.** Il faut manger sans parler. **30.** On ne parle pas en mangeant, comme cela, tout le temps. **31.** On ne peut pas comprendre ce que tu dis.

F. Écrivez à nouveau sur une feuille de papier, mais sans vous servir du dictionnaire, les mots de la page 132 (leçon 30), § 3 et 4 :
   a) *sdruccioli*,
   b) ayant un *o* ou un *e* ouvert tonique,
   c) un *o* ou un *e* fermé tonique.

A. 1. Qualcuno mi ha •detto che ci sono dei °treni per Brindisi. **2.** É °vero? **3.** No, •signora. Con lo sciopero non c'è nessun treno per Brindisi. **4.** C'è un battello? **5.** Neanche : nessun °battello, nessun treno!

B. 6. •Allora •prenderemo l'autobus. **7.** No, abbiamo •appena fatto un lungo viaggio. **8.** Abbiamo bisogno di dormire. **9.** Prima di tutto cercheremo un °albergo. **10.** Poi •vedremo quello che faremo.

C. 11. Dove salite? Davanti? Dietro? **12.** Salite °dietro. **13.** •Starete °meglio : •potrete dormire. **14.** Salite davanti. **15.** •Vedrete meglio. **16.** Dove sono le carte stradali? **17.** Le ho •messe •sotto il sedile •anteriore.

D. 18. Mi piacciono •molto le foderine dei vostri sedili. **19.** Si direbbero di °cuoio. **20.** È cuoio, vero? **21.** No, non sono di cuoio? **22.** Ah! di che cosa sono? **23.** È una °materia plastica. **24.** •Sapete bene, ora si fa tutto in materia plastica. **25.** Da dove °vengono? **26.** Le abbiamo comperate ad Assisi, ma •credo che siano fabbricate a Parma. **27.** Dopo tutto non so se non siano fabbricate in Francia.

E. 28. Mangia, bevi e soprattutto non parlare. **29.** Bisogna mangiare senza parlare. **30.** Non si parla continuamente così, mangiando. **31.** Non si può capire ciò che dici.

F. a) rapidi, linee, autobus, lasciano, circolano, formule,
b) treni, espressi, della, soppresse, certi, tempo, ferie, presto, lussuosi, formule,
c) molte, sono, centro, stazioni, bisogna, autonoleggio.

PRENDIAMO IL TRENO

1 – Vorrei prenotare due posti per °Genova. Partirò giovedì ventisette maggio alle ore venti; due posti di prima classe.

– Che posti desidera?

– Un posto vicino al finestrino nel °senso della marcia e il posto accanto.

– Mi dispiace signore, ma non ci sono più posti vicino al finestrino. Le posso dare un posto d'angolo vicino al •corridoio con la °schiena alla macchina, però è nel centro della vett ura.

– Va °bene, °d'accordo!

2 – Vorrei un'andata (o un'andata e ritorno) in prima classe per •Livorno.

– Sportello numero sei, signore, ma per Livorno non ci sono carrozze di prima; solo di seconda classe.

3 *(Al cuccettista)* – Scusi, ci sarebbe una cuccetta libera?

– Sì, ma non in questa vettura. Vada nella vettura numero sedici.

4 – Dove devo cambiare per andare a •Ravenna?

– A Bologna.

– Troverò subito la coincidenza?

– Dovrà aspettare dieci minuti.

5 – A che ora arriva il treno da Brindisi?

– Alle otto e cinquantacinque.

– Su quale binario?

– Non si sa ancora, il treno ha un'ora di ritardo.

– Allora vado ad aspettare al bar o in sala °d'aspetto.

TUTTE LE STRADE CONDUCONO A ROMA.

NOUS PRENONS LE TRAIN

1 – Je voudrais réserver deux places pour Gênes. Je partirai jeudi 27 mai à 20 h ; deux places de première classe. – Quelles places désirez-vous ? – Un coin fenêtre dans le sens de la marche et la place à côté. – Je regrette monsieur, mais il n'y a plus de coin fenêtre. Je puis vous donner un coin couloir dans le sens inverse de la marche, mais c'est au milieu du wagon. – C'est bien, d'accord !

2 – Je voudrais un aller (ou un aller et retour) en première classe pour Livourne. – Guichet n° 6 monsieur, mais pour Livourne il n'y a pas de voiture de première classe ; il n'y a que des secondes.

3 *(Au préposé aux couchettes)* – Pardon, y aurait-il une couchette libre ? – Oui, mais pas dans cette voiture. Allez à la voiture n° 16.

4 – Où dois-je changer pour aller à Ravenne ?
– À Bologne.
– Est-ce que j'aurai la correspondance immédiatement ?
– Vous devrez attendre 10 minutes.

5 – À quelle heure arrive le train de Brindisi ? – À 8 h 55.
– Sur quel quai ? – On ne sait pas encore, le train a une heure de retard. – Alors, je vais attendre au buffet ou à la salle d'attente.

Vous avez remarqué que nous employons le caractère gras pour la voyelle tonique dans des mots comme : *due, lui, agenzia,* bien que ces mots soient *piani.*

Mais nous ne le faisons pas pour : *viaggio, maggio, Italia, franchigia,* parce que le « i » de la dernière syllabe ne se détache pas de la voyelle finale « o » ou « a » ; ces mots sont *piani* et l'accent tonique tombe sur la voyelle précédant la finale « io » ou « ia ».

Dans *prenotazione* vous retrouvez le rythme français des mots en « -tion » (accent tonique sur *o* de *-zione*).

Vous comprendrez notre précaution concernant le mot *corridoio* (page 138, ligne 9).

TOUS LES CHEMINS MÈNENT À ROME
(m. à m. : toutes les routes…).

Vocabulaire

Il diretto, l'express, *il direttissimo*, le rapide ; *il treno speciale; il treno straordinario, il treno di lusso.*

Il vagone passeggeri, le wagon de voyageurs ; *il bagagliaio*, la soute à bagages. *La carrozza letto (la vettura letto)*, le wagonlits ; *lo scompartimento*, le compartiment ; *il finestrino*, la fenêtre ; *la tendina*, le rideau ; *la ritirata, il gabinetto*, les W.-C.

GRAMMAIRE

• **Verbe : percepire; percepisco**, *je perçois* (comme **capire, capisco**).

• **Comparez :**
– **c'è uno scompartimento, ce n'è uno.** *Il y a un compartiment, il y en a un.*
– **ci sono viaggiatori, ce ne sono che parlano.** *Il y a des voyageurs, il y en a qui parlent.*

• **Partirei giovedì.**
En italien la date s'exprime comme en français :
Giovedì 1° (primo) maggio 20…
Milano 2 giugno 20…

• **Sono arrivato martedì scorso, parto mercoledì prossimo.**
Je suis arrivé mardi dernier, je pars mercredi prochain. Je viens ici le vendredi, les vendredis, tous les vendredis : **vengo qui il venerdì, i venerdì, tutti i venerdì.**

EXERCICE

Traduisez en français :
1. Non ho sonno. 2. Giovanni mi aveva prenotato un posto in prima classe. 3. Ho potuto dormire quasi tutta la notte. 4. Sono molto riposato. 5. Se volete possiamo vederci subito. 6. Torno a Roma stasera col treno delle ventitré. 7. Il venerdì sono sempre a Roma. 8. La settimana prossima ci sarò, eccezionalmente, sabato.

CORRIGÉ

1. Je n'ai pas sommeil. **2.** Jean m'avait réservé une place en première classe. **3.** J'ai pu dormir presque toute la nuit. **4.** Je suis très reposé. **5.** Si vous voulez, nous pouvons nous voir tout de suite. **6.** Je retourne à Rome, ce soir, par le train de onze heures. **7.** Le vendredi je suis toujours à Rome. **8.** La semaine prochaine, j'y serai, exceptionnellement, samedi.

Lecture

Gli scompartimenti dei treni hanno un loro destino segnato da leggi misteriose. Ci sono quelli in cui si fa tutto il viaggio senza dirsi una parola e quelli in cui s'incomincia subito a far conversazione e tutti si scambiano caramelle e biglietti da visita, si passano le bottiglie di acqua minerale, si raccontano la propria storia e si separano con un esagerato desiderio di rivedersi.

In generale, vicino a uno scomp artimento in cui tutti tacciono, ce n'è uno in cui tutti parlano. Quelli che stanno zitti debbono sentirsi i discorsi di quegli altri, attraverso la porta e la parete, e chi sa quante volte vorrebbero intervenire e non possono. Fra le voci che s'odono nello scompartimento vicino, c'è quasi sempre quella d'una donna che non tace un minuto.

A. Campanile, *Se la luna mi porta fortuna*.

Les compartiments ont un destin qui leur est propre, marqué par des lois mystérieuses. Il y a ceux où l'on fait tout le voyage sans se dire un mot et ceux où l'on entame aussitôt la conversation et où tous les voyageurs échangent bonbons et cartes de visite, se passent des bouteilles d'eau minérale, se racontent leur histoire et se séparent avec un désir exagéré de se revoir.

En général, à côté d'un compartiment où tout le monde se tait, il y en a un où tout le monde parle. Ceux qui se taisent doivent subir les conversations des autres, à travers la porte et la cloison et qui sait combien de fois ils aimeraient intervenir et ne le peuvent pas. Parmi les voix qu'on entend dans le compartiment d'à côté, il y a presque toujours celle d'une femme qui n'arrête pas une seconde de parler.

A. Campanile, *Si la lune me porte bonheur*.

LA NAVE

1 Le navi, •come i transatlantici, •permettono di fare delle •piacevoli traversate purché non si °soffra il mal di mare. Ad ogni °modo esistono delle pillole specifiche •contro il mal di mare.

2 Quando ci sono tre classi, la prima classe è posta nel centro della nave e °comprende •saloni, bar, °biblioteca, sala da •pranzo. La seconda classe o classe turistica si °trova °indietro °verso poppa, la °terza davanti verso prua. In una nave ci sono delle cabine °interne e delle cabine °esterne. Le migliori cabine sono le cabine di •ponte.

3 In generale la vita a bordo è piacevole. I °passeggeri possono camminare sul ponte e respirare l'aria del mare. A •bordo viene •organizzato un programma di spettacoli (cinema, °concerti e °conferenze) e quando si tratta di una crociera, l'ultima sera °viene °offerto ai passeggeri un ballo.
È un •onore essere invitati al tavolo del comandante.

4 I viaggi in nave sono molto più lenti che con ogni altro mezzo di trasporto. L'imbarco e lo sbarco possono essere abbastanza lunghi, soprattutto quando si tratta di una nave piena di passeggeri.

CONDURRE IN °PORTO.

LE NAVIRE

1 Les navires, tels que les transatlantiques, permettent de faire d'agréables traversées à condition qu'on ne souffre pas du mal de mer. De toute façon, il existe des pilules spécifiques contre le mal de mer.

2 Lorsqu'il y a trois classes, la première classe est placée au centre du navire et comprend des salons, un bar, une bibliothèque, une salle à manger. La seconde classe ou classe touriste se trouve à l'arrière, vers la poupe, la troisième à l'avant, vers la proue. Dans un bateau, il y a des cabines intérieures et des cabines extérieures. Les meilleures cabines sont les cabines de pont.

3 En général, la vie à bord est agréable. Les passagers peuvent marcher sur le pont et respirer l'air de la mer. À bord est organisé un programme de spectacles (cinémas, concerts et conférences) et quand il s'agit d'une croisière, le dernier soir, un bal est offert aux passagers. C'est un honneur que d'être invité à la table du commandant.

4 Les voyages en bateau sont beaucoup plus lents que par tout autre moyen de transport. L'embarquement et le débarquement peuvent être assez longs, surtout quand il s'agit d'un bateau plein de passagers.

Vocabulaire

La nave, le navire ; *il naviglio, la flotta*, la flotte.
La navigazione; il navigatore; navigabile.
Il motoscafo, le canot automobile ; *il °piroscafo*, le bateau à vapeur ; *il fuoribordo*, le hors-bord ; *il transatlantico*, le transatlantique.

Navigare; approdare, aborder ; *ancorare*, mouiller, jeter l'ancre ; *imbarcarsi*, s'embarquer ; *sbarcare*, débarquer.

MENER À BON PORT.

GRAMMAIRE

• Verbes

Soffrire, souffrir : **io soffro.** Ce verbe se conjugue comme « **offrire** ». Passé simple : **offrii** et **offersi** ; participe passé : **offerto** (§ 67).
Remarquez l'emploi du verbe **venire** (**viene offerto**, page 140) à la place de **essere** dans une tournure passive. Vous direz de même : **una decorazione fu data dal generale al soldato** ou bien **venne data…**

• Superlatifs

• **Gli ospiti più dinamici,** *les passagers les plus dynamiques.*
En italien, le superlatif relatif perd son article quand il est placé après un nom, lui-même accompagné d'un article défini.
Mais vous direz : **questi ospiti sono i più dinamici,** *ces passagers sont les plus dynamiques.*

• **Nessuna nave offre un così grande spazio,** *aucun navire n'offre un aussi grand espace* (p. 143).
Quand **nessuno**, aucun, est placé devant le verbe, la phrase négative italienne se forme sans la particule « *non* ».

EXERCICE

1. Je ne sais pas si vous aimez les voyages en mer. **2.** Je n'ai pas le mal de mer, c'est pourquoi je les aime tant. **3.** La dernière fois que j'ai voyagé dans un bateau, cela a été pour aller de Naples à Palerme. **4.** Je ne prends pas beaucoup le bateau d'ordinaire ; je dispose en général de très peu de temps, je préfère l'avion. **5.** Pour les prochaines vacances, j'aimerais rester plusieurs jours à bord d'un bateau très confortable.

CORRIGÉ

1. Non so se le piacciono i viaggi in mare. **2.** Non soffro il mal di mare, perciò mi piacciono tanto. **3.** L'ultima volta che ho viaggiato in una nave è stato per andare da Napoli a Palermo. **4.** Di solito non prendo molto la nave; in °genere dispongo di molto poco tempo e preferisco l'aereo. **5.** Per le prossime vacanze mi piacerebbe restare molti giorni a bordo di una nave molto confortevole.

15 luglio 2000: nasce COSTA ATLANTICA
la nuova ammiraglia della flotta COSTA CROCIERE,
punta di diamante della compagnia.

Il primo vero sogno d'inizio millennio si è realizzato. Con una larghezza di 32 metri e una lunghezza di 292 metri, Costa Atlantica è sicuramente da primato : nessuna nave al mondo offre un così grande spazio aperto per ospite.

Costa Atlantica punta sulla tradizione italiana del divertimento e dell'ospitalità. Per questo i nomi dei 12 ponti sono stati intitolati ai film di Federico Fellini. Sul ponte intitolato al film « La Strada » gli ospiti troveranno riprodotto il mitico Caffè Florian che dal 1720 si affaccia sulla Piazza S. Marco e che ha ospitato clienti illustri come Casanova, Vivaldi, Goethe, Dickens, Stravinskij.

Nata per stupire, Costa Atlantica offrirà ai suoi ospiti una navigazione dalle mille emozioni.

15 juillet 2000 : le *Costa Atlantica* est né, le nouveau navire amiral de la flotte *Costa Croisières*, fleuron de la compagnie.

Le premier véritable rêve de ce début de millénaire est devenu réalité. Avec une largeur de 32 mètres et une longueur de 292 mètres, le *Costa Atlantica* est sans nul doute taillé pour battre des records : aucun autre navire au monde n'offre un tel espace ouvert par passager.

Le *Costa Atlantica* s'appuie sur la tradition italienne de l'hospitalité et du divertissement. Raison pour laquelle les 12 ponts portent les titres des films de F. Fellini. Sur le pont « La Strada » les passagers trouveront la reconstitution du mythique Café Florian de la place Saint-Marc dont les hôtes les plus célèbres depuis 1720 se nomment Casanova, Vivaldi, Goethe, Dickens et Stravinsky.

Le *Costa Atlantica* est né pour surprendre et offrir à ses passagers un voyage constellé de mille émotions.

(Document Costa Croisières.)

L'ARRIVO A BORDO

1 – I biglietti, signore, per favore. Qual è il numero della sua cabina? Lasci pure qui i bagagli, il cameriere glieli porterà. Mi °segua, °prego.

2 – Eccoci arrivati. Entri, prego : ecco la luce per la cuccetta •superiore e quella per la cuccetta •inferiore. Ecco il campanello per chiamare il cameriere ed ecco i salvagenti con le istruzioni. Per i pasti si presenti al commissario di bordo che le indicherà il posto a tavola.

3 – Vorrei dei sigari.
– La vendita comincia dopo la °partenza della nave, signore.
– Quante sigarette si ha diritto di portare a °terra?
– In generale i doganieri lasciano passare °duecento sigarette e quaranta sigari.
– Quali altri °generi °esenti da dogana si vendono a •bordo?

4 – Per favore potrei avere due °sedie a sdraio?
– A °babordo o a °tribordo?
– A babordo, per il sole.

5 – Non potrebbe darci una cabina un po' più grande?
– Credo di sì. L'avvertirò verso le sei, e se è possibile farà il cambio prima di pranzo.
– Veramente molto gentile, mille grazie.

AVERE IL VENTO IN POPPA.

L'ARRIVÉE À BORD

1 – *Vos billets s'il vous plaît, monsieur. Quel numéro de cabine avez-vous ? Laissez donc vos bagages ici, le garçon vous les portera. Suivez-moi, s'il vous plaît.*

2 – *Nous voici arrivés. Entrez, s'il vous plaît. Voici la lumière pour la couchette du haut et celle pour la couchette du bas. Voici la sonnette pour appeler le garçon et voilà les bouées de sauvetage avec les instructions. Pour les repas, présentez-vous au commissaire de bord, qui vous indiquera votre place à table.*

3 – *Je voudrais des cigares. – La vente commence après le départ du bateau, monsieur. – Avec combien de cigarettes a-t-on le droit de débarquer ? – Les douaniers laissent passer en général 200 cigarettes et 40 cigares. – Quels autres articles exempts de droits de douane vend-on à bord ?*

4 – *S'il vous plaît, pourrais-je avoir deux chaises longues ? – À bâbord ou à tribord ? – À bâbord, à cause du soleil.*

5 – *Est-ce que vous ne pourriez pas nous donner une cabine un peu plus grande ? – Je crois que oui. Je vous aviserai vers six heures et si c'est possible vous ferez le changement avant le dîner. – Vraiment très aimable, monsieur, merci beaucoup.*

Vocabulaire

°*L'oceano*, l'océan ; *l'alto mare*, la haute mer ; *la costa (la Costa Azzurra*, la Côte d'Azur).

La bassa marea, la marée basse ; *l'alta marea*, la marée haute ; *il flusso*, le flux ; *il riflusso*, le reflux.

La chiglia, la quille ; *la poppa*, la poupe ; *la prua*, la proue ; *il ponte*, le pont ; *la stiva*, la cale ; *il timone*, le timon, le gouvernail.

Il canotto, le canot ; *il battello di salvataggio*, le canot de sauvetage. *Beccheggiare*, tanguer ; *rullare*, rouler.

GRAMMAIRE

• **Credo di sì**. Je crois que oui, se dit donc : *credo di no*. Notez ces expressions où apparaît « *di* » : *dare del tu*, dire tu (tutoyer), *dare del lei*, dire vous (vouvoyer).

AVOIR LE VENT EN POUPE.

• **Ne confondez pas :**
1) l'adverbe **prima : Prima mangeremo, dopo partiremo.**
D'abord nous mangerons, ensuite nous partirons.
2) la préposition **prima di : prima di pranzo**, *avant le déjeuner.*
La « v » viene prima della « z », *le « v » vient avant le « z ».*

• **Eccomi :** *me voici.*
Excellente occasion pour réviser les pronoms personnels compléments directs (Mémento § 16).
Eccomi, eccoti, eccolo, eccola, eccoci, eccovi, eccoli, eccole.

EXERCICE

1. J'ai vu la cabine. **2.** Je ne l'aime pas. J'en voudrais une autre. Est-il possible de changer ? **3.** Nous allons voir. Tout est plein, je le regrette beaucoup. **4.** Peut-être à la prochaine escale pourrez-vous changer. **5.** Venez vers six heures ; je pourrai vous le dire. **6.** Maintenant je n'ai pas la liste des passagers. **7.** Voici votre billet. Nous allons vous porter vos bagages dans votre cabine.

CORRIGÉ

1. Ho visto la cabina. **2.** Non mi piace. Ne vorrei un'altra. È possibile cambiare? **3.** Vedremo. È tutto pieno, me ne dispiace molto. **4.** Potrà forse cambiare al prossimo scalo. **5.** Venga verso le sei; potrò dirglielo. **6.** Ora non ho la lista dei passeggeri. **7.** Ecco il suo biglietto. Le portiamo i bagagli nella sua cabina.

Lecture

La più bella imbarcazione del mondo
Che cos'è la gondola?
« La più bella barca del mondo! » vi rispondono i Veneziani; e moltissimi turisti, se non tutti, sono di questo parere. In effetti non esistono imbarcazioni che le si possano paragonare. E se Venezia è unica al mondo, anche la gondola lo è, perché essa simboleggia la magica città nel suo duplice aspetto, fisico e politico.
La caratteristica prua a pettine (chiamata dai Veneziani « il ferro ») esprime nei 6 denti anteriori le 6 parti nelle quali è divisa la città, mentre il dente posteriore indica l'isola della Giudecca che delimita le acque lagunari di fronte a S. Marco. La doppia curvatura del

« ferro » mostra il corso sinuoso, a « esse », del Canal Grande.

La sottile lama della prua, poi, riproduce in forma stilizzata il Corno dogale, ossia il berretto frigio (simbolo della Repubblica) che indossava il Doge, capo eletto della Serenissima Repubblica di Venezia.

Per costruire l'impareggiabile natante occorrono otto tipi di legno : abete, larice, ciliegio, noce, olmo, rovere, tiglio e mogano : legni che il costruttore si sceglie personalmente e con grande cura, fa stagionare nel cantiere veneziano, lo « squero ».

Le « fer » de la gondole

La plus belle embarcation du monde

Qu'est-ce que la gondole ?

« La plus belle barque du monde ! » vous répondent les Vénitiens ; et de très nombreux touristes, sinon la totalité, sont de cet avis. En effet, il n'existe pas d'embarcations qui puissent se comparer à elle. Et si Venise est unique au monde, la gondole l'est aussi, car elle symbolise la ville magique dans son double aspect, physique et politique.

La caractéristique proue en forme de peigne (appelée « fer » par les Vénitiens) représente avec ses six dents antérieures les six parties qui forment la ville, tandis que la dent postérieure indique l'île de la Giudecca qui limite les eaux de la lagune, face à Saint-Marc. La double courbure du « fer » est à l'image du cours sinueux, en forme de « S », du Grand Canal.

D'autre part, la lame fine de la proue reproduit sous une forme stylisée le bonnet ducal, ou bonnet phrygien (symbole de la République), que portait le Doge, chef élu de la Sérénissime République de Venise.

Pour construire cette incomparable embarcation, huit variétés de bois sont nécessaires : sapin, mélèze, cerisier, noyer, orme, chêne, tilleul et acajou, bois que le constructeur choisit personnellement et fait sécher avec le plus grand soin dans son chantier vénitien, le « squero ».

IL PASSAPORTO

1 •Ogni °uomo è cittadino di un •paese, di una •nazione. Io sono italiano.

– Di che nazionalità è lei? •Tedesca, •inglese, °spagnuola, •portoghese, belga, olandese, •francese, nord-americana, messicana, argentina…? Il °passaporto garantisce la vostra identità. Vi si menziona il °cognome, i °nomi (nomi di •battesimo), la data e il °luogo di nascita, la •professione, il domicilio. La fotografia si °trova su una delle prime pagine. Il titolare del passaporto deve firmarlo.

In molti casi, la carta d'identità è sufficiente; viaggiare è sempre più facile.

2 In °certi casi, prima di passare la frontiera, si deve riempire un °modulo per la polizía, con il nome e il cognome, il luogo di partenza e quello di destinazione, il numero del passaporto, la data e il luogo dove è stato rilasciato. Quando si °attraversa la °frontiera si deve presentare il passaporto alla polizía. Gli agenti sono generalmente molto corretti.

Per recarsi in certi paesi stranieri, bisogna ottenere un visto. Le ambasciate o i consolati rilasciano i visti.

3 I computer e Internet si usano sempre più nelle ricerche di polizía. Non v'è più un angolo della terra dove si possa vivere senza •documento d'identità.

LE PASSEPORT

1 Tout homme est citoyen d'un pays, d'une nation. Moi, je suis italien.

– De quelle nationalité êtes-vous ? Allemande, anglaise, espagnole, portugaise, belge, hollandaise, française, nord-américaine, mexicaine, argentine… ? Le passeport garantit votre identité. On y mentionne le nom de famille, les prénoms (noms de baptême), la date et le lieu de naissance, la profession, le domicile. La photographie se trouve sur l'une des premières pages. Le titulaire du passeport doit le signer.

Dans de nombreux cas, la carte nationale d'identité est suffisante : il est de plus en plus facile de voyager.

2 Dans certains cas, avant de passer la frontière on doit remplir une fiche de police, avec le prénom et le nom, le lieu de départ et celui de destination, le numéro du passeport, la date et le lieu où il a été délivré. Lorsqu'on traverse la frontière il faut montrer le passeport à la police. Les policiers sont généralement très corrects.

Pour aller dans certains pays étrangers, il faut obtenir un visa. Les ambassades ou les consulats délivrent les visas.

3 On utilise de plus en plus les ordinateurs et Internet dans les recherches policières. Il n'y a plus un coin de la terre où l'on puisse vivre sans pièce d'identité.

Vocabulaire

Valido, valevole, valable ; *scadere*, ne plus être valable ; *il mio passaporto è scaduto*, mon passeport est périmé ; *la scadenza*, le terme ; *rinnovare*, renouveler ; *rifare*, refaire.

Passare, passer ; *attraversare*, traverser ; *percorrere*, parcourir ; *valicare*, franchir.

La data, la date ; *il poliziotto*, le policier ; *la prefettura*, la préfecture de police.

La carta d'identità ; *l'indirizzo*, l'adresse ; *firmare*, signer ; *la firma*.

LES VOYAGES FORMENT LA JEUNESSE.

GRAMMAIRE

• **Ottenere,** obtenir, fait au passé simple *ottenni*.

Vous vous rappelez la formule **1-3-3** : l'irrégularité du passé simple n'intéresse que la 1re, la 3e personne du singulier et la 3e du pluriel. Donc :

Les personnes irrégulières du passé simple de **ottenere**, *accorder*, admettre, sont :

1 : **ottenni**, *j'obtins*

3 : **ottenne**, *il obtint*

3 : **ottennero**, *ils obtinrent*

Mais la première personne du pluriel est régulière ainsi que les formes du tutoiement singulier et pluriel.

Comparons le passé simple et l'imparfait du subjonctif de ce verbe :

(io) ottenni, *j'obtins* **ottenessi,** *que j'obtinsse*

(egli) ottenne **ottenessi**

(noi) ottenemmo **ottenesimo**

(essi) ottennero **ottenessero**

Tutoiement :

(tu) ottenesti **ottenessi**

(voi) otteneste **otteneste**

Constatez l'identité des formes de tutoiement pluriel au passé simple et à l'imparfait du subjonctif.

N'oubliez pas que l'imparfait du subjonctif est un temps vivant en italien ; la concordance des temps s'y fait comme en français, au temps des rois !

EXERCICES

A. 1. Quel est votre prénom ? **2.** Quel est votre nom de famille ?
3. Avez-vous vos papiers d'identité ? **4.** D'où êtes-vous ? **5.** De
quelle nationalité ? **6.** Où habitez-vous ? **7.** D'où venez-vous ?
8. Où allez-vous ? **9.** Combien de temps allez-vous rester ici ?
10. Vous pouvez passer. (Les verbes au vouvoiement pluriel.)

B. 1. Avec qui étiez-vous hier au soir ? **2.** Qui était la personne à qui vous parliez ? **3.** Les amis avec qui nous étions avanthier nous ont dit beaucoup de bien de lui. **4.** Je l'ai connu par M. Galileo. **5.** M. Galileo est le directeur des produits Forma. **6.** M. Galileo, grâce à qui je suis allé à Berlin, est aussi connu pour ses collections.

C. 7. J'ai rappelé (passé simple) à vos invités qu'ils pouvaient venir nous voir pendant la journée. **8.** Nous avons réclamé à Pierre la somme de 300 euros qu'il nous devait. **9.** Je ne voudrais pas que vous lui en réclamiez davantage. **10.** Pouvezvous leur dire de venir dimanche ? **11.** Ne pourriez-vous pas dire à Pierre aussi de nous écrire au plus tard vendredi ?

CORRIGÉS

A 1. Qual è il vostro nome? **2.** Qual è il vostro cognome?
3. Hanno i loro documenti d'identità? **4.** Di dove sono? **5.** Di che nazionalità? **6.** Dove **a**bitano? **7.** Di dove **v**engono?
8. Dove vanno? **9.** Quanto tempo resteranno qui? **10.** Po**s**sono passare.

B 1. Con chi era ieri sera? **2.** Chi era la persona con la quale parlava? **3.** Gli amici con cui eravamo l'altro ieri ci hanno detto molto bene di lui. **4.** L'ho conosciuto t**r**amite il Signor Galileo. **5.** Il Signor Galileo è il direttore dei prodotti Forma.
6. Il Signor Galileo, grazie al quale sono andato a Berlino, è anche conosciuto per le sue collezioni.

C 7. Ricordai ai suoi invitati che pot**e**vano venire a trovarci durante il giorno. **8.** Abbiamo richiesto a Pietro la somma di trecento **e**uro che ci doveva. **9.** Non vorrei che gliene reclamaste di più. **10.** Può dire loro di venire dom**e**nica? **11.** Non potrebbe dire anche a Pietro di scr**i**verci venerdì al più tardi?

LA DOGANA, IL CAMBIO

1 – I doganieri sono funzionari che hanno il diritto di esaminare i •vostri bagagli. È dunque •obbligatorio dichiarare le •merci che non •godono di franchigia, e •eventualmente pagare i relativi diritti di dogana.
Per esempio, un •viaggiatore può portare delle sigarette per suo uso personale.

2 – Passaporto, per favore. Quanti bagagli ha?
 – Questa valigia, un'altra più piccola laggiù, questa •borsa •portadocumenti, questo pacco e basta.
 – Qualcosa da dichiarare? Sigarette, •liquori, profumi?
 – Niente. Ho solo effetti personali, qualche ricordino, dei libri. Niente altro.
 – Di che •valore?... Apra quella valigia, per favore. Va •bene.
(Il doganiere traccia una •croce col •gesso sulle due valige, sulla borsa e sul pacco.)

Vocabulaire

La dogana, la douane ; *il dazio*, l'octroi.
I generi, la roba, la merce, les articles.
Il contrabbando, la contrebande ; *il contrabbandiere*, le contrebandier.
La contravvenzione, la contravention ; *contravvenire*, contrevenir, enfreindre.
Pagare i diritti doganali, payer les droits de douane.
L'estero, l'étranger ; *notizie dall'estero* ; nouvelles de l'étranger ; *lo straniero*, l'étranger. *Di che nazionalità è questo straniero?* De quelle nationalité est cet étranger ?
Gli extracomunitari, les étrangers qui n'appartiennent pas à la Communauté européenne.

UOMO AVVISATO MEZZO SALVATO.

LA DOUANE, LE CHANGE

1 Les douaniers sont des fonctionnaires qui ont le droit d'examiner vos bagages. Il est donc obligatoire de déclarer les marchandises qui ne sont pas admises en franchise (m. à m. : qui ne jouissent pas de...), et éventuellement de payer les droits de douane afférents. Par exemple un voyageur peut emporter des cigarettes pour sa consommation personnelle.

2 – Passeport s'il vous plaît. Combien de bagages avez-vous ?

– Cette valise, une autre plus petite qui est là-bas, cette serviette porte-documents, ce paquet et c'est tout.

– Quelque chose à déclarer ? Cigarettes, alcools, parfums ?

– Rien. Je n'ai que des effets personnels, quelques souvenirs, des livres. Rien d'autre.

– De quelle valeur ?.... Ouvrez cette valise s'il vous plaît. Bon, ça va.

(Le douanier trace une croix à la craie sur les deux valises, sur la serviette et sur le paquet).

GRAMMAIRE

• **Comparez les deux langues :**

1) **Avete qualcosa da dichiarare?** *Avez-vous quelque chose à déclarer ?*

Dans cette tournure, l'italien emploie toujours la préposition **da**.

2) **È obbligatorio dichiarare le merci.**
   Il est obligatoire de déclarer les marchandises.

En italien, une locution impersonnelle est suivie directement de l'infinitif.

3) **Di chi è questa valigia? È nostra :**
   À qui est cette valise ? Elle est à nous.

L'idée d'appartenance se traduit en italien par **di** devant un nom ou un pronom ou par un possessif sans article.

UN HOMME AVERTI EN VAUT DEUX
(m. à m. : un homme avisé à moitié sauvé).

EXERCICES

Traduisez en italien :

A 1. À qui est cette valise ? **2.** À vous ? **3.** Non, elle n'est pas à moi. Je ne sais pas à qui elle est. **4.** Avez-vous beaucoup de cigarettes ? **5.** Combien en avez-vous ? **6.** Elles sont pour moi, pour ma consommation personnelle. **7.** Combien de bouteilles de vin avez-vous ? **8.** Je n'en ai aucune.

B 1. Cette eau n'est pas potable, elle n'est pas bonne à boire. **2.** Vous ne faites rien. Vous n'avez donc rien à faire ? **3.** Vous ne me dites rien. Qu'avez-vous à me dire ? **4.** Est-ce le jeune homme aux cheveux blonds que vous avez vu il y a trois jours ? **5.** Depuis quand le connaissez-vous ?

CORRIGÉS

A 1. Di chi è questa valigia? **2.** Sua? **3.** No, non è mia. Non so di chi sia. **4.** Ha molte sigarette? **5.** Quante ne ha? **6.** Sono per me, per il mio consumo personale. **7.** Quante bottiglie di vino ha ? **8.** Non ne ho nessuna.

B 1. Quest'acqua non è potabile, non è buona da bere. **2.** Lei non fa niente. Non ha dunque niente da fare? **3.** Non mi dice niente. Che cosa ha da dirmi? **4.** È il giovanotto dai capelli biondi che ha visto tre giorni fa? **5.** Da quando lo conosce?

La dogana, il cambio • La douane, le change

CRUCIVERBA

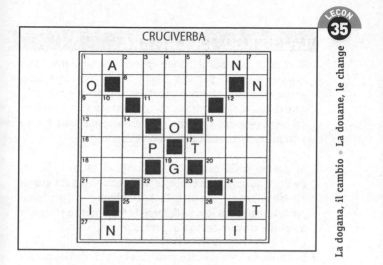

ORIZZONTALI

1 Fu vittorioso a Marengo.
8 Taglia il traguardo.
9 Sandro Botticelli.
11 Si riunisce nel Palazzo di Vetro.
12 Vocali di fanti.
13 Donata a te.
15 Aggettivo in breve.
16 Fa parte dell'ENI.
17 Ha binari fra le strade.
18 Nome di donna.
20 Aero Trasporti Italiani.
21 L'inizio della gara.
22 In un secondo tempo.
24 Centro di vaso.
25 Merita il successo.
27 Raccolta di scritti scelti.

VERTICALI

1 Rende triste l'emigrante.
2 Per Procura.
3 Vale più dell'argento.
4 Il nome di Ventura.
5 Struzzo australiano.
6 Un risultato pari.
7 Edipo… fu il primo.
10 Ha le gambe corte…
12 Pietra ornamentale.
14 Spiazzo campestre.
15 Una misura agraria.
19 Un tiro non parato.
22 Bilancia il contro.
23 Nome di uomo.
25 Due di abete.
26 Rogo in centro.

Orizzontali : 1. Napoleone – 2. Primo – 3. SB – 4. ONU – 12. Ai – 13. Tua – 15. Agg – 16. AGIP – 17. Tram – 18. Lia – 20. ATI – 21. GA – 22. Poi – 24. AS – 25. Bravo – 27. Antologia.
Verticali : 1. Nostalgia – 2. PP – 3. Oro – 4. Lino – 5. Emu – 6. OO – 7. Enigmista – 10. Bugia – 12. Agata – 14. Aia – 15. Ara – 16. Goal – 22. Pro – 23. Ivo – 25. BT – 26. OG.

L'ALBERGO, LA CAMERA

1 Si chiama °albergo il °luogo in cui un viaggiatore può trovare °alloggio per una o più °notti. Vi si °possono anche •trascorrere •molte settimane o molti •mesi e in questo caso l'•albergatore «fa un °prezzo» sì che l'affitto «al mese» è meno caro che se si dovessero pagare trenta o trentun notti alla tariffa normale.

2 Al prezzo della camera si aggiunge il servizio (dieci, dodici o quindici per cento) e una tassa chiamata «tassa di •soggiorno». Durante l'alta •stagione è °prudente prenotare in anticipo. Se l'albergo è °completo è •talvolta possibile trovare °alloggio °presso privati.

3 Esistono •numerose categorie di alberghi, e nelle grandi città si °trovano alberghi di lusso. •Inoltre, •catene di alberghi assicurano ai °clienti •condizioni di °conforto costanti in •paesi diversi.

4 All'arrivo ci si presenta in portineria. •Oltre la chiave e il numero della camera, si possono trovare tutte le informazioni necessarie per un •soggiorno piacevole: spettacoli e feste locali, gite ecc...

L'ALBERGO DELLA LUNA.

L'HÔTEL, LA CHAMBRE

1 On appelle hôtel l'endroit où un voyageur peut trouver à se loger pour une ou plusieurs nuits. L'on peut aussi y passer plusieurs semaines ou plusieurs mois et, dans ce cas, l'hôtelier « fait un prix » de telle sorte que la location au mois est moins chère que si l'on devait payer trente ou trente et une nuits au tarif normal.

2 Au prix de la chambre s'ajoute le service (10, 12 ou 15 %), et une taxe appelée taxe de séjour. En pleine saison, il est prudent de réserver à l'avance. Si l'hôtel est plein, il est parfois possible de trouver un logement chez l'habitant (m. à m. : des habitants).

3 Il y a plusieurs catégories d'hôtels et, dans les grandes villes, l'on trouve des hôtels de luxe. En outre, des chaînes d'hôtels assurent à leur clientèle des conditions de confort constantes d'un pays à l'autre (m. à m. : dans des pays divers).

4 En arrivant, on se présente à la réception. Outre la clé et le numéro de la chambre, on peut trouver toutes les informations nécessaires pour un séjour agréable : spectacles et fêtes locales, excursions, etc.

ocabulaire

● *Talvolta*, quelquefois ; on peut dire aussi : *a volte* (pluriel). Le mot « *volta* » apparaît dans de multiples locutions : *una volta*, une fois ; *più volte*, plusieurs fois ; *in una volta*, en une seule fois ; *a volta a volta*, de temps en temps ; *c'era una volta…* il était une fois ; *uno alla volta*, un à la fois.

● Quelquefois, *talvolta* ou *a volte* ; quelque chose, *qualche cosa* ou *qualcosa* ; quelqu'un, *qualcuno*.

À LA BELLE ÉTOILE (m. à m. : l'auberge de la lune).

Sviluppare : le préfixe italien « s » exprime souvent l'idée du contraire. Ex. : *il viluppo*, le chaos, la confusion d'où aucun développement ne peut surgir ; d'où : *lo sviluppo*, le développement, et *sviluppare*.

Alloggiarsi, se loger (*l'alloggio*, le logement) ; *ospitare*, héberger (*l'ospedale*, l'hôpital : *sono ricoverato all'ospedale*, je suis hospitalisé). *L'osteria*, le restaurant.

GRAMMAIRE

• Verbes
Trascorrere, trascorsi, trascorso.
Aggiungere, aggiunsi, aggiunto.

• Pluriels
1) les mots masculins en **-co** et **-go** accentués sur l'avant-dernière syllabe conservent leur son au pluriel et modifient leur forme : **albergo, alberghi.** Tandis que les mots accentués sur l'antépénultième changent leur prononciation sans modifier leur orthographe : **turistico, turistici.**

2) Au féminin pluriel, les mots en **-ca** et **-ga** conservent toujours leur son, quelle que soit leur accentuation et l'on ajoute un h : **la stagione turistica, le stagioni turistiche, l'amica italiana, le amiche italiane.**

• Molte settimane – molti mesi
Molto, *beaucoup de*, s'accorde avec le nom auquel il se rapporte : **molta pazienza**, *beaucoup de patience*.

En revanche, **molto**, *beaucoup, très*, renvoyant à un verbe ou à un adjectif, reste invariable : **ci riposiamo molto**, *nous nous reposons beaucoup* ; **questi alberghi sono molto belli**, *ces hôtels sont très beaux*.

EXERCICES

Traduisez en italien :

A. 1. Je voudrais trouver un logement à bon marché. **2.** Cette chambre est trop chère. **3.** Je dois y rester trois mois. **4.** Dès que je pourrai, je changerai d'hôtel. **5.** Mais maintenant tous les hôtels sont pleins. **6.** En arrivant ici je ne savais pas où aller.

B. 1. Combien de jours resterez-vous ici ? Pas beaucoup, mes affaires ne me laissent pas beaucoup de temps pour de longues vacances. **3.** Attention ! L'eau est très chaude. **4.** Les séjours sont très agréables pendant la basse saison : il y a peu de touristes et beaucoup de chambres libres dans les hôtels.

CORRIGÉS

A 1. Vorrei trovare un alloggio a buon mercato. **2.** Questa camera è troppo cara. **3.** Devo restarci tre mesi. **4.** Non appena potrò, cambierò albergo. **5.** Ma adesso tutti gli alberghi sono pieni. **6.** Arrivando qui non sapevo dove andare.

B 1. Quanti giorni resterà qui? Non molti, i miei affari non mi lasciano molto tempo per una lunga vacanza. **4.** Attenti ! L'acqua è molto calda. **4.** Durante la bassa stagione i soggiorni sono molto piacevoli : ci sono pochi turisti e molte camere libere negli alberghi.

PER PRENOTARE UNA CAMERA D'ALBERGO

1 Per lettera

Parigi, 3 gennaio 2002

Gentile Signore,

Vorrei prenotare una camera ad un °letto con bagno (una camera a due letti, una camera matrimoniale, con un lettino per bambino) per il 3 febbraio °prossimo. Desidererei una camera molto tranquilla e bene illuminata. Arriverò in serata, verso le °diciannove e ripartirò al mattino del sei.

In •attesa di una Sua •conferma, le invio i miei •migliori saluti.

2 Per °telefono

– •Pronto ! Per •favore, •avrebbe una camera per il •giorno sei?

– Sì, signore. Qual è il suo °nome?

– Guido •Rossi.

– A che ora arriverà, signore?

– In serata, piuttosto tardi.

Mi vuol dire il °prezzo, per favore ?

– Da sessanta a novanta euro, secondo la camera.

POUR RÉSERVER UNE CHAMBRE D'HÔTEL

1 Par lettre

Paris, le 3 janvier 2002

Monsieur,

Je voudrais retenir une chambre avec salle de bains à un lit (à deux lits, à un grand lit, avec un lit d'enfant) pour le 3 février prochain. Je désirerais une chambre très calme et bien claire. J'arriverai dans la soirée, vers 19 heures, et je partirai le 6 au matin.

Dans l'attente de votre confirmation, je vous prie d'agréer, Monsieur, l'expression de mes salutations distinguées.

2 Par téléphone

– Allo ! S'il vous plaît, auriez-vous une chambre pour le 6 prochain ? – Oui, monsieur. Quel est votre nom ? – Guy Rossi. – À quelle heure arriverez-vous monsieur ? – Dans la soirée, plutôt tard. Voulez-vous me dire le prix, s'il vous plaît ? – De 60 à 90 euros, selon la chambre.

Vocabulaire

Prenotare, réserver (une chambre, une place d'avion…) ; *la prenotazione*. Ex. : *Bisogna prenotare molto tempo prima*, il faut réserver très à l'avance.

La lettera ; il foglio, la feuille ; *la firma*, la signature ; *la busta*, l'enveloppe ; *l'indirizzo*, l'adresse ; *il francobollo*, le timbre.

Il telefono ; l'apparecchio, l'appareil ; *l'elenco telefonico*, l'annuaire téléphonique. *Comporre il numero*, composer le numéro ; *componga il numero*, faites le numéro.

Il letto, le lit ; *il materasso*, le matelas ; *il lenzuolo*, le drap (plur. *le lenzuola*) ; *la coperta*, la couverture ; *il cuscino*, l'oreiller. *Il bagno*, la salle de bains ; *la vasca*, la baignoire ; *la doccia*, la douche ; *l'acqua calda, fredda*, l'eau chaude, froide.

Les jours de la semaine : *lunedì, martedì, mercoledì, giovedì, venerdì, sabato, domenica*.

À ROME, IL FAUT VIVRE COMME À ROME
(m. à m. : Où que tu ailles, fais comme tu verras).

Per la prenotazione alberghiera tagliare e spedire il presente foglio debitamente compilato

MICAM

MILANO 20-23 settembre 20...
Scheda di prenotazione alberghiera
La presente scheda deve giungere
entro il 20 agosto 20...

Sig ....

Via ....

C.A.P. .... Città ....

tel. ....

Vi prego prenotare le seguenti stanze :

n. .... singole con servizi

n. .... doppie con servizi

n. .... doppie con letto aggiunto con servizi

n. ....

Data di arrivo   Data di partenza

....

☐ per pranzo
☐ per cena
☐ dopo cena

In albergo classificato :
☐ 2 stelle ;   ☐ 3 stelle ;   ☐ 4 stelle.

Con il seguente trattamento :
☐ pensione completa ;   ☐ mezza pensione ;
☐ pernottamento e colazione.

Allego assegno di € ....
(equivalente ad un giorno di soggiorno per persona)
quale caparra per la presente prenotazione.
Provvederò al saldo del soggiorno alberghiero direttamente in albergo alla partenza ; dal conto verrà
detratto il valore della caparra inviata.

Data ....

Firma ....

MICAM

(Salon de l'industrie de la chaussure)
MILAN 20-23 septembre 20...
Fiche de réservation hôtelière
La présente fiche doit parvenir avant le
20 août 20...

M. ....

Rue ....

Code postal .... *Ville* ....

Tél. ....

Je vous prie de réserver les chambres suivantes :
n. ...... *chambre à un lit avec salle de bains*
n. ...... *chambre à deux lits avec salle de bains*
n. ...... *chambre à deux lits avec lit supplémentaire*
avec salle de bains

n. ....

Date d'arrivée   *Date de départ*

....

☐ *pour le déjeuner*
☐ *pour le dîner*
☐ *après le dîner*

En hôtel classé :
☐ 2 étoiles ;   ☐ 3 étoiles ;   ☐ 4 étoiles.

Avec les prestations suivantes :
☐ *pension complète ;*   ☐ *demi-pension ;*
☐ *nuitée et petit déjeuner.*

Je joins à titre d'arrhes un chèque de € ....
(équivalent à un jour de séjour par personne) pour la
présente réservation. Je verserai le solde directement
à l'hôtel le jour du départ ; le montant des arrhes
sera déduit du règlement définitif.

Date...

Signature...

L'ARRIVO ALL'ALBERGO

1 *(In portineria.)* – Ho prenotato una camera otto giorni fa.
– Per lettera o per °telefono?... Il suo nome, per favore.
(L'impiegato •cerca sul registro delle •prenotazioni...)
Ah! Ecco : al quinto piano, camera numero cinquanta. È
°piuttosto grande, molto •luminosa e con bagno.

2 – Per favore, vuole firmare la sua °scheda? Se ha la
cortesia di lasciarmi il suo passaporto, la riempirò
•stesso.
– C'è °posta per me?
– Guardo, ma non credo... No, signore, non c'è niente
per lei.
(°Suona per chiamare una cameriera.)
– Accompagni il signore alla cinquanta.

3 *(La cameriera accompagna il cliente•all'ascensore.)*
– Prego, signore, •entri. Le faccio portare i suoi
bagagli.
– Bella giornata oggi, •vero? Il °barometro è al bello
fisso. Pare che durerà tutta la settimana.
– Speriamo.

4 *(La camera.)*
– Ecco la camera : il bagno è a °destra, qui a sinistra
c'è un armadio. *(La cameriera °accende la luce, tira le
°tende e il cliente le dà una mancia.)*
– Grazie, signore: se ha bisogno di qualche cosa, suoni il
°campanello.

LA NOTTE PORTA CONSIGLIO.

L'ARRIVÉE À L'HÔTEL

1 *(À la réception.)* – J'ai réservé une chambre voici huit jours. – Par lettre ou par téléphone ?... Votre nom, s'il vous plaît *(l'employé cherche sur le registre des réservations)*... Ah ! Voici : au 5e étage, chambre n° 50. Elle est assez grande, très claire et avec salle de bains.

2 – S'il vous plaît, voulez-vous signer votre fiche ? Si vous avez l'amabilité de me laisser votre passeport, je la remplirai moi-même. – Y a-t-il du courrier pour moi ? – Je vais regarder mais je ne crois pas... Non, Monsieur, il n'y a rien pour vous *(Il sonne pour appeler une femme de chambre.)* Conduisez Monsieur au 50.

3 *(La femme de chambre accompagne le client à l'ascenseur.)* – Entrez, Monsieur, je vous en prie. Je vais vous faire porter vos bagages. – Il fait beau aujourd'hui, n'est-ce pas ? Le baromètre est au beau fixe. Il paraît que cela va durer toute la semaine. – Espérons-le.

4 *(La chambre.)*
– Voici la chambre. La salle de bains est à droite. Ici, à gauche il y a une armoire. *(La femme de chambre allume, tire les rideaux et le client lui donne un pourboire).* – Merci Monsieur : si vous avez besoin de quelque chose, vous n'avez qu'à sonner (m. à m. : sonnez la sonnette).

Vocabulaire

La camera da letto, la chambre à coucher ; *la camera singola* ; ... à un lit ; *il letto matrimoniale*, le lit à deux places ; *la camera con bagno*.
En entrant dans un hôtel *(albergo)* vous verrez écrits les mots : *bar, ristorante* ; *salotto*, salon ; *sala di lettura*, salle de lecture ; *direzione* ; *portineria*, réception ; *sala da pranzo*, salle à manger *(il pranzo*, le déjeuner ; *dopo il pranzo*, après le déjeuner).
Il pianterreno, le rez-de-chaussée ; le cinquième étage, *il quinto piano*.

LA NUIT PORTE CONSEIL.

Remplir une fiche se dit : *riempire una scheda ;* ... un imprimé, *uno stampato. Riempire una bottiglia,* remplir une bouteille ; *vuotare,* vider :

Vuota il bicchier ch'è pieno ; empi il bicchier ch'è vuoto!
Vide le verre *(il bicchiere)* qui est *(che è)* plein ; remplis le verre qui est vide !

GRAMMAIRE

• Certains aspects constants des mots italiens :

Nous avons (p. 166) **l'impiegato** , *l'employé.* De même : **piegare,** *plier* (**la piega dei pantaloni**, *le pli du pantalon*) ; **pieno**, *plein.* **Un piatto**, *un plat, une assiette* ; **piacere**, *plaire* ; **la pioggia**, *la pluie* ; **piovere**, *pleuvoir* ; **piangere**, *pleurer* ; **la spiaggia**, *la plage.*

Vous constatez que le **l** français après la consonne initiale est représenté, en italien, par un **i** suivi d'une voyelle. Cela aidera votre mémoire.

EXERCICE

1. Bonjour, monsieur, j'ai réservé une chambre pour deux personnes. **2.** À quel nom s'il vous plaît ? **3.** Donnez-moi la clef s'il vous plaît. **4.** Quel numéro avez-vous ? **5.** On vous a téléphoné, monsieur. **6.** On a demandé que vous téléphoniez au numéro 55.214753. **7.** Appelez-moi à huit heures s'il vous plaît.

CORRIGÉ

1. Buon giorno, signore. Ho prenotato una camera per due persone. **2.** Con quale nome, prego? **3.** Mi dia la chiave, per piacere. **4.** Che numero ha? **5.** Le hanno telefonato, signore. **6.** Hanno chiesto che lei telefoni al cinquantacinque due uno quattro sette cinque tre. **7.** Mi chiami alle otto per favore.

Hotel Terme****

Floridiana – Ischia

Hotel: L'albergo si trova in posizione incantevole nella zona elegante dell'isola, sul Corso Colonna, punto di shopping ed isola pedonale, circondato da giardini tra la pineta ed il mare.

Camere: 50 camere tutte con servizi privati, bagno o doccia e telefono a selezione diretta, arredate con gusto e dotate di balcone o terrazzo.

Ristorante: tradizionale con cucina tipica italiana ed internazionale.

Attrezzature: ampi saloni, bar, sala TV con aria condizionata, piscina con acqua termominerale a 28-30 gradi, solarium con lettini prendisole ed ombrelloni.

Distanza dal mare: 80 m.

Distanza dal centro: 10 m.

Animali: ammessi.

Reparto termale: interno con centro di bellezza e fisioterapia.

Hôtel des Thermes

Floridiana – Ischia

L'hôtel occupe un site enchanteur dans la partie résidentielle de l'île, sur l'avenue Colonna, centre du shopping et zone piétonne, entouré de jardins entre la pinède et la mer.

50 chambres avec leur équipement sanitaire, bain ou douche, téléphone directement relié avec l'extérieur, élégamment aménagées, avec balcon ou terrasse.

Restaurant : *dans la tradition de la cuisine italienne et internationale.*

Équipements : *vastes salons, bar, salle télé avec air climatisé, piscine avec eau thermo-minérale à 28-30 degrés, solarium avec lits de repos et parasols.*

Distance de la mer : *80 m.*

Distance du centre : *10 m.*

Animaux : *admis.*

Espace thermal *avec centre de beauté et physiothérapie.*

1 L'albergo serve sempre la prima colazione: il viaggiatore può farsela servire in camera. In alcuni •paesi bisogna pagare un piccolo •supplemento. A °volte il prezzo della prima •colazione è •compreso in quello della camera.

2 Se desiderate prendere i vostri pasti in albergo, potete ottenere un °prezzo di pensione purché il vostro soggiorno in albergo superi un certo numero di giorni che vi si indica al vostro arrivo. Se desiderate prendere la colazione o il pranzo, vi si farà un prezzo di mezza pensione.
•Spesso gli alberghi non °servono i due pasti principali, cioè la colazione e il •pranzo e neppure la merenda. Perciò per mangiare il viaggiatore può •scegliere fra le locande, i ristoranti, le trattorie, le pizzerie, le tavole calde, i caffè; se vuole fare °merenda, può andare in una pasticceria o in una gelateria •dove si servono °ottimi gelati di ogni °specie.

3 Si mangia nel piatto e si beve nel °bicchiere. Per le °minestre, i liquidi o le °creme si usa il cucchiaio, per le altre vivande la •forchetta ; per tagliare si usa il °coltello. Per il •campeggio vi sono piatti e bicchieri di •cartone e °tovaglioli di carta. Nei ristoranti i piatti sono di ceramica o di porcellana e i tovaglioli e le tovaglie di •tela.

LES REPAS

1 *L'hôtel sert toujours le petit déjeuner : le voyageur peut se le faire servir dans sa chambre. Dans certains pays, il faut payer un léger supplément. Parfois, le prix du petit déjeuner est compris dans celui de la chambre.*

2 *Si vous désirez prendre vos repas à l'hôtel, vous pouvez obtenir un prix de pension pourvu que votre séjour à l'hôtel dépasse un certain nombre de jours que l'on vous indique à votre arrivée. Si vous désirez prendre le déjeuner ou le dîner, on vous fera un prix demi-pension.*

Souvent les hôtels ne servent pas les deux principaux repas, c'est-à-dire le déjeuner et le dîner, non plus que le goûter. C'est pourquoi, pour manger, le voyageur peut choisir parmi les auberges, les restaurants, les trattorie, les pizzerie, les snacks et les cafés ; s'il veut goûter, il peut aller dans une pâtisserie ou chez un glacier où l'on sert d'excellentes glaces de toutes sortes.

3 *On mange dans une assiette (m. à m. : dans l'assiette) et l'on boit dans un verre. Pour le potage, les liquides ou les crèmes, on se sert d'une cuiller, d'une fourchette pour les autres mets. Pour couper, on emploie un couteau. Pour le camping, il y a des verres et des assiettes en carton et des serviettes en papier. Dans les restaurants, les assiettes sont en faïence ou en porcelaine et les serviettes et les nappes en toile.*

Vocabulaire

Les spaghetti sont toujours servis dans une assiette creuse, *piatto fondo* (*piatto piano*, assiette plate). Le diminutif : *piattino*, la soucoupe. De même *la tovaglia*, la nappe ; *il cucchiaio*, la cuiller donnent : *il tovagliolo*, la serviette ; *il cucchiaino*, la petite cuiller. Le petit couteau sera : *il coltellino*.
La saliera, *l'oliera*, *l'acetiera* sont respectivement : la salière, l'huilier, le vinaigrier (*il sale*, le sel ; *l'olio*, l'huile ; *l'aceto*, le vinaigre).
La brocca, la cruche ; *il fiasco*, la bouteille de forme ovoïde.

AVOIR L'EAU À LA BOUCHE (m. à m. : la petite eau).

GRAMMAIRE

• **Verbes**

– Composés de **prendere, presi, preso** [z] : **Comprendere, riprendere, apprendere**.

Afin de retenir plus aisément les formes irrégulières, pensez au français : « *la prise* », « *pris* ». Vous savez que la formule 1, 3, 3 vous rappelle la conjugaison du passé simple : **presi**, **prese**, **prendemmo**, **presero**.

– **Bere** (voyez Mémento § 62).

– « *Goûter* » se dit **fare merenda**, « la merenda » étant le repas léger de quatre ou cinq heures. Mais dans le sens d'essayer : **assaggiare**.

Ex. : **assaggi e dica se le piace**, *goûtez et dites si cela vous plaît.*

• **Neppure**

Apprenez les contraires : **Oppure**, *ou bien* ; **neppure**, *pas même* ; **anche**, *aussi, même* ; **neanche**, *non plus*.

• **Può farsela servire** ou bien **se la può fare servire.**

Avec **potere** + infinitif, les pronoms personnels compléments de l'infinitif peuvent se placer devant **potere** ou se souder à l'infinitif.

EXERCICE

1. Nous n'avons pas l'habitude de déjeuner à l'hôtel. **2.** Nous préférons manger dehors. **3.** Chaque jour nous découvrons un nouveau restaurant. **4.** Où irons-nous aujourd'hui ? **5.** Celui d'hier ne m'a pas beaucoup plu. **6.** Allons, c'est l'heure et j'ai très faim.

CORRIGÉ

1. Non abbiamo l'abit**u**dine di far colazione in albergo. **2.** Preferiamo mangiare fuori. **3.** Ogni giorno scopriamo un nuovo ristorante. **4.** Dove andremo oggi? **5.** Quello di ieri non mi è piaciuto molto. **6.** Andiamo, è l'ora e ho molta fame.

Lista	Menu
Antipasti	*Hors-d'œuvre*
Melone e prosciutto	Melon et jambon
Prosciutto di Parma	Jambon de Parme
Prosciutto e fichi	Jambon et figues
Affettato misto	Charcuterie variée en tranches
Antipasto casereccio	Hors-d'œuvre du chef
Filetti di acciughe ripieni	Filets d'anchois farcis
Minestre in brodo	*Potages*
Pastina in brodo	Bouillon aux petites pâtes
Tortellini in brodo	Bouillon aux pâtes farcies
Ristretto in tazza	Consommé en tasse
Stracciatella in brodo	Consommé aux œufs et au fromage
Zuppa alla Pavese	Soupe pavésane (bouillon, œufs, pain grillé)
Minestrone[1]	Minestrone[1]
Pasta e fagioli	Pâtes et haricots
Minestre asciutte	*Pâtes ou riz servis sans bouillon*
Spaghetti con pomodoro	Spaghetti sauce tomate
Spaghetti alla carbonara [2]	Spaghetti à la charbonnière [2]
Spaghetti con pesto [3]	Spaghetti au pistou [3]
Fettuccine alla romana	Nouilles fines à la romaine
Tagliatelle alla bolognese	Nouilles à la bolognaise
Ravioli con panna	Ravioli à la crème fraîche
Cannelloni	Pâtes roulées et farcies
Lasagne verdi al forno [4]	Lasagnes vertes au four [4]
Gnocchi alla napoletana [5]	Gnocchi à la napolitaine [5]
Gnocchi alla romana [6]	Gnocchi à la romaine [6]
Risotto alla milanese [7]	Risotto à la milanaise [7]
Timballo di riso con fegatini	Timbale de riz aux foies de poulet

(continua)

(suite)
p. 177

(1) Potage à base de riz, de pâtes et de légumes variés. (2) Lard fumé, œufs battus, vin blanc, poivre, parmesan et fromage de brebis, persil. (3) Basilic, ail, pignons et noix, fromage de brebis, huile d'olive, le tout écrasé dans un mortier. (4) Pâte aux épinards, découpée en larges lamelles et servie avec une béchamelle au fromage. (5) Pâte à base de farine et pommes de terre et servie avec une sauce tomate. (6) Pâte à base de semoule et de lait, gratinée au beurre et au fromage. (7) Riz cuit dans du bouillon de poulet, safran, beurre et fromage.

LA PRIMA COLAZIONE

1 – Per favore, ieri sera avevo chiesto che mi servissero la prima colazione in camera per le °otto, ma non l'hanno •ancora portata, devono essersene dimenticati.

   – Un momento, °prego, le passo il ristorante.

   – Buon giorno signore, che cosa desidera?

   – Vorrei la colazione subito, per favore. L'avevo ordinata per le otto e sto aspettando da •venti minuti.

   – Mi scusi, signore ma non sono stato avvertito.

2 – Che °cosa desidera?

   – Due succhi di arancia, un caffè °completo e un tè completo, per favore.

   – Tè con latte o con limone?

   – Limone.

   – Desidera del pane tostato o dei panini? °Miele o marmellata?

   – Panini con burro e marmellata, grazie.

   – Le manderò subito tutto, signore.

3 – Che prende per la prima colazione?

   – Io? Ebbene! una mela e una tazza di tè senza zucchero.

   – Nient'altro?

   – Nient'altro. Con ciò, ne ho abbastanza. A dire la verità, verso le dieci, prenderò un caffè •stretto al bar.

DIRE PANE AL PANE.

LE PETIT DÉJEUNER

1 – *S'il vous plaît, hier soir j'avais demandé qu'on me serve le petit déjeuner dans la chambre pour huit heures mais on ne l'a pas encore apporté ; on doit l'avoir oublié.*
– *Un moment s'il vous plaît ; je vous passe le restaurant.*
– *Bonjour monsieur, que désirez-vous ?* – *Je voudrais le petit déjeuner tout de suite, s'il vous plaît. Je l'avais commandé pour huit heures et j'attends depuis vingt minutes.* – *Excusez-moi mais je n'ai pas été prévenu.*

2 – *Que désirez-vous ?* – *Deux jus d'orange, un café complet et un thé complet, s'il vous plaît.* – *Thé au lait ou au citron ?* – *Citron.* – *Voulez-vous du pain grillé ou des petits pains, du miel ou de la confiture ?* – *Des petits pains avec du beurre et de la confiture, merci.* – *Je vais vous faire monter (m. à m. : je vous enverrai) cela tout de suite, monsieur.*

3 – *Que prenez-vous pour le petit déjeuner ?* – *Moi ? Eh bien ! une pomme et une tasse de thé sans sucre.* – *Rien d'autre ?* – *Rien d'autre. Avec cela, j'ai suffisamment. Pour dire la vérité, vers 10 heures je prendrai un café serré au bar.*

Vocabulaire

Caffè ou *espresso*, café noir ; *caffelatte* ou *cappuccino*, café au lait ; dans le *cappuccino*, on fait mousser le lait à la vapeur.
Caffè ristretto (m. à m. : serré) : café fort, concentré ; le contraire est : *caffè lungo* (m. à m. : long).
Il cioccolato, le chocolat.
Remarquez la préposition « con » : *tè con latte, tè con limone.*

Manca la caffettiera, manca la teiera sulla guantiera (o sul vassoio) : il manque la cafetière, il manque la théière sur le plateau.

APPELER UN CHAT UN CHAT
(m. à m. : dire pain au pain).

GRAMMAIRE

Quelques rappels :

• Verbes

Chiedere, **chiesi**, **chiesto**, *demander*.

La formule 1, 3, 3 donne : **chiesi**, **chiedesti**, **chiese**, **chiedemmo**, **chiedeste**, **chiesero**.

Au subjonctif imparfait : **chiedessi**, etc.

Vorrei de **volere** (Mémento § 62).

Toute irrégularité affectant le futur se retrouve au conditionnel : **vorrò, vorrei**.

• Essersene

Le pronom réfléchi **se** et le pronom **ne** (traduisant « *en* ») se placent après l'infinitif. De même **andarsene**, *s'en aller*. On aurait pu dire, au lieu de **devono essersene dimenticati** : **se ne devono essere dimenticati**. Le sujet est « *ils* » sous-entendu, c'est-à-dire « *on* ».

• Accord du participe passé conjugué avec « **avere** » avec le complément direct d'objet s'il est placé avant et si c'est un pronom : **non l'ho portata** ; **l'** est mis pour **la colazione**.

EXERCICE

1. On a oublié de mettre une cuiller sur le plateau du petit déjeuner. **2.** Dites s'il vous plaît qu'on me serve le petit déjeuner à 7 heures. **3.** Vous me réveillerez par la même occasion. **4.** Bonjour Monsieur, passez-moi le restaurant. **5.** Allô ! J'attends depuis un quart d'heure. **6.** Vous avez oublié sans doute… cela ne fait rien. **7.** Montez le café tout de suite, je suis très pressé maintenant. **8.** L'on vient de m'avertir que je dois être à 8 heures place de Venise. **9.** Non ! Pas de café au lait : un café noir.

CORRIGÉ

1. Hanno dimenticato di mettere un cucchiaio sul vassoio della prima colazione. **2.** Per favore, dica di servirmi la prima colazione alle sette. **3.** Con l'occasione mi sveglierà. **4.** Buon giorno, mi passi il ristorante. **5.** Pronto! Aspetto da un quarto d'ora. **6.** Forse ha dimenticato… Non fa niente. **7.** Mi porti il caffè subito, adesso ho molta fretta. **8.** Mi hanno appena avvisato che devo essere alle otto a Piazza Venezia. **9.** No! non un caffelatte : un caffè.

Lista (continuazione)	**Menu (suite)**
Carni	*Viandes*
Filetto di tacchino	Filet de dinde
Pollo arrosto	Poulet rôti
Costatina di vitello alla griglia	Côte de veau sur le gril
Animelle dorate al burro	Ris de veau dorés au beurre
Scaloppine al Marsala	Escalopes au marsala
Fegato di vitello alla salvia	Foie de veau à la sauge
Saltimbocca alla romana	Veau au jambon et au fromage
Bistecca alla fiorentina[1]	Bifteck à la florentine[1]
Abbacchio al forno	Agneau de lait rôti
Pesci	*Poissons*
Frittura mista	Friture assortie
Scampi fritti	Langoustines frites
Seppie ripiene	Seiches farcies
Gamberetti e calamari	Crevettes et calmars
Cozze alla marinara	Moules marinière
Baccalà alla romana	Morue à la romaine
Triglie alla livornese	Rougets à la livournaise
Merluzzo in umido	Merlan en sauce
Trote o sogliole alla mugnaia	Truites ou soles meunière
Contorni e uova	*Garniture et œufs*
Fagioli con aglio e prezzemolo	Haricots en grains à l'ail et au persil
Fagiolini con olio e limone	Haricots verts à l'huile et au citron
Bietole all'agro	Betteraves en vinaigrette
Piselli al burro	Petits pois sautés au beurre
Patate arrostite	Pommes de terre rôties
Insalata verde	Salade verte
Peperoni e melanzane	Poivrons et aubergines
Frittata di zucchine	Omelette aux courgettes
Uova sode	Œufs durs
Frutta e dolci	*Fruits et desserts*
Frutta di stagione	Fruits de saison
Torta di fragole	Tarte aux fraises
Cassata alla siciliana	Glace aux fruits confits à la sicilienne

(1) Côte de bœuf (d'au moins 300 g) grillée à l'huile et accommodée avec de l'ail et du romarin.

CONTRÔLE ET RÉVISIONS

A. 1. Les Japonais font d'excellents appareils photographiques. **2.** Les progrès techniques ont été très rapides. **3.** Les échanges commerciaux sont importants entre Italiens et Allemands. **4.** Les hôtels dits « touristiques » sont-ils plus ou moins chers que les autres ? **5.** Cela dépend ! Dans les stations climatiques ils sont naturellement plus chers. **6.** Mais c'est un plaisir que d'y vivre.

B. 7. Mon ordinateur ne marche plus. **8.** Il a été révisé par le spécialiste ; il croit qu'il est trop vieux. **9.** J'en ai été satisfait. **10.** Je vais en acheter un autre, de la même marque. **11.** En voici un qui vous plairait. **12.** Mais le modèle le moins cher est celui que vous aviez.

C. 13. Si vous buviez moins, vous auriez moins chaud. **14.** Si vous restiez à l'hôtel l'après-midi, vous seriez moins fatigué. **15.** Il vous suffirait de dormir jusqu'à six heures pour ne pas souffrir de la chaleur. **16.** Si vous vouliez, vous pourriez visiter le musée le matin. **17.** Si vous le désiriez, on vous servirait le petit déjeuner dans votre chambre. **18.** Vous pourriez prendre votre petit déjeuner soit en bas, soit dans votre chambre.

D. 19. Nous conviendrons d'un jour de la semaine prochaine. **20.** Mardi vous conviendrait-il pour que nous allions vous voir ? **21.** Mercredi dernier, nous sommes revenus de la campagne. **22.** Cette visite nous a satisfaits.

E. *(2 traductions)* **23.** Cette bouteille, pourrait-on me la monter dans ma chambre ? **24.** Le garçon peut-il me la monter ? **25.** Je crois que oui. **26.** Pouvez-vous le lui dire ? **27.** Le voilà, dites-le-lui vous-même.

LEÇON
40
bis

Contrôle et révisions

A. 1. I ˙Giapponesi fanno ˙eccellenti macchine fotografiche.
2. I progressi °tecnici sono stati molto rapidi. **3.** Gli scambi
commerciali sono importanti fra Italiani e ˙Tedeschi. **4.** Gli
°alberghi ˙detti turistici sono cari più o ˙meno quanto gli
altri? **5.** °Dipende! Nelle stazioni climatiche sono ˙natural-
mente più cari. **6.** Ma è un ˙piacere ˙viverci.

B. 7. Il mio computer non ˙funziona più. **8.** È stato revisio-
nato dallo specialista; ˙crede che sia °troppo °vecchio.
9. Ne sono stato soddisfatto. **10.** Ne comprerò un altro
della ˙stessa marca. **11.** Eccone uno che le piacerebbe.
12. Ma il °modello meno caro è quello che lei ˙aveva.

C. 13. Se ˙bevesse di meno, avrebbe meno caldo. **14.** Se
restasse in albergo il pomeriggio, sarebbe meno stanco.
15. Le basterebbe dormire fino alle °sei per non soffrire il
caldo. **16.** Se lei volesse, potrebbe visitare il °museo, il mattino. **17.** Se lo desiderasse, le servirebbero la colazione in
camera. **18.** Potrebbe far colazione sia giù che in camera.

D. 19. Stabiliremo un ˙giorno della settimana °prossima.
20. Le andrebbe °bene martedì per venire a farle visita? **21.** Mercoledì scorso siamo tornati dalla campagna.
22. ˙Questa visita ci ha soddisfatto.

E. 23. Questa bottiglia potrebbero portarmela nella mia camera? (… me la potrebbero portare…). **24.** Il °cameriere
può portarmela? (… me la può portare…). **25.** ˙Credo
di sì. **26.** Può dirglielo? (… glielo può dire?). **27.** °Eccolo,
˙glielo dica °lei ˙stesso.

UNA RAPIDA COLAZIONE

(Il marito, Massimo ; la moglie, Lisa ; il cameriere.)

1 Massimo. – Cameriere per favore vuol portarci la lista? Abbiamo •fretta e non abbiamo °tempo per aspettare. Che cosa c'è di •pronto?

Il cameriere. – Abbiamo del •pesce in salsa. Ma bisognerebbe aspettare un po': quindi non mi •sembra il caso.

Lisa. – Ma sì, del •pesce: siamo al mare e dovrebbe essere freschissimo. Sarebbe un peccato non approfittarne.

Massimo. – Non abbiamo tempo. Dobbiamo partire fra tre quarti d'ora. •Mangeremo °meglio stasera.

Il cameriere. – Allora °potrei portar loro un •arrosto con patate •lesse.

Lisa. – Benissimo.

Il cameriere. – E per cominciare, che cosa desiderano i signori?

Massimo. – Antipasto misto.

2 Il cameriere. – Che cosa •bevono i signori?

Lisa. – Acqua minerale.

Massimo. – Almeno un po' di vino! Un quarto di •rosso.

Il cameriere. – E per terminare?

Massimo. – Vedremo °poi.

3 Massimo. – Vorrei del pane per favore!

Lisa. – Vuole portarmi il peperoncino, il sale e il •pepe?

Massimo. – Per favore, ci °porti il •secondo.

Il cameriere. – Un istante, prego, arriva subito.

MEGLIO L'UOVO OGGI CHE LA GALLINA DOMANI.

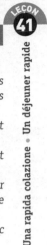
UN DÉJEUNER RAPIDE

(Le mari, Max ; sa femme, Lise ; le garçon.)

1 Max. – Garçon, s'il vous plaît ! Voulez-vous nous apporter le menu ? Nous sommes pressés. Nous n'avons pas le temps d'attendre. Qu'est-ce qu'il y a de prêt ?

Le garçon. – Nous avons du poisson en sauce. Mais il faudrait attendre un peu ; alors ça ne me paraît pas convenir.

Lise. – Ah ! Si ! du poisson. Nous sommes à la mer. Il devrait être très frais. Ce serait dommage de ne pas en profiter.

Max. – Nous n'avons pas le temps. Nous devons partir dans trois quarts d'heure. Nous mangerons mieux ce soir.

Le garçon. – Alors je pourrais vous apporter du rôti avec des pommes vapeur.

Lise. – Très bien.

Le garçon. – Et pour commencer, qu'est-ce que vous désirez ?

Max. – Des hors-d'œuvre variés.

2 Le garçon. – Qu'est-ce que vous allez boire ?

Lise. – De l'eau minérale.

Max. – Un peu de vin, tout de même ! Un quart de vin rouge.

Le garçon. – Et pour terminer ?

Max. – On verra tout à l'heure

3 Max. – Je voudrais du pain s'il vous plaît.

Lise. – Voulez-vous m'apporter le piment, le sel et le poivre ?

Max. – S'il vous plaît, apportez-nous la suite !

Le garçon. – Un instant, s'il vous plaît. Ça vient tout de suite.

UN TIENS VAUT MIEUX QUE DEUX TU L'AURAS
(m. à m. : mieux l'œuf aujourd'hui que la poule demain).

Vocabulaire

Svitabile ; *la vite*, la vis ; *avvitare*, visser ; *svitare*, dévisser. Ne confondez pas avec : 1. *La vita*, la vie ; 2. *evitare*, éviter.

Rappel : *piacere, spiacere* (*mi piace mi spiace* ; *spiacentissimo*, voir la leçon 10) ; *la ventura, la sventura*, le bonheur, le malheur ; *sventurato*, malheureux. Mais heureux : *felice*.

▌ **Attention : fare**, faire ; mais : **défaire, disfare**.

Dans la même idée, rapprochez *smistare*, trier, de *misto*, mêlé (*insalata mista*, salade mixte de laitue et de tomate).

Il secondo (sous-entendu : *piatto*) le second plat.

Aspettare ; rappelez-vous : *la sala d'aspetto*, la salle d'attente.

Fresco ; le superlatif est *freschissimo* ; modification orthographique destinée à maintenir le son. De même : *fiasco*, plur. *fiaschi*.

GRAMMAIRE

• Revoyez **essere, volere, potere, vedere**, en particulier au futur et au conditionnel (Mémento § 52, 62, 63, 64).

• Le superlatif

Benissimo, *très bien* (**bene**), **freschissimo**, *très frais* (**fresco**)
Meglio est un adverbe : **mangeremo meglio**.
L'adjectif comparatif est **migliore**. Ex. : **la nostra cena sarà migliore del pranzo**, *notre dîner sera meilleur que le déjeuner.*
Le superlatif **ottimo** : **un ottimo pranzo**, *un déjeuner excellent.*

La même différence existe entre **peggio**, adverbe, *pis*, et **peggiore**, *plus mauvais*, **pessimo**, *très mauvais.*

• Formation de quelques mots ou expressions.

Dans **innanzitutto**, *avant tout*, vous retrouvez **innanzi** = *devant* ; mais : **dinanzi a noi**, *devant nous.*
Ex. : **dinanzi a lui tremò tutta Roma**, *devant lui tout Rome trembla.*
La vivanda, *le mets*, vient du verbe **vivere**, *vivre.*

EXERCICE

1. Qu'y a-t-il à manger ? **2.** Qu'est-ce qui est le meilleur, le poulet ou le poisson ? **3.** Vous devez goûter cela. **4.** C'est très bon. **5.** Vous n'avez pas besoin de me le dire. **6.** Je le sais très bien ! **7.** Le reste n'est rien en comparaison. C'est ce que je voulais. **8.** C'est ce dont j'avais besoin.

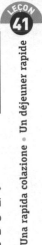

CORRIGÉ

1. Che cosa c'è da mangiare? **2.** È migliore il pollo o il pesce? **3.** Deve assaggiare questo. **4.** È molto buono. **5.** Non ha bisogno di dirmelo. **6.** Lo so benissimo! **7.** Il resto non è niente al confronto. È ciò che volevo. **8.** È quello di cui avevo bisogno.

Lecture

La pietanziera

Le gioie di quel recipiente tondo e piatto chiamato «pietanziera» consistono innanzitutto nell'essere svitabile. Già il movimento di svitare il coperchio richiama l'acquolina in bocca, specie se uno non sa ancora quello che c'è dentro, perché ad esempio è sua moglie che gli prepara la pietanziera ogni mattina. Scoperchiata la pietanziera, si vede il mangiare lì pigiato: salamini e lenticchie, o uova sode e barbabietole, oppure polenta e stoccafisso, tutto ben assestato in quell'area di circonferenza come i continenti e i mari nelle carte del globo, e anche se è poca roba fa l'effetto di qualcosa di sostanzioso e di compatto. Il coperchio, una volta svitato, fa da piatto, e così si hanno due recipienti e si può cominciare a smistare il contenuto. *(Continua.)*

Italo Calvino, *Racconti*.

La gamelle

Les joies de ce récipient rond et plat que l'on appelle la « gamelle » résident avant tout dans le fait qu'elle se dévisse. Déjà le geste de dévisser le couvercle vous donne l'eau à la bouche, surtout si vous ne savez pas encore ce qu'il y a à l'intérieur, parce que, par exemple, c'est votre femme qui vous prépare votre gamelle le matin. Une fois la gamelle ouverte, on voit la nourriture là bien tassée : des saucissons avec des lentilles, ou des œufs durs avec des betteraves, ou bien de la polenta avec de la morue, le tout bien rangé dans ce cercle comme les continents et les mers sur les cartes de géographie du globe, et même s'il n'y a pas grand-chose cela donne l'impression de quelque chose de nourrissant et de solide. Le couvercle, une fois dévissé, sert d'assiette, et l'on a ainsi deux récipients et l'on peut commencer à trier le contenu.

(À suivre.)

IL PRANZO

(Il cameriere ; il cliente, Piero ; la cliente, Anna.)

1 Il cameriere. – I signori desiderano un aperitivo per cominciare? Succo di frutta? Che succo di frutta desiderano? Ananas, °pompelmo? Desiderano qualche oliva con gli aperitivi? Nel °frattempo possono •scegliere sulla lista.

2 Piero. – Bene, ci °porti la lista, per favore. Vediamo, che cosa le piacerebbe mangiare? Le piace l'insalata mista ed anche il •pesce? Se ben °ricordo, lei non mangia mai carne la sera. Le potrei suggerire la specialità della casa, l'ho assaggiata tempo fa; ed è veramente molto buona. Il ristorante è anche •famoso per gli antipasti assortiti. Scelga, che cosa desidera °prendere?
Anna. – Vorrei qualcosa di leggero. L'antipasto misto è troppo pesante. Prenderò del pesce e basta.
Piero. – Ma no ! Prenda qualcosa col pesce.
Anna. – Un po' di verdura... Vedrò.
Piero. – Io •invece desidererei una minestra in °brodo e un •pollo alla cacciatora.
Il cameriere. – E un'insalata condita col limone?

3 Il cameriere. – Che vino desidera il signore?
Piero. – Ci favorisca la lista dei vini. °Penso che sia meglio scegliere il vino bianco che il vino rosso, che ne pensa ?

4 Il cameriere. – Desidera del formaggio? Le posso consigliare un ottimo •dolce. Un po' di frutta ?
Anna. – Oh, sa, non ho più fame.
Il cameriere. – Desiderano il caffè? Un •liquore per terminare?
Piero. – Non beviamo mai °alcoolici, grazie. Mi porti per favore il •conto.

SE NON È ZUPPA È PAN BAGNATO.

LE DÎNER

(Le garçon ; le client, Pierre ; la cliente, Anne.)

1 Le garçon. – Voulez-vous un apéritif pour commencer ?...
Un jus de fruits... Quel jus de fruits désirez-vous ?...
Ananas, pamplemousse ?... Désirez-vous quelques olives
avec les apéritifs... Pendant ce temps, vous pouvez
composer votre menu (mot à mot : choisir, sur...).

2 Pierre. – C'est cela : apportez-nous le menu s'il vous plaît.
Voyons, qu'est-ce que vous aimeriez manger ? Vous aimez
les crudités et aussi le poisson ? Si mes souvenirs sont bons,
vous ne prenez (m. à m. : mangez) jamais de viande le soir ?
Je pourrais vous suggérer la spécialité de la maison. Je l'ai
goûtée il y a quelque temps : elle est vraiment très bonne.
Le restaurant est également renommé pour les hors-d'œuvre
variés. Choisissez, qu'est-ce que vous désirez prendre ?
Anne. – Je voudrais quelque chose de léger. Les hors-d'œuvre
variés, c'est trop lourd. Je prendrai du poisson et c'est tout.
Pierre. – Mais non, prenez quelque chose d'autre avec le
poisson !
Anne. – Un légume vert... je verrai.
Pierre. – Moi, en revanche, je désirerais un potage aux
pâtes et un poulet-chasseur.
Le garçon. – Et une salade assaisonnée au citron ?

3 Le garçon. – Quel vin désiré Monsieur ?
Pierre. – Montrez-nous la carte des vins. Je pense qu'il
vaut mieux choisir un vin blanc plutôt qu'un vin rouge,
qu'en pensez-vous ?

4 Le garçon. – Voulez-vous un fromage ? Je peux vous
conseiller un très bon gâteau. Quelques fruits ?
Anne. – Ah ! Vous savez, je n'ai plus faim.
Le garçon. – Désirez-vous du café ? Une liqueur pour
terminer ?
Pierre. – Nous ne buvons jamais d'alcool, merci.
Apportez-moi l'addition, s'il vous plaît.

C'EST BONNET BLANC ET BLANC BONNET
(m. à m. : si ce n'est pas de la soupe, c'est du pain trempé).

Prononciation

Vous devez toujours lire en prononçant d'une manière correcte.

● Le premier point est l'accent tonique : tout nouveau mot *sdrucciolo* est marqué par un caractère gras. Les mots accentués sur la finale portent régulièrement l'accent écrit. Restent les mots accentués sur l'avant-dernière syllabe pour lesquels vous n'avez donc pas d'hésitation à avoir (voyez le Mémento p. 385).

● Le second point concerne les voyelles : nous espérons que vous prononcez toujours la lettre « *u* » comme [ou] en français, « *e* » comme [é] ou [è].

● Le troisième point concerne les consonnes : le « *r* » roulé du bout de la langue, comme dans les campagnes françaises, autrefois. Le « *ch* » comme un [k] : *anche*, aussi [k] ; le « *sc* » comme notre [ch] : *pesce*, le poisson [ch] ; le « *c* » devant e ou i comme [tch] ; *la Cina è vicina* [tch] ; « *ci* » devant a, o, u : même son [tch] ; « *z* » se prononce tantôt [dz], tantôt [tç] ; « *gi* » devant a, o, u se prononce comme « *g* » devant e ou i, c'est-à-dire : [dj] ; « *zz* », « *gg* » se prononcent de la même manière que « *z* » ou « *g* » mais un peu plus fortement. Nous indiquons pour chaque mot nouveau : [dz] ou [tç] pour la lettre « *z* ».

GRAMMAIRE

● **Verbes**
Suggerire, *suggérer*, **suggerisco** (comme **capire**).
Pour **scegliere** et les verbes habituels : **potere** (§ 64), **vedere, volere** (Mémento § 62).
Vous remarquerez qu'à l'impératif de vouvoiement (subjonctif italien exhortatif), les pronoms compléments se placent avant le verbe et non après, comme avec l'impératif de tutoiement (voyez leçon 28).
Ci porti, *apportez-nous*.
Portaci, *apporte-nous* ; pluriel **portateci**.

● **Una forchettata**
Le suffixe -**ata** est assez fréquent. Il peut indiquer :
1) le contenu : **una forchettata**, *ce que peut prendre une fourchette* ; **une manata di riso**, *une poignée de riz*.
2) le coup : **una fucilata**, *un coup de fusil* (**fucile**) ; **una cannonata**, *un coup de canon* (**cannone**).
3) la durée : **una serata**, *une soirée*.

• **Ho fatto una mangiata, una bevuta, una dormita**, *j'ai beaucoup mangé, beaucoup bu, beaucoup dormi* ; vous reconnaissez les participes passés de **mangiare, bere, dormire** à l'origine de ces substantifs. Autre suffixe que ce dernier exemple fait venir à l'esprit : **·-one** de valeur augmentative. Ex. : **Sono un mangione, un beone, un dormiglione**, *je suis un gros mangeur, un gros buveur, un gros dormeur*.

• **Anziché**, au lieu de = **invece di** (dans le texte ci-après).

Lecture

La pietanziera *(continuazione)*

Il manovale Marcovaldo, svitata la pietanziera e aspirato velocemente il profumo, dà mano alle posate che si porta sempre dietro, in tasca, involte in un fagotto, da quando a mezzogiorno mangia con la pietanziera anziché tornare a casa. I primi colpi di forchetta servono a svegliare un po' quelle vivande intorpidite, a dare il rilievo e l'attrattiva d'un piatto appena servito in tavola a quei cibi che se ne sono stati lì rannicchiati già tante ore. Allora si comincia a vedere che la roba è poca, e si pensa : « Conviene mangiarla lentamente », ma già si sono portate alla bocca, velocissime e fameliche, le prime forchettate.

Per primo gusto si sente la tristezza del mangiare freddo, ma subito ricominciano le gioie, ritrovando i sapori del desco familiare, trasportati su uno scenario inconsueto.

Italo Calvino, *Racconti*
(*Ed. Einaudi*).

La gamelle *(suite)*

Le manœuvre Marcovaldo, après avoir dévissé la gamelle et en avoir rapidement humé l'odeur, saisit le couvert qu'il porte toujours avec lui dans sa poche, enveloppé dans un paquet, depuis qu'à midi il mange avec la gamelle au lieu de rentrer chez lui. Les premiers coups de fourchette servent à réveiller un peu ces mets engourdis, à donner le relief et l'attrait d'un plat qui vient d'être servi à table à cette nourriture qui est restée là blottie pendant tant d'heures. Alors on commence à voir qu'il n'y en a pas beaucoup et l'on pense : « Il faut manger lentement » ; mais déjà, rapides et faméliques, la fourchette a porté les premières bouchées. Comme première sensation, il y a la tristesse de manger froid, mais aussitôt les joies recommencent, en retrouvant les saveurs de la table familiale, transportées dans un décor inhabituel.

LA CIRCOLAZIONE IN CITTÀ

1 Arrivando in macchina si •entra in città °attraverso vie larghe che si chiamano •corsi o viali. Agli •incroci si •incontrano piazze più o •meno larghe. Sulle vie principali •sboccano vie più •strette. I vicoli °ciechi non hanno •sbocco.

2 In alcune strade la •circolazione dei veicoli è consentita nei due °sensi, in altre vie vi è invece un senso unico. I fiumi si attraversano sui ponti. Per evitare gli •ingorghi stradali, in alcuni incroci, una parte dei veicoli °viene fatta passare •sotto una galleria.

3 I •pedoni camminano sul °marciapiede, attraversano le strade sui passaggi pedonali o utilizzano i passaggi sotterranei.
La circolazione è regolata da semafori : •verde, giallo, •rosso. I vigili sono scaglionati nei punti di °maggior traffico.

4 Per andare da un punto all'altro della città, se si ha tempo, ci si può servire degli autobus, dei filobus, o della metropolitana. Ma, °talvolta, °conviene prendere un tassì. I tassì °sostano nei •posteggi, dove si °possono chiamare anche per °telefono.

ESSERE IN MEZZO A UNA STRADA.

LA CIRCULATION EN VILLE

1 Si on arrive en voiture, on pénètre dans la ville en empruntant de larges rues que l'on appelle aussi boulevards ou avenues. Aux croisements sont aménagées des places plus ou moins vastes. Sur les rues principales débouchent des rues plus étroites. Les impasses sont sans issue.

2 Dans certaines voies, la circulation des voitures est possible (m. à m. : accordée) dans les deux sens. En revanche, d'autres rues sont à sens unique. On traverse les rivières en passant sur les ponts. Pour éviter les encombrements, à certains carrefours, on fait passer une partie des voitures par un tunnel.

3 Les piétons marchent sur le trottoir, traversent les rues dans les passages protégés (m. à m. : pour piétons) ou utilisent les passages souterrains. La circulation est réglée par des feux : vert, orange, rouge. Les agents de la circulation sont répartis (m. à m. : échelonnés) aux points les plus fréquentés.

4 Pour aller d'un point de la ville à un autre si on a le temps, on peut utiliser les autobus, les trolleybus ou le métro. Mais parfois, il convient de prendre un taxi. Les taxis stationnent à des emplacements qui leur sont réservés (m. à m. : places de parking) où on peut aussi les appeler par téléphone.

La circolazione in città • La circulation en ville

Vocabulaire

Le boulevard extérieur, *il bastione, la circonvallazione*. À Rome, *la circolare sinistra* est l'autobus qui fait le tour de la ville en tournant à gauche (telles les oies du Capitole !). Ne confondez pas *la strada*, la route (*la strada maestra*, la grand-route), avec *la via*, la rue, *il viale*, l'avenue, *il viale alberato* (*l'albero*, l'arbre), le cours bordé d'arbres. Il *vicolo*, la ruelle, il *vicolo cieco*, l'impasse (m. à m. : aveugle). À Venise : *la calle*, la rue.

Il *bivio*, le carrefour entre deux rues ou deux routes (*il trivio*, entre trois…, *il quadrivio*… entre quatre…) ; il *marciapiede*, le trottoir ; il *semaforo*, le feu rouge ; *l'incrocio*, le croisement ; il *passaggio pedonale*, le passage pour piétons.

ÊTRE SANS TOIT
(m. à m. : être au milieu d'une rue).

GRAMMAIRE

• Ne confondez pas **attraverso**, *je traverse* (du verbe **attraversare**) et **attraverso**, *à travers*.
Ex. : **attraverso vie larghe**, *je traverse des rues larges* ; **vado attraverso la città**, *je vais à travers la ville*.
Viene fatta passare ; **venire** remplace ici **essere** dans une tournure passive. Nous avons déjà rencontré un exemple semblable (leçon 32).

• **Ciascun muro** (texte ci-dessous)
L'adjectif **ciascuno** (emploi littéraire), chaque, perd son o final devant un nom masculin commençant par une consonne, sur le modèle de l'article **uno** (**un muro**).

• Rappel : **su** + il devient **sul** ; su + la devient **sulla**. Mais on dit **per il** ; **per la**.

• **Se si ha tempo**
La conjonction se correspond à la conjonction hypothétique française « si ».
Le pronom personnel si correspond au français « on ».
Notez la concordance :
Se si ha tempo, si prende l'autobus.
Se si avesse tempo, si prenderebbe l'autobus.
(Voyez leçon 23.)

• **Da**
Da un punto all'altro (p. 186). **Da una parte e dall'altra** (ci-dessous). **Da dietro, da sinistra, da destra,** *de derrière, de la gauche, de la droite.*

Lecture

Dove troverò un posto?
E le vie lunghissime e diritte hanno già da una parte e dall'altra una ininterrotta fila di automobili ferme e vuote, a perdita d'occhio.
Dove troverò un posto per mettere la mia? La macchina, comperata d'occasione, ce l'ho da pochi mesi, non sono ancora pratico abbastanza, e di posteggi esistono almeno seicento-trenta-quattro categorie diverse, un labirinto dove anche i vecchi lupi del volante si perdono. Ciascun muro ha i suoi cartelli indicatori, è vero, ma sono stati fatti di dimensioni piccole per non turbare la monumentalità, come si dice, delle antiche strade. E poi chi sa

decifrare le minime variazioni nel colore e nel disegno? Io giro, cercando, nelle straduzze laterali col mio macinino sul quale incalzano da dietro cateratte di camion e furgoni chiedendo via libera con barriti orrendi. Dove c'è un posto? Laggiù, come miraggio di laghi e fontane al beduino del Sahara, un intero lunghissimo fianco di un maestoso viale si offre, completamente libero. Illusione. Proprio i lunghi tratti sgombri che dovrebbero rallegrarci l'animo sono i più infidi. Troppa grazia. Si può giurare che c'è sotto qualche insidia.

Dino Buzzati, *Sessanta Racconti*
(Ed. Mondadori).

Où vais-je trouver une place ?

Et les rues très longues et droites sont déjà bordées sur les deux côtés d'une file ininterrompue d'automobiles arrêtées et vides, à perte de vue.

Vais-je trouver une place pour mettre la mienne ? La voiture, achetée d'occasion, je l'ai depuis quelques mois, je ne suis pas encore assez expert, et des places, il en existe au moins 634 catégories différentes, un labyrinthe où les vieux loups du volant eux-mêmes se perdent. Chaque mur a ses panneaux indicateurs, c'est vrai, mais ils ont été faits de petites dimensions pour ne pas nuire au caractère monumental, comme l'on dit, des vieilles rues. Et puis qui sait déchiffrer les moindres variantes dans la couleur et le dessin ?

Je tourne, cherchant, dans les petites rues adjacentes avec mon tacot derrière lequel se pressent des cataractes de camions et de fourgons demandant le passage avec d'horribles barrissements. Où y a-t-il une place ? Là, comme un mirage de lacs et de sources pour le bédouin du Sahara, tout un côté d'une avenue majestueuse s'offre, infiniment long, complètement libre. Illusion ! Les longs espaces vides qui devraient nous réjouir l'âme sont justement les plus traîtres. Trop beau ! on peut jurer qu'il y a quelque piège là-dessous.

PER CHIEDERE INFORMAZIONI

1 – Vorrei andare alla Banca. Per favore, potrebbe indicarmi la strada ?

– Volentieri è qui vicino. °Uscendo dall'Albergo lei prende a sinistra. Attraversa al semaforo e continua a camminare sempre tenendosi sul marciapiede da •questa parte della strada. La Banca è il °terzo o il quarto isolato.

2 – E per andare al °Museo •come posso fare ?

– Di qui, a piedi, ci vogliono •tre quarti d'ora, è piuttosto lontano. Potrebbe prendere l'autobus ma è un po' difficile, quando non si •conosce la città. Sa dove si trova Piazza Castello ?

– °No.

– Sa dov'è il Bar °Nuovo ? Bene ! Piazza Castello è la piazza •rotonda lì vicino. Dunque in quella piazza dalla parte °opposta al Bar Nuovo c'è la fermata dell'autobus. °Chieda la fermata della Cattedrale ; il museo è proprio dietro alla Cattedrale ; appena scende dall'autobus chieda la strada. Non può sbagliare.

3 – Per favore, per andare alla Stazione Centrale ?

– Può andarci con la Metropolitana, ma non c'è una linea diretta ; deve cambiare due °volte. In ogni °modo, in tutto ci sono una decina di stazioni, circa un quarto d'ora. Io penso però che •farebbe °meglio a prendere il filobus che ha una fermata proprio davanti alla Stazione Centrale. Di qui non ci metterà più di dieci minuti.

FARSI STRADA FRA LA FOLLA.

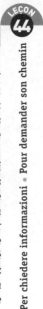

POUR DEMANDER SON CHEMIN

(m. à m. : des renseignements)

1 – *Je voudrais aller à la banque. Pourriez-vous m'indiquer le chemin s'il vous plaît ? – Volontiers, c'est près d'ici. En sortant de l'hôtel, vous prenez à gauche. Vous traversez au feu rouge, et vous continuez à marcher toujours sur le trottoir de ce côté-ci de la rue. La banque est le troisième ou quatrième pâté de maisons.*

2 – *Et pour aller au musée, comment puis-je faire ? – D'ici à pied il faut trois quarts d'heure ; c'est assez loin. Vous pourriez prendre l'autobus. Mais c'est un peu difficile quand on ne connaît pas la ville. Savez-vous où est la place du Château ? – Non. – Vous savez où est le Bar Nouveau ? Eh bien ! La place du Château est la place ronde qui est tout à côté. Alors sur cette place et à l'opposé du Bar Nouveau se trouve l'arrêt de l'autobus. Demandez l'arrêt de la cathédrale ; le musée est juste derrière la cathédrale ; en descendant de l'autobus, demandez votre chemin. Vous ne pouvez pas vous tromper.*

3 – *S'il vous plaît, pour aller à la Gare centrale ? – Vous pouvez y aller par le métro, mais il n'y a pas de ligne directe ; vous devez changer deux fois. De toute façon, en tout, cela fait une dizaine de stations, un quart d'heure à peu près. Je pense cependant que vous feriez mieux de prendre le trolleybus qui a un arrêt juste devant la gare centrale. D'ici vous ne mettrez pas plus de 10 minutes.*

Vocabulaire

È lontano ; c'est loin ; *è vicino*, c'est près ; *è molto lontano*, c'est très loin ; *un po' più lontano*, un peu plus loin.

Sempre diritto, toujours tout droit ; *ci vuole poco* (m. à m. : il faut peu), ce n'est pas loin ; *ci vuole molto*.

A mezza strada, a metà strada, à mi-chemin ; *strada facendo*, chemin faisant.

Percorrere, parcourir ; *attraversare*, traverser ; *svoltare*, tourner.

Dove si trova… ? Où se trouve… ? *Che mezzo devo prendere ?* Quel moyen dois-je prendre ?

SE FRAYER UN CHEMIN PARMI LA FOULE.

GRAMMAIRE

• **Verbes irréguliers** au passé simple et au participe passé (Mémento § 61) : **scendere, chiedere, rispondere, riscuotere, aggiungere.**
De plus : **dire, sapere, potere.**

Rappel : Pour conjuguer le passé simple, servez-vous de la formule I, 3, 3 (personnes irrégulières) : **scesi, scese, scesero.**
Le subjonctif imparfait est régulier : **se scendessi a vederlo parleremmo dei nostri affari**, si je descendais le voir nous parlerions de nos affaires.
Pour soulager votre effort de mémoire, rapprochez les formes verbales irrégulières de mots français qui les évoquent. Ainsi : **risposi** et « réponse » (« s » commun aux deux langues), **detto**, dit (le « t » commun aux deux langues).

• **Prépositions a, da.**
Lei farebbe meglio a prendere … *de prendre.*
Dalla parte opposta… *du côté opposé.*
Scendere dall'autobus… *descendre de l'autobus.*
Cavarsi di seno… *tirer, sortir de sa poche (m. à m. : sein).*
Sfogliare, *effeuiller* et *feuilleter.* Ce verbe vient de la **foglia,** *la feuille de l'arbre* ; **il foglio,** *la feuille de papier.*

EXERCICE

1. Que faites-vous maintenant ? **2.** Eh bien ! Je finis d'écrire une lettre. **3.** Si cela vous semble bien, nous continuerons à parler de ceci demain matin. **4.** Depuis longtemps déjà j'y pense. **5.** Dites-moi, comment puis-je aller d'ici à l'avenue du Soleil ? **6.** D'ici il n'y a que des taxis, surtout à cette heure-ci. **7.** Maintenant les autobus et les métros ne circulent plus.

CORRIGÉ

1. Che cosa fate ora ? **2.** Ebbene, finisco di scrivere una lettera. **3.** Se vi par giusto, continueremo a parlare di ciò domani mattina. **4.** Ci penso già da molto tempo. **5.** Ditemi, come posso andare di qui al Viale del Sole ? **6.** Di qui ci sono dei tassì, soprattutto a quest'ora. **7.** Ora gli autobus e le metropolitane non circolano più.

Via Belloveso

– Scusi, signore, sa dirmi dov'è via Belloveso ? Non so, risposi
con la maggior grazia possibile. – Sa, aggiunsi poi, sentendo non
so qual dovere di giustificarmi, io non sono di Milano… – E se
fosse di Milano ? – Se fossi di Milano, risposi con pronta dialect-
tica, sarebbe più probabile, non però certo, ch'io sapessi dov'è
via Belloveso…
– Vigile, sa dirmi dov'è via Belloveso ? L'altro, riscosso, mormorò :
– Pellevese, Pellevese… nun saccio[1].
– Potrebbe guardare nella guida. L'esule partenopeo si cavò
blandamente di seno un libretto e cominciò a sfogliarlo : – Come
avete detto ? Pellurese ? – No : Bel-lo-ve-so ; col bi. Il pubblico fun-
zionario compitò con scrupoloso travaglio parecchi nomi del suo
indice alfabetico : Bec-ca-ria, Bel-fio-re, Bel-gio-io-so… quest'è,
Belgioioso ? – No, Belloveso, – Bel-lezza, Bel-lo-ti… mo' ce stiamo
in coppa[2]. Be-na-co… No : Bellevese nun ce sta, Eccellenza.

Massimo Bontempelli, *Racconti e romanzi*
(Ed. Mondadori, Milano).

1 *Napolitain pour :* non so.
2 *Napolitain pour :* ora ci stiamo sopra.

Rue Belloveso

– Excusez-moi Monsieur, pouvez-vous (m. à m. : savez-vous) me
dire où est la rue Belloveso ? – Je ne sais pas, répondis-je avec le
plus de grâce possible. Vous savez, ajoutai-je ensuite, ressentant
je ne sais quel besoin de me justifier, je ne suis pas de Milan…
– Et si vous étiez de Milan ? – Si j'étais de Milan, répondis-je avec
présence d'esprit, il serait plus probable, pas certain cependant,
que je sache où est la rue Belloveso…
– Monsieur l'agent, pouvez-vous me dire où est la rue Belloveso ?
L'autre, surpris, murmura : – Pellevese, Pellevese… je ne sais pas.
– Pourriez-vous regarder dans le guide ? L'exilé napolitain tira
doucement de sa poche intérieure (m. à m. : de son sein) un petit
livre et commença à le feuilleter : – Comment avez-vous dit ? Pellurese ? – Non : Bel-lo-ve -so ; avec un B. Le fonctionnaire public
épela avec une application scrupuleuse plusieurs noms de son
index alphabétique : Bec-ca-ria, Bel-fio-re, Bel-gio-io-so… C'est
ça, Belgioioso ? – Non, Belloveso. – Bel-lez-za, Bel-lo-ti… maintenant nous brûlons. Be-na-co… Non : Bellevese n'y est pas,
Excellence.

LA BANCA, °LA POSTA

1 Se dovete cambiare il denaro, dovete andare in banca ; i corsi del cambio sono affissi, e in linea di massima variano di giorno in giorno.

Se •volete incassare un •assegno nominativo, dovete andare ad un altro °sportello. Se non siete conosciuto, dovete mostrare un documento d'identità.

Gli assegni turistici sono accettati in pagamento dappertutto : basta firmarli.

2 Non potrete far nulla con un •assegno sbarrato se non avete un •conto corrente in banca. Se siete titolari di un conto, vi accreditano l'ammontare dell'assegno sbarrato. Il libretto di assegni vi permetterà di ritirare del denaro dal vostro conto quando vorrete e all'ordine di chi vorrete.

3 Se siete in viaggio e nell'impossibilità di •ricevere la posta a un indirizzo preciso, potete far •trattenere la vostra •corrispondenza all'ufficio postale della località dove siete di passaggio e andare a ritirare le °lettere fermoposta.

GLI AMICI SI RICONOSCONO NEL BISOGNO.

LA BANQUE, LA POSTE

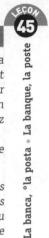

1 *Si vous devez changer de l'argent, vous devez aller à la banque ; les cours du change sont affichés et ils varient d'un jour à l'autre, en principe. Si vous voulez toucher un chèque libellé à votre nom, vous devez aller à un autre guichet. Si vous n'êtes pas connu, vous devez présenter une pièce d'identité.*
Les chèques de voyage sont acceptés comme moyens de paiement un peu partout : il suffit de les signer.

2 *Vous ne pourrez rien faire avec un chèque barré si vous n'avez pas de compte courant en banque. Si vous êtes titulaire d'un compte, on vous crédite du montant du chèque barré. Le chéquier vous permettra de tirer de l'argent de votre compte quand vous voudrez et à l'ordre de qui vous voudrez.*

3 *Si vous êtes en voyage et dans l'impossibilité de recevoir votre courrier à une adresse précise, vous pouvez faire garder votre correspondance au bureau de poste du lieu où vous êtes de passage et aller retirer les lettres en poste restante.*

Vocabulaire

Il conto corrente, le compte courant ; *l'assegno bancario*, le chèque bancaire ; *... sbarrato*, barré.
La cambiale, la lettre de change ; *la lettera di credito* ; *la valuta*, la devise ; *la lettera*, la lettre ; *il postino*, le facteur.

LES AMIS SE RECONNAISSENT DANS LE BESOIN.

GRAMMAIRE

• Vous remarquez que les verbes (p. 196) sont à l'impératif, forme de tutoiement pluriel. L'on ne s'adresse pas, en effet, à une personne ou à plusieurs personnes qui existent réellement ; les recommandations ont une portée générale, non individualisée. Si un employé s'adressait à des clients en particulier, il emploierait évidemment **loro**.

• **Linea di massima.**
La **massima** c'est la maxime. Vous savez que la lettre « x » n'existe pas en italien. Lorsque le mot italien est semblable au mot français, comment cet « x » est-il représenté en italien ? Tantôt par s- : **esigere**, *exiger* ; **eseguire**, *exécuter* ; tantôt par -ss- : **lusso**, *luxe* ; **massimo**, *maximal*.
Remarquez que le -s- du mot italien ou le -ss- présente la même différence de son [z] ou [ç] que le -x- du mot français correspondant à [gz] ou [kç].
Dans d'autres cas, au son [kç] du français correspond, en italien -cc- [ttch] : accettare, accepter ; eccellente, excellent.

• **Signore** ou **Signor** ?
Devant un nom (nom commun, nom de famille ou prénom), **Signore** devient **Signor** :

Signor Professore – Signor Luigi – Signor Rossi.

Dottore, ingegnere suivent la même règle.

• **Da**
Toujours **da** et **di** !
Da un giorno all'altro, *d'un jour à l'autre*.
Di giorno in giorno, *de jour en jour*.

EXERCICE

Traduisez en français :

1. Devo riscuotere un assegno. **2**. Ho ritirato or ora del denaro dalla banca. **3**. Le pago la nota della settimana. **4**. Bene ! Eccola. **5**. Se vuole, la prossima volta può darmi un assegno. **6**. Faccio conto che lei mi paghi alla fine d'ogni mese. **7**. Le sta bene così ? 8. Certo, perché no ? **9**. Glielo dicevo nel caso avesse voluto che io le pagassi la pensione in due o tre volte. **10**. No, tante grazie. **11**. Non c'è di che.

CORRIGÉ

1. Je dois toucher un chèque. **2.** Je viens de retirer de l'argent de la banque. **3.** Je vais vous payer la note de la semaine. **4.** Bon ! La voici. **5.** Si vous voulez, la prochaine fois, vous pouvez me donner un chèque. **6.** Je compte que vous me paierez à la fin de chaque mois. **7.** Cela vous va-t-il comme ça ? **8.** Bien sûr, pourquoi pas ? **9.** Je vous le disais au cas où vous auriez voulu que je vous paie la pension en deux ou trois fois. **10.** Non, merci beaucoup. II. Il n'y a pas de quoi.

1 – Vorrei dei dollari, per favore. Qual è il cambio oggi?

– Un **e**uro vale 0,90 d**o**llaro. Con la commissione della banca 0,93.

– Sono più cari dell'**u**ltima volta che li ho comprati.

– Può darsi. Aum**e**ntano e diminu**i**scono praticamente ogni giorno.

– Me ne d**i**a settecento o piuttosto me ne d**i**a per settecentocinquanta **e**uro. Quanto tempo •occorre per fare il cambio?

– Cinque o °dieci minuti al m**a**ssimo.

– Per favore, dove si inc**a**ssano gli •assegni?

– Allo sportello n**u**mero °s**e**dici.

2 – Potrei incassare quest'assegno?

(L'impiegato guarda l'assegno e •legge il nome del beneficiario.)

– Lei è il Dottor M**a**uro Leone?

– Sì.

– Per favore la carta d'identità o il passaporto. Firmi qui °dietro. Ora vada alla cassa, sportello n**u**mero °sette.

3 *(Alla cassa.)*

– Quale somma des**i**dera?... Vuole dei biglietti da duecento o da cento?

– Un biglietto da cinquecento e il resto come vuole, per favore.

– ... e duecento che fanno settecento e cinquanta che fanno settecentocinquanta **e**uro. °Ecco, signore, vuole ricontarli per favore?

– •Arrivederla, signore.

IL DENARO APRE TUTTE LE PORTE.

À LA BANQUE

1 – Je voudrais des dollars, s'il vous plaît. Quel est le cours aujourd'hui ? – Un euro vaut 0,90 dollar. Avec la commission de banque, 0,93. – C'est plus cher que la dernière fois où j'en ai acheté. – C'est possible. Ça monte et ça descend pratiquement tous les jours. – Donnez-m'en 700 ou plutôt donnez-m'en pour 750 euros. Combien de temps faut-il pour le change ? – Cinq ou dix minutes au plus. – Où touche-t-on les chèques, s'il vous plaît ? – Au guichet n° 16.

2 – Est-ce que je pourrais toucher ce chèque, s'il vous plaît ? *(L'employé regarde le chèque et lit le nom du bénéficiaire.)*
– Vous êtes le Dr M. L. ? – Oui. – Une pièce d'identité, s'il vous plaît, ou votre passeport. Signez, ici, au dos. Allez à la caisse, guichet n° 7.

3 – *(A la caisse)*
Quelle somme voulez-vous ?... Vous voulez des coupures de 200 ou de 100 ? – Un billet de 500 et le reste comme vous voulez, s'il vous plaît. – ... et 200 qui font 700 et 50 qui font 750 euros. Voici monsieur, vous voulez recompter s'il vous plaît.
– Au revoir monsieur.

Vocabulaire

L'agente di cambio, l'agent de change.
Girare, endosser ; *protestare* ; *avallare*, avaliser.
L'impiegato, l'employé.
La valuta, la moneta, la devise, monnaie d'une nation étrangère (ne confondez pas avec *la divisa*, l'uniforme, ni avec : *l'insegna, il motto*, la devise ; *diviso*, divisé (infinitif : *dividere*).
Il cambio, pluriel *i cambi* (comme *monetario, monetari* ; *beneficiario, beneficiari*).

L'ARGENT OUVRE TOUTES LES PORTES.

GRAMMAIRE

• Vous remarquez que, dans cette leçon, les impératifs sont à la forme de vouvoiement (subjonctif exhortatif) parce que l'employé s'adresse à une personne qui va réellement à la banque. Comparez avec le texte de la leçon 45 et avec notre remarque page 198.

Ainsi : **me ne dia** (§ 1), **firmi qui** (§ 2).

Diminuire fait **diminuisco** (comme **capire**).

• N'oubliez pas d'apprendre à compter (Mémento § 28).

N'oubliez pas non plus que **cento** est invariable : **cento euro, duecento euro** ; et que **mille** devient au pluriel **mila : mille euro, duemila euro.**

EXERCICE

1. Quanti **e**uro mi dà per duecento d**o**llari? **2.** Vado a fare un giro. **3.** Come dice? **4.** Sarò di ritorno tra dieci minuti. **5.** Mi dica, per favore, dovrò aspettare ancora molto? **6.** Aspetto da più d'un quarto d'ora. **7.** Ora può passare alla cassa. **8.** Può cambiarmi queste sterline, per favore?

CORRIGÉ

1. Combien d'euros me donnez-vous pour deux cents dollars ? **2.** Je vais faire un tour. **3.** Comment dites-vous ? **4.** Je serai de retour dans dix minutes. **5.** Dites-moi, s'il vous plaît, je devrai attendre encore longtemps ? **6.** Il y a plus d'un quart d'heure que j'attends. **7.** Maintenant vous pouvez passer à la caisse. **8.** Pouvez-vous me changer ces livres sterling, s'il vous plaît ?

Gli orari degli italiani

Uffici pubblici – Sono aperti al pubblico dalle 8.30 alle 13.30 dal lunedì al venerdì. A volte è possibile ottenere informazioni anche telefonando nel pomeriggio.

Uffici commerciali – Gli orari variano secondo il luogo. Nell'Italia settentrionale sono i seguenti: dalle 8.30 alle 12.30 e dalle 15.00 alle 17.30 dal lunedì al venerdì; dalle 8.30 alle 12.30 il sabato. Nell'Italia centrale e meridionale sono i seguenti: dalle 8.30 alle 12.30 e dalle 16.30-17.00 alle 20.00 dal lunedì al venerdì; dalle 8.30 alle 12.30 il sabato.

Negozi – Gli orari variano da regione a regione ma in generale corrispondono agli orari d'ufficio della zona. Certi negozi restano aperti di meno al pomeriggio che alla mattina, ad es. dalle 17.00-17.30 alle 19.30-20.00. Di solito il lunedì sono chiusi parrucchieri e negozi di abbigliamento ma non c'è una vera e propria regola fissa. Spesso i negozi di generi alimentari, inclusi i supermercati, hanno una mezza giornata di chiusura infra-settimanale.

Banche – In genere sono aperte dalle 8.30 alle 13.45 e talvolta dalle 14.45 alle 15.45. Sabato chiusura.

Les horaires des Italiens

Services publics – Ils sont ouverts au public de 8 h 30 à 13 h 30 du lundi au vendredi. Parfois, l'après-midi on peut aussi obtenir des renseignements par téléphone.

Bureaux – Les horaires varient selon le lieu. Dans l'Italie du Nord, ils vont de 8 h 30 à 12 h 30 et de 15 h à 17 h 30 du lundi au vendredi ; de 8 h 30 à 12 h 30 le samedi. Dans le Centre et au Sud, ils vont de 8 h 30 à 12 h 30 et de 16 h 30-17 h à 20 h du lundi au vendredi ; de 8 h 30 à 12 h 30 le samedi.

Magasins – Les horaires varient d'une région à l'autre mais en général ils correspondent aux horaires de bureau de la localité. Certains magasins restent ouverts moins longtemps l'après-midi que le matin, par ex. de 17 h-17 h 30 à 19 h 30-20 h. Habituellement, les salons de coiffure et les magasins de confection sont fermés le lundi, mais il n'y a pas de règle à proprement parler. Souvent les magasins d'alimentation, y compris les supermarchés, ont une demi-journée de fermeture dans la semaine.

Banques – En général, elles sont ouvertes de 8 h 30 à 13 h 45 et parfois de 14 h 45 à 15 h 45 – Fermeture le samedi.

ALLA POSTA

1 – Per favore, dov'è il •Fermo Posta?
– In •fondo a °destra, sportello numero •quattordici.
– Grazie.
*(Il •viaggiatore •mostra il passaporto ° aperto alla prima
pagina all'impiegato che si trova dietro lo sportello.)*
– Lei è il signor Galvani?
– Si.
– °Adesso •vedo.
(L'impiegato non °riesce a leggere il •nome.)
– Questa lettera è per lei?

2 – Vorrei spedire questa lettera raccomandata °espresso.
– All'altro sportello, signora.
– Vorrei anche tre •francobolli per delle lettere da
spedire in Francia (posta aerea) e quattro francobolli per
gli Stati Uniti. Quanto fa in tutto?... Dov'è la cassetta
delle lettera?

3 – Per favore, mi dia un °modulo per spedire una
raccomandata?
– Non • dimentichi il nome e l'indirizzo del •mittente.

4 – Il postino è passato ma non c'è niente per lei.
– Strano, da due giorni non •ricevo posta da casa mia.
– °Aspetti la •distribuzione di domani. • Forse ci sarà
qualcosa per lei.

NESSUNA NUOVA, BUONA NUOVA.

À LA POSTE

1 *Où est la poste restante, s'il vous plaît ? – Au fond à droite, guichet n° 14. – Merci.*
(Le voyageur montre son passeport, ouvert à la première page, à l'employé qui se trouve derrière le guichet.)
– Vous êtes Monsieur Galvani ? – Oui. – Je vais voir. (L'employé ne réussit pas à lire le nom.) – Cette lettre est pour vous ?

2 *– Je voudrais envoyer cette lettre express en recommandé.*
– Au guichet suivant, madame... – Je voudrais aussi trois timbres pour des lettres à expédier en France, par avion, et quatre timbres pour les États-Unis. Combien cela fait-il en tout ?... Où est la boîte aux lettres ?

3 *– Donnez-moi un formulaire pour envoyer une lettre recommandée, s'il vous plaît... – N'oubliez pas le nom et l'adresse de l'expéditeur.*

4 *– Le facteur est passé. Mais il n'y a rien pour vous. – C'est curieux, je n'ai pas reçu de lettres de chez moi depuis deux jours. – Attendez la distribution de demain. Peut-être y aura-t-il quelque chose pour vous.*

Vocabulaire

La corrispondenza.
Biglietto da visita, carte de visite ; *cartolina postale*, carte postale, *cartolina illustrata ; le stampe,* les imprimés ; *manoscritti,* manuscrits ; *campione senza valore*, échantillon sans valeur ; *pacco postale*, colis postal ; *posta aerea*, poste aérienne.
Il francobollo, le timbre (pour affranchir une lettre) ; *il timbro,* le cachet.
La levata, la levée ; *a stretto giro di posta = a volta di corriere,* par retour de courrier.

PAS DE NOUVELLES, BONNES NOUVELLES
(m. à m. : aucune…).

GRAMMAIRE

• Verbes

I) **Riuscire**, *réussir* (p. 204), fait **riesco** et se conjugue sur **uscire ;**
spedire, *expédier*, **spedisco** (comme **capire**) ;
leggere, *lire*, **lessi, letto ;**
richiedere, *réclamer*, **richiesi, richiesto** ;
soddisfare se conjugue comme **fare** (Mémento § 66).

2) Le nom **mittente**, *expéditeur*, vient du verbe **mettere**, *mettre*,
misi, messo.
Rapprochez les mots suivants : **il messo**, *l'envoyé, le messager*.
Il commesso, *l'employé, le commis*. **La commissione**, *la commission*.

3) **Aprire**, *ouvrir*, **coprire**, *couvrir*, **offrire**, *offrir* se conjuguent
comme **partire** (**io parto**). Les participes passés **aperto**,
coperto, offerto vous rappellent le français.

• Nous avons déjà évoqué le suffixe **-ata** (leçon 42). Aujourd'hui
apprenez : **l'occhio**, *l'œil* ; **un'occhiata**, *un coup d'œil*. **Un'aranciata** serait donc un coup d'orange (**mi ha dato un'aranciata
sulla testa!** *il m'a donné un coup d'orange sur la tête !*) mais le mot
signifie simplement « un jus d'orange ». De même, **limonata** de
limone, *citron*.
Rappelez-vous **una manata**, *une poignée* (ce que contient la
main) ou bien **una manata sulla spalla** (le fait de frapper la
main sur l'épaule d'un ami). *Une poignée de main* : **una stretta di
mano** ; *le coup de poing*, **il pugno** (c'est aussi le poing).

EXERCICE

Traduisez en français :
1. Signorina, desidero spedire questo pacchetto. **2.** Per dove?
3. Per la Francia. **4.** Che cosa contiene? – Dei libri, nient'altro.
5. Raccomandato o per posta ordinaria? **6.** Quant'è? **7.** Ho
aspettato mezz'ora per fare un prelievo. **8.** Prenda un modulo
sul tavolo in fondo. **9.** A che ora aprite? **10.** Non apriamo
prima delle sei. **11.** Bisogna che torni, mi spiace molto.

CORRIGÉ

1. Mademoiselle, je désire envoyer ce paquet. **2.** C'est pour où ? **3.** Pour la France. **4.** Que contient-il ? – Des livres, rien d'autre. **5.** Recommandé ou par courrier ordinaire ? **6.** Combien est-ce ? **7.** J'ai attendu une demi-heure pour faire un retrait. **8.** Prenez un formulaire sur la table du fond. **9.** À quelle heure ouvrez-vous ? **10.** Nous n'ouvrons pas avant six heures. **11.** Il faut que vous reveniez ; je le regrette beaucoup.

Lecture

Un ufficiale postale curioso

Don Luigino avrebbe potuto esercitare il suo ufficio «pro forma»: dare un'occhiata alle lettere, e sbarazzarsene al più presto; ma non c'era da sperarlo. La censura postale era per lui un nuovo onore, un nuovo e insperato mezzo di soddisfare il suo latente sadismo e la sua fantasia da romanzo giallo.

Gli consegnavo le mie lettere; don Luigino le portava a casa, e le leggeva con attenzione. Nei giorni seguenti, ogni volta che mi incontrava, lodava le mie qualità letterarie. – Come scrive bene, don Carlo! È un vero scrittore. Mi leggo le sue lettere a poco a poco: è una delizia. Quella di tre giorni fa, me la sto copiando; è un capolavoro.

Carlo Levi, *Cristo si è fermato a Eboli*
(Ed. Einaudi).

Un employé de la poste curieux

Don Luigino aurait pu exercer sa fonction pour la forme : jeter un coup d'œil aux lettres et s'en débarrasser au plus vite ; mais il ne fallait pas s'y attendre (m. à m. : espérer). La censure postale était pour lui un nouvel honneur, un moyen nouveau et inespéré de satisfaire son sadisme latent et son imagination de roman noir (m. à m. : jaune). Je lui remettais mes lettres ; Don Luigino les apportait chez lui et les lisait attentivement. Les jours suivants, chaque fois qu'il me rencontrait, il louait mes qualités littéraires. « Comme vous écrivez bien, Don Carlo ! Vous êtes un véritable écrivain. Je lis vos lettres petit à petit : c'est un délice. Celle d'il y a trois jours, je suis en train de la recopier ; c'est un chef-d'œuvre. »

IL TELEFONO

1 – •Pronto, sono Giulia. Ti posso °chiedere un •favore?
– Sì, °certo. Dimmi.
– Dovevo portare la °nonna alla •mostra di Palazzo Grassi. Ma Nino è malato e non lo posso lasciare •solo. Potresti andarci tu con la nonna?

2 – Studio dell'•ingegnere Torloni, buongiorno.
– Buongiorno. Qui è Rossi dell'ISTAT. C'è l'°ingegnere per cortesia?
– Adesso no, mi dispiace. Ma viene questo pomeriggio.
– °Bene. L'ingegnere dovrebbe avere ricevuto un invito per la °conferenza del 3 febbraio. Mi dovrebbe confermare la sua partecipazione al più presto.
– D'accordo. Trasmetterò il messaggio.

3 – Qui la segreteria telefonica di Giovanni Mila. Non sono a casa. Lasciate un messaggio dopo il segnale acustico. Vi richiamerò •appena tornato. Grazie.

4 – Pronto, chi parla?
– Sono °Teofilo, vorrei parlare con il Signor °Sigismondi.
– Mi dispiace, ma non c'è, vuole lasciarmi una comunicazione?
– No, desidererei parlargli •personalmente. A che ora °pensa che io possa richiamare?
– Di °solito il Signor Sigismondi •ritorna °verso le °sei.
– Molte grazie.

SPENDERE UNA PAROLA PER QUALCUNO.

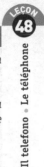

LE TÉLÉPHONE

1 – Allô, ici Julie. Est-ce que je peux te demander un service ?
– Oui, bien sûr. Dis-moi.
– Je devais accompagner grand-mère à l'exposition du palais Grassi. Mais Nino est malade et je ne peux pas le laisser seul. Pourrais-tu y aller avec grand-mère ?

2 – Cabinet de l'ingénieur Torloni, bonjour.
– Bonjour, Rossi de l'Istat à l'appareil. L'ingénieur T. est-il là, s'il vous plaît ?
– Maintenant non, je regrette. Mais il vient cet après-midi.
– Bon. L'ingénieur T. devrait avoir reçu une invitation pour la conférence du 3 février. Il faudrait qu'il me confirme sa participation au plus vite.
– D'accord. Je transmettrai le message.

3 – Ici le répondeur téléphonique de Giovanni Mila. Je ne suis pas chez moi. Laissez un message après le signal acoustique. Je vous rappelerai dès mon retour. Merci.

4 – Allô ! qui est à l'appareil ? – Théophile ; je voudrais parler à M. Sigismondi. – Je regrette mais il n'est pas ici. – Voulez-vous me laisser un message ? – Non je désirerais lui parler personnellement. À quelle heure pensez-vous que je puisse rappeler ? – D'ordinaire, M. Sigismondi revient vers six heures. – Merci beaucoup.

Vocabulaire

Il posto telefonico pubblico.
L'elenco telefonico, l'annuaire du téléphone.
La chiamata telefonica, l'appel téléphonique ; *urbana, interurbana, internazionale. Chiamare,* appeler ; *rispondere. Comunicare,* communiquer. *Una comunicazione,* un message.
Pronto! Con chi parlo? Allô ! qui est à l'appareil ?

DIRE UN MOT EN FAVEUR DE QUELQU'UN
(m. à m. : dépenser...).

GRAMMAIRE

• Verbes

1) Dimmi

Di' (2ᵉ pers. sing. impératif) + **mi** devient **dimmi**.

Après les impératifs d'une syllabe, on redouble la première lettre du pronom personnel : **dillo!**, *dis-le !* ; **fallo!**, *fais-le !*

2) Potresti – Dovresti – Vorrei

Rappelez-vous que les verbes **potere**, **dovere** et **volere** se contractent au futur et au conditionnel :

potere → potrò, potrei

dovere → dovrò, dovrei

volere → vorrò, vorrei

3) Sei tu (texte p. ci-contre) = *c'est toi*.

L'italien emploie **essere** suivi du pronom sujet, verbe et sujet sont à la même personne : **Sono io**, *c'est moi*. **Siamo noi**, *c'est nous*.

EXERCICE

1. Una lettera impiegherà molto tempo per arrivare. **2.** Perciò preferisco telefonare. **3.** Potrei parlare con la Signora Barbara, per favore? **4.** Mi spiace, ma la signora è già andata via. **5.** Vuole lasciarle un messaggio? **6.** Certamente sapranno la notizia del vostro arrivo domani mattina prima di mezzogiorno. **7.** Non le sembra che vada bene così? **8.** Per me sì ; i miei genitori non si allarmeranno. **9.** Pronto! Sì! A che ora pensa che rientrerà il Signor Paolo? **10.** Abitualmente è in casa verso le sei.

CORRIGÉ

1. Une lettre mettra longtemps pour arriver. **2.** C'est pourquoi je préfère téléphoner. **3.** Pourrais-je parler à Madame Barbara, s'il vous plaît ? **4.** Je regrette, mais cette dame est déjà partie. **5.** Voulez-vous lui laisser un message ? **6.** Certainement, ils apprendront la nouvelle de votre arrivée demain matin avant midi. **7.** Cela ne vous semble pas bien comme cela ? **8.** À moi, si ; mes parents ne s'inquièteront pas. **9.** Allô ! Oui ! À quelle heure croyez-vous que rentrera Monsieur Paolo ? **10.** Habituellement il est à la maison vers six heures.

Poi lui disse: «Pronto pronto.»

«Ciao» lei disse.

«Ciao.»

«Che voce. Ti dispiace che ti tel**e**foni?»

«No, ma lo sai, Cocchi, che qui in stabilimento, mentre si lavora…»

Lei tacque.

«Pronto pronto!» fece lui.

La voce di lei era di vetro: «Chi è questa Cocchi?»

«Come, questa Cocchi?»

«Mi hai scambiato per un'altra. Chi è questa Cocchi?»

«Ma sei tu no? Mi è venuto da chiamarti così. Ti dispiace?»

«Che cos'è questa storia? Non sono mai stata Cocchi, per te. Vuoi d**a**rmela ad intendere. Tu mi hai scambiata per un'altra.»

«Ti prego, Luisella, lo sai che qui non posso parlare.»

Dino Buzzati.

Puis il dit : « Allô, allô. »

« Ciao », dit-elle.

« Ciao. »

« Quel ton ! Ça ne te fait pas plaisir que je t'appelle ? »

« Si, mais tu sais bien, Koky, qu'ici à l'usine, pendant les heures de travail… »

Elle se tut.

« Allô, allô ! » fit-il.

Son ton à elle était coupant comme du verre : « Qui est cette Koky ? »

« Comment cette Koky ? »

« Tu m'as prise pour une autre. Qui est cette Koky ? »

« Mais c'est toi, non ? Je ne sais d'où ça m'est venu de t'appeler Koky. Tu n'aimes pas ? »

« Qu'est-ce que c'est que cette histoire ? Je n'ai jamais été Koky, pour toi. Et tu veux me faire croire ça. Tu m'as prise pour une autre. »

« Luisella, je t'en prie, tu sais bien qu'ici je ne peux pas parler. »

IL °MEDICO

1 Quando non stiamo °bene possiamo anche curarci da soli. Se abbiamo mal di testa, prendiamo una °compressa; se abbiamo •preso •freddo o siamo raffreddati, compriamo delle pastiglie •contro il •raffreddore. •Inoltre in tutte le farmacie si vendono medicine contro °l'influenzza e °termometri per misurare la °febbre. Per i °dolori o per i reumatismi esistono liquidi o °creme per •frizioni. Se abbiamo mal di °stomaco ci sono compresse o •polveri da °sciogliere nell'acqua.

2 Se siamo ammalati invece è più °prudente andare da un °medico. •D'altronde non possiamo fare •altrimenti se dobbiamo •interrompere la nostra attività professionale. Se possiamo °muoverci andiamo noi stessi a consultare il medico nel suo studio, se invece siamo •costretti a °letto il medico viene a visitarci durante il suo giro di •consultazioni a domicilio.

3 Il medico redige una °ricetta in cui indica le medicine da prendere e prescrive il regime da seguire. In °seguito, il farmacista prepara la medicina •secondo la ricetta del medico.

RISO FA BUON SANGUE.

LE MÉDECIN

1 Lorsque nous ne sommes pas bien, nous pouvons également nous soigner nous-mêmes. Si nous avons mal à la tête, nous prenons un comprimé. Si nous avons attrapé froid ou si nous sommes enrhumés, nous achetons des pastilles pour le rhume. En outre, dans toutes les pharmacies on vend des remèdes pour la grippe, des thermomètres pour prendre (mot à mot : mesurer) la température. Pour les douleurs ou pour les rhumatismes, il existe des liquides ou des crèmes pour se frictionner. Si nous souffrons de l'estomac, il existe des cachets ou des poudres à dissoudre dans l'eau.

2 En revanche, si nous sommes malades, il est plus prudent d'aller chez le médecin. D'autre part, nous ne pouvons faire autrement si nous devons interrompre notre activité professionnelle. Si nous pouvons nous déplacer, nous allons, nous-mêmes, consulter le médecin dans son cabinet ; si, au contraire, nous gardons la chambre, le médecin vient nous voir au cours de ses consultations à domicile.

3 Le médecin rédige une ordonnance dans laquelle il indique les médicaments à prendre et prescrit le régime à suivre. Ensuite le pharmacien prépare le médicament selon l'ordonnance du médecin.

Vocabulaire

La medicina est à la fois « la médecine » et « le médicament ».
La farmacia, il farmacista ; il prodotto farmaceutico, le produit pharmaceutique.
La pillola, la pilule ; *lo sciroppo,* le sirop ; *il calmante,* le calmant ; *il ricostituente,* le reconstituant ; *il digestivo ; l'ovatta,* le coton hydrophile ; *il cerotto,* le sparadrap.

LE RIRE EST UN BON MÉDECIN
(m. à m. : rire fait bon sang).

GRAMMAIRE

• Verbes

I) **costringere, prendere, scrivere, prescrivere.**

2) Vous remarquerez : **costringere, costruire, istruire, iscrivere.** En français nous avons un **n** avant le **s**.

3) **Essere malato**, *être malade*. **Non star bene**, *ne pas être bien*.

4) *Acheter* = **comprare** ou **comperare**.

• Ecco, *voici, voilà*

Suivi de l'adverbe **qui** ou **qua : ecco qui**, *voici* ; **ecco qua**, *voilà*. Suivi d'un pronom : **eccolo**, *le voici* ; **eccoci arrivati**, *nous voici arrivés* ; **eccovi questo**, *voici ceci pour vous*.

• Prépositions

I) *chez un médecin* = **da un medico**.
les médicaments à prendre = **le medicine da prendere**.
se soigner tout seul = **curarsi da soli**.
chambre à coucher = **camera da letto**.

2) **Lontano da noi**, *loin de nous* ; tandis que **vicino a noi**, **accanto a noi**, *près de nous*.

EXERCICE

1. Comment allez-vous ? Mieux ou plus mal ? **2.** Un peu mieux grâce aux médicaments que m'a donnés le docteur. **3.** Cela n'a pas été facile, croyez-le bien ! **4.** J'avais très mal à la tête. **5.** L'aspirine ne me faisait rien. **6.** Je ne savais que faire. **7.** Vous aviez mal à l'estomac ? **8.** Pas beaucoup, c'était un malaise général. **9.** Maintenant je peux sortir autant que je le veux. **10.** La vie est beaucoup plus agréable comme ça, n'est-ce pas ?

CORRIGÉ

1. Come sta? Meglio o peggio? **2.** Un po' meglio grazie alle me-dicine che mi ha dato il dottore. **3.** Non è stato facile, lo creda! **4.** Avevo molto male alla testa. **5.** L'aspirina non mi faceva nulla. **6.** Non sapevo che cosa fare. **7.** Aveva mal di stomaco? **8.** Non molto, era un malessere generale. **9.** Ora posso uscire quanto voglio. **10.** La vita è molto più piacevole così, non è vero?

Lecture

Come fare a meno del medico

Se accanto a voi non c'è qualche Dottore
da consultare, o amici, eccovi qua
tre norme da seguire in ogni età:
Riposo limitato e Buon Umore
e soprattutto la Sobrietà.

Comment se passer du médecin

S'il n'est nul Médecin près de votre personne,
Qui dans l'occasion puisse être consulté ;
Voici trois règles que l'on vous donne :
Un fond de Belle Humeur, un Repos limité,
Et surtout la Sobriété.

> *L'Art de conserver sa santé*
> (E.N.I.T, Salerno).

1 – Bene, cos'è che non va? Dove le fa male?
– °Dopo pranzo ho dei dolori allo st**o**maco, •lavoro con difficoltà e ho •spesso delle emicranie.
– Quanti anni ha?
– Quaranta.
– Fuma? •Beve alco**o**lici? Fa ginn**a**stica? °Dorme bene? Quante ore? Conduce una vita regolata? Ha avuto °l'influenza quest'°inverno? È st**i**tico?
– No, piuttosto il contrario!

2 – Si °spogli, ora la ausculterò. Si sdrai sul lettino. Le faccio male? Questa parte è un po' sens**i**bile. Bene! Respiri °forte. Il cuore °funziona bene. Nessun °problema di circolazione. La •tensione arteriale è normale.

3 Penso che il f**e**gato e la •vescichetta non funzi**o**nino come si deve. •Faremo quindi un'an**a**lisi del sangue e delle urine. Le prescriverò una cura quando vedremo i risultati. Mangi cibi •leggeri. °**E**viti tutto ciò che è pesante e i grassi. Non è niente di grave, ma bisogna fare •attenzione. •Ritorni a farsi visitare fra otto giorni.

4 *(Dal dentista)*
– Pronto •dottore? Potrei venire oggi pomeriggio?
– Ho degli •appuntamenti fino alle otto e mezzo di stasera.
– Soffro molto, ho un mal di °denti terr**i**bile da più di due ore.
– Va bene. Allora venga alle sei. Cercherò di farla passare fra due v**i**site.
– Grazie anticipate, dottore. A più tardi.

OGNI MALE NON VIEN PER NU**O**CERE.

CHEZ LE MÉDECIN - LE DENTISTE

1 – Eh bien ! Qu'est-ce qui ne va pas ? Où avez-vous mal ?
– Après déjeuner, j'ai des douleurs à l'estomac, je travaille avec difficulté et j'ai souvent des migraines. – Quel âge avez-vous ? – Quarante ans. – Vous fumez ? Vous buvez de l'alcool ? (mot à mot : des alcools). Vous faites de la gymnastique ? Dormez-vous bien ? Combien d'heures ? Avez-vous une vie réglée ? Avez-vous été grippé cet hiver ? Vous êtes constipé ? – Non, plutôt le contraire.

2 – Déshabillez-vous. Je vais vous ausculter. Allongez-vous sur ce divan. Je vous fais mal ? Cette région est un peu sensible. Respirez fort. Le cœur va bien. Aucun problème de circulation. La tension artérielle est normale.

3 Je pense que le foie et la vésicule ne fonctionnent pas comme il faut. Nous allons donc faire une analyse de sang et une analyse d'urine. Je vous donnerai votre traitement lorsque nous verrons les résultats. Mangez légèrement. Évitez tout ce qui est lourd et les graisses. Il n'y a rien de grave, mais il faut faire attention. Revenez vous faire examiner dans huit jours.

4 *(Chez le dentiste.)* – Allô Docteur ? Est-ce que je pourrais venir cet après-midi ?

– J'ai des rendez-vous jusqu'à 8 h 30 ce soir. – Je souffre beaucoup, j'ai une rage de dents depuis plus de deux heures. – Bien ! Alors venez à six heures. Je tâcherai de vous faire passer entre deux consultations. – Merci à l'avance, Docteur. – À tout à l'heure.

Vocabulaire

Il dente, la dent ; *il dentista*, le dentiste (pluriel : *i dentisti*) ; *il dente del giudizio*, … de sagesse ; *i denti artificiali = i denti finti*, les fausses dents.
Il dentifricio, le dentifrice ; *lo spazzolino*, la brosse à dents.
La radice, la racine ; *la carie*, la carie.
Il dolore ; *la sofferenza*, la souffrance ; *l'insonnia*, l'insomnie ; *il mal di testa, di pancia*, le mal de tête, de ventre.

À QUELQUE CHOSE MALHEUR EST BON
(m. à m. : tous les maux ne viennent pas pour nuire).

GRAMMAIRE

• **Verbes**

1) **Penso che… non funzionino.**
Funzionare est au subjonctif présent, contrairement à ce qui est de règle en français.
De même après : **credo che…**

2) **Bisogna fare** : « **bisognare** » ne s'emploie que suivi d'un infinitif ainsi que nous l'avons déjà dit. On peut dire aussi : **occorre fare attenzione.**

3) **Spargere**, *répandre*, **sparsi**, **sparso** (§ 62).
Rapprochons du français « épars » pour aider la mémoire.

• **Mots invariables**

1) **Molto** traduit *très* ou *beaucoup* (« *moult* » en ancien français) ; **moltissimo** est un superlatif.
Molto occupato; soffro molto.

2) **Da più di due ore**, *depuis plus de deux heures* ; **più di due ore fa**, *voici plus de deux heures.*
fra due ore, *dans deux heures.*
fra due visite, *entre deux consultations.*

Non è niente di grave = Non è per nulla grave. Grave peut s'appliquer aussi au malade : **il malato non è grave**, *le malade n'est pas gravement atteint.*

EXERCICE

Traduisez en français :
1. Ebbene, no signore; non avevo vizi! **2.** Non sono mai stato malato. **3.** La sola cosa è che ho molto da fare. **4.** Lavoro, dopo pranzo, fino a molto tardi. **5.** Non prendo quasi vacanze. **6.** Mia moglie è molto gentile; ha molta pazienza. **7.** Ma, per finire, questo genere di vita, non le si addice. **8.** Ho i nervi molto stanchi. **9.** Ho bisogno di qualche cosa, di qualche regime per rimettermi. **10.** Non può continuare così. **11.** Non ha bisogno di nessuna medicina. **12.** Deve calmarsi e basta.

CORRIGÉ

1. Eh bien ! Non monsieur, je n'avais pas de vices ! **2.** Jamais je n'ai été malade. **3.** La seule chose c'est que j'ai beaucoup à faire. **4.** Je travaille, après le dîner, jusque très tard. **5.** Je ne prends presque pas de vacances. **6.** Ma femme est très aimable ; elle a beaucoup de patience. **7.** Mais, enfin, ce type de vie ne lui convient pas. **8.** J'ai les nerfs très fatigués. **9.** J'ai besoin de quelque chose, de quelque régime pour me remettre. **10.** Vous ne pouvez pas continuer ainsi. **11.** Vous n'avez besoin d'aucun médicament. **12.** Vous devez vous calmer, c'est tout.

Lecture

Contro il mal di denti

Spargi di bianchi porri le sementi,
Giusquiamo, incenso sui carboni ardenti;
Poi, con l'ausilio di un comune imbuto,
Il fumo aspira a fondo, e in un minuto
Si attenua e cessa il tuo dolor di denti.

Contre le mal de dents

Pour faire cesser le mal de dents
Mettez sur la braise allumée
La graine de poireau, la jusquiame et l'encens :
Et par un entonnoir prenez-en la fumée.

L'Art de conserver sa santé
(ENIT, Salerno).

CONTRÔLE ET RÉVISIONS

Révisions des notions de grammaire étudiées depuis la leçon 41

A. *Passé simple :*

    1. Vous m'avez demandé où j'allais. **2.** Je vous ai répondu : – Je serai à Pise le 13 juillet. **3.** Je vous ai dit : – Si vous pouviez m'accompagner, ce serait très bien. **4.** Vous avez ajouté : – J'en serais très contente. **5.** N'est-ce pas ce que vous avez dit ?

B. *Traduisez de deux manières :*

    6. Si l'on a du temps, on va à pied à travers les petites rues. **7.** Si l'on trouve une église, on peut y entrer. **8.** Si l'on veut choisir un souvenir, on peut le voir aujourd'hui et le revoir demain.

C. 9. Vous n'aimez pas vous promener à pied ? **10.** Si vous saviez comme c'est agréable ! **11.** Si vous aviez visité Venise à pied, vous auriez vu beaucoup plus de choses ! **12.** Je pense que vous avez raison. **13.** Je vous suggère de venir avec moi la prochaine fois.

D. 14. Apporte-moi du vin, s'il te plaît. **15.** Sers-le-moi. **16.** Pose-le sur la table. **17.** De l'eau, n'en mets pas ! **18.** Mademoiselle, apportez-nous du café s'il vous plaît. **19.** Servez-le-nous. **20.** Posez-le sur la table. **21.** Ne mettez pas de sucre.

E. 22. Où allons-nous ? À droite ou à gauche ? **23.** En face, voici l'hôtel de ville. **24.** Le musée n'est donc pas loin d'où nous sommes. **25.** Nous en sommes même très près. **26.** Sur la droite il y a la rue Cavour. **27.** Prenons-là. **28.** Nous y serons avant qu'il n'ouvre.

A. 1. Lei mi domandò dove andavo. **2.** Io le •risposi: – Sarò a Pisa il tredici luglio. **3.** Le dissi: – Se potesse accompagnarmi, sarebbe un' °ottima °cosa. **4.** Lei aggiunse: – Ne sarei •molto °contenta. **5.** Non è questo che ha detto?

B. 6. Se si ha °tempo, si va a °piedi per le stradine. (Se abbiamo tempo, andiamo…). **7.** Se si °trova una °chiesa, ci si può entrare. (Se troviamo una chiesa, ci possiamo entrare.) **8.** Se si vuol •scegliere un °ricordo, si può vederlo oggi e rivederlo domani. (Se vogliamo scegliere un ricordo, possiamo…).

C. 9. Non le piace passeggiare a piedi? **10.** Se sapesse quanto è •piacevole. **11.** Se lei avesse visitato Venezia a piedi, avrebbe visto molte più cose. **12.** Penso che lei abbia ragione. **13.** Le suggerisco di venire con me la °prossima volta.

D. 14. Portami del vino, per •piacere. **15.** °Servimelo. **16.** °Posalo sulla tavola. **17.** Acqua! non •metterne! **18.** •Signorina, ci °porti del caffè, °prego. **19.** Ce lo °serva. **20.** Lo •metta sulla tavola. **21.** Non metta zucchero.

E. 22. Dove andiamo? A °destra o a sinistra? **23.** Di •fronte, °ecco il Municipio. **24.** Il °museo dunque non è lontano da dove siamo. **25.** Ne siamo anche •molto vicini. **26.** A destra °viene via Cavour. **27.** Prendiamola. **28.** Ci saremo prima che apra.

I MONUMENTI, I MUSEI

1 In un •paese si trovano di solito due edifici pubblici:
il municipio e la °chiesa. Più la città è importante, più
grande °diventa il numero degli edifici pubblici.
Nelle città •popolose, le stazioni e i grandi magazzini
possono °accogliere un gran numero di personne: la
posta centrale, le banche, le sedi delle grandi società,
le compagnie di •assicurazione ecc. °occupano a °volte
°interi edifici.

2 In una capitale i °differenti servizi amministrativi
sono distribuiti in vari uffici. In molte città °moderne i
servizi amministrativi sono riuniti in uno °stesso °luogo
chiamato Centro Amministrativo. Per risparmiare spazio
si costruisce in •altezza: sono i °grattacieli.

3 I turisti visitano soprattutto i •monumenti che
presentano un °interesse artistico: cattedrali, chiese o
°templi; °cappelle. Molti palazzi e molti °castelli sono
trasformati in °musei.

4 Le °biblioteche pubbliche, le università e i °collegi,
i teatri e le sale da °concerto dànno ad una città la
•reputazione e il °tono di città intellettuale.

MEGLIO VOTARSI A DIO CHE AI SANTI.

LES MONUMENTS, LES MUSÉES

1 Dans un village, on trouve d'ordinaire deux édifices publics : la mairie et l'église. Plus la ville est importante, plus le nombre des édifices croît.

Dans les villes peuplées, les gares et les grands magasins peuvent recevoir un grand nombre de personnes. La poste centrale, les banques, les sièges des grandes sociétés, les compagnies d'assurances, etc., occupent parfois des immeubles entiers.

2 Dans une capitale, les différents services administratifs sont répartis entre plusieurs bureaux. Dans beaucoup de villes modernes, les services administratifs sont réunis dans un même endroit appelé Centre administratif. Pour économiser la place on construit en hauteur : ce sont les gratte-ciel.

3 Les touristes visitent surtout les monuments qui présentent un intérêt artistique : cathédrales, églises ou temples, chapelles. Beaucoup de palais et beaucoup de châteaux sont transformés en musées.

4 Les bibliothèques publiques, les universités et collèges, les théâtres et salles de concerts donnent, à une ville, la réputation et le ton d'une ville intellectuelle.

Vocabulaire

L'ufficio (pluriel : *gli uffici*) est le bureau où l'on travaille. *Gli uffici dell'Alitalia*, les bureaux de la Compagnie Alitalia. La table-bureau est la *scrivania*. Ne confondez pas avec *Gli Uffizi*, les Offices, c'est-à-dire *la Galleria degli Uffizi*, à Florence.

La Compagnia, la Società, l'Ente (masculin) sont synonymes. Ex. : *una compagnia aerea, una società d'assicurazione, l'Ente nazionale italiano per il turismo* (ENIT).

La cattedrale et *il duomo* sont synonymes. Ex. : *il duomo di Milano*, la cathédrale de M. *La cupola di Brunelleschi*, la coupole de B.

IL VAUT MIEUX PRIER DIEU QUE SES SAINTS
(m. à m. : mieux se vouer à Dieu qu'aux saints).

Le château, *il castello* ; le château-fort, *la rocca forte* ; *il palazzo*, [tç], le palais ; *il palazzo di Giustizia*, le palais de justice. *Il palazzo della Ragione* (à Vicence, à Mantoue, etc.) était le *municipio* de maintenant, l'hôtel de ville. *Il commissariato di polizia*, le commissariat de police.

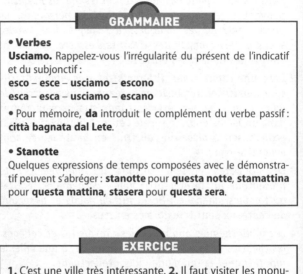

GRAMMAIRE

• **Verbes**
Usciamo. Rappelez-vous l'irrégularité du présent de l'indicatif et du subjonctif :
esco – esce – usciamo – escono
esca – esca – usciamo – escano

• Pour mémoire, **da** introduit le complément du verbe passif : **città bagnata dal Lete**.

• **Stanotte**
Quelques expressions de temps composées avec le démonstratif peuvent s'abréger : **stanotte** pour **questa notte**, **stamattina** pour **questa mattina**, **stasera** pour **questa sera**.

EXERCICE

1. C'est une ville très intéressante. **2.** Il faut visiter les monuments. **3.** Je dois sortir de l'hôtel à huit heures du matin. **4.** Je ferai un tour dans le centre. **5.** Je serai de retour à l'hôtel vers midi. **6.** Nous verrons ensuite ce que nous ferons l'après-midi. **7.** J'aime beaucoup aller à pied dans les vieilles rues. **8.** Vous n'aimez pas (cela) ? **9.** Bien sûr que si.

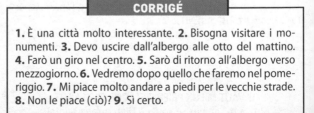

CORRIGÉ

1. È una città molto interessante. **2.** Bisogna visitare i monumenti. **3.** Devo uscire dall'albergo alle otto del mattino. **4.** Farò un giro nel centro. **5.** Sarò di ritorno all'albergo verso mezzogiorno. **6.** Vedremo dopo quello che faremo nel pomeriggio. **7.** Mi piace molto andare a piedi per le vecchie strade. **8.** Non le piace (ciò)? **9.** Sì certo.

Lecture

La città è piena di fantasmi.

Gli uomini camminano senza rumore, fasciati di caligine.

I canali fumigano.

Dei ponti non si vede se non l'orlo di pietra bianca per ciascun gradino.

Qualche canto d'ubriaco, qualche vocìo, qualche schiamazzo.

I fanali azzurri nella fumea.

Il grido delle vedette aeree arrochito dalla nebbia.

Una città di sogno, una città d'oltre mondo, una città bagnata dal Lete o dall'Averno.

I fantasmi passano, sfiorano, si dileguano. [...]

Passiamo i ponti. Le lampadine lucono come i fuochi fatui in un camposanto.

La Piazza è piena di nebbia, come una vasca è piena d'acqua opalina.

Le Procuratie vecchie sono quasi invisibili. La cima del campanile si dilegua nel vapore.

La Basilica è come uno scoglio in un mare brumoso.

G. d'Annunzio, *Notturno*
(Ed. Mondadori, Milano).

La ville est pleine de fantômes.

Les hommes marchent sans bruit, enveloppés de brume.

Les canaux fument.

Des ponts, on ne voit que le bord de pierre blanche à chaque marche.

Quelques chants d'ivrogne, quelques bruits de voix, quelque vacarme.

Les fanaux bleus dans la fumée.

Le cri des vedettes aériennes enroué de brume.

Une ville de songe, une ville d'outre-monde, une ville baignée par le Léthé ou par l'Averne.

Les fantômes passent, effleurent, se défont. [...]

Nous passons les ponts. Les lampes luisent comme les feux follets dans un cimetière.

La place est pleine de brume, comme une vasque est pleine d'eau opaline.

Les vieilles Procuraties sont presque invisibles. Le sommet du campanile s'estompe dans la vapeur.

La Basilique est comme un écueil dans une mer brumeuse.

AL MUSEO E ALLA CATTEDRALE

1 – Per favore, è aperto oggi il museo?

– Sì, signore, il museo è aperto tutti i giorni fuorché il martedì.

– A che ora?

– Dalle °dieci alle •dodici il mattino, e dalle quattordici alle diciassette il pomeriggio. I mercoledì e i venerdì dalle venti alle •ventidue.

2 – Quanto costa, per favore? Sono uno °studente, e credo di avere diritto ad una •riduzione.

– °Certo signore, tariffa •ridotta, come per i gruppi.

– Può dirmi dove si trovano i Fra' Filippo Lippi?

– Le sale riservate ai Fra' Filippo Lippi sono chiuse per •lavori, e le •tele sono temporaneamente esposte nel °sottosuolo. •Scenda la scala che si trova in fondo alla galleria dei Primitivi e °prenda il primo corridoio a sinistra, dopo la sala delle sculture °greche.

3 – Dove posso trovare delle riproduzioni?

– Al •pianterreno, signore, a sinistra dopo la sala da tè.

– Vorrei l'autoritratto di Michelangelo. Lei ce l'ha in bianco e •nero, ma io lo vorrei a colori.

– Mi dispiace, signore, l'abbiamo solo in bianco e nero; ma se desidera abbiamo delle diapositive.

PEZZO DA MUSEO.

AU MUSÉE ET À LA CATHÉDRALE

1 – S'il vous plaît, le musée est-il ouvert aujourd'hui ?
– Oui, monsieur, le musée est ouvert tous les jours sauf
le mardi.
– À quelle heure ? – De 10 h à 12 h le matin et de 14 h
à 17 h l'après-midi. Les mercredis et vendredis de 20 à
22 heures.

2 – Combien est-ce, s'il vous plaît ? Je suis étudiant et
je crois que j'ai droit à une réduction. – Certainement,
Monsieur, tarif réduit, comme pour les groupes. – Pouvez-
vous me dire où se trouvent les Fra Filippo Lippi ? – Les
salles consacrées aux Fra Filippo Lippi sont fermées pour
travaux et les toiles sont temporairement exposées au
sous-sol. Descendez l'escalier qui se trouve au fond de
la galerie des Primitifs et prenez le premier couloir à
gauche, après la salle des sculptures grecques.

3 – Où puis-je trouver des reproductions ? – Au rez-de-
chaussée, monsieur, à gauche après le salon de thé. – Je
voudrais le portrait de Michel-Ange peint par lui-même.
Vous l'avez en noir et blanc mais je le voudrais en couleur.
– Je regrette, Monsieur, nous ne l'avons qu'en noir et
blanc ; mais si vous désirez, nous avons des diapositives.

Vocabulaire

● Vous pouvez vous tromper de cent ans ! *Il Trecento* désigne les
années 1300, c'est-à-dire le XIV⁰ siècle *(secolo quattordic**e**simo)* ;
il Quattrocento est le XV⁰ siècle ; puis : il *Cinquecento, il Seicento,
il Settecento, l'Ottocento, il Novecento.* Mais le XXI⁰ siècle : *il s**e**colo
ventun**e**simo.*
● *La mostra,* l'exposition. Mais *esp**o**rre (esposi, esposto),* exposer.
Il pittore, lo scultore, le peintre, le sculpteur ; *l'archittetto.*
La pittura, la scultura, l'architettura.
*Gli affreshi, la pittura ad **o**lio; dipinto ad olio,* peint à l'huile. *Primitivi senesi, fiorentini, v**e**neti, lombardi;* les primitifs siennois, florentins, vénitiens, lombards…

VIEILLE MOMIE (m. à m. : pièce de musée).

GRAMMAIRE

• **Verbes**

Ridurre, *réduire* ; prés. **riduco**, .p. s. **ridussi**, f . **ridurrò**, cond. p. **ridurrei**, part. p . **ridotto** (Mémento § 62).

Mêmes irrégularités pour :

Condurre, *conduire* ; **Sedurre**, *séduire* ; **Dedurre**, *déduire*.

Scendere, *descendre* : **scesi**, **sceso**; **Chiudere**, **chiusi**, **chiuso**; **Prendere**, **presi**, **preso**; **Aprire**, **apersi**, **aperto**.

Rappel : *J'aime Michel-Ange*. **Mi piace Michelangelo**. Le sujet en italien est le complément en français ; donc : **mi piacciono le tele dei pittori primitivi**, *j'aime les toiles des peintres primitifs*. **A lei (le) piacciono**? *Et vous, vous les aimez ?* (le est le pronom complément indirect.)

• **Fuorché il martedi**, *en dehors du mardi*.

Fuorché est dérivé de **fuori**, *hors de*. Un expatrié se dira : **un fuorus-cito** (*uscita*, *sortie*) ; *un hors-la-loi*, **un fuorilegge**; **fuorviare**, *four-voyer* (aussi **sviare qualcuno**, *mettre quelqu'un hors de son chemin*).

• **Pluriels**

Romanici, unici, pittorici.

Bianco fait **bianchi** comme tous les mots en -co de deux sylla-bes. Mais **greco**, **greci**; **porco**, **porci**.

EXERCICE

1. Le musée est fermé ? **2.** Oui Monsieur ; le mardi il n'est pas ouvert. **3.** À quelle heure peut-on monter à la tour le matin ? **4.** Je voudrais quatre billets. **5.** Aujourd'hui, comme c'est di-manche, vous ne payez pas. Passez ! **6.** Raphaël est en haut et Giotto en bas. **7.** Ne vous trompez pas. **8.** Où sont les Bot-ticelli ? **9.** Quels jours les galeries de peinture moderne sont-elles ouvertes ? **10.** Les bijoux sont-ils exposés ?

CORRIGÉ

1. Il museo è chiuso? **2.** Sì, signore, il martedì non è aperto. **3.** A che ora si può salire sulla torre il mattino? **4.** Vorrei quattro biglietti. **5.** Siccome oggi è domenica, lei non paga. Passi! **6.** Raffaello è in alto e Giotto, in basso. **7.** Non si sbagli. **8.** Dove sono i Botticelli? **9.** In quali giorni sono aperte le gal-lerie di pittura moderna? **10.** I gioielli sono esposti?

Lecture

La Traviata

Rappresentata la prima volta alla Fenice di Venezia il 6 marzo 1853, *La Traviata* è forse la partitura musicale più densa di interiorità psicologica di tutto il teatro d'opera romantico.

Quello della prima di *Traviata* è uno degli esempi più classici dell'insuccesso, un vero e proprio fiasco. Oggi invece *Traviata* è divenuta l'opera forse più amata anche dal pubblico che meno frequenta il teatro, simbolo universale dell'opera lirica e della musica di Verdi.

Al Regio fu rappresentata la prima volta il 10 di gennaio del 1855 col titolo *Violetta*. Come sempre non mancarono le serate tempestose, con recite terminate prima del previsto, nel 1857, all'apertura della Stagione di Carnevale del 1877 e, più di un secolo dopo, per quella della Stagione 1979-1980. Innumerevoli furono però le serate trionfali che accompagnarono, nella storia parmigiana di quest'opera, artisti quali Gemma Bellincioni, Renata Tebaldi, Maria Callas nella sua unica serata parmigiana, Beniamino Gigli, Renato Bruson.

(Dal Teatro Regio di Parma)

La Traviata

Représentée pour la première fois à la Fenice de Venise le 6 mars 1853, *La Traviata* est peut-être la partition musicale la plus riche d'intensité psychologique.

La première de *La Traviata* est un des exemples les plus classiques d'échec musical, un véritable fiasco. En revanche, *La Traviata* est peut-être aujourd'hui l'œuvre la plus aimée du public, y compris de celui qui fréquente le moins l'opéra, symbole universel de l'œuvre lyrique et de la musique de Verdi. Elle fut représentée pour la première fois au Théâtre Royal le 10 janvier 1855 sous le titre de «Violetta» et connut des soirées tumultueuses qui s'achevèrent plus tôt que prévu, comme en 1857, en 1877 à l'ouverture du Carnaval et, plus d'un siècle plus tard, pour l'ouverture de la saison 1979-1980. Mais les soirées triomphales furent innombrables, qui virent s'illustrer des artistes comme Gemma Bellincioni, Renata Tebaldi, Maria Callas lors de son unique soirée à Parme, Beniamino Gigli, Renato Bruson.

A TEATRO

1 – Ci sono dei posti per «Così è se vi pare», per martedì prossimo alle venti e quarantacinque?

– Mi dispiace, signore, è una serata di gala. Non ho più nulla, tutto è esaurito. °Forse potrebbe °rivolgersi ad una agenzia. Però i posti di °loggione si vendono tre quarti d'ora prima dell'inizio dello spettacolo; se vuole avere qualche probabilità dovrebbe venire a fare la •coda a partire dalle venti.

2 – E per la °«Locandiera» di giovedì pomeriggio ha ancora qualche posto?

– Sì, per giovedì pomeriggio rimangono quattro strapuntini in galleria, due posti in un palco e la •poltrona numero trecento cinquanta in °platea. Quanti posti desiderava?

– Due.

– Allora in platea il centotrenta e il centotrentadue, davanti e di lato. È tutto quello che posso darle, ma sono posti abbastanza °buoni.

3 – Fino a quando danno « La Locandiera »?

– Fino alla fine del •mese.

– Allora, signore, ha deciso? Prende questi due posti o no?

– Bene, li prendo lo stesso.

4 *(Al °controllo cassa.)*

– I biglietti, prego.

– Ecco.

– La scala a destra, primo piano.

(La maschera): – Che posti ha, signore?... Ecco, subito dopo la signora vestita di azzurro. Molte grazie, signore !

LA CRITICA È FACILE, L'ARTE È DIFFICILE.

AU THÉÂTRE

1 – Y a-t-il des places pour *À chacun sa vérité*, pour mardi prochain 20 h 45 ? – Je regrette, monsieur, c'est soirée de gala, je n'ai plus rien ; tout est pris. Peut-être pourriez-vous vous adresser à une agence. Cependant, les places de quatrième galerie sont mises en vente trois quarts d'heure avant le début du spectacle. Si vous voulez avoir quelque chance, vous devriez venir faire la queue à partir de vingt heures.

2 – Et pour la *Locandiera* de jeudi après-midi, vous avez encore quelques places ? – Oui, pour jeudi après-midi il reste quatre strapontins au balcon, deux fauteuils de loge et le numéro 350 à l'orchestre. Combien de places désirez-vous – Deux. – Alors à l'orchestre le 130 et le 132, 1er rang de côté. C'est tout ce que je puis vous donner, mais ce sont des places assez bonnes.

3 – Jusqu'à quand donne-t-on (m. à m . donnent-ils) la *Locandiera*? – Jusqu'à la fin du mois. – Alors, monsieur, avez-vous décidé ? Prenez-vous ces deux places ou pas ? – Bien ! Je vais les prendre quand même.

4 *(Au contrôle.)* – Les billets, s'il vous plaît. – Voici. – Escalier de droite 1er étage.
(L'ouvreuse.) – Quelles places avez-vous, monsieur ? C'est tout de suite après la dame en bleu... Merci beaucoup, monsieur.

Vocabulaire

• *Così è se vi pare*, du verbe *parere*. *Mi pare che...*, il me semble que..., synonyme, *mi sembra che...*
• *Il palcoscenico*, la scène (sur laquelle jouent les acteurs) ; *la scena*, la scène (division de l'acte) ; *il colpo di scena*, le coup de théâtre ; *il sipario*, le rideau de théâtre ; *la platea*, l'orchestre, *il palco*, la loge ; *il loggione*, le « paradis ».

LA CRITIQUE EST AISÉE ET L'ART EST DIFFICILE.

LEÇON 53

GRAMMAIRE

• Verbes

1) **Sostituire, sostituisco**, *remplacer*.

2) **Mi dispiace**: voyez le rappel concernant **piacere**, à la leçon 52.
Je regrette… pourra se dire :
- **Mi dispiace di non poter avere un posto per il teatro**.
- **Rimpiango la nostra vecchia casa**; *je regrette notre vieille maison*
(**il rimpianto**, *le regret* ; **il compianto**, *les regrets après une mort*).
- **Mi rammarico di non vederla**; *je regrette de ne pas vous voir*.
- **Mi pento di essere stato scortese**, *je regrette (je me repens)*
d'avoir été discourtois.

• Pluriels
- **Collega, colleghi** (tous les mots masculins en **-ca** et **-ga**
conservent leur son au pluriel, sauf **belga, belgi**) ;
- **barocco, barocchi** mais **palcoscenico, palcoscenici**

EXERCICE

1. Vous me donnez une place pour la représentation de neuf
heures et demie ? **2.** À quels prix en avez-vous ? **3.** J'en ai à
tous les prix. Ce que vous voudrez. **4.** Je voudrais assez en
avant pour mieux entendre. **5.** Ces deux places sont très bonnes. **6.** Elles ne sont pas assez près. **7.** Vous verrez et vous en-
tendrez bien. **8.** Arrivez à l'heure exacte. **9.** La représentation
commence à neuf heures et demie précises. **10.** Au revoir
Monsieur ! À tout à l'heure !

CORRIGÉ

1. Mi dà un posto per la rappresentazione delle nove e
mezzo? **2.** A che prezzi ne ha? **3.** Ne ho a tutti i prezzi. Ciò
che vorrà. **4.** Vorrei abbastanza in avanti per sentir meglio.
5. Questi due posti sono **o**ttimi. **6.** Non sono abbastanza
avanzati. **7.** Vedrà e sentirà bene. **8.** Arrivi in orario. **9.** La
rappresentazione inizia alle nove e mezzo precise. **10.** Arrivederla signore, a presto.

Lecture

Gli italiani sono tutti attori

L'eccessiva facilità degli Italiani nell'esprimere gli stati d'animo costituisce, strano a dirsi, uno svantaggio per i cantanti e gli attori. Forse essi sono troppo riccamente dotati dalla natura; possiedono più capacità native e più talento di quanto sia necessario. La loro esuberante recitazione diventa troppo facilmente barocca se non è severamente controllata. I migliori impiegano anni per disimparare quel che invece devono imparare molti dei loro colleghi stranieri. Orson Welles osservò una volta acutamente che l'Italia è piena di attori, cinquanta milioni di attori, in effetti, e che quasi tutti sono bravi; ve ne sono soltanto pochi cattivi ed essi si possono trovare per lo più sui palcoscenici e nei cinema.

Luigi Barzini, *Gli Italiani*
(Ed. Mondadori, Milano).

Les Italiens sont tous acteurs

L'excessive facilité des Italiens à exprimer les états d'âme constitue, cela est étrange à dire, un désavantage pour les chanteurs et pour les acteurs. Peut-être sont-ils trop richement doués par la nature ; ils possèdent plus de capacités innées et plus de talent qu'il n'est besoin. Leur jeu exhubérant devient trop facilement baroque s'il n'est pas sévèrement contrôlé. Les meilleurs mettent (m. à m. : emploient) des années à désapprendre ce qu'en revanche doivent apprendre beaucoup de leurs collègues étrangers. Orson Welles, une fois, a finement observé que l'Italie est pleine d'acteurs, 50 millions d'acteurs, en effet, et que presque tous sont bons ; il n'y en a que peu de mauvais et on peut les trouver pour la plupart sur les scènes, au théâtre et au cinéma.

IL PALIO DI SIENA

1 – Tu che fai della pittura mi saprai dire perché quel •color bruno si chiama °terra di °Siena.

– Te lo dirò; non perché io sia un modesto dilettante di °acquarello, ma perché ho assistito al Palio. La pista sulla quale si °svolge il °corteo °storico è °coperta di una terra che ha quel colore e che si °intona con le case circostanti. Ma tu sai che cosa è il Palio? Anzitutto Palio che significa?

2 – Credo che significhi drappo, un drappo che si dà in °premio al •vincitore delle •corse di cavalli.

– Ma non si tratta esattamente di ippica. È un insieme e una °successione di gare fra le diciassette contrade nelle quali è divisa la città, ognuna con i suoi colori, i suoi stendardi, i suoi costumi, il suo spirito di competizione, che stabilisce una momentanea rivalità, ma, nell' insieme, conferisce a tutta la cittadinanza un °orgoglio collettivo e secolare.

3 – Allora capisco perché tutti l'hanno nel sangue.

– Siena è connaturata col Palio al quale i •senesi pensano e •lavorano tutto l'anno. Il periodo delle corse e dei festeggiamenti va dal due luglio al •sedici •agosto, ma il •fervore che anima il Palio dura •ininterrottamente da un' estate all'altra, ed esalta la grande anima senese, così esuberante, artista, geniale, assetata di •superamento, di °indipendenza e di vittoria.

FARE A GARA.

LE PALIO DE SIENNE

1 – *Toi qui fais de la peinture, tu dois savoir me dire pourquoi cette couleur brune s'appelle terre de Sienne.*

– Je te le dirai, non parce que je suis un modeste amateur d'aquarelle, mais parce que j'ai assisté au Palio. La piste sur laquelle se déploie le défilé historique est recouverte d'une terre qui a cette couleur et qui s'harmonise avec les maisons environnantes. Mais tu sais ce qu'est le Palio ? Avant tout, Palio, qu'est-ce que cela signifie ?

2 – *Je crois que cela signifie étendard, un étendard que l'on donne en récompense au vainqueur des courses de chevaux.*

– Mais il ne s'agit pas exactement de sport hippique. C'est un ensemble et une suite de concours entre les 17 quartiers qui composent la ville, chacun avec ses couleurs, ses étendards, ses costumes, son esprit de compétition qui établit une rivalité momentanée, mais qui, dans l'ensemble, suscite la fierté séculaire de tous les Siennois.

3 – *Alors, je comprends pourquoi tous l'ont dans le sang.*

– Sienne est indissolublement liée au Palio auquel les Siennois pensent et travaillent toute l'année. La période des courses et des festivités va du 2 juillet au 16 août, mais la ferveur qui anime le Palio dure sans interruption d'un été à l'autre, et exalte la grande âme siennoise, si exubérante, si artiste, si géniale et avide de dépassement, d'indépendance et de victoire.

Vocabulaire

L'Italie possède des parcs d'attraction, *parchi di divertimenti*, avec des manèges, *giostre (la giostra)*; *salire sul cavalluccio*, monter sur les chevaux de bois. Auto tamponneuse, *l'autoscontro. La zingara*, la bohémienne ; *leggere la mano*, lire les lignes de la main. *Si gioca a pallone*, on joue au football ; … *a palla a volo*, au volley-ball, … *a palla canestro*, basket-ball (*il canestro*, le panier) ; … *a carte*, … aux cartes ; … *a scacchi*, aux échecs ; … *a dama. Si nuota nella piscina*, on nage dans la piscine ; … *nel mare* ; *nuotare*, nager ; *il nuoto*, la natation ; *tuffarsi*, plonger.

RIVALISER, FAIRE À QUI MIEUX MIEUX
(*la gara*: la compétition).

GRAMMAIRE

• Verbes

L'indicatif est le mode du fait réel ; le subjonctif celui du fait supposé, du doute. Le subjonctif français tend à prendre le même sens, mais avec quelques différences.

Non perché io sia… *Non parce que je suis un modeste amateur…* mais parce que j'ai assisté… Par discrétion, par « modestie », on emploiera le subjonctif, **non perché io sia un modesto dilettante**, mais le fait d'assister est un fait réel : on emploiera donc l'indicatif : **ma perché ho assistito**.

C'est le même sentiment qui fait que dans : **credo che significhi drappo, significare** est au subjonctif.

• **Stabilire**, *établir*, **stabilisco** (comme **capire**)

EXERCICE

1. Où dois-je aller pour acheter un billet pour le spectacle de cette après-midi ? **2.** Où vend-on les billets ? **3.** Allez au bar du Palio. **4.** Si vous voulez seulement un billet, je peux vous le vendre. **5.** Faites-moi le plaisir de vous asseoir, car je ne parviens pas à voir. **6.** Qu'est-ce que la tortue, la panthère, l'escargot ? **7.** Ce sont des emblèmes symboliques de divers quartiers.

CORRIGÉ

1. Dove devo andare per comprare un biglietto per lo spettacolo di questo pomeriggio? **2.** Dove si vendono i biglietti? **3.** Vada al Bar del Palio. **4.** Se vuole solo un biglietto, posso venderglielo. **5.** Mi faccia la cortesia di sedersi poiché non riesco a vedere. **6.** Che cosa è la « tartaruga », la « pantera », la « chiocciola »? **7.** Sono emblemi simbolici di diverse contrade.

Il Palio

La pista color giallo dorato si svuota, ritorna ad essere uno spazio aperto all'episodio finale della «liturgia». Diciassette alfieri, disposti in una lunga fila davanti al Palazzo Comunale, eseguono congiuntamente «l'ultima sbandierata». Il Palio viene recato da un gruppo di uomini in costume al «Palco dei Giudici».

All'interno del cortile del Palazzo, i cavalli, irrequieti, scalpitano sui mattoni. I fantini hanno indossato giubbetto e pantaloni di tela con i colori e lo stemma delle contrade. Sul capo calcano lo «zucchino», un elmetto metallico dipinto con i colori della contrada: è una difesa dalle cadute o dalle nerbate dei fantini avversari.

Al segnale del «mortaretto», i «barberi» escono ad uno ad uno dal cortile. Due vigili municipali tendono il braccio con i nerbi che i fantini sfilano. I fantini salutano, con i nerbi in alto, gli ospiti illustri affacciati alle trifore di Palazzo. Dinanzi ai due canapi tesi, il gruppo sosta. Poi ad uno ad uno, secondo un ordine segreto fino a pochi minuti prima, entrano sulla pista. Il nervosismo degli uomini passa, per contatto, alle bestie. Il canapo cade, scattano i cavalli. È una cometa variopinta che scivola sulla pista…

Le Palio

La piste couleur jaune d'or se vide, ouvrant à nouveau son espace pour l'épisode final de la « liturgie ». 17 porte-étendards alignés devant le Palais communal exécutent ensemble le dernier jeu de drapeaux. Le « Palio » est porté par un groupe d'hommes en costumes d'époque à la Tribune des Juges. Dans la cour du Palais, les chevaux, nerveux, piaffent sur les pavés. Les jockeys ont revêtu une veste et un pantalon de toile portant les couleurs et les armoiries des quartiers. Ils sont coiffés du « zucchino », petit casque métallique aux couleurs du quartier, qui les protège des chutes ou des coups de nerf de bœuf donnés par les jockeys adverses. Au signal du « mortaretto » (pétard), les « barberi » (chevaux) sortent un par un de la cour. Deux agents municipaux distribuent un nerf de bœuf à chaque jockey. Les jockeys dressent en l'air leur nerf de bœuf pour saluer les hôtes illustres qui se penchent aux fenêtres trilobées du Palais communal.

Le groupe s'arrête devant les deux cordes tendues. Puis, un par un, selon un ordre resté secret jusqu'alors, ils entrent en piste. La nervosité des hommes s'empare des bêtes. La corde tombe et les chevaux bondissent. C'est une comète colorée qui glisse sur la piste…

FORMULE DI CORTESIA

1 – Buona sera, come sta?
 – Bene, grazie e lei?
 – Felice d'incontrarla. Mi •permetta di presentarle mia °sorella, che sua •moglie •conosce bene.
 – Molto onorato, signora!
 – Buongiorno, infatti sua moglie mi ha parlato simpaticamente di lei.

2 – Non le ho chiesto come stanno i bambini!
 – I bambini stanno bene, grazie.
 – E suo padre?
 – Così, così, stenta a rimettersi dalla malattia; e la °morte di sua sorella l'ha colpito profondamente.
 – Gli porti i miei saluti i miei •migliori auguri.
 – Grazie, non mancherò.
 – A °proposito ha notizie del suo amico magistrato?
 – Sì grazie, il mio amico è sempre in gamba.
 – Arrivederla, a °presto.

3 a) •Creda ai miei •sentimenti •amichevoli. b) °Accolga, signore, •l'espressione dei miei sentimenti più distinti. c) La prego, signora, di accettare i miei più °devoti omaggi. d) Mi °ricordi ai suoi.

4 a) Le auguro buon anno! – Altrettanto a lei! Grazie. b) Buon Natale e molti auguri per l'anno nuovo. c) Felicitazioni vivissime ai •giovani °sposi. d) Le invio le mie più °sincere condoglianze.

CHI SEMINA VENTO RACCOGLIE TEMPESTA.

FORMULES DE POLITESSE

1 – *Bonsoir, monsieur, comment allez-vous ? – Très bien, merci et vous-même ? – Heureux de vous rencontrer. Permettez-moi de vous présenter ma sœur, que votre femme connaît bien. – Je vous présente mes hommages, madame (mot à mot : très honoré, madame). – Bonjour monsieur, votre femme m'a beaucoup parlé de vous (m. à m. : avec sympathie).*

2 – *Je ne vous ai pas demandé comment vont vos enfants ? – Les enfants vont bien, merci. – Et votre père ? – Moyennement. Il se remet difficilement de sa maladie et la mort de sa sœur l'a profondément affecté. – Vous lui transmettrez mes amitiés (mot à mot : mes salutations) et mes vœux de rétablissement. – Merci, je n'y manquerai pas. – À propos, avez-vous des nouvelles de votre ami magistrat ? – Oui merci, mon ami est toujours plein de vigueur (m. à m. : sur (ses) jambes). – Au revoir monsieur, à bientôt.*

3 a) *Croyez à mes sentiments amicaux.* b) *Veuillez agréer, monsieur, l'expression de mes sentiments les plus distingués.* c) *Je vous prie de bien vouloir agréer, madame, l'expression de mes hommages les plus respectueux.* d) *Rappelez-moi au bon souvenir des vôtres.*

4 a) *Je vous souhaite une bonne année. – Moi aussi (m. à m. : autant pour vous), merci.* b) *Bon Noël ; meilleurs vœux pour le nouvel an.* c) *Félicitations très vives aux jeunes mariés.* d) *Je vous exprime mes condoléances les plus sincères.*

Formule di cortesia • Formules de politesse

Vocabulaire

Je vous souhaite la bienvenue, *Le do il benvenuto* ; ... de bonnes vacances, *Le **a**uguro buone vacanze*, ... la bonne année, *Le **a**uguro buon anno*. Meilleurs vœux, *migliori au**g**uri*. Je forme des vœux pour votre prompt rétablissement, *F**o**rmulo voti per la Sua pronta guarigione*. *Per cortes**i**a*, s'il vous plaît.

QUI SÈME LE VENT RÉCOLTE LA TEMPÊTE.

Vœux de bonheur et de bonne santé, Auguri di felicità e di buona salute.

Saluer est *salutare*; il *saluto*, mais : *salute*! = *salve*!, salut ! *Buon giorno, buona sera, buona notte.* Au revoir se dit de différentes manières : *arrivederla Signore, Signora, Signorina*, est la formule la plus respectueuse ; *arrivederci* est plus familier (au plaisir de nous revoir). *Ciao* est très familier.

Fare un cenno di saluto, saluer d'un signe ; *rispondere al saluto*, répondre au salut ; *salutare, rivolgere il saluto*, adresser le salut. *Togliere il saluto*, cesser de saluer quelqu'un, l'ignorer (*togliere*, ôter, enlever).

GRAMMAIRE

• Verbe accogliere

Il se conjugue évidemment comme **cogliere**: **colgo, cogli...** donc, au subjonctif présent : **colga** (§ 62).

Comparez les deux temps du présent (indicatif et subjonctif) :

Indicatif :

accolgo, accogli, accoglie; accogliamo, accogliete, accolgono.

Subjonctif :

accolga, accolga, accolga; accogliamo, accogliate, accolgano.

Refaites souvent, avec d'autres verbes, ce même exercice de conjugaison ; il constitue une excellente discipline mentale, à condition que vous ne le fassiez pas mécaniquement mais que vous repassiez chaque fois et sans faute par les mêmes points de repère, savoir :

– l'infinitif est en **-ere** : subjonctif en **a**.

– l'irrégularité du présent de l'indicatif **accolgo** donne **accolga** au subjonctif.

– Les Ire, 2e et 3e personnes du singulier du subjonctif présent sont identiques.

– La Ire personne du pluriel est commune aux deux présents.

• Così così! *Comme ci, comme ça.*

Cette expression est fréquente en italien. Ex. : **Come sta? – Così così!** On pourrait répondre aussi : **Non c'è male!** ou bien **mediocremente.**

• Pour l'emploi des majuscules à la forme polie, voyez le Mémento § 17 C.

Formule di cortesia • Formules de politesse

Lecture

1 Il Gr. Uff. Dott.[1] Gino Bianchini e la Signora Joséphine Bianchini Delessert partecipano il matrimonio della loro figlia Isabella con il Signor Mario Cipriani.

Il Comm. Dott.[2] Ciro Cipriani e la Signora Elena Cipriani Vesperini, partecipano il matrimonio del loro figlio Mario con la Signorina Isabella Bianchini.

La cerimonia religiosa sarà officiata de S. Em. Rev. ma[3] il Signor Cardinale Egidio Vagnozzi nella Basilica di San Pietro in Vaticano – Cappella del S.S.[4] Sacramento il 2 Dicembre 20.. alle ore 11.

Roma – Via di Villa Ada, 10.

Roma – Via delle Grazie, 3.

Dopo la cerimonia gli sposi saranno lieti di salutare parenti ed amici all'Hôtel Cavalieri Hilton.

2 Olindo d'Angelo

Rosita Fernández.

partecipano il loro matrimonio avvenuto a Madrid il 7 gennaio 2002.

1 Il Grand'Ufficiale Dottor.
2 Il Commendatore Dottor.
3 Sua Eminenza Reverendissima.
4 Santissimo.

1 Le Grand Officier Docteur G. B. et Madame... font part du mariage de leur fille... avec...

La cérémonie religieuse sera célébrée par S. Em. Mgr le Cardinal E. V. en la Basilique Saint-Pierre du Vatican – Chapelle du Très-Saint-Sacrement, le 2 décembre 20.. à 11 heures.

Rome – 10, Rue de Villa Ada...

Après la cérémonie, les époux seront heureux de recevoir leurs parents et amis à l'Hôtel C. H.

2 O. d'A., R. F. font part de leur mariage qui a eu lieu à Madrid le 7 janvier 2002.

VISITA AD AMICI

1 *(Si fissa l'•appuntamento per °telefono.)*

– Verremo a salutarvi da parte dei •nostri comuni amici i Berluti.

– Bene, ci hanno appunto annunciato la °vostra visita. Faremo la vostra conoscenza con molto •piacere. Venite una •sera dopo •cena, potremo chiacchierare. Che giorno vi farebbe °comodo? Scegliete pure voi. •Avrete certamente molte cose da vedere e il tempo contato. Fissate un giorno e per noi andrà benissimo.

– Andrebbe bene sabato sera?

– Ah! no; il sabato andiamo sempre fuori, ma rientreremo •domenica, non troppo tardi per evitare gli •ingorghi sulle strade. Volete venire domenica •prossima dopo cena, alle °nove?

– In linea di massima va bene, ma abbiamo un appuntamento in serata, tuttavia °penso che potremo essere a casa vostra per quell'ora. Dove potrei trovarvi nel caso •aveste un impegno imprevisto?... È giusto il vostro indirizzo: Via di San Giovanni in Laterano, 3?

– Sì, quarto piano, è la porta a destra uscendo dall'ascensore.

– Benissimo, a presto!

2 – E lei, come trova questo •paese? Le piace stare qui? È la prima volta che viene?

– Sono qui solo da qualche giorno e mi piace molto. È il mio primo viaggio in Italia e °spero non sia l'ultimo.

– Ha visto la •Mostra di pittura °moderna?

– Purtroppo no, parto domani per la provincia. Ma al •ritorno passerò di nuovo per la capitale e andrò a visitarla.

FARSI DESIDERARE.

UNE VISITE À DES AMIS

1 *(On fixe le rendez-vous par téléphone.)*

– Nous irons vous dire bonjour de la part de nos amis communs, les Berluti.

– Bien, justement ils nous ont annoncé votre visite. Nous ferons votre connaissance avec beaucoup de plaisir. Venez un jour après dîner, nous pourrons bavarder. Quel jour vous conviendrait ? C'est à vous de choisir. Vous aurez certainement beaucoup de choses à voir et votre temps est compté. Fixez un jour. Votre jour sera le nôtre. – Est-ce que samedi soir irait ? – Ah ! non ; le samedi, nous allons toujours à la campagne (m. à m. : nous sortons), mais nous rentrerons dimanche pas trop tard pour éviter les encombrements sur les routes. Voulez-vous venir dimanche prochain après dîner à 9 h ? – En principe cela va, mais nous avons un rendez-vous dans la soirée. Mais je pense que nous pourrons être chez vous pour cette heure-là. Où pourrais-je vous trouver, dans le cas où vous auriez un engagement imprévu ?... Votre adresse c'est bien... ? – Oui, au 4e ; c'est la porte de droite en sortant de l'ascenseur.

– Parfait, à bientôt.

2 – Et vous, comment trouvez-vous, ce pays ? Vous plaisez-vous ici ? Est-ce la première fois que vous venez ? – Je ne suis ici que depuis quelques jours et je m'y plais bien. C'est mon premier voyage en Italie et j'espère que ce ne sera pas le dernier. – Avez-vous vu l'exposition de peinture moderne ? – Malheureusement non ; je pars demain pour la province. Mais à mon retour je repasserai par la capitale et j'irai la voir.

Vocabulaire

• *L'appuntamento*, le rendez-vous ; *dare un appuntamento*, donner un rendez-vous. *Voglio prendere un appuntamento con lei*, je veux prendre un rendez-vous avec vous.

Ne confondez pas avec les appointements : *il salario* (pour les ouvriers), *lo stipendio* (pour les employés).

Prendre congé, *accomiatarsi, congedarsi; tagliare la corda* (m. à

SE FAIRE DÉSIRER.

LEÇON 56

m. : couper la corde) c'est filer à l'anglaise. *Il commiato*, le congé.

• *Chiacchierare*, bavarder ; *il chiacchierone*, le bavard ; *le chiacchiere* (pluriel), le bavardage.

Vantarsi, se vanter ; *uno spaccone, uno sbruffone*, un vantard. *Discutere*, discuter ; exprimer ses opinions, *esprimere le proprie opinioni. Qual è il suo parere (avviso), la sua opinione?* Quel est votre avis… *Essere del parere di*, être de l'avis de… :

GRAMMAIRE

• Verbes

Comparire, *paraître, comparaître.*

Il se conjugue sur le modèle de **parere** bien que la terminaison des infinitifs soit différente. Les verbes **apparire**, *apparaître* ; **scomparire**, **sparire**, *disparaître*, font comme **comparire** (Mémento 69).

• Peccato! *quel dommage !* **Purtroppo,** *malheureusement.*
« **Pure** » apparaît dans **neppure,** *pas même,* **non plus (= neanche).**
Non l'ho fatto neppure (neanche) io, *je ne l'ai pas fait non plus.*

EXERCICE

1. Bonsoir Monsieur Tasselli. **2.** Je vous présente ma femme. **3.** Bonsoir, Monsieur Berenti. Comment allez-vous ? Bien merci, et vous ? **4.** Le voyage dans les Abruzzes s'est-il bien passé ? **5.** Fort bien. Nous avons été trois jours à Pescara et autant à l'Aquila. **6.** C'est peu pour tout voir mais enfin nous avons beaucoup vu. **7.** Nous n'aurions jamais imaginé que ce seraient deux villes aussi différentes l'une de l'autre. **8.** Vous devez les connaître n'est-ce pas ? **9.** Vous devez y être allé plusieurs fois.

CORRIGÉ

1. Buona sera, signor Tasselli. **2.** Le presento mia moglie. **3.** Buona sera, signor Berenti. Come sta? Bene grazie, e lei? **4.** Il viaggio in Abruzzo è andato bene? **5.** Molto bene. Siamo stati tre giorni a Pescara e altrettanti all'**A**quila. **6.** È poco per veder tutto, ma tutto sommato abbiamo visto molto. **7.** Non avremmo mai immaginato che fossero due città così differenti l'una dall'altra. **8.** Lei deve conoscerle, no? **9.** Deve esserci stato diverse volte.

Hai scroccato un pranzo!

Gli amici di Alberto e di Mario, raramente comparivano in casa nostra; Gino invece i suoi amici li portava sempre in casa, la sera. Mio padre li invitava a fermarsi a cena. Era, mio padre, sempre pronto a invitare a cena o a pranzo la gente; e magari poi c'era poco da mangiare. Aveva sempre paura, invece, che noi «scroccassimo pranzi» in casa d'altri. – Hai scroccato un pranzo alla Frances! Mi dispiace! – E se uno di noi era invitato da qualcuno a mangiare, e il giorno dopo diceva che questo qualcuno era noioso o antipatico, mio padre subito protestava: – Antipatico! Però gli hai scroccato un pranzo!

Natalia Ginzburg, *Lessico famigliare*
(Ed. Einaudi).

Tu as fait le pique-assiette !

Les amis d'Albert et de Mario faisaient de rares apparitions chez nous ; Gino au contraire, ses amis, il les amenait toujours à la maison, le soir.

Mon père les invitait à rester à dîner. Mon père était toujours prêt à inviter les gens à dîner ou à déjeuner alors qu'il n'y avait pas toujours grand-chose à manger. En revanche, il avait toujours peur que nous « escroquions des repas » chez les autres. « Tu as fait le pique-assiette (m. à m. : tu as escroqué un repas) chez Frances ! Je n'aime pas cela ! » Et si l'un de nous était invité chez quelqu'un à manger, et que le jour d'après il disait que cette personne était ennuyeuse ou antipathique, mon père protestait aussitôt – Antipathique ! Pourtant tu lui as escroqué un repas !

LA CAMPAGNA

1 Mi piace molto la grande città, ma dopo otto giorni ho bisogno di prendere aria e di rivedere la campagna. Alcune •persone °possiedono una casa di campagna in cui vanno a passare le domeniche o la «fine settimana», se non lavorano il sabato o il lunedì. Ma •siccome io sono un turista, posso andare a fare un giro in campagna durante la settimana. Là tutto è calmo e riposante.

2 Mi piacciono i °boschi con i viali diritti sotto i grandi alberi. Si può camminare per ore ed ore; si può montare a cavallo; ci si può °stendere all'•ombra degli alberi e perfino prendere bagni di sole. Mi piacciono anche molto gli spuntini sull'°erba.

3 Mi piace pescare, benché nei nostri fiumi ci siano °pochi •pesci. Alcune •persone vanno a caccia. Io preferisco prendere delle fotografie a •colori o in bianco e •nero. Ultimamente ho fatto un film sulla vita in campagna ed ho •ripreso bellissimi paesaggi.

DOVE ENTRA IL SOLE NON ENTRA IL MEDICO.

LA CAMPAGNE

1 J'aime beaucoup la grande ville. Mais au bout de huit jours j'ai besoin de prendre l'air et de revoir la campagne. Certaines personnes possèdent une maison de campagne où elles vont passer les dimanches ou les fins de semaine, si elles ne travaillent pas le samedi ou le lundi. Mais, comme je suis touriste, je puis aller en semaine faire un tour à la campagne. Tout y est calme et reposant.

2 J'aime les forêts avec leurs allées droites sous les grands arbres. On peut marcher des heures et des heures ; on peut monter à cheval ; on peut s'y étendre à l'ombre des arbres et, même, prendre des bains de soleil. J'aime aussi beaucoup les pique-niques.

3 J'aime pêcher, bien que dans nos rivières il y ait peu de poissons. Certains vont chasser. Je préfère prendre des photographies en couleurs ou en noir et blanc. Dernièrement j'ai fait un film sur la vie à la campagne et j'ai pris de très beaux paysages.

Vocabulaire

Il campo, le champ (*il camposanto*, le cimetière) ; *per i campi*, à travers les champs.

La scorciatoia, le raccourci ; *il viottolo*, le sentier ; *la mulattiera*, le chemin muletier.

Il bosco, le bois (*Girolamo* Bosco, Jérôme Bosch). *La foresta*, *la selva*, la forêt ; *il parco*, le parc ; *la pineta*, la pinède ; *il pino*, le pin ; *il pinolo*, le pignon.

L'oliveto, l'oliveraie (*l'olivo*, l'olivier ; *l'oliva*, l'olive). De même : *il castagneto*, la châtaigneraie, *il castagno*, *la castagna*. *La vigna*, le vignoble, la vigne ; *l'uva*, le raisin ; *il grappolo d'uva*, la grappe de raisin.

OÙ ENTRE LE SOLEIL N'ENTRE PAS LE MÉDECIN.

GRAMMAIRE

• **Verbes**

Tingere, **stendersi**, **riprendere** (Mémento § 61).

Ne confondez pas **steso**, participe passé de **stendere**, avec **stesso**, *même* ; appliquez-vous à bien prononcer les consonnes doubles.

Raccogliere se conjugue comme **cogliere** (p. 240).

Dans **accompagniamo**, **sogniamo,** *nous rêvons*, prononcez « **gna** » comme dans **San Gimignano**, la jolie ville toscane. Mais ne chercher pas à prononcer cet « i ».

• **Benché**, *bien que*, est suivi du subjonctif.

• **Quelques mots invariables**

Lì presso = **lì vicino** = **lì accanto** = *là, tout près.*

Lassù, *en haut*, **salire su**.

Laggiù, *en bas*, **scendere giù**.

È su, *il est en haut* ; **al di sopra** ; *en haut, au-dessus.*

È giù, *il est en bas* ; **al di sotto** ; *en bas, au-dessous.*

Distinguez bien : **subito**, *tout de suite*, **subito**, *subi.*

EXERCICE

1. Aller à la campagne, pour sûr que cela me plaît. **2.** Jamais je n'ai pensé que j'étais un homme de la ville. **3.** J'ai toujours aimé les arbres, les fleurs, les animaux, la tranquillité de la campagne et le chant des oiseaux plutôt que le bruit de la ville. **4.** Je ne sais si vous pensez la même chose. **5.** Moi je n'aimerais pas vivre à la campagne. **6.** Y aller de temps à autre, oui ! Être toujours dans un village, non ! **7.** Je suis un homme de la ville.

CORRIGÉ

1. Andare in campagna, è sicuro che (ciò) mi piace. **2.** Non ho mai pensato che fossi un uomo di città. **3.** Ho sempre amato gli **a**lberi, i fiori, gli animali, la tranquillità della campagna e il canto degli uccelli piuttosto che il rumore della città. **4.** Non so se voi pensiate la stessa cosa. **5.** A me non piacerebbe v**i**-vere in campagna. **6.** Andarci ogni tanto, sì! **E**ssere sempre in un villaggio, no! **7.** Sono un uomo di città.

Lecture

Un paesaggio silenzioso

Il silenzio era di una specie affatto nuova a chi veniva dalla città: in quel silenzio si udiva il canto dell'usignuolo levarsi disegnando un argentino ghirigoro nell'aria trasparente. E, sotto il sole vivace del mattino, tutte le cose splendevano: le foglie che si movevano nel vento, e un breve corso d'acqua che passava lì presso e lo smeraldo delle colline, e il canalone ghiaioso della Majella.

Il podere era piccolo, ma ricco di ortaggi, e testimoniava una cura vigile e attenta. Subito, oltre il podere erano prati e brevi boschi frastagliati, poiché il terreno, in quella zona montagnosa, era tutto a terrazze e gradini.

Nel bosco crescevano querce e aceri; le foglie degli aceri in autunno si tingevano del rosa dei coralli e poi del rosso del sangue.

Il quella completa solitudine io parlavo con gli alberi, mi chinavo a raccogliere un fiore sconosciuto e m'incantavo addirittura di fronte al delicato disegno di una foglia.

Alba de Céspedes, *Dalla parte di lei*
(Ed. Mondadori, Milano).

Un paysage silencieux

Le silence était d'un genre tout à fait neuf pour quiconque venait de la ville : dans ce silence, on entendait le chant du rossignol s'élever, dessinant dans l'air transparent un zigzag d'argent. Et sous le soleil vif du matin, toutes les choses resplendissaient : les feuilles qui remuaient dans le vent, un tout petit cours d'eau qui passait près de là et l'émeraude des collines et le vaste lit de gravier de la Majella.

La propriété était petite, mais elle abondait en légumes et témoignait de soins vigilants et attentifs. Immédiatement derrière la propriété, il y avait des prés et des bosquets découpés, car le terrain, dans cette zone montagneuse, était tout en terrasses et en gradins.

Dans le bois poussaient des chênes et des érables ; en automne, les feuilles des érables se teignaient d'un rose de corail (m. à m. : des coraux), puis d'un rouge sang.

Dans cette complète solitude, je parlais avec les arbres, je me baissais pour cueillir une fleur inconnue et me laissais complètement fasciner à la vue du dessin délicat d'une feuille.

ESCURSIONI

1 – Oggi fa •veramente bel tempo. Non °piove da due giorni; il sole °splende, la terra è asciutta. Potremo fare •colazione sull'erba oppure alla Locanda del °Bosco. Prepari dunque un pranzo al sacco : qualche panino, frutta e caffè in un °thermos. •Metteremo tutto nel sacco da montagna, e Giovanni lo porterà.

2 – Non •dimentichi il costume da bagno!
   – •Purtroppo non l'ho preso. Potrebbe prestarmene uno?
   – Certo! Chieda a Giovanni. Ha pressappoco le sue misure.
   – Ci si può tuffare?
   – Naturalmente. Spero che l'acqua sia calda. Gli altri anni avevamo l'abitudine di fare il bagno durante la settimana santa.

3 – Sa sciare?
   – Ha imparato da molto?
   – È nevicato. Peccato che non abbia portato i miei •scarponi da sci. Le piste sono magnifiche e c'è una sciovia.
   – Se •avessi saputo!
   – Ma venga ugualmente. Troverà facilmente un paio di scarponi da sci da affittare.

IN APERTA CAMPAGNA.

EXCURSIONS

1 – Aujourd'hui il fait vraiment beau. Il ne pleut pas depuis deux jours ; le soleil brille ; le sol est sec. Nous pourrons déjeuner sur l'herbe, ou bien à l'Auberge du Bois. Préparez donc un repas froid, quelques sandwichs, des fruits et du café dans une bouteille thermos. Nous mettrons tout dans le sac de montagne et Jean le portera.

2 – N'oubliez pas votre maillot de bain ! – Je ne l'ai pas pris malheureusement. Pourriez-vous m'en prêter un ? – Bien sûr. Demandez à Jean. Il a à peu près votre taille. – Est-ce qu'on peut plonger ? – Naturellement. J'espère que l'eau sera chaude. Les autres années, nous avions l'habitude de nous baigner pendant la Semaine sainte.

3 – Est-ce que vous savez skier ? – Y a-t-il longtemps que vous avez appris ? – Il a neigé. Quel dommage de ne pas avoir apporté mes chaussures de ski. Les pistes sont magnifiques et il y a un remonte-pente. – Si j'avais su ! – Mais venez quand même. Vous trouverez facilement une paire de chaussures de ski à louer.

Vocabulaire

Il sacco da montagna se dit aussi *lo zaino* ; le sac de couchage, il *sacco a pelo* ; *il pelo*, le poil (le sac est fourré !).

Il giubbotto, le blouson. *Gli scarponi*, les chaussures de montagne, de ski. *La borraccia*, la gourde de métal. *La giacca a vento*, l'anorak (m. à m. : la veste pour le vent).

Il pane, le pain ; diminutif : *il panino*, le petit pain, est aussi le sandwich.

Il cestino da viaggio, le panier-repas ; *il cesto*, *il canestro*, le panier.

Gli sci, les skis ; *scivolare*, glisser ; *sciare*, faire du ski. *La pista da sci. La sciovia*, le remonte-pente (*la filovia* est le trolleybus).

La teleferica, *la funicolare*.

La discesa, la descente ; *la salita*, la montée ; *salire*, monter (ne confondez pas avec : *salir*, *sporcare*).

EN RASE CAMPAGNE
(m. à m. : campagne ouverte).

GRAMMAIRE

• **Verbes**

Occludere, scendere, ascendere, travolgere, raggiungere (Mémento § 61).

Aidez votre mémoire : **occluso** évoque l'*occlusion* ; **raggiunto** = *rejoint*.

Rappel : 1, 3, 3. Pour rimanere : **rimasi**, *je suis resté*, **rimase, rimanemmo, rimasero**. À l'imparfait du subjonctif : **rimanessi** *(1re pers. du sing.)*.

Se lei rimanesse alcune ore a Taormina vedrebbe l'Etna in piena eruzione, *si vous restiez quelques heures à Taormine, vous verriez l'Etna en pleine éruption.*

Rappel : **è nevicato**, *il a neigé* ; **è piovuto**, *il a plu* ; **è tuonato**, *il a tonné* ; **è grandinato**, *il a grêlé*.

• **Da otto giorni**

Da un anno, da molto tempo, *depuis un an, depuis longtemps.*
Otto giorni fa, *il y a huit jours.*
Dal 1° giugno, *depuis le 1er juin.*
Dalla sua nascita, *depuis sa naissance.*
Fin dalla nascita, *dès sa naissance.*
Da quando l'ho visto? *Depuis quand vous ai-je vu ?*
In otto giorni, *en 8 jours ;* **entro otto giorni,** *dans l'intervalle de huit jours.*
Tra otto giorni = fra otto giorni, *d'ici huit jours.*
Per circa un anno, *pendant près d'un an.*

EXERCICE

1. Il y a longtemps que je ne suis pas allé à la montagne. **2.** Je pense que cela me fera beaucoup de bien. **3.** Je suis un peu fatigué par la vie que je mène. **4.** Il y a trois mois que je ne sors pas de Rome. **5.** Je sors de chez moi très tôt le matin et je rentre à l'heure du dîner. **6.** D'ordinaire, je suis enfermé dans mon bureau au moins huit heures par jour. **7.** Je rêve de champs de neige. **8.** Je rêve de repas faits d'omelettes et de vin du pays. **9.** Certainement qu'à Pâques, il y aura encore de la neige. **10.** Nous profiterons des fêtes pour y aller.

CORRIGÉ

1. Da molto tempo non sono andato in montagna. **2.** Penso che (ciò) mi farà molto bene. **3.** Sono un po' stanco per la vita che conduco. **4.** Da tre mesi non esco da Roma. **5.** Esco di casa molto presto la mattina e rientro all'ora di cena. **6.** Abitualmente sto rinchiuso nel mio ufficio per almeno otto ore al giorno. **7.** Sogno campi di neve. **8.** Sogno pasti fatti di frittate e di vino locale. **9.** Certamente a Pasqua ci sarà ancora la neve. **10.** Approfitteremo delle feste per andarci.

Lecture

Risveglio dall'Etna: trenta boati al minuto

Catania, 12 gennaio. L'Etna (dopo due anni di quiete) riprende l'attività eruttiva: i primi sintomi si sono manifestati due giorni fa con modesti getti di sabbia infuocata dal cratere. Cenere e lapilli incandescenti (anche di notevole mole) vengono proiettati fino a duecento metri di altezza. Intanto dal cratere centrale si innalza una densa colonna di vapori.

Sulla vetta del più grande vulcano d'Europa (tremilatrecentoquarantacinque metri) – ammantato di neve – i tecnici dell'Istituto di vulcanologia dell'Università di Catania conducono rilievi e osservazioni: un portavoce ha dichiarato che si è accentuata la pressione del gas nel condotto • craterico rimasto occluso dopo l'ultima eruzione, e che il magma è in ascesa lungo il condotto stesso. È da attendersi quindi una fuoriuscita entro breve termine.

Réveil de l'Etna : trente grondements à la minute

Catane, 12 janvier. L'Etna, après deux ans de tranquillité, reprend son activité éruptive. Les premiers symptômes se sont manifestés il y a deux jours par de modestes jets de sable brûlant, hors du cratère. Des cendres et des pierres incandescentes – même de dimension importante – sont projetées jusqu'à deux cents mètres de hauteur. En même temps, du cratère central s'élève une dense colonne de vapeurs. Sur le sommet du plus grand volcan d'Europe (3 345 m) – recouvert de neige – les techniciens de l'Institut de volcanologie de l'Université de Catane procèdent à des relevés et à des observations : un porte-parole a déclaré que la pression du gaz s'est accentuée dans le conduit du cratère resté bouché après la dernière éruption et que le magma monte le long du conduit lui-même. Il faut donc s'attendre à une expulsion dans un bref délai.

ACQUISTO DI REGALI

1 Portare dei regalini ai °parenti e agli amici è sempre un problema. Che cosa farebbe loro •piacere?

Di quanto denaro posso •disporre per questo °genere di acquisti? E soprattutto quanto denaro mi resterà quando avrò pagato tutto (l'albergo, il tassì, la °carrozza ristorante o – se viaggio in macchina – la benzina?). Mi piacerebbe non essere •costretto a cambiare il denaro prima della °partenza.

2 •Inoltre quello che si •vende nei °negozi di regali vale davvero la •pena di essere acquistato? È veramente tipico e fatto nel paese?

3 Che cosa porterò •come °ricordo ai miei parenti e ai miei amici? – Conosce il negozio di articoli da regalo per turisti sulla Piazza...? Che cosa pensa delle terrecotte che ha?

– Mi sembrano molto graziose. Ha anche delle bambole che rappresentano delle napoletane e delle siciliane. – E sia! È una cosa corrente ma farà molto piacere alla mia nipotina.

Per suo fratello, potrò comperare una chitarra. Ma è proprio a miglior mercato qui che altrove? – Non so. Ma poi °viene da Perugia e ciò, ciò conta... Non crede?

A CAVAL DONATO NON SI GUARDA IN BOCCA.

ACHAT DE SOUVENIRS

1 C'est toujours un problème que de rapporter des souvenirs à sa famille ou à ses amis. Qu'est-ce qui leur ferait plaisir ? De combien d'argent puis-je disposer pour ce genre d'achats ? Et surtout combien d'argent me restera-t-il quand j'aurai tout payé (l'hôtel, le taxi, le wagon-restaurant ou – si je voyage en voiture – l'essence) ? J'aimerais bien ne pas avoir à changer d'argent avant mon (m. à m. : le) départ.

2 En outre, ce que l'on vend dans les boutiques de souvenirs vaut-il vraiment la peine d'être acheté ? Est-ce que c'est vraiment typique et fait dans le pays ?

3 – Qu'est-ce que je vais rapporter comme souvenir à ma famille et à mes amis ? – Connaissez-vous le magasin d'articles de souvenirs pour touristes sur la Grand-Place... ? Qu'est-ce que vous pensez des poteries qu'il a ? Elles me semblent assez jolies. Il y a aussi des poupées qui représentent des Napolitaines et des Siciliennes. – Soit ! C'est une chose courante mais cela fera plaisir à ma petite nièce.

Pour son frère, je pourrai acheter une guitare. Mais est-ce vraiment meilleur marché ici qu'ailleurs ? – Je ne sais pas. Mais enfin ça vient de Pérouse et cela, ça compte... Vous ne croyez pas ?

Vocabulaire

Dare, donare, faire un cadeau ; donc : *il dono,* le cadeau. *Offrire,* offrir. On dit aussi : *il regalo, il presente. Un ricordino,* un petit souvenir. *La strenna,* le cadeau de fin d'année, les étrennes ; *il premio, la gratificazione,* la prime, la gratification.

La ringrazio molto per il suo regalo, je vous remercie beaucoup pour votre cadeau. *Mille grazie, grazie tante, grazie molte.*

Alcuni regali tipicamente italiani : cravatte e fazzoletti di pura seta naturale, cravates et foulards de pure soie naturelle ; *scarpe per uomo o signora,* chaussures... : *vasellame* (singulier collectif), objets de faïence pour la table ; *ceramiche,* objets en céramique ; *oggetti in rame,* ... en cuivre ; *argenteria ; articoli di vimini,* articles de vannerie ; *gioielli di corallo,* bijoux de corail ; *fiaschi di vino.*

À CHEVAL DONNÉ, ON NE REGARDE PAS À LA BOUCHE
(m. à m. : ... dans...).

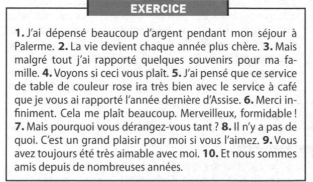

GRAMMAIRE

• **Verbes**

Piacere, **costringere**, **spendere** sont les verbes irréguliers de la page 254, avec **potere**, **disporre**, **valere**, **fare**, **venire**, **essere**. En page 257 : **mettere**, **stringere**, **dire**, **volere**, **rimanere**, **parere**.

• Per lei, *pour vous*

Per amor suo, *par amour pour lui*

Questo titolo l'ho ottenuto per merito di alcuni amici, *ce titre je l'ai obtenu par l'intermédiaire de quelques amis* (aussi : **per mezzo di = grazie a…**)

• **Pluriel**

Armonici ; dans la leçon précédente : **magnifici**, *****tecnici**, **craterici**.

EXERCICE

1. J'ai dépensé beaucoup d'argent pendant mon séjour à Palerme. **2.** La vie devient chaque année plus chère. **3.** Mais malgré tout j'ai rapporté quelques souvenirs pour ma famille. **4.** Voyons si ceci vous plaît. **5.** J'ai pensé que ce service de table de couleur rose ira très bien avec le service à café que je vous ai rapporté l'année dernière d'Assise. **6.** Merci infiniment. Cela me plaît beaucoup. Merveilleux, formidable ! **7.** Mais pourquoi vous dérangez-vous tant ? **8.** Il n'y a pas de quoi. C'est un grand plaisir pour moi si vous l'aimez. **9.** Vous avez toujours été très aimable avec moi. **10.** Et nous sommes amis depuis de nombreuses années.

CORRIGÉ

1. Ho speso molto denaro durante il mio soggiorno a Palermo. **2.** La vita si fa ogni anno più cara. **3.** Malgrado tutto ho portato qualche ricordo per la mia famiglia. **4.** Vediamo se questo le piace. **5.** Ho pensato che questo servizio da tavola di color rosa andrà benissimo col servizio da caffè che le ho portato l'anno scorso da Assisi. **6.** Grazie tante. Mi piace molto. Meraviglioso, stupendo! **7.** Ma perché si disturba tanto? **8.** Non c'è di che. È un vero piacere per me se le piace. **9.** Lei è stato sempre molto gentile con me. **10.** E noi siamo amici da molti anni.

Acquisto di regali • Achat de souvenirs

I regali

– Non hai pensato che non possiamo tornare a casa senza i regali pei parenti e gli amici? I regali sono necessari: è il più bel momento del ritorno, quando la gente aspetta che tu apra la valigia, i bambini stanno in gruppo e non parlano, la donna non osa mettere le mani sulle valigie e aspetta. Alla fine tu cavi fuori i regali uno per uno, come animali strani, di terre lontane, e i ragazzi li stringono quasi temendo di vederli scappare. Poi si parla di queste cose per molti giorni.

– È vero – dissi io – ma se tu ti metti a comperare regali, non ci restano più ventimila lire tonde. Tra parenti e amici, pensa che cosa ci vuole! Non si possono fare cattive figure. Bisognava pensarci prima.

Camminammo un poco pensierosi lungo il fiume.

– Rimaniamo ancora un anno – disse Zigrino – In quest'anno metteremo insieme un po' di roba. Ma le ventimila lire non si toccano.

Ci pareva che a toccare queste ventimila lire, sarebbero franate come quei castelli di sabbia che i ragazzi fanno sulla riva del mare.

Corrado Alvaro, *L'amata alla finestra*
(Ed. Bompiani, Milano).

Les cadeaux

– Tu n'as pas pensé que nous ne pouvons revenir à la maison sans cadeaux pour les parents et les amis ? Les cadeaux sont nécessaires ; c'est le plus beau moment du retour, quand les gens attendent que tu ouvres ta valise, les enfants se tiennent en groupe et ne parlent pas, la bonne n'ose mettre les mains sur les valises et attend. À la fin, tu extrais les cadeaux un à un comme des animaux étranges, de terres lointaines, et les enfants les serrent craignant presque de les voir s'échapper. Ensuite on parle de ces choses pendant des jours et des jours.

– C'est vrai, ai-je dit. Mais si tu te mets à acheter des cadeaux, il ne nous reste plus vingt mille lires tout rond. Entre parents et amis, pense à ce qu'il faut ! On ne peut pas faire piètre figure (m. à m. : de mauvaises figures). Il fallait y penser avant.

Nous avons un peu marché, pensifs, le long du fleuve.

– Restons encore un an, dit Zigrino. Au cours de cette année nous amasserons un peu d'argent. Mais les vingt mille lires, on n'y touche pas.

Il nous semblait que si nous touchions à ces vingt mille lires, elles s'ébouleraient comme ces châteaux de sable que font les enfants au bord de la mer.

A °ZONZO, GUARDANDO LE VETRINE

1 Non ho da fare alcun acquisto preciso. Guardo semplicemente le vetrine dei negozi. Non °ho portato denaro proprio °apposta. Sono nel °quartiere dei negozi di lusso. C'è sempre buon gusto e molta fantasia. Guardare i negozi di antiquariato mi fa sognare e mi dà delle °idee per ammobiliare il mio appartamento.

2 Mi piace guardare le vetrine dei gioiellieri, mi piacciono gli °effetti di luce °attraverso le bottiglie di profumo. Ammiro l'arte con cui sono presentati i più •semplici oggetti come le più belle •sete. Un bell'oggetto deve essere •messo in •valore.

3 Mi piace entrare dal libraio, prendere un libro dallo scaffale, sfogliarlo, •rimetterlo a posto, riprenderne un altro. Mi piace non decidere subito, mi piace °riflettere, andare a vedere l'oggetto del mio °desiderio esposto in vetrina, immaginarlo a casa mia, pensare al servizio che potrà rendermi e infine comprarlo. Allora non mi delude perché è bello e utile e perché l'ho posseduto con l'immaginazione prima di ammirarlo e di servirmene a casa mia.

4 Nel mio °vecchio °quartiere c'erano solamente negozi di commestibili : •Fruttivendoli, macellai, salumieri, un fornaio pasticciere proprio •sotto la mia casa.
Il °droghiere di •fronte che aveva un po' più di fantasia dei suoi °concorrenti vendeva prodotti •esotici e piatti già preparati.

ANDARE A ZONZO.

EN FLÂNANT DEVANT LES DEVANTURES

1 Je n'ai pas d'achat particulier à faire. Je regarde simplement les devantures des magasins. Je n'ai pas emporté d'argent, exprès. Je suis dans le quartier des magasins de luxe. Il y a toujours du bon goût et beaucoup d'imagination. Regarder les boutiques d'antiquités me fait rêver et me donne des idées pour meubler mon appartement.

2 J'aime à regarder les devantures des bijoutiers ; j'aime les effets de lumière à travers les flacons de parfums ; j'admire l'art avec lequel sont présentées les choses les plus simples comme les plus belles soies. Un bel objet doit être mis en valeur.

3 J'aime entrer chez le libraire, prendre un livre sur le rayon, le feuilleter, le replacer, en reprendre un autre. J'aime ne pas me décider tout de suite. J'aime réfléchir, aller revoir l'objet de mon désir exposé à l'étalage, l'imaginer chez moi, penser au service qu'il pourra me rendre et enfin l'acheter. Alors il ne me déçoit pas, parce qu'il est beau et utile et que je l'ai possédé en imagination avant de l'admirer et de m'en servir chez moi.

4 Dans mon ancien quartier, il y avait seulement des magasins d'alimentation : des marchands de légumes et de fruits, des bouchers, des charcutiers, un boulanger-pâtissier juste au bas de chez moi. L'épicier d'en face, qui avait un peu plus d'imagination que ses concurrents, vendait des produits exotiques et des plats tout préparés.

Vocabulaire

Le antichità, les antiquités.

Acquisto (pluriel *gli acquisti*), l'acquisition ; *acquistare*, acquérir, acheter. *Il compratore*, l'acheteur, *il venditore*.

Discutere il prezzo, marchander ; on dit aussi : *contrattare*, dans ce sens. Mais : *il contratto* est le contrat (en particulier, le contrat de location. Voir leçon 69). *Fare un contratto*, faire un contrat. *Ottenere una riduzione*, obtenir une réduction.

Essere a buon mercato, être bon marché ; *caro*, cher. *Il mercato*, le marché ; *il mercato coperto*, le marché couvert. *Un mercato vantaggioso*, un marché avantageux.

FLÂNER.

Le gallerie d'arte, les galeries d'art.
Alcuni nomi di negozi: orologeria, horlogerie ; *oreficeria*, orfèvrerie, *argenteria* ; *giocattoli*, jouets (magasin de jouets) ; *abbigliamento maschile, femminile*, vêtements pour hommes, pour femmes.

GRAMMAIRE

• Verbes

Colpire, *frapper* (**colpisco**, *je frappe*).

Reggere, *tenir*, **ressi**, **retto** (§61).

Reggere lo stato : *tenir, gouverner l'État*. **Reggere una famiglia numerosa**, *entretenir une famille nombreuse*.

Il sostegno della famiglia, *le soutien de la famille*.

È sopravvissuto, *il a survécu* ; auxiliaire **essere** parce que **sopravvivere**, *survivre*, est un verbe intransitif (c'est-à-dire dépourvu de complément d'objet direct).

De même : **è vissuto tre anni**, *il a vécu trois ans*. Mais : **ha vissuto una gioventù laboriosa**, *il a vécu une jeunesse laborieuse*.

• Ammirevole

Dans les mots suivants : objet, spectacle, admirable, les groupes de consonnes **-bj-** ; **-ct-**, **-dm-** ne se retrouvent pas en italien, mais ils sont représentés par la deuxième consonne doublée **oggetto**, **spettacolo**, **ammirevole**.

• Aussi

Perciò non so quando può venire. *Aussi (c'est pourquoi) je ne sais quand il peut venir.*

L'ho visto anch'io, *je l'ai vu, moi aussi.* **E tu pure**, *et toi aussi.* **Così grande come me**, *aussi grand que moi.*

EXERCICE

1. Que voulez-vous, Madame ? **2.** Moi ? Rien de particulier. **3.** Me permettez-vous de jeter un coup d'œil aux livres, pour voir si je trouve quelque chose qui m'intéresse (subjonctif) ? **4.** Passez, je vous en prie ; il ne manquerait plus que cela. **5.** Ici vous avez les livres de voyage, un peu plus loin ceux de théâtre. **6.** Si vous ne trouvez pas ce que vous désirez, je suis à votre disposition. **7.** Voici un objet très curieux. À quoi cela sert-il ? **8.** Pouvez-vous me le montrer ? **9.** Combien coûte-t-il ? Je vous l'achète pour quinze euros. **10.** Je n'aime pas discuter les prix, mais parfois il faut le faire. N'est-ce pas ?

CORRIGÉ

1. Che cosa vuole, signora? **2.** Io? Niente di particolare. **3.** Mi permette di dare uno sguardo ai libri, per vedere se trovo qualche cosa che mi interessi? **4.** Passi, la prego; non ci mancherebbe altro. **5.** Qui si trovano i libri di viaggio, un po' più in là quelli di teatro. **6.** Se non trova quello che desidera, sono a sua disposizione. **7.** Ecco un oggetto curiosissimo. A che serve? **8.** Può mostrarmelo? **9.** Quanto costa? Glielo compero per quindici euro. **10.** Non mi piace discutere i prezzi, ma talvolta bisogna farlo. Non le pare?

Lecture

Artigianato, magazzini e moda

I bei magazzini elegantemente addobbati piacciono agl'Italiani: perciò i commercianti rinnovano spesso i loro locali e hanno una cura particolare per la presentazione delle mercanzie offerte sempre con gusto.

Ciò che colpisce soprattutto il visitatore è che, vicino ai prodotti della grande industria moderna, fabbricati in serie e che reggono egregiamente al confronto con ciò che di meglio si trova sui mercati internazionali, è sopravvissuta, in Italia, una grande varietà di articoli di fabbricazione artigianale. Tali oggetti, il cui costo è relativamente modico, se si considera il loro valore artistico, rappresentano il lavoro di abili artigiani che mantengono in vita nei loro laboratori vecchie e illustri tradizioni, cercando al tempo stesso, ad applicarle e ad adattarle alle esigenze moderne.   E.N.I.T.

Artisanat, magasins et mode

Les Italiens aiment les beaux magasins élégamment aménagés : aussi les commerçants renouvellent-ils souvent leurs locaux et apportent-ils un soin particulier à la présentation des marchandises toujours offertes avec goût.

Ce qui frappe surtout le visiteur, c'est qu'auprès des produits de la grande industrie moderne, fabriqués en série et qui supportent sans dommage la comparaison avec ce que l'on trouve de mieux sur les marchés internationaux, a survécu, en Italie, une grande variété d'articles de fabrication artisanale. Ces objets dont le coût est relativement modique, si l'on considère leur valeur artistique, sont l'œuvre d'habiles artisans qui maintiennent en vie, dans leurs ateliers, de vieilles et illustres traditions tout en cherchant à les appliquer et à les adapter aux exigences modernes.

CONTRÔLE ET RÉVISIONS

Révisions des notions apprises depuis la leçon 51

A. 1. Les Italiens accueillent bien les étrangers. **2.** Nous avons été accueillis d'une manière très agréable. **3.** Tout ce que nous avons voulu, nos amis nous l'ont offert. **4.** Les trois semaines passées chez eux sont, pour nous, inoubliables.

B. 5. Comment croyez-vous pouvoir faire ce travail ? **6.** Le ferez-vous vous-même ? **7.** Ne pensez-vous pas le faire faire ? **8.** Je n'aime pas faire travailler les autres. **9.** Non qu'ils fassent plus mal que moi, mais c'est un principe. **10.** Alors je regrette de ne pouvoir vous aider. **11.** Qui sait ? Peut-être le travail une fois fait, le regretterai-je aussi.

C. 12. Où êtes-vous allés vous promener ? Tout près d'ici ? **13.** Non, nous sommes montés tout là-haut. **14.** Où ? Au-dessus de la forêt ? Vraiment ? **15.** Oui, au bout de deux heures nous n'étions pas encore arrivés. **16.** Malheureusement il a plu. **17.** Il faisait très froid. **18.** Quel dommage ! **19.** Après il a fait très chaud. **20.** Le ciel était très beau.

D. *Employez le passé simple :*
21. J'ai perdu votre passeport. **22.** Mais vous me l'avez rendu ! **23.** Nous avons vécu trois mois à Gênes. **24.** Nos amis nous ont rejoints à la fin du mois dernier.

E. 25. De plus, nous connaissons très bien la ville. **26.** Elle est presque aussi grande que Milan. **27.** Elle s'étend le long de la mer, au pied de la montagne. **28.** Les montagnes sont magnifiques. **29.** Il y a des endroits très pittoresques.

A. 1. Gli Italiani ˙accolgono ˙bene gli stranieri. **2.** Siamo stati ˙accolti in ˙modo ˙molto ˙piacevole. **3.** Tutto quello che abbiamo voluto, i nostri amici ce lo hanno ˙offerto. **4.** Le tre settimane passate da loro sono per noi indimenticabili.

B. 5. ˙Come ˙crede di ˙poter fare questo ˙lavoro? **6.** Lo farà lei stesso? **7.** Non ˙pensa di farlo fare? **8.** Non mi piace far lavorare gli altri. **9.** Non che facciano ˙peggio di me, ma è per principio. **10.** ˙Allora mi dispiace di non poterla aiutare. **11.** Chissà? ˙Forse una volta fatto il lavoro, dispiacerà anche a me.

C. 12. Dove siete stati a passeggiare? Qui vicino? **13.** No, siamo saliti lassù. **14.** Dove? Più in alto della ˙foresta? ˙Davvero? **15.** Sì, in cima a due ˙ore non eravamo ˙ancora arrivati. **16.** Sfortunatamente è piovuto. **17.** Faceva molto ˙freddo. **18.** Che peccato! **19.** Dopo ha fatto molto caldo. **20.** Il ˙cielo era azzurro azzurro [ddz].

D. 21. ˙Persi il suo ˙passaporto. **22.** Ma lei me lo ˙rese! **23.** Vivemmo tre ˙mesi a Genova. **24.** I nostri amici ci raggiunsero alla fine del mese ˙scorso.

E. 25. ˙Inoltre, noi conosciamo molto bene la città. **26.** È quasi grande quanto Milano. **27.** Si ˙estende lungo il mare, ai piedi della montagna. **28.** Le montagne sono magnifiche. **29.** Vi sono dei luoghi molto ˙pittoreschi.

ACQUISTI ALIMENTARI

1 *(Dans un supermarché.)*
   a) – Dove sono i formaggi, per favore?
      – In •fondo a sinistra vicino ai prosciutti.
   b) – Non °trovo il reparto della pasticceria •secca.
      – Guardi il °cartello azzurro dietro di lei, signora.
   c) – Non •vedo il °prezzo. Non mi •sembra che sia indicato.
      – Veda il capo reparto, signora, per quest'articolo.

2 *(Dal negoziante.)*
   – Vorrei del burro, per favore.
   – Quanto, signora?
   – °Mezzo chilo.
   – Va bene cosí? Desidera altro?
   – No, grazie.
   – Va bene. Ha una •rete? Se le può essere **u**tile, le posso •mettere la carne in un •sacchetto.
   – °Volentieri, grazie.
   – Prego, signora.

3 – Ho segnato tutto quello che devo comprare. Aspetti che guardo se non ho dimenticato nulla. Ah! Sono •costretta a ritornare, ho dimenticato di comprare il caffè e la cioccolata. Dove posso trovarne? E in che reparto si tr**o**vano i •prodotti per lavare i piatti e i detersivi per lavare la bianche**r**ia?
   – Nel reparto casalinghi, signora.

CHI LA VUOL ALLESSO E CHI ARROSTO.

ACHATS D'ALIMENTATION

1 *(Dans un supermarché.)*
a) – Où sont les fromages, s'il vous plaît ? – Au fond, à gauche, à côté des jambons.
b) – Je ne trouve pas le rayon des gâteaux secs. – Regardez l'écriteau bleu derrière vous, madame.
c) – Je ne vois pas le prix. Il ne semble pas indiqué. – Voyez le chef de rayon pour cet article, madame.

2 *(Chez le détaillant.)*
Je voudrais du beurre, s'il vous plaît. – Combien, madame ? – 500 grammes. – Est-ce que cela ira comme ceci ? Et avec cela ? – C'est tout, merci. – D'accord. Vous avez un filet ? Si cela peut vous être utile, je puis vous mettre la viande dans un sac ? – Volontiers, merci. – À votre service.

3 – J'ai noté tout ce que je dois acheter. Attendez que je regarde si je n'ai rien oublié. Ah ! Je suis obligée de retourner, j'ai oublié d'acheter le café et le chocolat. Où puis-je en trouver ? Et à quel rayon se trouvent les produits pour faire la vaisselle et les détergents pour laver le linge ? – Aux produits d'entretien, madame.

Vocabulaire

• *Il latte*, *il burro* ; le lait, le beurre ; *la panna*, la crème fraîche. L'Italie est fameuse par ses fromages : *il cacio*, *il formaggio*, le fromage. *Il parmigiano*, *la grana*, le parmesan ; *il gorgonzola* sont des fromages très connus. Vous aimerez goûter aux différents fromages blancs plus ou moins fermentés : *la ricotta*, *il caciocavallo*, *lo stracchino*, *la mozzarella*, *il provolone*. *Il pecorino*, *la caciotta*… *La groviera*, le gruyère.

• Charcuterie : *la mortadella* ; *il salame*, le saucisson ; *la salsiccia*, la saucisse ; *il prosciutto*, le jambon ; *lo strutto*, le saindoux ; *il lardo affumicato*, le lard fumé ; *la galantina* ; *lo zampone*, le pied de porc farci.

DES GOÛTS ET DES COULEURS…
(m. à m. : qui la veut bouillie et qui rôtie).

GRAMMAIRE

• Subjonctif

Rappelons l'exemple : **credo che sia Pietro**, *je crois que c'est Pierre*. De même : **mi sembra che sia lui**, *il me semble que c'est lui*. Les verbes **credere**, **sembrare** marquent le doute par leur sens et exigent toujours le subjonctif ; en français « *croire* » et « *sembler* » ne demandent le subjonctif que lorsqu'ils sont à la forme négative.

• Pluriel

Dans la leçon précédente : **la serie, le serie**. Aujourd'hui : **casalinghi, modici, drammatici, patriottici**.

Certains mots désignant des parties du corps humain ont deux pluriels : l'un féminin en a, pour le sens propre, l'autre masculin, en i, pour le sens figuré.

Il **labbro**, *la lèvre* ; le labbra **rosse**, *les lèvres rouges* ; i labbri **della ferita**, *les bords de la blessure*.

De même **ciglio**, *cil* : **i cigli della strada**, *les bords de la route* ; **membro**, *membre* ; **i membri del parlamento**. Mais **le ciglia dell'occhio**, **le membra dell'uomo**.

EXERCICE

1. Que voulez-vous, madame ? 2. Choisissez. 3. Lequel des deux voulez-vous ? 4. Ce poulet-ci pèse plus que l'autre. 5. Il est de meilleure qualité. 6. N'aimeriez-vous pas un de ces gâteaux ? 7. Ne préféreriez-vous pas cet article ? 8. Prenez celui-ci ; il est très bon ; c'est le meilleur que j'aie. 9. Je n'ai que ceci. 10. C'est tout ce que j'ai.

CORRIGÉ

1. Che cosa desidera, signora? 2. Scelga. 3. Quale dei due vuole? 4. Questo pollo pesa più dell'altro. 5. È di qualità migliore. 6. Non le piacerebbe uno di questi dolci? 7. Non preferirebbe quest'articolo? 8. Prenda questo; è molto buono; è il migliore che abbia. 9. Ho solo questo. 10. È tutto quanto abbia.

Lecture

Negozio di alimentari

Le vetrine delle salumerie sono degne del pennello di un antico pittore di nature morte, amante allo stesso modo di ritrarre e di mangiare i suoi soggetti: archi trionfali di prosciutti e mortadelle pendono dal soffitto come lampioncini veneziani, festoni di zamponi, di caciocavalli e di provoloni; mozzarelle in un bagno di latte, pilastri di forme di parmigiano verniciate di nero funereo, grandi vasi di olive, funghi sott'olio, cetrioli sotto aceto, barili di acciughe in salamoia.

Tutto è esposto in un disordine drammatico e artistico. Un tessuto di cotone a fiori, in vetrina, sembra srotolato con ira e scagliato contro chi guarda. Gli spaghetti disposti a fasci e a covoni sono legati in vita con nastri patriottici, bianchi, rossi e verdi. Fiaschi di vino e d'olio di oliva sono decorati con medaglie come eroi di guerra. Nelle vetrine dei macellai, pallide teste di vitello, con gli occhi chiusi e le labbra increspate in un segreto sorriso interiore, tengono tra i denti un limone o un °garofano quasi ostentando il loro disprezzo per la morte.

Luigi Barzini, *Gli Italiani*
(Ed. Mondadori, Milano).

Commerce d'alimentation

Les vitrines des charcuteries sont dignes du pinceau d'un peintre ancien de natures mortes, aimant de la même façon représenter et manger ses sujets : des arcs de triomphe de jambons et de mortadelles pendent du plafond comme des lanternes vénitiennes, des festons de pieds de porc, de fromages secs et de provoloni ; des mozzarelles dans un bain de lait, des colonnes de fromages de parmesan vernis de noir funèbre, de grands bocaux d'olives, de champignons à l'huile, de cornichons au vinaigre, des tonneaux d'anchois dans la saumure.

Tout est disposé dans un désordre théâtral et artistique. Un tissu de coton à fleurs, en vitrine, semble déployé avec colère et lancé contre celui qui regarde. Les spaghetti disposés en faisceaux et en gerbes sont serrés (m. à m. : liés) à la taille par des rubans patriotiques, blancs, rouges et verts. Des bouteilles de vin et d'huile d'olive sont décorées de médailles comme des héros de guerre. Dans les vitrines des bouchers, de pâles têtes de veau, les yeux fermés et les lèvres crispées en un secret sourire intérieur, ont, entre leurs dents, un citron ou un œillet, comme pour arborer leur mépris de la mort.

LIBRI, CARTA, GIORNALI

1 – Vorrei dell'°inchiostro stilografico •nero-azzurro e un ricambio per la •penna biro. È sempre scarica.

– Mamma, la •maestra ha detto che •occorre una grande scatola di matite colorate.

– Inoltre ho •rotto il pennino della stilografica. Quanto tempo ci vuole per ripararlo?

– Prendo anche una •gomma.

2 – Carta da lettere, per favore.

– Ne ho di molte qualità e di diversi formati. E le buste? Vuole buste ordinarie o buste foderate?

– Vorrei anche carta per posta °aerea. Un •blocchetto con un •pacchetto di buste.

– Le incarto tutto, signore? Vuole una °cordicella o dello •scotch?

3 – Ha giornali •francesi?

– Sì, signore. Si °serva pure.

– Ah, sono tutti dell'altro °ieri! A che •ora arrivano?

– Di °solito fra le dieci e •mezzogiorno.

– Può mettermi da parte il Corriere della Sera. Passerò a prenderlo verso sera.

– °D'accordo.

– •Molte grazie. Lei è molto gentile, signorina.

LIVRES, PAPIER, JOURNAUX

1 – Je voudrais de l'encre bleu-noir et une recharge pour mon stylo à bille. Il est toujours vide. – Maman, la maîtresse a dit qu'il nous faut une grande boîte de crayons de couleurs... – En outre, j'ai cassé la plume de mon stylo. Combien de temps faut-il pour le réparer ? – Je prends aussi une gomme.

2 – Du papier à lettre, s'il vous plaît. – J'en ai de plusieurs qualités et de différents formats. Et comme enveloppes ? Voulez-vous des enveloppes ordinaires ou des enveloppes doublées ? – Je voudrais aussi du papier pour la correspondance par avion. Un petit bloc avec un paquet d'enveloppes. – Je vous enveloppe tout cela, monsieur ? Voulez-vous une ficelle ou du papier collant ?

3 – Est-ce que vous avez des journaux français ? – Oui, monsieur. Servez-vous donc. – Ah ! ils sont tous d'avant-hier ? À quelle heure arrivent-ils ? – En général, entre 10 h et midi. – Pouvez-vous me mettre le Courrier du Soir de côté. Je passerai le prendre en fin d'après-midi. – Entendu. – Merci beaucoup. Vous êtes très aimable mademoiselle.

Vocabulaire

La carta veut dire le papier ; *carta carbone*, papier carbone ; *carta asciugante*, buvard ; *portacarte*, classeur ; *la cartella*, la chemise ; *la pratica*, le dossier. Le papier d'emballage, *la carta d'imballaggio*.
Il foglio di formato commerciale, la feuille de format commercial.
Il cartone, le carton ; *il cartoncino*, la carte de visite.
La corda, lo spago, la ficelle : *datemi dieci metri di spago*, ou bien, à la forme polie : *mi dia...*
La carta da lettere, le papier à lettre ; *la busta*, l'enveloppe. *Il taccuino*, le carnet ; *il quaderno*, le cahier. *L'agenda, il calendario*; *la macchina da scrivere*, la machine à écrire.
Il fermaglio, le trombone ; *le spille*, les épingles ; *le puntine da disegno*, les punaises ; *la gomma*.

LES PAROLES S'ENVOLENT, LES ÉCRITS RESTENT.

Il libro tascabile, le livre de poche ; *sfogliare un libro prima di comprarlo*, feuilleter un livre avant de l'acheter.
La penna stilografica, le stylo. *Il serbatoio*, le réservoir ; *caricare*, charger, remplir d'encre : le contraire : *scaricare*, se décharger, se vider. *L'inchiostro*, l'encre.

GRAMMAIRE

• Si serva pure
Nous avons souvent rencontré **pure** seul ou en combinaison avec un autre mot.
– **E tu pure**, *et toi aussi*.
– **Si serva pure**, *servez-vous donc* (texte p. 266).
– **Neppure**, *pas même* : **non sapevamo neppure**, *nous ne savions pas même*. Synonyme : **non sapevamo neanche**.

• Adattare
Nous avons déjà constaté qu'aux mots français ayant deux consonnes différentes correspondent des mots italiens où la première consonne double en quelque sorte la seconde : *adapter, accepter, objectif*… **adattare, accettare, oggettivo**.

• Rappels
– **Ne ho**, *j'en ai*. Le contraire : **non ne ho**, *je n'en ai pas*.
– **Un ottimo proiettile = un proiettile molto buono**, *un très bon projectile*.

• Pluriels
Féminins pluriels : **stilografiche, scariche**, conformément à la règle générale.

EXERCICE

1. Mon stylo est cassé ; pouvez-vous m'en montrer un autre ?
2. Je voudrais cent feuilles de papier à lettre et cent enveloppes. **3.** Cette qualité vous convient-elle ? **4.** Un papier plus fin, vous n'avez pas ? **5.** Celui-ci, oui, je le préfère. **6.** Voulez-vous quelque chose d'autre ? **7.** Rien d'autre, merci beaucoup.
8. Pouvez-vous me l'envelopper ? **9.** Enveloppez-le-moi s'il vous plaît. **10.** Au revoir Monsieur, à la prochaine fois.

CORRIGÉ

1. La mia stilografica é rotta; può mostrarmene un'altra?
2. Vorrei cento fogli di carta da lettera e cento buste. **3.** Le va
questa qualità? **4.** Non ha una carta più fine? **5.** Questa sì, la
preferisco. **6.** Vuole altro? **7.** Nient'altro, grazie molte. **8.** Può
incartarmelo? **9.** Me lo incarti per favore. **10.** Arrivederla, signore, alla prossima volta.

Lecture

Il valore dei libri

Una signorina un giorno domandò a Mark Twain quale fosse
secondo lui, il valore dei libri.

– Il valore dei libri è inestimabile – rispose il noto umorista – ma
varia secondo le occasioni. Un libro legato in pelle è eccellente
per affilare il rasoio; un libro piccolo, conciso, come ne scrivono i
francesi, serve a meraviglia per la gamba più corta di un tavolino;
un libro antico legato in pergamena è un ottimo proiettile per
tirare ai gatti; e finalmente un atlante con i fogli larghi, ha la carta
più adatta per aggiustare i vetri.

Mario Bormioll, G. Alfonso Pellegrinetti,
Letture italiane per stranieri (Ed. Mondadori, Milano).

La valeur des livres

Une demoiselle, un jour, demanda à M.T. quelle était selon lui la
valeur des livres.

« La valeur des livres est inestimable, répondit le fameux humo-
riste, mais elle varie selon les occasions. Un livre relié en peau
est excellent pour affûter un rasoir ; un petit livre, concis, comme
en écrivent les Français, sert à merveille pour un pied de table
plus court que l'autre ; un vieux livre relié en parchemin est un
excellent projectile à lancer aux chats ; et finalement, un atlas
aux grandes feuilles a le papier le plus adapté pour réparer les
vitres. »

ABBIGLIAMENTO MASCHILE

1 Gli abiti da uomo devono essere °sobri e ben tagliati. La •moda può influire sul •colore del tessuto, la •forma della giacca, a un °petto o a •doppio petto; i •bottoni •possono essere messi più o meno in alto. La •larghezza e la lunghezza dei •calzoni può variare da un anno all'altro. Solo nella •scelta della cravatta e nel modo di piegare il •fazzoletto del taschino un uomo si può •permettere un •poco di fantasia. Si può intonare la cravatta con i calzini solo se si tratta di colori scuri.

2 I •giovani, che non hanno ancora una funzione sociale, °godono di •maggiore libertà. L'eccentricità è propria della loro età. Tuttavia la °moda giovanile tende ad uniformarsi e si ritrovano praticamente le stesse •tendenze da un °continente all'altro.

3 – Vorrei farmi un soprabito. Vuole mostrarmi il suo campionario? Che cosa si °porta quest' °inverno?
– °Dipende dal suo gusto e dall'uso che °intende farne; per la città o sportivo, svasato o diritto. Si porta di tutto; un po' più •corto dell'anno •scorso. Queste tinte si portano molto. La qualità è bella.
– Ho molta •fretta. Quando posso tornare per la prima °prova?

L'ABITO NON FA IL °MONACO.

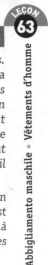

VÊTEMENTS D'HOMME

1 Les vêtements d'homme doivent être sobres et bien coupés. La mode peut influer sur la couleur du tissu, la forme de la veste, droite ou croisée ; les boutons peuvent être placés plus ou moins haut. La largeur et la longueur du pantalon peuvent varier d'une année à l'autre. Un homme ne peut se permettre un peu de fantaisie que dans le choix de la cravate, et la manière de plier la pochette. On peut harmoniser la cravate avec les chaussettes seulement s'il s'agit de couleurs foncées.

2 Les jeunes gens, qui n'ont point encore de fonction sociale, jouissent de plus de liberté. L'excentricité est propre à leur âge. Toutefois, la mode jeune tend à s'uniformiser et on retrouve pratiquement les mêmes tendances d'un continent à l'autre.

3 – Je désirerais me faire faire un pardessus. Voulez-vous me montrer vos échantillons. Qu'est-ce qu'on porte cet hiver ?
– Cela dépend de votre goût et de l'usage auquel vous le destinez : pour la ville, ou pour le sport, forme raglan ou droite. Tout se porte, un peu plus court que l'an passé. Ces tons-ci se portent beaucoup. La qualité est belle.
– Je suis très pressé. Quand puis-je revenir pour le premier essayage ?

Vocabulaire

- *Il tessuto*, le tissu ; *tessere*, tisser. *La tela*, la toile ; *la stoffa*, l'étoffe, le drap ; *i bottoni*, les boutons ; *l'asola*, la boutonnière.
- *La seta*, la soie ; *la lana* ; *il cotone* ; *il lino* ; *il nailon*.
- *Il petto*, la poitrine ; *una giacca a un petto* est donc un veston droit, par opposition à *una giacca a doppio petto*, croisé.
- *Una persona trasandata*, une personne négligée. Négliger son travail, *trascurare il proprio lavoro*.
- *Il soprabito*, le pardessus ; *la tuta*, le survêtement, la combinaison, la salopette.
- *Aver fretta*, être pressé ; *un signore frettoloso*, un monsieur pressé.

L'HABIT NE FAIT PAS LE MOINE.

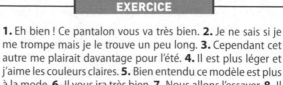

GRAMMAIRE

• Verbes

– Ayez recours au Mémento pour revoir les verbes de manière incessante. Vous serez gêné aussi longtemps que vous ne les dominerez pas. Remarquez que **la scelta**, *le choix*, correspond à **scegliere**, *choisir*.

– **Introdurre** se conjugue comme **condurre**, *conduire*.

• Prononciation et orthographe

Distinguez : **il giovane**, *le jeune homme* ; **Giovanni**, Jean. **Divenire**, *devenir*, mais **sopravvenire**, *survenir*, **contravvenire**, *contrevenir*.

EXERCICE

1. Eh bien ! Ce pantalon vous va très bien. **2.** Je ne sais si je me trompe mais je le trouve un peu long. **3.** Cependant cet autre me plairait davantage pour l'été. **4.** Il est plus léger et j'aime les couleurs claires. **5.** Bien entendu ce modèle est plus à la mode. **6.** Il vous ira très bien. **7.** Nous allons l'essayer. **8.** Il est un peu long pour vous. **9.** Raccourcissons-le. **10.** Quand sera-t-il prêt ? **11.** Cet après-midi vers six heures vous pouvez passer le prendre.

CORRIGÉ

1. Ebbene questi calzoni le stanno ben**i**ssimo. **2.** Non so se mi sbaglio, ma li trovo un po' lunghi. **3.** Tuttavia quelli mi piacer**e**bbero di più per l'estate. Sono più leggeri e mi pi**a**cciono i colori chiari. **5.** Beninteso questo modello è più di moda. **6.** Le andrà ben**i**ssimo. **7.** Provi**a**molo. **8.** È un po' lungo per lei. **9.** Accorci**a**molo. **10.** Quando sarà pronto ? **11.** Può passare a prend**e**rlo questo pomeriggio verso le sei.

La cravatta

La cravatta, come noi oggi la intendiamo, ha una storia tutta particolare. Essa fu introdotta in Francia nel milleseicentottantasei, quando Luigi quattordicesimo in occasione della guerra combattuta in Germania creò un reggimento di cavalleria leggera formata di Croati. Questi Croati avevano un'uniforme simile a quella degli ussari ungheresi: un dolman rosso con alamari, un peloso colbacco e, caratteristica tutta particolare, una striscia di lino bianco annodata intorno al collo. Croato in francese si dice croate, ma, per corruzione popolare, anche cravate. Il reggimento fu chiamato Royal-Cravate, e fu tenuto in gran conto dal Re Sole. Il quale non tardò a onorare quei soldati cingendosi il collo a sua volta con una preziosa striscia di seta bianca, ordinando che tutta la Corte lo imitasse, e battezzando quel semplice ornamento, sempre in onore dei Croati, cravate. Si capisce che poi, in quel secolo piuttosto iperbolico, la semplice striscia di tela o di seta si mutò presto in un complicato e raffinatissimo nodo di merletto, divenendo un privilegio assoluto dei nobili.

Aldo Gabrielli, *Avventure nella foresta del vocabolario*
(Ed. Ceschina, Milano).

La cravate

La cravate, comme nous l'entendons aujourd'hui, a une histoire toute particulière. Elle fut introduite en France en 1686, quand Louis XIV, à l'occasion de la guerre (m. à m. : combattue) en Allemagne, créa un régiment de cavalerie légère formé de Croates. Ces Croates avaient un uniforme semblable à celui des Hussards hongrois : un dolman rouge avec des brandebourgs, un colbac de fourrure et, caractéristique toute particulière, une bande de lin blanc nouée autour du cou. Croate en français se dit croate, mais aussi cravate par déformation populaire. Le régiment fut appelé Royal-Cravate, et fut tenu en grande considération par le Roi Soleil. Lequel ne tarda pas à honorer ces soldats en mettant lui aussi autour de son cou une précieuse bande de soie blanche, ordonnant à toute la Cour de l'imiter, et baptisant ce simple ornement, toujours en l'honneur des Croates, cravate. Par la suite, évidemment, en ce siècle plutôt hyperbolique, la simple bande de toile ou de soie se changea rapidement en un nœud de dentelle compliqué et très raffiné, devenant un privilège absolu de la noblesse.

ABBIGLIAMENTO FEMMINILE

1 – A dire il •vero non mi piace affatto la •forma del tailleur classico. Non sono grassa ma neanche °snella e non mi sta bene. Inoltre trovo che il taglio è °troppo maschile.

– Anch' io sono del suo •parere. Un tailleur di un bel tessuto e ben tagliato si può portare ogni tanto al pomeriggio, ma, mia cara, un vestito è molto meglio, vero? Nei vestiti c'è più fantasia.

2 *(Nel reparto •confezioni.)*

– Mi piace abbastanza questo vestito giallo chiaro. Posso passare nella sala di prova?

– Si accomodi, •signora.

– Potrebbe farmi qualche °ritocco? Le •riprese sul °petto non sono abbastanza lunghe e poi il vestito mi sembra °troppo •corto; per •favore, me lo allunghi di cinque centimetri. Anche le maniche mi sembrano troppo corte. I ritocchi possono essere fatti per giovedì?

– Aspetti un momento, vado a °chiedere.

3 *(Dalla sarta.)*

– Quest' estate si porta molto il giallo. Ecco un °modello che non le costerà molto caro e che le andrà bene, penso.

– Mi •piacerebbe un vestito senza maniche. Mi farà una scollatura che lasci libero il °collo, perché ho una bellissima collana e desidero metterla in rilievo. Ho i fianchi molto °grossi. •Attenzione alle •riprese di dietro. Non segni troppo la vita, la preferisco °piuttosto °molle. E per la °fodera, un °rasatello sullo stesso °tono.

LA MODA •PRONTA.

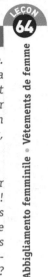

VÊTEMENTS DE FEMME

1 – *À dire vrai, je n'aime pas du tout la forme tailleur classique. Je ne suis pas forte mais je ne suis pas mince, non plus ; ça ne me va pas très bien. De plus, je trouve que la coupe est trop masculine. – Moi aussi je suis de votre avis. Un tailleur de beau drap et bien coupé peut se porter de temps en temps l'après-midi mais, ma chère, une robe est bien mieux, n'est-ce pas ? Il y a plus de fantaisie dans les robes.*

2 *(Au rayon de prêt-à-porter.)*
– Cette robe jaune clair me plaît assez. Puis-je passer au salon d'essayage ? – Je vous en prie, madame !
– Pourriez-vous me faire quelques retouches ? Les pinces de poitrine ne sont pas assez longues. Et puis la robe me semble trop courte ; allongez-la-moi de 5 cm, s'il vous plaît. Les manches aussi me semblent trop courtes. Est-ce que ces retouches peuvent être faites pour jeudi ?
– Attendez un instant, je vais demander.

3 *(Chez la couturière.)*
– Le jaune se porte beaucoup cet été. Voici un modèle qui ne vous reviendra pas trop cher et qui vous ira bien, je crois.
– J'aimerais une robe sans manches. Vous me ferez un décolleté qui dégage bien le cou, car j'ai un très beau collier et je désire le mettre en valeur. J'ai les hanches très fortes. Attention aux pinces dans le dos. Ne marquez pas trop la taille ; je la préfère plutôt souple. Et comme doublure, un taffetas ton sur ton.

Vocabulaire

Vestirsi, s'habiller (*il vestito*, la robe). Être habillé, porter, *portare. Portava un **a**bito di seta che le andava ben**i**ssimo.*
Il tailleur ; la gonna, la jupe ; *l'**a**bito da sera*, la robe du soir. *La fodera*, la doublure ; *foderare*, doubler (au cinéma : *doppiare*, doubler ; *il doppiaggio*, le doublage ; *ha fatto un doppiaggio*, il a fait un doublage.)
La sarta, la couturière ; *la modista. Allungare*, allonger ; *accorciare*, raccourcir ; *stringere*, serrer ; *allargare*, donner de l'ampleur.

LE PRÊT-À-PORTER.

• Impératifs, subjonctif exhortatif

Dans le texte page 276, deux personnages réels se parlent à la forme polie : **si accomodi, allunghi, aspetti** (n° 2), **segni** (n° 3) sont donc les subjonctifs présents de **accomodarsi, allungare, aspettare, segnare** (rappel : infinitif en **-are**, subjonctif présent en **-i**).

Dans le texte page 279 (2ᵉ paragraphe) au contraire, le journaliste s'adresse à ses lecteurs, d'où des formules qui sont à la 2ᵉ personne du pluriel : **il vostro viso, voi, vedete**.

• Donare

Questo colore le dona al viso, *cette couleur vous va bien au visage* (m. à m. : vous sied au visage). On pourrait aussi dire : **questo colore le va bene**, ou **le sta bene**, *vous va bien*.

On emploie le subjonctif dans la relative pour exprimer une possibilité : **una scollatura che lasci libero il collo**, *un décolleté qui puisse dégager le cou*.

1. Avez-vous vu les modèles de la saison dans le journal d'aujourd'hui ? **2.** Je les trouve très bizarres. **3.** À moi qui suis un peu grosse, ces jupes si courtes et ces robes si près du corps ne m'iront pas du tout. **4.** Vous, par contre, tout ceci doit vous enchanter. **5.** Eh bien ! ne le croyez pas. **6.** Choisissez un tissu pas trop épais de couleurs un peu vives. **7.** Portez la jupe quelques centimètres plus long, la ceinture un peu plus haute et ça y est ! **8.** En outre la plupart des femmes de notre âge n'ont pas besoin de suivre les caprices de la mode.

CORRIGÉ

1. Ha visto i modelli della stagione nel giornale di oggi? **2.** Li trovo molto strani. **3.** A me che sono un po' grossa, queste gonne così corte e questi vestiti così attillati, non mi staranno per niente bene. **4.** Lei, invece tutto ciò deve entusiasmarla. **5.** Ebbene, non creda. **6.** Scelga un tessuto non troppo spesso di colori un po' vivaci. **7.** Porti la gonna qualche centimetro più lunga, la vita un po' più alta e ecco fatto. **8.** Inoltre la maggior parte delle donne della nostra età non hanno bisogno di seguire i capricci della moda.

L'ultimo grido della moda

Benissimo seguire l'ultimo grido, copiare le nuove pettinature, il trucco leggero. Prima, però, è necessario un severo esame di coscienza: «mi starà bene?» «non sarò uguale a tutte?». Si possono accettare le proposte della moda soltanto cercando di svilupparle a seconda della propria personalità. Si eviterà, così, di sembrare una ragazza fabbricata in serie!

Importante che sia «quel» taglio di capelli che dona più al vostro viso, «quel» rossetto che va bene a voi e non il bellissimo colore che vedete sulle labbra della vostra amica. Attente soprattutto a non smarrire mai il senso della misura così importante quando si vuole evitare di cadere in eccessi che trasformano la eleganza in… ridicolaggine!

Personalità – *Diario per studentesse.*
(Ed. Veritas, Roma).

Le dernier cri de la mode

C'est très bien de suivre le dernier cri, de copier les nouvelles coiffures, le maquillage léger. Cependant il faut, tout d'abord, un sévère examen de conscience : « Est-ce que cela m'ira bien ? Est-ce que je ne serai pas comme toutes les autres ? » On ne peut accepter les propositions de la mode qu'en s'efforçant de les développer selon sa propre personnalité. Ainsi évitera-t-on de ressembler à une fille fabriquée en série !

Il est important que ce soit « cette » coupe de cheveux qui va le mieux à votre visage, « ce » rouge à lèvres qui vous va bien à vous et non la très belle couleur que vous voyez sur les lèvres de votre amie. Faites attention à ne jamais perdre le sens de la mesure, si important quand on veut éviter de tomber en des excès qui transforment l'élégance en… ridicule !

Abbigliamento femminile • Vêtements de femme

LE SCARPE

1 – Che cosa desidera?
   – Vorrei un paio di scarpe •nere.
   – Ha visto qualche °modello in vetrina?
   – Sì, è °meglio che •gliele faccia vedere.

2 – Che numero porta?
   – Il quarantuno, ma ho il piede abbastanza largo.
   – Qual è il °piede più °grosso?
   – Il sinistro.
   (Il cliente disfa il laccio della scarpa per guadagnare tempo, °mentre il •commesso ritorna carico di scatole.)
   – Questo numero è piccolo; mi stringe. – Purtroppo è il numero più grande che mi °resta in questo modello. Tuttavia vado nel magazzino per vedere se ce n'è un altro.
   – Mi dispiace molto, signore, ma non ho il numero più grande.
   – Va bene, proviamo quest'altro modello...
   – Queste altre •andrebbero meglio. Ci sto bene senza che mi stringano.

3 – Desidera altro, signore? Ha tutti i •prodotti per calzature che •occorrono? °Crema, panno, spazzole? Abbiamo anche l'ultimo modello di calze. Mi •permetta di mostrargliele a •semplice titolo d'•informazione.

4 – Per favore, può risuolarmi queste scarpe? °Suole e tacchi. Quando saranno •pronte?...
   – Devo •mettere delle punte di °ferro o di •gomma?

IL FIGLIO DEL CALZOLAIO HA LE SCARPE ROTTE.

LES CHAUSSURES

1 – Qu'y a-t-il pour votre service ? – Je voudrais une paire de chaussures noires. – Avez-vous remarqué un modèle en vitrine ? – Oui, le mieux est que je vous le fasse voir.

2 – Quelle est votre pointure ? – Le 41 ; mais j'ai le pied assez large. – Quel est votre pied le plus fort ? – Le gauche. *(Le client défait le lacet de sa chaussure pour gagner du temps tandis que le vendeur revient chargé de boîtes.)* – Cette pointure est petite ; elle me serre. – Malheureusement c'est la taille la plus grande qui me reste dans ce modèle. Je vais aller cependant dans la réserve pour voir s'il n'y en aurait pas une autre. Je regrette beaucoup, monsieur, mais je n'ai pas la taille au-dessus. – Eh bien ! Essayons cet autre modèle !... Ces autres chaussures iraient mieux. J'y suis à l'aise sans être serré.

3 – Avez-vous besoin d'autre chose, monsieur ? Avez-vous tous les produits d'entretien qu'il faut ? Crème, chiffon, brosses ? Nous avons aussi le dernier modèle de chaussettes. Permettez-moi de vous les présenter simplement à titre d'information.

4 – Pouvez-vous me ressemeler ces chaussures s'il vous plaît, semelles et talons. Quand est-ce que ce sera prêt ?... – Je dois mettre des bouts en fer ou en caoutchouc ?

Vocabulaire

Vado dal calzolaio, je vais chez le cordonnier.
La suola, la semelle ; *risuolare*, ressemeler. *Il tacco*, le talon ; *rimettere i tacchi*, refaire les talons.
Il cuoio, le cuir ; *la pelle*, la peau.
Lustrare, cirer, faire briller.
La ciabatta, la mule ; *il sandalo*, la sandale.
Lo stivale, la botte *(stivalone, stivaletto)*.
Notez l'expression très courante en Italie :
grosse scarpe e cervello fino, gros sabots et esprit fin.
Calzarsi, se chausser ; *le calze*, les bas ou les chaussettes.
I calzini, les chaussettes.

LE CORDONNIER EST TOUJOURS LE PLUS MAL CHAUSSÉ
(m. à m. : le fils du cordonnier a les chaussures déchirées).

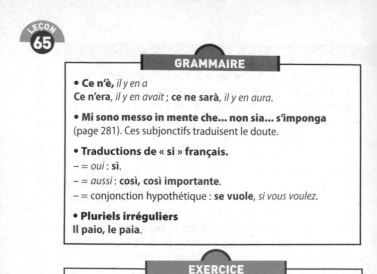

GRAMMAIRE

• **Ce n'è,** *il y en a*
Ce n'era, *il y en avait* ; **ce ne sarà**, *il y en aura.*

• **Mi sono messo in mente che... non sia... s'imponga**
(page 281). Ces subjonctifs traduisent le doute.

• **Traductions de « si » français.**
– = *oui* : **sì**.
– = *aussi* : **così, così importante**.
– = conjonction hypothétique : **se vuole**, *si vous voulez.*

• **Pluriels irréguliers**
Il paio, le paia.

EXERCICE

1. Quel modèle préférez-vous ? Celui-ci ou celui-là. **2.** Aucun des deux. **3.** Ces chaussures sont trop classiques pour mon goût. **4.** Je veux des chaussures longues et pointues. **5.** S'il vous plaît, asseyez-vous. **6.** Je vous apporte tout de suite plusieurs modèles. **7.** Lequel de ceux-ci est de meilleure qualité ? **8.** Combien coûtent-ils ? **9.** N'en avez-vous pas meilleur marché ? **10.** Non, Monsieur, ces modèles, habituellement, ne se vendent pas beaucoup. **11.** En outre ce sont des modèles d'un type plutôt luxueux et évidemment ils coûtent davantage. **12.** Essayez-moi les noirs, s'il vous plaît.

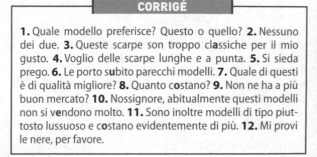

CORRIGÉ

1. Quale modello preferisce? Questo o quello? **2.** Nessuno dei due. **3.** Queste scarpe son troppo classiche per il mio gusto. **4.** Voglio delle scarpe lunghe e a punta. **5.** Si sieda prego. **6.** Le porto subito parecchi modelli. **7.** Quale di questi è di qualità migliore? **8.** Quanto costano? **9.** Non ne ha a più buon mercato? **10.** Nossignore, abitualmente questi modelli non si vendono molto. **11.** Sono inoltre modelli di tipo piuttosto lussuoso e costano evidentemente di più. **12.** Mi provi le nere, per favore.

Lecture

Le scarpe

In tutte le vite dei miliardari americani, re di qualche cosa, ho letto che al principio della loro carriera ancora adolescenti arrivarono alla tal città « con le scarpe rotte ». Questa è una notizia immancabile, tanto ch'io mi sono messo in mente che quello non sia un particolare casuale e contingente, ma s'imponga come una condizione fondamentale del miliardario predestinato. Tant'è vero che, a quanto mi assicurano gli esperti, a rompersi le scarpe apposta non serve, e non si diventa miliardari. Domandando dunque se nessuno dei miei lettori è destinato a quella professione intendo di informarmi se nessuno di essi ha, o ha mai avuto, le scarpe rotte.

Massimo Bontempelli, *Racconti e Romanzi, La vita intensa*
(Ed. Mondadori, Milano).

Les chaussures

Dans toutes les vies de milliardaires américains, rois de quelque chose, j'ai lu qu'au début de leur carrière ils sont arrivés, encore adolescents, dans telle ou telle ville « avec des chaussures éculées ». C'est une donnée qui ne manque jamais si bien que je me suis mis dans l'idée que ce n'est pas là un détail fortuit et contingent, mais qu'elle s'impose comme une condition fondamentale du milliardaire prédestiné. Il est vrai que, à ce que m'assurent les experts, déchirer ses chaussures exprès ne sert à rien, et qu'on n'en devient pas milliardaire. En demandant donc si quelqu'un de mes lecteurs est destiné à cette profession, je veux savoir s'il a ou s'il a eu un jour des chaussures éculées.

DAL PARRUCCHIERE

1 – Dove va?

– Vado dal °parruchiere. Ho l'•appuntamento alle nove.
Mi ci vorrà mezz'•ora, circa. Mi farò anche radere; io non
ho il tempo di farlo.

2 *(Signori.)*

– A chi •tocca? Chi è il primo?

– Io.

– Come vuole che le tagli i capelli? Più •corti sul °collo
o no?

– Così come sono – né troppo corti né °troppo lunghi.

– Vuole uno sciampo e poi una frizione? Che cosa le
•metto?

– Che profumo preferisce?

– La scriminatura è al posto giusto?

3 *(Signore.)*

– Desidera uno sciampo per •capelli grassi o •secchi? O
•contro la •forfora?

– Vuole passarmi le forcine, per •favore? – Ecco la
scatola!

– Si °accomodi •sotto il casco. Fra •venti minuti
l'apparecchio si fermerà automaticamente.

– Per il taglio desidererei una frangia sulla °destra e i
capelli leggermente più •corti °dietro.

FARE IL •PELO E IL CONTROPELO.

CHEZ LE COIFFEUR

1 – *Où allez-vous ? – Je vais chez le coiffeur. J'ai rendez-vous à 9 h. Ça me prendra une demi-heure à peu près. Je me ferai raser aussi ; je n'ai pas le temps de le faire.*

2 *(Messieurs.)*

– *À qui le tour ? Qui est le premier ? – Moi. – Comment voulez-vous que je vous coupe les cheveux ? Bien dégagé, (m. à m. : plus court sur le cou) ou pas ? – Comme ils sont ; ni trop courts ni trop longs. – Voulez-vous un shampooing et ensuite une friction ? Qu'est-ce que je vous mets ? – Quel parfum préférez-vous ? – Est-ce que la raie est à sa place ?*

3 *(Dames.)*

– *Désirez-vous un shampooing pour cheveux gras ou secs ? Ou antipelliculaire ? – Voulez-vous me passer les épingles s'il vous plaît ? Voici la boîte. – Placez-vous sous le séchoir. Dans 20 minutes l'appareil s'arrêtera automatiquement. – Pour la coupe je désirerais une frange sur le côté droit et les cheveux légèrement plus courts derrière.*

Vocabulaire

Distinguez bien *i capelli*, les cheveux ; *i cappelli*, les chapeaux, *la cappella*, la chapelle. Et, à l'occasion, rappelez-vous : la cappa *del camino*, la hotte de la cheminée.

La capigliatura, la chevelure : *bionda*, blonde ; *brizzolata*, grisonnante ; *grigia*, grise ; *bruna*, brune ; *ondulata, riccia*, frisée.

Spazzolare, brosser ; *pettinare*, peigner ; *fare la riga*, faire la raie ; *la barba*, la barbe ; *ra**dersi*, se raser ; *i baffi*, la moustache.

Il parrucchiere est le coiffeur pour hommes ou pour dames. *La parrucca*, la perruque ; *la permanente*, *la tintura*, la teinture ; *il casco*, le casque ; *asciugare*, sécher ; *l'acconciatura*, le style de la coiffure.

CASSER DU SUCRE SUR LE DOS DE QUELQU'UN
(m. à m. : couper le poil dans un sens puis à rebrousse-poil).

GRAMMAIRE

• **Verbes**
Ridurre, *réduire*, **riduco**, **ridussi**, **ridotto**; *futur* : **ridurrò**.
(Mémento § 62.)

• **A chi tocca?**
Toccare est le verbe *toucher*. En musique, une **toccata** est une *pièce pour instrument à clavier*.
C'est mon tour, c'est à moi : **tocca a me**. **Tocca a me, tocca a te,** *c'est à ton tour*. **Tocca a lui (a lei); tocca a noi, tocca a voi, tocca a loro**. Formes polies au singulier : **tocca a lei;** au pluriel : **tocca a loro**.

• **Ancor meno di me,** comparatif d'infériorité.
Cette construction rappelle celle du comparatif de supériorité :
Pietro è più giovane di Carlo, car on compare Pierre à Charles.
Mais : **Pietro è più intelligente che sensibile.** *Pierre est plus intelligent que sensible,* car on compare deux qualités de Pierre.

• **Rappels**
Da – **vado dal parrucchiere;** *chez...*
   – **da giovane,** *étant jeune* ; **da vecchio,** *étant vieux*.
   – **carta da lettere,** *papier à lettre*.
• **Mi ci vorrà,** *il me faudra*.
On peut dire aussi : **mi occorrerà** + nom singulier.

EXERCICE

1. Dois-je attendre beaucoup ? **2.** Non, une demi-heure à peu près. **3.** Alors je reviendrai, je vais faire quelques courses. **4.** Pouvez-vous me donner un rendez-vous pour onze heures avec mon coiffeur habituel ? **5.** Je n'aime pas les cheveux trop longs et je ne les aime pas non plus trop courts. **6.** C'est bien comme cela. **7.** Voulez-vous que je vous les sèche ? **8.** Oui, s'il vous plaît, mais brossez-les bien car je les veux lisses. **9.** Je vous avertis que le salon sera fermé mardi prochain.

CORRIGÉ

1. Devo aspettare molto? **2.** No, press'a poco mezz'ora. **3.** Allora tornerò, vado a fare qualche spesa. **4.** Può darmi appuntamento per le **u**ndici col mio s**o**lito parrucchiere? **5.** Non mi pi**a**cciono i capelli troppo lunghi e non mi pi**a**cciono nemmeno troppo corti. **6.** Sta bene così. **7.** Vuole che glieli asciughi? **8.** Sì, per favore, ma li spazzoli bene poiché li voglio lisci. **9.** L'avverto che il salone sarà chiuso martedì prossimo.

Un barbiere tuttofare

Era stato, da militare, caporale di sanità, durante la grande guerra, e aveva imparato così a fare il medico. Il suo mestiere ufficiale era il barbiere, ma le barbe e i capelli dei cristiani erano l'ultima delle sue occupazioni. Oltre a tosare le capre, a curare le bestie, a dar la purga agli asini, a visitare i maiali, la sua specialità era quella di cavare i denti. Per due lire «tirava una mola» senza troppo dolore né inconvenienti. Era una vera fortuna che ci fosse lui in paese: perché io non avevo la minima idea dell'arte del dentista, e i due medici ne sapevano ancor meno di me. Il barbiere faceva le iniezioni, anche quelle endovenose, che i due medici non sapevano neppure che cosa fossero: sapeva mettere a posto le articolazioni lussate, ridurre una frattura, cavar sangue, tagliare un ascesso: e per di più conosceva le erbe, gli empiastri e le pomate : insomma, questo figaro sapeva far tutto, e si rendeva prezioso.

Carlo Levi, *Cristo si è fermato a Eboli*
(Ed. Einaudi, Torino).

Un coiffeur à tout faire

Comme militaire, il avait été caporal dans un service sanitaire pendant la Grande Guerre et il avait ainsi appris un peu de médecine. Son métier officiel était celui de coiffeur, mais les barbes et les cheveux des chrétiens étaient le dernier de ses soucis. Outre qu'il tondait les chèvres, soignait les bêtes, purgeait les ânes, visitait les cochons, sa spécialité était d'arracher les dents. Pour deux lires il enlevait une molaire sans trop de douleur ni d'inconvénient. C'était une véritable chance qu'il soit dans le village, car moi je n'avais pas la moindre idée de l'art dentaire et les deux médecins en savaient encore moins que moi. Le coiffeur faisait les piqûres, même les intraveineuses, dont les deux médecins ignoraient jusqu'à l'existence ; il savait remettre en place les articulations démises, réduire une fracture, faire une saignée, percer un abcès ; et, en plus, il connaissait les herbes, les emplâtres, les pommades : en un mot, ce figaro savait tout faire et se rendait précieux.

PULIZIA

1 *(In una farmacia.)*

– Vorrei un dentifricio, per •favore.

– Che marca desidera, •signore? Formato piccolo o grande?

– Mi dia anche uno spazzolino da denti, che °però non sia di nailon.

– Ho qualcosa di •molto °buono; duro o extra duro?

– Non l'ha più °morbido invece?

2 *(In una tintoria.)*

– Ecco un abito.

– Che cosa c'è da fare, •signore?

– Lavarlo a secco e stirarlo, a mano per •favore!

– Ah, vedo delle macchie. Non sono macchie di grasso. Sa di che °cosa •sono?

– °Penso che siano macchie di frutta, ma non le ho toccate, perché temevo che rimanesse un •alone. Le lascio anche un paio di guanti e una sciarpa da smacchiare. Per favore, mi stiri anche questo paio di calzoni; faccia bene attenzione alla °piega e dia loro anche una buona spazzolata.

3 *(In un negozio di °generi casalinghi.)*

– Vorrei uno •smacchiatore.

– In crema o liquido?...

– Preferisco in crema.

– Ecco qualcosa di nuovo – credo che sia molto buono. °All'interno, troverà il foglietto con la spiegazione.

– Che prodotti ha per pulire il °cuoio? E per lavare le camicette di seta? •Sapone a scaglie?

4 – Ho un •bottone da ricucire. Ho l'ago, ma è troppo sottile e non ho filo. Per favore, può prestarmi un ago e del filo nero per ricucire un bottone al vestito? Glielo restituirò tra un quarto d'ora.

ATTACCARE UN BOTTONE A QUALCUNO.

1 *(Dans une pharmacie.)* – Je voudrais de la pâte dentifrice s'il vous plaît. – Quelle marque désirez-vous, monsieur ?... Un petit tube ou un grand ? – Donnez-moi également une brosse à dents, qui ne soit cependant pas en nylon. – J'ai quelque chose de très bien. Dure ou extra-dure ? – Vous n'avez pas plus souple plutôt ?

2 *(Dans une teinturerie.)* – Voici un complet. – Que faut-il faire, monsieur ? – Le nettoyer et le repasser, à la main, s'il vous plaît. – Ah ! Je vois des taches. Ce ne sont pas des taches de graisse. Savez-vous ce que c'est ? – Je pense que ce sont des taches de fruit mais je n'y ai pas touché, parce que je craignais qu'il reste une auréole. Je vous laisse aussi une paire de gants et une écharpe à détacher. S'il vous plaît, repassez-moi aussi ce pantalon : faites bien attention au pli et donnez-lui, aussi, un bon coup de brosse.

3 *(Chez le marchand de produits d'entretien.)* – Je voudrais un détachant. – En crème ou liquide ? – Je préfère en crème. – Voici quelque chose de nouveau. Je crois que c'est très bien. À l'intérieur vous trouverez la notice. – Quels produits avez-vous pour nettoyer le cuir ? Et pour laver les chemisiers en soie ? Du savon en paillettes ?

4 – J'ai un bouton à recoudre. J'ai une aiguille ; mais elle est trop fine et je n'ai pas de fil. – Pouvez-vous me prêter, s'il vous plaît, une aiguille et du fil noir pour recoudre un bouton à ma robe ? Je vous rendrai cela dans un quart d'heure.

Vocabulaire

Lavare, insaponare, savonner ; *strofinare*, frotter ; *sciacquare*, rincer ; *asciugare*, sécher. *I detersivi*, les détergents.
La lavanderia, la blanchisserie ; *la lavatrice*, la machine à laver.
La tintoria, la teinturerie ; *la macchia*, la tache ; *macchiarsi*, se tacher ; *togliere la macchia*, enlever la tache.
Il ferro da stiro, fer à repasser ; *stirare*, repasser.
Sporcare, salir ; *pulire*, nettoyer.

TENIR LA JAMBE À QUELQU'UN, LUI FAIRE PERDRE SON TEMPS
(m. à m. : coudre un bouton à quelqu'un).

GRAMMAIRE

• Verbes
Apparire, comme **comparire**, se conjugue comme **parere**, **paio**, **je parais**. Ne confondez pas avec un **paio di guanti** : *une paire de gants*. Donc :
présent : **appaio, appari, appaiono,**
participe passé : **apparso,**
passé simple : **apparvi.**
Rappel de notre formule pour conjuguer le passé simple : l, 3, 3 : **apparvi, apparve, apparimmo, apparvero** (Mémento § 69).

• Pluriels
Il frutto, le frutta (*les fruits qui se mangent*), **i frutti** (*les fruits d'un labeur*). **Il paio**, *la paire*, fait au pluriel **le paia**.

• Doublement
Ebbene (e + bene), *eh bien* !
Addirittura (*diritto, droit* ; **il diritto**, *le droit*).

• Per quanto egli dica, *quoi qu'il dise*
De même : **per quanto grave sia,** *quelque malade qu'il soit*... **per quanti sforzi faccia,** *quelque effort que je fasse* (ou : *qu'il fasse*).

EXERCICE

1. Avez-vous de l'eau de Cologne s'il vous plaît ? **2.** Je voudrais aussi du savon fin. **3.** Enfin donnez-moi une brosse à cheveux. **4.** Je ne crois pas que celle-ci soit de bonne qualité. **5.** Montrez-m'en une autre si vous en avez. **6.** Pouvez-vous m'enlever cette tache s'il vous plaît ? **7.** Je ne sais pas si je pourrai vous l'enlever. **8.** Cela me paraît très difficile. Mais nous verrons. **9.** Pour quand voulez-vous votre robe ?

CORRIGÉ

1. Ha dell'acqua di Colonia per favore? **2.** Vorrei anche del sapone fine. **3.** Mi dia infine una spazzola per capelli. **4.** Non credo che questa sia di buona qualità. **5.** Me ne mostri un'altra, se ne ha. **6.** Per favore, può togliermi questa macchia? **7.** Non so se potrò togliergliela. **8.** Mi sembra molto difficile. Ma vedremo. **9.** Per quando vuole il vestito?

Una precauzione inutile

Filippo era uno di quelli che si vantano di saper fare le valige. Ed era vero. Egli, per esempio, metteva sempre nella valigia due spazzolini per i denti.

– Non si sa mai, diceva; ci potrebb'essere uno scontro ferroviario; si rompe uno spazzolino, resta l'altro.

Che sciocchezza! In uno scontro ferroviario, se si rompe uno spazzolino, è molto probabile che si rompa anche l'altro. Capiremmo se nella valigia si mettesse addirittura una dozzina di spazzolini per i denti. Allora, per quanto grave possa essere lo scontro ferroviario, c'è sempre la speranza di salvarne almeno uno.

– Conobbi per l'appunto un tale – disse Filippo mentre riempiva la valigia – che non viaggiava mai con meno di trenta spazzolini per i denti in previsione di scontri ferroviari. Ebbene, una volta lo scontro avvenne, e la precauzione apparve assolutamente inutile.

– Non si salvò nemmeno uno degli spazzolini del vostro amico?

– No, disse Filippo, non si salvò nemmeno uno dei suoi denti. Mentre, per colmo di sciagura, gli spazzolini si salvarono tutti.

A. Campanile, *Se la luna mi porta fortuna*
(Ed. Rizzoli, Milano).

Une précaution inutile

Philippe était un de ceux qui se vantent de savoir faire les valises. Et c'était vrai. Par exemple, il mettait toujours dans sa valise deux brosses à dents.

– On ne sait jamais, disait-il ; il pourrait y avoir une collision ferroviaire ; une brosse se casse, reste l'autre.

Quelle sottise ! Dans une collision si une brosse se casse, il est fort probable que l'autre se casse aussi. Nous comprendrions si, dans la valise, on mettait carrément une douzaine de brosses à dents. Alors, quelque grave que puisse être la collision, il y a toujours l'espoir d'en sauver au moins une. – Justement j'ai connu quelqu'un – dit Philippe tandis qu'il faisait sa valise – qui ne voyageait jamais avec moins de trente brosses à dents en prévision de collisions. Eh bien ! Une fois le choc se produisit et la précaution apparut absolument inutile.

– Pas même une des brosses de votre ami ne fut sauvée ?

– Non, dit Philippe, pas même une de ses dents ne fut sauvée. Alors que, pour comble d'infortune, les brosses le furent toutes.

LA CASA DI CAMPAGNA

1 Abbiamo comprato in campagna una casa con giardino.

2 È una vecchia fattoria che l'•architetto ha trasformato in °modo •delizioso. Della scuderia abbiamo fatto un'°autorimessa. Nel granaio abbiamo sistemato un'°immensa sala da °gioco e di •riunione.
Abbiamo istallato dappertutto l'elettricità e l'acqua del •pozzo sale per mezzo di un motore nel •serbatoio.

3 La casa è di °pietra, •coperta da un •tetto di •tegole •rosse. La parte più antica è di •mattoni. °Comprende un pianterreno con la cucina, una sala di •soggiorno e una stanza più piccola, che °serve da sala da pranzo. Al primo piano ci sono tre camere con bagno. In alto si °trova la soffitta. La scala è di •legno.

4 Il giardino è abbastanza grande. Nella parte anteriore abbiamo fatto piantare dei •fiori lungo il viale. Abbiamo messo una panchina e una tavola vicino al prato. In estate possiamo fare colazione all'°aperto, all'•ombra degli alberi.
Dietro la casa c'è un °orto.

A OGNI UCCELLO IL SUO NIDO È BELLO.

LA MAISON DE CAMPAGNE

1 *Nous* avons acheté à la campagne une maison avec un jardin.

2 C'est une ancienne ferme que l'architecte a transformée d'une manière délicieuse. De l'écurie nous avons fait le garage. Dans le grenier, nous avons installé une immense salle de jeux et de réunion. Nous avons mis l'électricité partout et l'eau du puits monte dans le réservoir par un moteur.

3 La maison est en pierre couverte d'un toit de tuiles rouges. La partie la plus ancienne est en briques. Elle comporte un rez-de-chaussée avec la cuisine, une salle de séjour et une pièce plus petite qui sert de salle à manger. Au premier étage il y a trois chambres avec salle de bains. Au-dessus se trouve le grenier. L'escalier est en bois.

4 Le jardin est assez grand. Devant, nous avons fait planter des fleurs le long de l'allée. Nous avons mis un banc et une table près de la pelouse. L'été nous pouvons déjeuner en plein air, à l'ombre des arbres.
Derrière la maison, il y a un jardin potager.

Vocabulaire

La villa, il villino, la petite villa. *Il cortile*, la cour intérieure ; *la scalinata, le scale*, l'escalier ; *i gradini*, les marches.
Il balcone ; il cancello, la grille ; *la grata*, la grille d'une fenêtre ; *il terrazzo*, la terrasse.
La fontana, la fontaine, le jet d'eau. *In molte fontane, l'acqua gocciola sulle foglie verdi*, dans beaucoup de fontaines, l'eau coule goutte à goutte sur les feuilles vertes.
Distinguez bien : *il giardino*, le jardin d'agrément ; *l'orto*, le jardin potager (à Florence : *Or'San Michele*). D'où les deux mots pour jardinier : *il giardiniere* et *l'ortolano*.
La fattoria, la ferme ; *la bicocca*, le taudis ; *il romitaggio*, l'ermitage.
Riparare, réparer ; *soggiornare*, séjourner ; *traslocare*, déménager.

À CHAQUE OISEAU SON NID EST BEAU.

LEÇON 68

GRAMMAIRE

• **all'aperto** ; le substantif est masculin et commence par une voyelle ; l'article défini est **lo** élidé en **l'**

all'ombra ; le substantif est féminin et commence par une voyelle ; l'article défini est **la** élidé en **l'**.

• Le pluriel de **pendio** est **pendii**.

• **Affittasi o vendesi**, *à louer* ou *à vendre* (m à m. : on loue ou on vend) : rejet du pronom personnel **si** équivalent de « *on* ».

• **Da et di.**
Expressions avec **da** :
– **sala da gioco**, mais **sala di riunione**.
sala da pranzo, mais **sala di soggiorno, sala di prova**.
– **albero da frutto**.
– **da una parte, dall'altra**.
– **dalle pesanti decorazioni**, *aux pesantes décorations*.
– **dappertutto**, *partout*.

• **Davanti alla sala, davanti a noi. Dietro la casa, dietro di noi.**
Più che altro, *plus qu'autre chose*
È lo stesso, *c'est la même chose.* **Fa lo stesso**, *ça m'est égal.*

EXERCICE

1. Que dites-vous de notre petite maison ? **2.** N'est-ce pas qu'elle est mignonne ? **3.** Nous l'aimons beaucoup. **4.** Elle a appartenu à nos parents qui l'ont fait construire. **5.** Ils ont vécu ici plus de vingt ans. **6.** De sorte que vous avez beaucoup de raisons pour l'aimer ? **7.** Oui et, en outre, elle est très pratique. **8.** Elle n'a rien d'inutile. **9.** Tout est bien combiné. **10.** Nous y restons très volontiers.

CORRIGÉ

1. Che cosa ne dice della nostra casetta? **2.** Non è vero che è carina? **3.** Ci piace molto. **4.** È appartenuta ai nostri genitori che l'hanno fatta costruire. **5.** Son vissuti qui più di vent'anni. **6.** Di modo che ha molte ragioni per amarla? **7.** Sì, inoltre è molto pratica. **8.** Non ha nulla di inutile. **9.** Tutto è ben sistemato. **10.** Ci stiamo molto volentieri.

La casa di campagna

La casa che avevamo affittato per l'estate ai margini del paese di *** era in bella posizione, affacciata ad una valletta fra le meno aride della Brianza. Aveva un'ampia terrazza allo stesso livello delle due o tre aiuole che ne guarnivano l'entrata ; ed era, si può dire, la sua sola bellezza, ché per il resto l'edificio, in un pretenzioso stile liberty dalle pesanti decorazioni di cemento, si rivelò piuttosto malcomodo, costruito più che altro per figura. Ma c'era il giardino. Un pezzo di terreno cintato rettangolare, in leggero pendio, che riuniva in breve spazio le qualità del giardino vero e proprio, del parco, e del verziere : prode fiorite e una bella palma davanti alla buia saletta terrena, vialetti di ghiaia fra le minuscole siepi di bosso e di ligustro, un boschetto di lauri e l'immancabile gran cedro del Libano da una parte, un tratto di pergola dall'altra, lungo il muro di cinta, e qualche albero da frutta con una folta ortaglia sul fondo.

Mario Bonfantini, *La svolta*
(Ed. Feltrinelli, Milano).

La maison de campagne

La maison que nous avions louée pour l'été à la limite du village de X... était bien située, donnant sur un vallon qui était parmi les moins arides de la Brianza. Elle avait une large terrasse au même niveau que les deux ou trois plates-bandes qui en paraient l'entrée et c'était là, on peut le dire, son seul charme car, pour le reste, l'édifice d'un style liberty prétentieux, aux pesantes décorations de ciment, se révéla plutôt incommode, construit pour l'apparence plus que pour autre chose. Mais il y avait le jardin. Un enclos rectangulaire, légèrement en pente qui réunissait dans un espace réduit les avantages du jardin à proprement parler, du parc et du verger : des bordures fleuries et un beau palmier devant le petit salon sombre du rez-de-chaussée, des allées de gravier entre les haies minuscules de buis et de troène, un bosquet de lauriers et l'inévitable grand cèdre du Liban d'un côté et un bout de tonnelle de l'autre, le long du mur de clôture et quelques arbres fruitiers ainsi qu'une quantité d'herbes potagères au fond.

La casa di campagna • **La maison de campagne**

1 In città noi viviamo in un appartamentino al quarto piano di una casa moderna. Abbiamo dovuto mettere il minimo indispensabile di mobili. Non si può farvi entrare né un armadio né una °credenza. Per fortuna nell'entrata abbiamo potuto istallare degli armadi a muro nei quali sistemiamo molte cose.

2 Nel soggiorno, se possiamo chiamarlo così, c'è spazio per una tavola, quattro °sedie e una poltrona. Il televisore è in un angolo, su di un minuscolo tavolino.
In camera da °letto, •oltre al letto e ad uno scaffale •sopra il •radiatore, abbiamo potuto attaccare ai muri qualche ninnolo.

3 In cucina, evidentemente, abbiamo tutto sottomano! A •condizione di essere °snelli, ci si può voltare dall'acquaio verso il frigorifero e dal frigorifero verso il °fornello a gas.

4 È una soluzione °provvisoria, ma noi siamo stati ben contenti di trovare l'°alloggio in un momento in cui è un vero problema. Noi non siamo proprietari; affittiamo con un contratto annuale. Paghiamo cinquecentocinquanta euro il •mese •compreso il •riscaldamento, i servizi di portineria, °eccetera, il che, alla fin fine, non è troppo caro.

CASA MIA, CASA MIA, PER PICCINA, CHE TU SIA,
TU MI SEMBRI UNA BADIA.

L'APPARTEMENT

1 *Nous vivons en ville dans un petit appartement au 4ᵉ étage d'un immeuble moderne. Nous avons dû mettre le minimum indispensable de meubles. On ne peut y faire entrer ni une armoire ni un buffet. Heureusement, dans l'entrée, nous avons pu installer des placards dans lesquels nous rangeons beaucoup de choses.*

2 *Dans la salle de séjour, si nous pouvons l'appeler ainsi, il y a de la place pour une table, quatre chaises et un fauteuil. Le téléviseur est dans un coin sur un guéridon minuscule.*

Dans la chambre à coucher, en dehors du lit et d'une étagère au-dessus du radiateur, nous avons pu accrocher au mur quelques bibelots.

3 *Dans la cuisine évidemment nous avons tout sous la main ! À condition d'être mince, on peut se tourner de l'évier vers le frigidaire et du frigidaire vers la cuisinière à gaz.*

4 *C'est une solution d'attente, mais nous avons été bien contents de trouver un logement à une époque où c'est un vrai problème. Nous ne sommes pas propriétaires. Nous louons avec un contrat à l'année. Nous payons 550 euros par mois, y compris le chauffage et les charges (m. à m. : les services du concierge, etc.), ce qui, après tout, n'est pas trop cher.*

Vocabulaire

Distinguez bien : *una casa pulita*, une maison propre ; *avere una casa in proprio*, avoir une maison à soi.

● La propriété est la *proprietà* (*la proprietà privata*) ; *la pulizia*, la propreté ; *la polizia*, la police. *Il proprietario* (plur. *proprietari*), le propriétaire ; *l'inquilino*, le locataire. *Subaffittare*, sous-louer.

MA MAISON EST MON CHÂTEAU,
MON LOUVRE ET MON FONTAINEBLEAU
(m. à m. : ma maison, ma maison, pour petite que tu sois,
tu me parais une abbaye).

● *Sistemare*, aménager : *sistemare la casa*. *Un sistema*, un système.

● *La credenza*, le buffet, la crédence (de *credere*, croire : l'on goûtait les mets sur la crédence devant les convives pour les assurer qu'ils n'étaient pas empoisonnés !).

La poltrona, le fauteuil, a donné en italien *il poltrone*, le paresseux, et le français « poltron », l'amollissement physique entraînant l'amollissement moral !

● *Il contratto* (*d'affitto*) le contrat de location ; *l'affitto*, le loyer : *quanto paga di affitto* ? combien de loyer payez-vous ? *La quietanza*, la quittance.

● *Voltarsi, girarsi*, se tourner. *Il giro del mondo*, le tour du monde.

Girati, voltati, tourne-toi, retourne-toi !

GRAMMAIRE

● **Quando si è snelli**

Si veut dire *on*, comme vous le savez. L'attribut de **si** prend toujours la marque du pluriel.

Quando si è snelli, si è svelti, *quand on est mince, on est rapide.*

Si vous employez **uno** pour traduire *on*, au lieu de **si**, mettez l'adjectif au singulier : **quando uno è snello.**

● **Le complément d'attitude** est souvent introduit par la préposition **con** : **con la testa... coi piedi sopra un tavolino... con le gambe...** (p. 297).

● **Qualsivoglia** (terme littéraire), n'importe lequel. **Qualunque** et **qualsiasi** sont plus courants.

● **Pluriel**

Il ginocchio fait **i ginocchi** ou **le ginocchia**, comme beaucoup de noms désignant les parties du corps. Voyez les noms qui ont deux pluriels (leçons 61 et 73).

Una riunione d'amici

Ora egli aveva una grande stanza tutta per sé, nella quale poteva dormire in qualsivoglia positura: o steso sul letto, con la testa fuori del cuscino e del materasso, spenzolata nel vuoto, sicché il gatto, scambiandola per un cenno d'invito, le toccava il naso e il mento con la zampetta; o sprofondato in una poltrona bassa, coi piedi sopra un tavolino; e in terra, sul tappeto, con le gambe sopra due cuscini dipinti di leoni; e infine una sedia a dondolo, riflettendone lo specchio ora la testa ora la punta dei ginocchi.

Qui venivano gli amici, e anch'essi si buttavano, e, come diceva Muscarà, s'abbiavanu e sdavaccàvanu[1], sui pagliericci e le ciambelle di cuoio, riempiendo presto la camera di un tale fumo di sigaretta che, dal balcone socchiuso, i passanti vedevano uscire una sorta di lenzuolo grigio palpitante nell'aria. Fumo, caffè, e liquori.

Vitaliano Brancati, *Don Giovanni in Sicilia*
(Ed. Bompiani, Milano).

(1) Patois sicilien : si avviavano e si sdraiavano.

Une réunion d'amis

Maintenant, il avait une grande chambre toute pour lui, dans laquelle il pouvait dormir dans n'importe quelle posture : ou étendu sur le lit, la tête hors de l'oreiller et du matelas, pendue dans le vide, si bien que le chat, la prenant pour un signe d'invitation, lui touchait le nez et le menton avec sa petite patte ; ou enfoui dans un fauteuil bas, les pieds sur une petite table ; et par terre, sur le tapis, les jambes sur deux coussins avec des lions peints ; et enfin, sur une chaise à bascule avec le miroir qui reflétait tantôt sa tête, tantôt la pointe de ses genoux.

Ici venaient les amis, et eux aussi se jetaient ou, comme disait Muscara, s'élançaient et s'allongeaient sur les sommiers et les coussins de cuir, remplissant aussitôt la chambre d'une telle fumée de cigarette que, du balcon entrouvert, les passants voyaient sortir une sorte de drap gris palpitant dans l'air. De la fumée, du café et des liqueurs.

ALCUNI AMICI VI PRESTANO IL LORO APPARTAMENTO

1 – Sentite, cari amici, •noi non occupiamo il nostro appartamento durante le vacanze. Se •volete, potete venirvi ad abitare.
– Siete molto gentili, ma non vorremmo disturbarvi.
– Nessun disturbo. •Voi lo conoscete; non è °lussuoso, però è °comodo e •piacevole.

2 – Ecco le chiavi. La più piccola apre il •portone, la più grande è •quella della °porta d'entrata. È un po' dura da aprire; bisogna spingere °forte. Lasceremo nell'entrata un armadio a muro °vuoto con le grucce per i vestiti. •Potrete mettere i °vostri indumenti nei •cassetti. Questo vi basta?
– Certamente, in viaggio noi portiamo sempre il minimo indispensabile.

3 – Naturalmente vi servirete •come vi pare della cucina. Vi raccomandiamo di chiudere bene la chiave del gas e di sbattere abbastanza forte la porta del frigorifero perché non si chiude molto bene. Nella stanza da bagno c'è una •presa di °corrente •sopra il lavabo; il voltaggio è duecentoventi.

4 – Mi dimenticavo di dirvi anche dove sono le °lenzuola, le °coperte, gli asciugamani. Ascoltate, non vi preoccupate, servitevi di tutto quello che vi occorre, fate assolutamente come se •foste a casa °vostra.

AIUTATI, CHÉ DIO T'AIUTA.

DES AMIS VOUS PRÊTENT LEUR APPARTEMENT

1 – Écoutez, chers amis, nous n'occupons pas notre appartement pendant les vacances. Si vous voulez, vous pouvez venir l'habiter. – Vous êtes bien aimables, mais nous ne voudrions pas vous déranger. – Il n'y a pas de dérangement. Vous le connaissez ; il n'est pas luxueux, cependant il est commode et agréable.

2 – Voici les clefs. La plus petite ouvre la porte sur la rue ; la plus grande est celle de la porte d'entrée. Elle est un peu dure à ouvrir. Il faut pousser fort. Nous laisserons dans l'entrée un placard vide avec les cintres pour les vêtements. Vous pourrez mettre vos affaires dans les tiroirs. Est-ce que cela vous suffit ?

– Certainement, en voyage, nous emportons toujours le minimum indispensable.

3 – Naturellement vous vous servirez comme vous l'entendez de la cuisine. Nous vous recommandons de bien fermer le robinet du gaz et de claquer la porte du réfrigérateur assez fort, parce qu'elle ne ferme pas très bien. Dans la salle de bains, il y a une prise de courant au-dessus du lavabo. C'est du 220 volts.

4 – J'oubliais de vous dire aussi où sont les draps, les couvertures, les serviettes de toilette. Écoutez ! Ne vous gênez pas ! Servez-vous de tout ce qu'il vous faut. Faites absolument comme si vous étiez chez vous.

Vocabulaire

Il fornello a gas, a elettricità, la cuisinière à gaz, électrique.
La chiave, la clef ; *il rubinetto*, le robinet (*del gas, dell'acqua*) ; *il commutatore*, le bouton électrique ; *la spina*, la prise de courant.
Sono saltate le valvole ; les plombs ont sauté.
Aprire la luce, accendere la luce, allumer. *Spegnere la luce*, éteindre.
Mettere la spina, mettre la prise de courant ; *toglierla*, l'enlever.
Prestare ; il prestito ; dare in prestito, prêter ; *colui che presta*, le prêteur ; *prendere in prestito*, emprunter ; *colui che prende in prestito*, l'emprunteur.
Il portiere, le concierge ; *la portineria*, la loge.

AIDE-TOI, LE CIEL T'AIDERA (m. à m. : aide-toi, car Dieu t'aide).

• *Sentire* veut dire :
– entendre = *l'ho sentito venire*, je l'ai entendu venir. *Sento la campana suonare*, j'entends la cloche sonner.
– sentir (odorat) : *sento il profumo dei fiori*, je sens le parfum des fleurs.
– ressentir : *sentire freddo, sentire caldo*, avoir froid, avoir chaud.

GRAMMAIRE

• **Dimenticare** = dimenticarsi, *oublier*. La forme pronominale a le même sens que la forme active. **Mi sono dimenticato = ho dimenticato**, *j'ai oublié*. De même **ho sognato = mi sono sognato**, *j'ai rêvé*.

• **Mezzo**
1) Adjectif, placé devant le nom, il s'accorde :
una mezza mela, *une demi-pomme.*
Placé après le nom, il reste invariable :
sono le due e mezzo, *il est deux heures et demie* ;
una piazza e mezzo (p. 303).
2) Adverbe, il est normalement invariable :
i mattoni mezzo rotti. Mezzi rotti (p. 303) est un toscanisme (expression propre à la Toscane).

• **Ad abitare** : nous avons déjà signalé que le **d** ajouté à **a, e** ou **o** avait pour dessein d'éviter la rencontre de la voyelle semblable lorsqu'elle commence le mot suivant.

EXERCICE

1. Expliquez-moi s'il vous plaît comment fonctionne cet appareil. **2.** À quoi sert-il ? **3.** Je n'y connais rien en mécanique ni en électricité. **4.** Je vais vous l'expliquer. **5.** Il suffit d'appuyer sur le bouton et la lumière s'allume. **6.** Puis l'eau bout en deux minutes et le café se fait tout seul. **7.** Le café fait de cette façon est exquis. **8.** Mais si vous voulez utiliser l'ancienne cafetière, vous pouvez le faire. **9.** Tous les ustensiles sont à votre disposition. **10.** Faites comme si vous étiez chez vous, je vous l'ai déjà dit.

1. Mi spieghi per favore, come funziona quest'apparecchio.
2. A che cosa serve? 3. Non ci capisco niente in meccanica né
in elettricità. 4. Le spiegherò. 5. Basta pigiare sul bottone e la
luce si accende. 6. Poi l'acqua bolle in due minuti e il caffè si
fa da solo. 7. Il caffè fatto in questa maniera è squisito. 8. Ma
se vuole utilizzare la vecchia caffettiera, può farlo. 9. Tutti gli
utensili sono a sua disposizione. 10. Faccia come se fosse a
casa sua, gliel'ho già detto.

Lecture

Un appartamentaccio

Che razza di famiglia! E che razza di casa! Due stanze soltanto, infilate una dentro l'altra: la cucina e la camera. Il gabinetto era per le scale: un bugigattolo puzzolente, che serviva anche per la famiglia del piano di sopra. Sia in cucina che in camera, i mattoni degl'impiantiti erano mezzi rotti, le pareti sporche e macchiate d'umidità, i soffitti scrostati. In confronto, pensava Mara con soddisfazione, casa sua era una reggia addirittura.

> Carlo Cassola, *La ragazza di Bube* (Ed. Einaudi, Torino).

Un vilain appartement

Quelle famille ! Et quelle maison ! Deux pièces seulement, en enfilade, l'une derrière l'autre : la cuisine et la chambre. Le cabinet était dans l'escalier : un réduit repoussant, qui servait aussi pour la famille de l'étage du dessus. Que ce soit dans la cuisine ou dans la chambre, les carreaux, par terre, étaient à demi cassés, les murs sales et tachés d'humidité, les plafonds écaillés. En comparaison, pensait Mara avec satisfaction, sa maison était royale, tout simplement.

Alcuni amici vi prestano il loro appartamento • Des amis vous prêtent leur appartement

LA FAMIGLIA

1 Ci siamo sposati quando avevamo vent'anni, cioè trentadue anni fa. Abbiamo avuto tre figli. Caterina è la più grande. Poi viene Carlo, quindi Luigi. La figlia •maggiore ha sposato un °ingegnere. Sono felici. Noi siamo °nonni. I nostri due nipotini, un bambino e una bambina °hanno rispettivamente °sei e quattro anni. Vivono in campagna dai °suoceri di °nostra figlia, vicino alla fabbrica dove •lavora nostro °genero.

2 Il •secondo dei nostri figli è un ragazzo di ventidue anni. È •ancora °celibe, ma si sposerà ben °presto, quando avrà terminato gli studi. È musicista, e anche la nostra futura °nuora ama molto la musica. Noi speriamo che riesca un °matrimonio felice.

3 Da parte di mia moglie come da parte mia, la famiglia è numerosa: zii, zie, cugini. C'è di che perdersi. Io non conosco tutti i miei cugini. Mio zio Giovanni mi invita molto •spesso. Da lui sono come a casa mia. Quando ero ragazzo tutto mi sembrava diverso. Per me era come una casa di sogno. Sono stato dieci anni senza vederla. Quando l'ho rivista mi è sembrata molto piccola.

LA MAMMA È L'ANGELO DELLA FAMIGLIA.

LA FAMILLE

1 Nous nous sommes mariés quand nous avions vingt ans,
c'est-à-dire il y trente-deux ans. Nous avons eu trois
enfants. Catherine est l'aînée. Ensuite vient Charles, puis
Louis. Notre fille aînée a épousé un ingénieur. Ils sont
heureux. Nous sommes grands-parents. Nos deux petits-
enfants, un garçon et une fille, ont respectivement six et
quatre ans. Ils vivent à la campagne chez les beaux-parents
de notre fille, près de l'usine où travaille notre gendre.

2 Le second de nos enfants est un garçon de 22 ans. Il est
encore célibataire mais il va se marier bientôt, dès qu'il
aura terminé ses études. Il est musicien et notre future
bru aime aussi beaucoup la musique. Nous espérons
qu'ils feront un ménage heureux (mot à mot : que le
mariage résulte heureux).

3 Du côté de ma femme comme du mien, la famille est
nombreuse : oncles, tantes, cousins. Il y a de quoi s'y
perdre. Je ne connais pas tous mes cousins. Mon oncle Jean
m'invite très souvent. Chez lui je suis comme chez moi.
Quand j'étais enfant tout m'y paraissait différent. Pour moi
c'était comme une maison de rêve. Je suis resté dix ans
sans la voir. Quand je l'ai revue elle m'a semblé très petite.

Vocabulaire

● *Sposarsi*, se marier ; synonyme : *accasarsi* qui vient du mot
casa. *Gli sposi*, les époux. *Ci sposiamo domani*, nous allons nous
marier demain.
Lo sposalizio, il matrimonio, le mariage ; *le nozze* (pluriel), la noce
(*Le Nozze di Figaro*) ; *le nozze d'oro, d'argento, di platino, di dia-
mante*. Ex. : *andiamo alle nozze di Pietro e Giovanna*, nous allons
au mariage de... *Andiamo a un matrimonio*, nous allons à un
mariage.
● *Il primogenito*, l'aîné ; *l'ultimogenito*, le cadet. *Sono minorenne*,
je suis mineur ; *sono maggiorenne*, je suis majeur.
Il celibe, lo scapolo, le célibataire ; *uno scapolo inveterato*, ...
endurci.
Il padre, la madre ; il nonno, la nonna.

LA MÈRE EST L'ANGE DE LA FAMILLE.

GRAMMAIRE

• **Subjonctif**
Speriamo che riesca, *nous espérons qu'il réussisse*. **Sperare**, comme tous les verbes de sentiment, est suivi du subjonctif.

• **Les adjectifs possessifs**, en italien, sont précédés régulièrement de l'article : **il mio libro**, **la sua casa**.
Mais lorsqu'il s'agit d'un membre de la proche famille, n'employez pas l'article devant un nom singulier et dites **mio padre**, **mia madre**, etc. (Mémento § 23). Exception avec **loro** : **il loro padre**, *leur père*.

• **Pluriels**
clinici, **medici**, **ironici**.

EXERCICE

1. Le frère de ma femme, mon beau-frère, est un homme déjà assez âgé. **2.** Il s'est marié beaucoup plus tôt que nous. **3.** Il a trois fils qui se sont mariés à leur tour et qui sont déjà pères. **4.** J'aime beaucoup les enfants. **5.** C'est pour cela que je me suis marié très jeune. **6.** Bien sûr que c'est un problème que de les entretenir. **7.** Cela coûte beaucoup. **8.** Ils tombent malades. Grâce à Dieu nous avons la Sécurité sociale. **9.** Cela nous aide beaucoup. **10.** Et quand il y a du soleil ils sortent jouer avec leurs camarades. **11.** Leur mère, ma femme, travaille à mi-temps.

CORRIGÉ

1. Il fratello di mia moglie, mio cognato, è ormai un uomo di una certa età. **2.** Si è sposato molto prima di noi. **3.** Ha tre figli che a loro volta si sono sposati e sono già padri. **4.** Mi piacciono molto i bambini. **5.** Per questo mi sono sposato molto giovane. **6.** È certo che sia un problema per mantenerli. **7.** Costa molto. **8.** Si ammalano. Grazie a Dio abbiamo la previdenza sociale. **9.** Ci è di molto aiuto. **10.** E quando c'è il sole escono fuori a giocare con i loro compagni. **11.** La loro madre, mia moglie, lavora a metà tempo.

La famiglia

Mio padre, quando si sposò, lavorava a Firenze nella clinica di uno zio di mia madre che era soprannominato «il Demente» perché era medico dei matti. Il Demente era in verità un uomo di grande intelligenza, colto e ironico; e non so se abbia mai saputo di essere chiamato, in famiglia, così. Mia madre conobbe, in casa della mia nonna paterna, la varia corte delle Margherite e delle Regine, cugine e zie di mio padre; e anche la famosa Vandea, ancora viva in quegli anni. Quanto al nonno •Parente, era morto da tempo; e così pure sua moglie, la nonna Dolcetta, e il loro servitore, che era Bepo Fachin. Della nonna Dolcetta si sapeva che era piccola e grassa come una palla.

Natalia Ginzburg, *Lessico familiare*
(Ed. Einaudi).

La famille

Mon père, quand il se maria, travaillait à Florence dans la clinique d'un oncle de ma mère, qui était surnommé « le Dément » parce qu'il était médecin des fous. Le Dément était, en vérité, un homme de grande intelligence, cultivé et ironique ; et je ne sais pas s'il a jamais su qu'on l'appelait ainsi, en famille. Ma mère connut, chez ma grand-mère paternelle, la cour variée des Marguerites et des Régines, cousines et tantes de mon père ; et aussi la fameuse Vandea, encore vivante. Quant au grand-père Parent, il était mort depuis longtemps ; et de même sa femme, la grand-mère Dolcetta et leur domestique, qui était Bepo Fachin. De la grand-mère Dolcetta, on savait qu'elle était petite et ronde comme une boule.

BAMBINI A °SCUOLA

1 Nostro figlio Paolo ha •appena compiuto 11 anni. Va a °scuola da sei anni, cioè dall'età di cinque anni; esattamente, dal quindici settembre 2002.

A quell'età •aveva già frequentato per un anno la scuola •materna. Gli avevano insegnato canto e •disegno, e passava il •resto della giornata a giocare con i compagni.

2 Da •allora ha imparato a leggere e a scrivere, gli hanno insegnato la geografia e la °storia. Sa fare le •addizioni, le sottrazioni, le moltiplicazioni e le divisioni. Ha fatto problemi e •componimenti. •Conosce alcuni elementi di •scienze e in particolare di fisica. Ha cominciato a studiare una lingua •straniera. Oltre a ciò che ha imparato a scuola dai °suoi insegnanti, deve studiare a casa di sera; deve imparare le •lezioni e fare i •compiti.

3 La scuola gli piace. Quando arrivano le vacanze, durante i primi giorni ha nostalgia dei compagni. Ma dopo, •siccome andiamo in riva al mare o in campagna, fa nuove •conoscenze. Gioca, •corre, salta tutto il giorno. Quando °piove legge e tutti i giorni studia il •pianoforte per almeno mezz'ora.

NON SI PUÒ FARE DI UN **A**SINO UNO SCIENZIATO.

ENFANTS À L'ÉCOLE

1 Notre fils Paul vient à peine d'avoir onze ans. Il va à l'école depuis six ans, c'est-à-dire depuis l'âge de cinq ans, exactement depuis le 15 septembre 2002.

À cet âge, il avait déjà fréquenté l'école maternelle pendant un an. On lui avait enseigné le chant, le dessin et il passait le reste de la journée à jouer avec ses camarades.

2 Depuis, il a appris à lire, à écrire, on lui a enseigné la géographie, l'histoire. Il sait faire les additions, les soustractions, les multiplications et les divisions. Il a fait des problèmes et des rédactions. Il connaît quelques éléments de sciences et, en particulier, de physique. Il a commencé à étudier une langue vivante étrangère. En plus de tout ce que ses maîtres lui ont appris en classe, il doit travailler (m. à m. : étudier) à la maison, le soir. Il doit apprendre ses leçons et faire ses devoirs.

3 Il aime l'école. Quand les vacances arrivent, les premiers jours il s'ennuie de ses camarades. Mais ensuite, comme nous allons au bord de la mer ou à la campagne, il fait de nouvelles connaissances. Il joue, court, saute toute la journée. Lorsqu'il pleut, il lit et tous les jours il étudie son piano pendant une demi-heure au moins.

Bambini a °scuola • Enfants à l'école

Vocabulaire

Rappel : *Insegnare*, enseigner ; *l'insegnamento*. *Imparare*, *apprendere*, apprendre (en parlant de l'élève seulement).

L'apprendimento, l'apprentissage ; *l'apprendista*, l'apprenti ; ex. : *l'apprendista idraulico, elettricista*, l'apprenti plombier, électricien.

L'aula, la salle de classe ; *l'alunno, lo studente, la studentessa*. *Il professore, la professoressa*. *Il maestro*, l'instituteur.

La scuola, il liceo classico, il liceo scientifico, l'instituto tecnico per geometri e ragionieri (géomètres et comptables), *l'università*.

ON NE SAURAIT FAIRE D'UNE BUSE UN ÉPERVIER
(m. à m. : on ne peut faire d'un âne un savant).

Il collegio, il convitto logent et nourrissent les élèves avec ou sans enseignement. *L'istituto magistrale* est l'école normale ; *la scuola elementare* est l'école primaire. Attention : *l'asilo* est l'école maternelle.

Le applicazioni tecniche, les travaux pratiques ; *gli esercizi*, les exercices ; *il compito in classe*, la composition ; *l'esame* ; *i voti*, les notes. *Promuovere*, recevoir ; *bocciare, respingere*, refuser. *Sono promosso* ; *è bocciato, respinto* (Mémento § 61, n° 92).

GRAMMAIRE

• Parenté de mots

1) **Compiuto** vous évoque « *accompli* » ; vous vous rappelez **bianco, piangere**… dans lesquels le i, après la consonne, représente le *l* français.

2) **Esattamente, ottobre** ; *-ct-* français fait place à **-tt-** (doublement de la deuxième consonne déjà signalé).

• Siccome andiamo

« Vu que, étant donné que » se dira aussi : **visto che, dacché, giacché**.

EXERCICE

1. Combien d'enfants avez-vous ? Quel âge ont-ils ? **2.** Que fait votre fils aîné ? Où travaille-t-il ? **3.** Et ses petits frères ? **4.** Ils vont en classe. **5.** L'un s'intéresse beaucoup à la musique. **6.** Il prend des leçons de piano et bien qu'il ait seulement douze ans, il a déjà plusieurs fois passé des examens de musique avec succès. **7.** Un autre ne pense qu'à la mécanique. **8.** Le plus petit sera sûrement joueur de football. **9.** Ce qu'il peut aimer les parties de football à la télévision !

CORRIGÉ

1. Quanti figli ha? Quanti anni hanno? **2.** Che cosa fa il figlio maggiore? Dove lavora? **3.** E i suoi fratellini? **4.** Vanno a scuola. **5.** Uno s'interessa molto di musica. **6.** Prende lezioni di pianoforte e sebbene abbia solo dodici anni ha già più volte superato degli esami di musica con successo. **7.** Un altro pensa solo alla meccanica. **8.** Il più piccolo sarà certamente giocatore di calcio. **9.** Quanto gli possono piacere le partite di calcio alla televisione!

Una storiella per ragazzi

Questa è più che mai per i ragazzi, che ci sgraneranno gli occhi sopra. Scuola, paroletta che suona per essi lavoro, sudore, pena, sonno perduto, ansie e scapaccioni, significa, all'origine, esattamente il contrario: riposo, ozio, mancanza di lavoro, tempo libero. Proprio così. La parola «scholé» significa appunto tutto questo, per il semplice fatto che in antico, quando gli uomini erano dediti in grandissima maggioranza alle dure fatiche delle armi e dei campi, le ore dedicate ai libri e all'esercizio dello spirito erano considerate un riposo piacevole e ristoratore. I Latini chiamavano perfino «otia litterata», ozi dati alle lettere, le ore libere dagli affari in cui ciascuno si dedicava alle conversazioni •colte, alle letture, e in genere agli studi.

Aldo Gabrielli, Avventure nella foresta del vocabolario
(Ed. Ceschina, Milano).

Une historiette pour enfants

Cette petite histoire est plus que jamais pour les enfants qui vont en ouvrir tout grands leurs yeux. École, petit mot qui évoque (m. à m. : résonne) pour eux travail, sueur, peine, sommeil perdu, angoisse et gifles, signifie, à l'origine, exactement le contraire : repos, loisir, absence de travail, temps libre. Précisément. Le mot « schole » signifie précisément tout ceci, par le simple fait que, dans l'ancien temps, lorsque les hommes se consacraient en très grande majorité aux dures fatigues des armes et des champs, les heures consacrées aux livres et à l'exercice de l'esprit étaient considérées comme un repos plaisant et réparateur. Les Latins appelaient même « otia litterata », loisirs donnés aux lettres, les heures non réservées aux affaires durant lesquelles chacun se consacrait aux conversations érudites, aux lectures et, en général, aux études.

IL °CORPO UMANO

1 I miei figli **a**mano il movimento. Non hanno paura né del caldo né del freddo. Non li ho mai visti raffreddarsi per aver giocato o camminato •sotto la °pioggia, o •corso con qualunque tempo a •torso nudo. Le loro membra si fanno •muscolose e il loro corpo si fa flessibile con l'esercizio all'aria l**i**bera, con l'arrampicarsi, il salire, lo sc**e**ndere, il saltare. Si dorme infinitamente meglio a °cielo aperto, e il sonno è più riposante perché si respira un' atmosf**e**ra pura e sana.

2 La sera, rientrando in casa, dopo le irritazioni della giornata, mi °distendo.
Mi allungo sul •tappeto, nella calma, nell'oscurità. Chiudo gli °occhi, non •ascolto niente. °Levo il braccio destro e lo lascio cadere con tutto il suo peso, °molle, come se fosse °morto. Poi giro la °testa a destra, a sinistra. Viene la volta della gamba sinistra, poi della destra : le piego l'una dopo l'altra, e le lascio dist**e**ndersi. Mi metto in piedi; imm**a**gino che la colonna vertebrale sia uno stelo flessibile. La piego in ogni °senso, col °ventre in dentro, le spalle cadenti indietro, e col tronco in avanti. Stiro le dita.

3 L'uomo è un **e**ssere sensibile, °intelligente, coraggioso e appassionato. Solamente l'uomo ride e piange. Ma °soffre e °prova il benessere, come gli animali.

MENTE SANA IN CORPO SANO.

LE CORPS HUMAIN

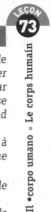

1 *Mes enfants aiment le mouvement. Ils n'ont peur ni de la chaleur ni du froid. Je ne les ai jamais vus s'enrhumer pour avoir joué ou marché sous la pluie ou couru, par n'importe quel temps, le torse nu. Leurs membres se musclent et leur corps s'assouplit à s'exercer au grand air, à grimper, à monter, à descendre, à sauter.*

L'on dort infiniment mieux à la belle étoile (m. à m. : à ciel ouvert) et le sommeil est plus reposant parce que l'on respire un air pur et sain.

2 *Le soir, en rentrant à la maison, après l'énervement de la journée, je me relaxe.*

Je m'allonge sur le tapis, au calme, dans l'obscurité. Je ferme les yeux, je n'écoute rien. Je lève le bras droit et je le laisse retomber de tout son poids, mou, comme s'il était mort. Puis, je tourne la tête à droite, à gauche. Vient le tour de la jambe gauche, puis de la droite : je les plie l'une après l'autre pour les laisser ensuite se détendre (m. à m. : et je les laisse...). Je me mets debout ; j'imagine que ma colonne vertébrale est une tige flexible. Je la ploie dans tous les sens, le ventre rentré, les épaules tombant en arrière et le tronc en avant. J'étire mes doigts.

3 *L'homme est un être sensible, intelligent, courageux et passionné. Seul l'homme rit et pleure. Mais il souffre ou ressent le bien-être, tout comme les animaux.*

Vocabulaire

● *La carne*, la chair, et aussi la viande.
Tendere, tendre ; *la tensione*, la tension (Mémento § 61 n° 94).
Stendere, étendre. *Alzarsi per sgranchirsi le gambe*, se lever pour se dégourdir les jambes.
Piegare il braccio, plier le bras ; *la piega*, le pli ; *la falsa piega*, le faux pli ; *spiegare*, déplier.
● *Provare* a plusieurs sens : 1. goûter : *provi gli spaghetti*, goûtez... 2. essayer : *ho provato a telefonarle stamattina*. 3. prouver : *provare quello che si dice*, prouver ce qu'on dit. 4. ressentir : *provare il benessere*, ressentir le bien-être.
● *Dormire all'aperto, a cielo aperto*, ... à la belle étoile ; ... *all'aria libera*, ... all'aria aperta, ... au grand air.

UN ESPRIT SAIN DANS UN CORPS SAIN.

GRAMMAIRE

• Mots à double pluriel
Certains mots possèdent deux pluriels à sens différents : **il corno**, *la corne* ; **i corni**, *les cors (instruments)* ; **le corna del bue**, *les cornes du bœuf.*

il filo, *le fil* ; **i fili della luce**, *les fils électriques* ; **le fila del ragionamento**, *les fils du raisonnement.*

Il lenzuolo, *le drap* ; **le lenzuola**, *les deux draps d'un lit* ; **un paio di lenzuola**, *une paire de draps* ; **ho comprato dieci lenzuoli (cinque paia di lenzuola)**, *j'ai acheté dix draps.*

Il membro, *le membre* ; **i membri di un'assemblea**, *les membres d'une assemblée* ; **le membra del corpo**, *les membres du corps.*

L'osso, *l'os* ; **gli ossi**, *les os considérés séparément* ; **le ossa**, *l'ensemble des os du squelette.*

Ajoutons le mot **il riso** qui, au singulier, a deux sens :
a) *le rire*, pluriel **le risa** ; b) *le riz*, pluriel **i risi**, *les grains de riz.*
N.B. : **il ginocchio**, *le genou* ; **i ginocchi, le ginocchia** ; ces deux pluriels s'emploient au sens propre.

• Certains verbes sont pronominaux en italien et ne le sont pas en français : **arrampicarsi**, *grimper* ; **ammalarsi**, *tomber malade*, **vergognarsi**, *avoir honte.*

• A torso nudo, *le torse nu*, **a testa alta**, *la tête haute.*
Voyez leçon 69 : **con la testa, coi piedi, con le gambe.**

EXERCICE

1. J'ai l'habitude de faire de la gymnastique chaque jour. **2.** Un peu, pas beaucoup, juste ce dont j'ai besoin pour ne pas grossir et me maintenir en bonne forme. **3.** J'ai un bon ami qui est un excellent professeur de gymnastique. **4.** Je crois que le mouvement est source de santé et de plaisir. **5.** Il n'est pas parvenu à grimper comme ses autres camarades. **6.** Il a eu honte de lui. **7.** Il semble pourtant fort lorsqu'on le voit le torse nu. **8.** Il marche aussi la tête haute. **9.** Figurez-vous que cette nuit j'ai rêvé. **10.** Un mauvais rêve : j'étais tombé malade.

CORRIGÉ

1. Ho l'abitudine di fare la ginnastica ogni giorno. **2.** Un poco, non molto, giusto quanto ne ho bisogno per non ingrassare e per mantenermi in buona forma. **3.** Ho un buon amico che è un eccellente professore di ginnastica. **4.** Credo che il movimento sia fonte di salute e di piacere. **5.** Non arrivò ad arrampicarsi come gli altri compagni. **6.** Si vergognò. **7.** Sembra tuttavia forte quando lo si vede a torso nudo. **8.** Cammina anche con la testa alta. **9.** Si figuri che questa notte ho sognato. **I0.** Un cattivo sogno: mi ero ammalato.

Lecture

Due tipi umani

«Un contadinaccio? Non vedi come vien su? Uno scricciolo.» Lillo era infatti un bimbetto pallido e mingherlino, con due gambettine magre, un testone riccioluto e due grand'occhi: somigliantissimo in certi tratti al padre, ma lontanissimo da lui di costruzione e d'espressione, non meno che da quella della madre venuta giù dalla montagna, ancora giovane e bellona, gagliarda di muscoli come il suo uomo e più di lui avanzata di idee e spregiudicata di modi, che fumava e smoccolava come un giovanottaccio e vangava e zappava come un bracciante a cottimo, cantando a squarciagola: «E se il Governo non vorrà – rivoluzione si farà...» Un accidente di femmina sbagliata, insomma, che davvero c'eran volute le mani nocchiute di Strozzapreti per domarla e farne la brava donna che si nascondeva sotto quelle manieracce becere.

Guelfo Civinini, *Trattoria di paese* (Ed. Mondadori, Milano).

Deux types humains

« Un rustaud ? Vous ne voyez pas comme il pousse ? Un petit oiseau. » « Lillo » était en effet un tout petit garçon pâle et malingre, avec deux petites jambes maigres, une grosse tête frisée et deux grands yeux ; par certains traits, en tous points ressemblant à son père, mais très loin de lui par le physique et l'expression, pas moins que de sa mère descendue de la montagne, encore jeune et belle, forte en muscles comme son homme et plus que lui avancée en idées et sans préjugés sur les manières, qui fumait et jurait comme un jeune gaillard et qui bêchait et piochait comme un tâcheron à forfait, chantant à gorge déployée : « Et si le gouvernement ne veut pas – révolution on fera. »
C'était un diable de femme, un homme manqué, en somme, que seules les mains noueuses de Strozzapreti [surnom signifiant « Étrangle-prêtres »] avaient pu dompter pour en faire la brave femme qui se cachait sous ces manières triviales.

CHE COSA VI PIACE LEGGERE ?

1 Il mio °mestiere non mi •permette di dedicare tutto il tempo che vorrei alla lettura. Quando ho un minuto, °sfoglio una rivista o un giornale. Come i bambini, guardo per prima cosa le immagini. Certi servizi giornalistici sono redatti bene. Certi articoli di quotidiani sono abbastanza obiettivi. Ma la stampa non si °interessa che all'attualità.

2 Quanto ai romanzi e ai •racconti, preferisco lasciarmi guidare dal filo di una storia, anche se i caratteri sono convenzionali o arbitrari. Io credo infatti che l'intrigo e lo •scioglimento immaginati •dall'autore •potrebbero **e**ssere °diversi. Ma mi lascio sedurre dallo stile, perché traduce la vita.

3 Io sono cl**a**ssico piuttosto che rom**a**ntico. Molte °**o**pere più °recenti e anche °m**o**derne mi •s**e**mbrano sorpassate. Mi accade di cambiare •id**e**a e di bruciare ciò che ho adorato.

4 Invece mi piace sempre più la Storia. Per l'Antichità e per il °Medio °Evo, gli •avvenimenti sono difficili da ricostruire. È uno studio appassionante. Gli °eroi più •consider**e**voli ci rim**a**ngono forse sconosciuti. Ho un •d**e**bole per i racconti di viaggi.

Posso °l**e**ggere in parecchie lingue, ma con un dizionario.

QU'AIMEZ-VOUS LIRE ?

1 Mon métier ne me permet pas de consacrer tout le temps que je voudrais à la lecture. Lorsque j'ai une minute, je feuillette une revue ou un journal. Comme les enfants, je regarde d'abord les images. Certains reportages sont bien rédigés. Certains articles de journaux sont assez objectifs. Mais la presse ne s'intéresse qu'à l'actualité.

2 Pour ce qui est des romans ou des récits, je préfère me laisser guider par le fil d'une histoire, même si les personnages sont conventionnels ou arbitraires. Je pense, en effet, que l'intrigue et le dénouement imaginés par l'auteur pourraient être différents. Mais je me laisse séduire par le style, car il traduit la vie.

3 Je suis classique plutôt que romantique. Beaucoup d'œuvres plus récentes et même modernes me semblent dépassées. Il m'arrive de changer d'idée, de brûler ce que j'ai adoré.

4 En revanche, j'aime de plus en plus l'histoire. Pour l'Antiquité et pour le Moyen Age, les événements sont difficiles à retracer. C'est là une étude passionnante. Les héros les plus considérables nous restent peut-être inconnus. J'ai un faible pour les récits de voyage. Je peux lire dans plusieurs langues, mais avec un dictionnaire.

Che cosa vi piace leggere? • **Qu'aimez-vous lire ?**

Vocabulaire

- *Lo scioglimento*, le dénouement, vient de *sciogliere*, dénouer, dissoudre *(sciolsi, sciolto)*. Ne pas confondre avec *scegliere (scelsi, scelto)*, choisir ; *la scelta*, le choix (Mémento § 62).
Rappel : *mi accade, mi succede*, il m'arrive.

- *Il romanzo* ; *il romanzo giallo*, le roman policier, la série noire ; *I romanzi storici*, les romans historiques ; *le favole, le fiabe*, les fables, les contes ; *i racconti*, les contes.

- *Leggiucchiare un libro*, lire un livre en diagonale ; *leggerlo tutto d'un fiato*, le lire tout d'un trait ; *rileggerlo*, le relire.
Sprofondarsi nella lettura, se plonger dans la lecture.

- *Alcune lingue straniere*, quelques langues étrangères : *il francese, l'inglese, il tedesco, lo spagnuolo, il portoghese, l'olandese, lo svedese, il polacco, il russo, il cinese, il giapponese*.

ÊTRE UN PUITS DE SCIENCE.

GRAMMAIRE

• **Aveva con sé romanzi polizieschi**. Cet exemple est tiré du texte page 317 : **sé** représente la même personne que le sujet. Lui serait une autre personne.
Ex. : **Pietro parla sempre di Paolo** = **Parla sempre di lui**. Tandis que si *Pierre parle de lui-même* : **Pietro parla sempre di sé**. Vous pouvez dire aussi : ... **di se stesso**.
Comparez avec : **fare da sé**, *faire par soi-même*.
Pluriels : **giornalistici, classici, romantici ; intrighi, polizieschi.**
• **Sempre più**, *de plus en plus* ; *de moins en moins* sera donc : **sempre meno. Ogni giorno di più**, *chaque jour davantage*.
Ne confondez pas *plutôt*, **piuttosto** et *plus tôt*, **più presto**.
• **Parecchie lingue**, *plusieurs langues* ; **molte lingue**, *de nombreuses langues* ; **diverse lingue**, *diverses langues* ; **lingue differenti**, *des langues différentes*.

EXERCICE

1. Pour sûr que j'aime lire ! **2.** Je le crois bien. **3.** La lecture m'enlève le sommeil. **4.** Si je ne me dominais pas, j'achèterais toute la librairie de la rue Nationale et je l'emporterais chez moi. **5.** Un livre est un ami ; il m'apprend des choses, me console, m'amuse et occupe mon temps. **6.** Il n'est jamais de mauvaise humeur ; il est toujours à ma disposition. **7.** Que lisez-vous d'ordinaire ? **8.** Les journaux vous intéressent-ils ? **9.** Non, n'est-ce pas ? Ils sont trop superficiels. **10.** L'histoire vous passionne. **11.** Vous auriez aimé vivre il y a quatre siècles.

CORRIGÉ

1. Certo che mi piace leggere! **2.** Lo credo bene. **3.** La lettura mi toglie il sonno. **4.** Se non mi controllassi comprerei tutta la libreria di via Nazionale e la porterei a casa mia. **5.** Un libro è un amico: mi insegna delle cose, mi consola, mi diverte e occupa il mio tempo. **6.** Non è mai di cattivo umore; è sempre a mia disposizione. **7.** Che cosa legge normalmente? **8.** Le interessano i giornali? **9.** No, è vero? Sono troppo superficiali. **10.** La storia l'appassiona. **11.** Le sarebbe piaciuto vivere quattro secoli fa.

Una lettura appassionante

Mio padre, la sera, nel suo studio, lavorava: cioè correggeva le bozze dei suoi libri, e vi incollava certe illustrazioni. A volte tuttavia, leggeva romanzi. – È bello quel romanzo. Beppino? – chiedeva mia madre. – Macché! una noia! un sempiezzo! – rispondeva alzando le spalle. Leggeva però con la più viva attenzione; e intanto fumava la pipa, e spazzava via la cenere dalla pagina. Quando tornava da qualche viaggio, aveva sempre con sé romanzi polizieschi, che comprava sulle bancarelle delle stazioni, e finiva di leggerli là nel suo studio, la sera. Erano, di solito, in inglese e in tedesco : sembrandogli forse meno frivolo leggere quei romanzi in una lingua straniera. – Un sempiezzo, – diceva alzando le spalle, e leggeva tuttavia fino all'ultima riga.

Natalia Ginzburg, *Lessico familiare*
(Ed. Einaudi).

Une lecture passionnante

Mon père, le soir, travaillait dans son cabinet de travail : c'est-à-dire qu'il corrigeait les épreuves de ses livres et y collait des illustrations. Parfois, encore, il lisait des romans. « Il est beau ce roman, Beppino? (Joseph, *Giuseppe* ; diminutif : *Beppe*) demandait ma mère. Mais non ! c'est ennuyeux, c'est bête ! » répondait-il, haussant les épaules. Il lisait cependant avec l'attention la plus vive ; et en même temps il fumait la pipe et chassait les cendres de la page. Quand il rentrait de quelque voyage, il avait toujours avec lui des romans policiers, qu'il achetait aux éventaires des gares et il achevait de les lire, là, dans son cabinet, le soir. En général ils étaient en anglais et en allemand : il lui semblait, peut-être, moins frivole de lire ces romans dans une langue étrangère. Des bêtises, disait-il en haussant les épaules ; et il lisait, cependant, jusqu'à la dernière ligne.

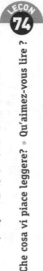

CHE COSA VOLETE VEDERE?
CHE COSA VOLETE SENTIRE?

1 Ammiro l'architettura medievale, sia essa romanica o gotica. Non mi stanco di vedere le °chiese e le cattedrali °europee che illustrano la •grandezza di Dio.
Avete visto •Ravenna in una bella giornata? Quei mosaici così antichi e •ancora così brillanti, quelle sculture d'°avorio nei °musei, quale armonia d'architettura!

2 In pittura ho un •debole per il Quattrocento. L'arte primitiva mi seduce per la sua sincerità e la sua •raffinatezza. Ho contemplato a lungo le •scene della •Passione di Cristo in un trittico °anonimo che ho visto •recentemente. Mi piacciono i ritratti purché °evochino un'anima. Capite qualche cosa, voi, dell'arte astratta? Io non ci capisco niente.
– Ma, caro mio, perché volete che il •pittore imiti la realtà? Il °fotografo, con un buon •apparecchio, una buona pellicola e un buon obiettivo è molto più esatto di un •pittore.

3 – Da quando ho la •televisione non vado più al cinema né ai concerti. Si °proiettano °eccellenti film, e sono •trasmessi i programmi delle °orchestre °sinfoniche. E poi ho un •registratore per registrare ciò che piace a me.
– Mi pare che non abbiate •ragione. Avete °perso l'ultimo concerto di M. Pollini. Era magnifico. •Inoltre, cara mia, tutti i vostri •apparecchi non sostituiscono mai il piacere di fare noi stessi della musica.

È •SEMPRE LA •STESSA MUSICA.

QUE VOULEZ-VOUS VOIR ?
QUE VOULEZ-VOUS ENTENDRE ?

1 J'admire l'architecture médiévale, qu'elle soit romane ou gothique. Je ne me lasse pas de voir les églises et les cathédrales d'Europe qui illustrent la grandeur de Dieu. Avez-vous vu Ravenne par une belle journée ? Ces mosaïques si anciennes et encore si brillantes, ces sculptures sur ivoire dans les musées, et quelle harmonie d'architecture !

2 En peinture, j'ai un faible pour le xvᵉ siècle. L'art primitif me séduit par sa sincérité et par son raffinement. J'ai longuement contemplé les scènes de la Passion du Christ dans un triptyque anonyme que j'ai vu récemment. J'aime les portraits pourvu qu'ils évoquent une âme.
– Vous comprenez quelque chose, vous, à l'art abstrait ? Moi, je n'y comprends rien.
– Mais, mon cher, pourquoi voulez-vous que le peintre imite le réel ? Le photographe, avec un bon appareil, une bonne pellicule et un bon objectif est beaucoup plus exact qu'un peintre.

3 – Depuis que j'ai la télévision, je ne vais plus au cinéma ni aux concerts ; on donne d'excellents films et les programmes des orchestres symphoniques sont retransmis. Et puis j'ai un magnétoscope pour enregistrer ce qui me plaît. – Il me semble que vous n'avez pas raison. Vous avez manqué le dernier récital de M. P. ? C'était magnifique. De plus, ma chère, tous vos appareils ne remplacent jamais le plaisir de faire soi-même de la musique.

Vocabulaire

● *Romano*, romain ; *romanico*, roman. *L'arte gotica o ogivale*, rinascimentale (*il Rinascimento*), *barocca*.

● Quelques noms rencontrés à Rome : *il Colosseo*, le Colisée ; *il Campidoglio*, le Capitole ; *la Basilica* ; *il Tevere*, le Tibre ; *Trastevere*, le Transtévère (pas d'article en italien).

● Le mot *bellezza* s'emploie fréquemment : *parla italiano che è una bellezza*, il parle italien à ravir ; *un giardino che è una bel-*

C'EST TOUJOURS LA MÊME CHANSON (m. à m. : ... musique).

Che cosa volete vedere? Che cosa volete sentire? ● Que voulez-vous voir ? Que voulez-vous entendre ?

lezza,... une merveille ; *solo per bellezza,* seulement comme ornement, pour faire joli ; *questo costa la bellezza di trecentomila euro,...* la coquette somme de trois cent mille euros.

GRAMMAIRE

• **Sia... o,** Synonymes : **sia... sia** ; **o... o.**
Ex. : **sia gotico o rinascimentale** ; **sia nel Trecento sia nel Quattrocento** ; **o domani mattina o domani sera**, *soit demain matin, soit demain soir.*

• **Il Quattrocento,** c'est-à-dire *le xv⁰ siècle* (années 1400 et suivantes). Voyez la leçon 52.

• **L'obiettivo dell'apparecchio,** *l'objectif de l'appareil.*
Remarquez la correspondance du français à l'italien : *le projet,* **il progetto** ; *l'objectif,* **l'obiettivo**. Mais *l'objet* est **l'oggetto**. *Objectif et subjectif* : **oggettivo e soggettivo**.

• Pluriels : **trittici, sinfonici, magnifici; giradischi.**

EXERCICE

1. Bien que je sois d'ici, je n'ai jamais visité le musée. **2.** De sorte qu'on ne peut être plus ignorante. **3.** Mais c'est qu'en vérité le travail de la maison, les enfants et tant d'autres choses ne vous permettent pas de faire ce qui vous plaît. **4.** Quand j'étais étudiante à Bologne, il est sûr que les choses de l'art m'intéressaient ! **5.** Connaissez-vous Bologne ? **6.** Allez-y : c'est de l'art, rien que de l'art. **7.** Le sanctuaire de St-Luc sur la colline, la tour de Garisenda et celle des Asinelli, les Portiques du Pavaglione, l'Université, St-Petronio, le Palais du Podestat...

CORRIGÉ

1. Benché io sia di qui, non ho mai visitato il museo. **2.** Sicché... non si può **e**ssere più ignoranti. **3. È** che in verità il lavoro della casa, i bambini e tante altre cose non vi perme**t**tono di fare quello che vi piace. **4.** Quando ero studentessa a Bologna, è certo che le cose d'arte mi interess**a**vano. **5.** Co**n**osce Bologna? **6.** Ci vada : è arte, solo arte. **7.** Il Santuario di San Luca sulla Collina, la Torre di Garisenda e quella degli Asinelli, i P**o**rtici del Pavaglione, l'Università, San Petronio, il Palazzo del Podestà...

La fisarmonica

È anche incredibile il piacere che noi provammo ad ascoltare quella musica, e lo strano effetto che produsse sopra di noi. Essa ci ubriacò come il vino. Era un pot pourri di vecchie melodie italiane tutte riccioli e svolazzi, pezzi d'opera cuciti insieme a capriccio, «di quella pira» e «a te questo rosario», non ricordo esattamente in quale ordine, forse anche «le foreste imbalsamate» e «Parigi o cara»: cose sublimi che in ogni altro luogo e momento ci avrebbero riempito l'animo di indicibile malinconia, richiamando alla nostra memoria i nonni e i bisnonni morti da tempo e per lo più dimenticati; ma lì, sotto quel platano, con quelle cicale che colmavano del loro stridulo canto ogni pausa, con quei pagliai tutto intorno, e l'odor di concio che il vento portava su dai campi vangati di fresco, e i boschi e le selvagge montagne, ci riempirono di meraviglia, come se nascessero allora, e quello strano soffietto a tastiera, pompando la nostra grezza e incolore aria di campagna, la trasformasse in pittoresche melodie.

Umberto Fracchia, *Gente e scene di campagna, La fisarmonica*.
(Ed. Mondadori, Milano).

L'accordéon

Le plaisir que nous éprouvâmes en écoutant cette musique et l'étrange effet qu'elle produisit sur nous est aussi incroyable. Elle nous enivra comme le vin.

C'était un pot-pourri de vieilles mélodies italiennes, toutes pleines d'ornements et de fioritures, des morceaux d'opéra cousus ensemble au petit bonheur, « De ce bûcher » et « À toi ce chapelet », je ne me souviens pas exactement dans quel ordre, peut-être aussi « Les forêts embaumées » et « Paris, ô ma chérie » : choses sublimes qui, en tout autre lieu et à tout autre moment, nous auraient empli l'âme d'une indicible mélancolie en nous remémorant le souvenir de nos aïeux et de nos bisaïeux morts depuis longtemps et pour la plupart oubliés ; mais là, sous ce platane, avec ces cigales qui comblaient de leur chant strident chaque intervalle, avec ces meules tout autour et l'odeur du fumier que le vent apportait des champs fraîchement labourés et les bois et les montagnes sauvages, ces choses nous remplirent d'émerveillement, comme si elles venaient de naître et comme si ce bizarre soufflet à clavier, aspirant notre air de campagne pur et transparent le transformait en des mélodies pittoresques.

Che cosa volete vedere? Che cosa volete sentire? ● Que voulez-vous voir ? Que voulez-vous entendre ?

CONTRÔLE ET RÉVISIONS

A. 1. Il me semble que Pierre n'est pas très poli. **2.** J'ai conduit Jean en voiture chez lui, mardi dernier. **3.** À peine entré, Mme Cini m'a dit : « Asseyez-vous. » **4.** Nous sommes entrés dans le salon. **5.** Pierre était assis, les pieds sur la table. **6.** Quand nous sommes apparus, il n'a pas même daigné se lever.

B. 7. Il n'a pas bougé du tout. **8.** Il faisait comme s'il dormait, comme s'il rêvait. **9.** Il nous avait certainement entendu venir. **10.** Je me suis mis dans l'idée qu'il n'aime pas Jean. **11.** Non, étant jeune, il était déjà comme cela. **12.** Ensuite il est parti. **13.** Croyez-vous qu'il ait pris congé de nous ? **14.** Il se conduit de la même façon avec n'importe qui.

C. 15. Je désire changer d'appartement. **16.** Je voudrais une maison à la campagne. **17.** Désirez-vous une maison à louer ou à acheter ? **18.** Cela m'est égal, pourvu qu'elle me convienne. **19.** Dans quelle partie de la province ? **20.** N'importe laquelle, pourvu que j'aie la tranquillité. **21.** D'une part, il me faudra des pièces assez grandes. **22.** D'autre part, j'aimerais des arbres pour pouvoir m'asseoir à l'ombre.

D. *(Trois traductions : si, uno, 1ʳᵉ personne du pluriel).*
23. Quand on est riche, on peut s'offrir du luxe. **24.** Quand on est svelte, on peut s'habiller à la dernière mode. **25.** Quand on est jeune, on doit songer à son avenir. **26.** Une fois cinquante ans passés, peut-on faire ce que l'on veut ? **27.** Oui, si l'on peut.

E. 28. Combien gagne Joseph ? **29.** Environ deux mille euros par mois. **30.** Avec ceci il doit payer la location de l'appartement et tout le reste. **31.** Combien lui coûte l'appartement ? **32.** Avec combien comptez-vous vivre à Turin ? **33.** La vie est-elle chère ou pas ? **34.** Elle a beaucoup augmenté au cours des dernières années. **35.** Maintenant, deux mille euros par mois avec une famille ce n'est rien, vous savez. **36.** Bien entendu la meilleure solution c'est d'être propriétaire de l'appartement où vous logez.

CORRIGÉ

A. 1. Mi •sembra che •Pietro non sia •molto educato. **2.** Ho condotto Giovanni in m**a**cchina a casa sua martedì •scorso. **3.** •Appena •introdotto, la •signora Cini mi ha •detto : « •Si acc**o**modi. » **4.** Siamo entrati nel •salotto. **5.** Pietro era seduto con i •piedi sul t**a**volo. **6.** Quando siamo apparsi, non si è neanche degnato di alzarsi.

B. 7. Non si è •mosso affatto. **8.** Si comportava •come se dormisse, come se sognasse. **9.** Ci aveva •certamente sentiti arrivare. **10.** Mi sono •messo in •mente che non gli piaccia Giovanni. **11.** No, già da gi**o**vane era così. **12.** Poi se n'è andato. **13.** •Cr**e**dete che ci abbia salutato? **14.** Egli si •comporta allo •stesso •modo con chiunque.

C. 15. Desidero cambiare •appartamento. **16.** •Vorrei una casa in campagna. **17.** Des**i**dera una casa da affittare o da comprare? **18.** Mi è indifferente, purché mi •convenga. **19.** In quale parte della •regione? **20.** In qualunque parte, purché io abbia la tranquillità. **21.** Da un lato mi occorreranno delle c**a**mere abbastanza grandi. **22.** Dall' altro mi piacer**e**bbero degli **a**lberi per •potermi •sedere all'•ombra.

D. 23. Quando si è ricchi, ci si può offrire del lusso. (Quando uno è ricco, si può... Quando siamo ricchi, ci possiamo...) **24.** Quando si è magri, ci si può vestire all' **u**ltima moda. (Quando uno è magro, si... Quando siamo magri, ci possiamo...) **25.** Quando si è •gi**o**vani, bisogna pensare al •pr**o**prio avvenire. (Quando uno è gi**o**vane, deve pensare... Quando siamo gi**o**vani, dobbiamo pensare... al nostro avvenire.) **26.** Una •volta superata la cinquantina, si può fare quello che si •vuole? (... uno può fare •quello che vuole? ... possiamo fare quello che vogliamo?) **27.** Sì, se si può. (Sì, se uno può. **3.** Sì, se possiamo.)

E. 28. Quanto guadagna Giuseppe? **29.** Circa duemila **e**uro al mese. **30.** Con questo deve pagare l'affitto de l'appartamento e tutto il resto. **31.** Quanto gli costa l'appartamento? **32.** Con quanto conta vi**v**ere a Torino? **33.** La vita è cara o no? **34.** È aumentata molto durante gli **u**ltimi anni. **35.** Ora, duemila **e**uro al mese con una famiglia non è niente, sa. **36.** Beninteso la migliore soluzione è d'**e**ssere proprietario dell'appartamento dove abitate.

IL PIAN

Dopo il Manuel venne il Pian. L'Olimpo fu per qualche millennio servito da un dio che aveva le ali ai piedi, e persino sul cappello; il nostro paese, per lunghi anni, da un carrettiere soprannominato il Pian. Credo[1] che egli fosse figlio del Pian, nipote del Pian, pronipote del Pian, il discendente insomma di tutta una dinastia di Pian, e che quella di andare adagio, di prendere con calma le cose della vita, di spendere il tempo senza avarizia, fosse una virtù ereditaria, passata col soprannome di padre in figlio. Il primo cavallo che egli comprò alla fiera era un puledro. Legato in cima ad una lunga corda che il mercante reggeva per il capo opposto, lo vide fare non so quanti giri al trotto e al galoppo, e pareva che volasse con tutti e quattro gli zoccoli sollevati da terra, come i cavallucci del carosello. Al minimo schiocco di frusta partiva annitrendo, più ratto del fulmine, con un bellissimo crollar di criniera, un piglio da corridore nato. Ricondotto al passo, aveva l'ambio lungo e rapido. Fermo, scalpitava impaziente di riprendere la corsa. Il Pian lo guardava con i suoi occhi mezzo[2] addormentati, meditava e taceva. Il contratto fu concluso verso sera, e non passò una settimana che, attaccato al carro del Pian, il bell'animale aveva perduto tutto il suo brio. Era diventato il cavallo del Pian, il suo passo, quello lento e pensieroso del padrone, della frusta aveva dimenticato anche il suono, e non andò molto che imparò a fermarsi ogni tanto lungo la strada a pizzicar l'erba della proda e, di notte, a schiacciare un sonnellino. Il Pian non era giovane, e non era vecchio. Aveva la media età della vera saggezza. Chi picchiava alla sua porta, sapeva di dover aspettare un poco, prima che una voce gli rispondesse fioca attraverso i muri. Poi si udiva uno scalpiccio strascicato, e finalmente il Pian incominciava a scendere lemme lemme la scala. Anche a non volerne contare i gradini, bisognava sapere che erano dodici, tanto il Pian li scendeva adagio. Era come

1. *Credo* (de *credere*), *fosse* (de *essere*) : notez la différence de temps et de mode. De temps, car le fait de croire est présent, celui d'être... est passé. De mode, cf. : *credo che sia*.
2. *Mezzo* est adverbe donc invariable.

LE LAMBIN

Après Manuel vint le Lambin. L'Olympe fut durant quelques millénaires servi par un dieu qui avait des ailes aux pieds et même sur son casque ; notre village, pendant de longues années, fut servi par un charretier surnommé le Lambin. Je crois qu'il était le fils du Lambin, petit-fils du Lambin, arrière-petit-fils du Lambin, le descendant, en somme, de toute une dynastie de Lambins, et que le fait d'aller doucement, de prendre avec calme les choses de la vie, de dépenser le temps sans avarice, était une vertu héréditaire, passée avec le surnom de père en fils. Le premier cheval qu'il acheta à la foire était un poulain. Attaché au bout d'une longue corde que le marchand tenait par le bout opposé, il le vit faire je ne sais combien de tours au trot et au galop, et il semblait voler avec ses quatre sabots, soulevés de terre comme les petits chevaux de bois. Au moindre claquement de fouet, il partait en hennissant, plus rapide que la foudre, avec un magnifique déploiement de crinière, un air de coureur-né. Ramené au pas, il avait l'amble long et rapide. Arrêté, il piaffait, impatient de reprendre la course. Le Lambin le regardait avec des yeux à moitié endormis, méditait et se taisait. Le contrat fut conclu vers le soir, et une semaine ne s'était pas encore écoulée que le bel animal, attaché à la charrette du Lambin, avait perdu toute sa fougue. Il était devenu le cheval du Lambin, son pas, celui lent et pensif de son maître ; du fouet, il avait oublié même le claquement, et peu de temps s'écoula qu'il apprit à s'arrêter de temps à autre le long de la route, pour mordiller l'herbe du bord et, la nuit, pour faire un petit somme. Le Lambin n'était pas jeune, et il n'était pas vieux. Il avait l'âge moyen de la vraie sagesse. Celui qui frappait à sa porte savait qu'il devait attendre un peu, avant qu'une voix lui réponde faiblement à travers les murs. Puis on entendait un bruit de pas traînant et finalement le Lambin commençait à descendre l'escalier tout doucement. Même si l'on ne voulait pas compter les marches, on était obligé de savoir qu'il y en avait douze, tellement le Lambin les descendait lentement. C'était comme compter les

contare i rintocchi del campanile, quando il grosso orologio suonava il mezzodì. Egli ascoltava in silenzio, meditava assai prima di rispondere, e fra le sue parole non ce n'era mai una di troppo. In paese la sua reputazione crebbe[3] con gli anni. Andavano da lui per consiglio. Sedevano i due compari ad una tavola con un fiasco nel mezzo. Un ragazzo veniva a dire che il cavallo era attaccato. Il Pian raccomandava di tenerlo all'ombra. Passava qualche ora, le nuvole scavalcavano le cime delle montagne, oscuravano il sole, da bianche si facevano nere, e incominciava a piovere. Correva il ragazzo a dire che il cavallo si bagnava. Il Pian dava ordine di coprirlo con l'incerata. Il compare aveva vuotato il fiasco, ma il Pian era ancora al suo primo bicchiere. Già quello, dimenticato[4] il perché della visita, faceva discorsi strambi, picchiava il pugno sulla tavola e accennava a voler cantare. Ma il Pian, taciturno, era tutto intento al consiglio che lentamente gli cuoceva nella conscienza. L'altro ruzzolava sotto la panca e incominciava a russare; e allora il Pian, appena appena offuscato da una nebbiolina, si alzava in piedi e si affacciava alla porta. Il giorno s'era cambiato in notte e il cielo stellato prometteva una quiete dolce e serena. Dormire in un letto o in un carro non è forse la stessa cosa? All'alba si sarebbe svegliato alle porte della città, senza neppure accorgersi della strada. Anche il cavallo si era addormentato alle stanghe, ma all'avvicinarsi del padrone si risvegliava con un pigro nitrito. Straordinaria fu la morte del Pian. Una notte, non si sa come, dato[4] un uomo di tanta prudenza, egli ruzzolò giù per quella scala che durante tutta la sua vita non aveva mai voluto né salire né scendere a due scalini per volta, batté il capo contro la porta, e chiuse gli occhi per sempre. Il suo spirito non abbandonò per questo subito il suo corpo, ma se ne andò senza fretta ventisei giorni dopo. Era lo spirito del Pian, e adagio, ponderatamente, con tutta calma uscì di questa vita.

Umberto Fracchia,
Gente e scene di campagna
(Éd. Mondadori, Milano).

3. *Crescere*, croître, *crebbi, cresciuto* (§ 61, n° 21).
4. *Dimenticato, dato*. Cet emploi du participe passé seul ne se fait pas en français.

tintements du clocher, quand la grosse horloge sonnait midi. Il écoutait en silence, méditait longtemps avant de répondre, et parmi ses paroles, il n'y en avait jamais une de trop. Au village, sa réputation avait grandi avec les années. On allait chez lui pour lui demander conseil. Les deux compères s'asseyaient à une table, avec une bouteille au milieu. Un enfant venait dire que le cheval était attelé. Le Lambin recommandait de le tenir à l'ombre. Quelques heures passaient, les nuages enjambaient les sommets de montagnes, obscurcissaient le soleil, de blancs devenaient noirs et il commençait à pleuvoir. L'enfant courait dire que le cheval se mouillait. Le Lambin donnait l'ordre de le couvrir d'une toile cirée. Le compère avait vidé la bouteille, mais le Lambin en était encore à son premier verre. Déjà l'autre, ayant oublié le but de sa visite, tenait des discours bizarres, frappait du poing sur la table et s'apprêtait à chanter. Mais le Lambin, taciturne, était tout attentif au conseil qui lentement mûrissait dans sa conscience. L'autre dégringolait sous la banquette et commençait à ronfler ; et alors le Lambin l'esprit à peine embrumé se levait et mettait le nez à la porte. La nuit était tombée et le ciel étoilé promettait une quiétude douce et sereine. Dormir dans un lit ou dans une charrette, n'est-ce donc pas la même chose ? À l'aube, il se réveillerait aux portes de la ville sans même s'apercevoir de la route. Le cheval aussi s'était endormi entre les brancards, mais à l'approche de son maître, il se réveillait avec un hennissement paresseux. La mort du Lambin fut extraordinaire. Une nuit, on ne sait comment, pour un homme d'une telle prudence, il dégringola dans cet escalier qu'il n'avait jamais voulu de sa vie ni monter ni descendre deux marches à la fois, se cogna la tête contre la porte et ferma les yeux pour toujours. Son esprit ne quitta pas pour autant son corps tout de suite, mais s'en alla sans hâte vingt-six jours plus tard. C'était l'âme du Lambin et, lentement, après mûre réflexion, dans un grand calme, elle quitta cette vie.

VECCHIA CITTÀ

Noi ragazzi dovevamo ormai rassegnarci a vivere in quella vecchia[1] città nella quale eravamo nati, ma che avevamo abbandonato da anni. Città fitta di case, quasi accastellate le une sulle altre, case alte e cupe, dai muri umidi, dai loggiati[2] tetri; e tutta segnate da vie strette e tortuose, le quali ben di rado si allargano nel calmo respiro di una piazza.

Più vivo in noi il ricordo della Maremma[3], selvatica e avara specie in quei tempi, ma a suo modo accogliente con le larghe e ariose pianure percorse dalle mandrie dei bufali e con lontano, sulla linea dell'orizzonte una chiara cavalcata di monti. Né potevamo dimenticare le nostre città marine: strade ampie ravvivate dall'odore acre della salsedine, belle anche d'inverno per la luce più aperta e il mugghio rabbioso del libeccio[4]. La vecchia città faceva pena, invece: vie anguste e intricate, predilette dall'ombra, dove bisognava darsi da fare per non urtare nei passanti.

Proprio non riuscivamo a capacitarci di quella nuova dimora. Prima dell' alba tra veglia e sonno, qualche acuto canto di gallo rievocava una campagna invano desiderata, di là dalle mura[5] cittadine. Di sotto le coltri ascoltavamo quel canto remoto e la vita destarsi a quel segnale: il sole – lo si capiva – sfiorava le cime delle torri, dei campanili, le sommità delle chiese, e, sul cumulo disuguale dei tetti, gli abbaini più alti: un sole tenero, roseo e appena tiepido. Si udivano le prime lattaie che davano la sveglia ai clienti e le erbivendole con i loro carretti rumorosi sul selciato che gli spazzini andavano ripulendo con automatica lentezza. Si odono, a quell'ora, i richiami e il cozzare metallico delle bombole appese ai manubri delle biciclette. Qualcuno risponde, impastato nel sonno, dall'alto di un terzo o un quarto piano. E quei rumori gradevoli crescono col crescere della luce: gli operai e gli impiegati vanno al lavoro mentre le saracinesche dei negozi vengono sollevate con fracasso.

1. Il s'agit de la ville de Lucques.
2. *Loggia* ou *loggiato* : à Lucques, c'est l'entrée principale d'une maison.
3. *Maremma* : zone du littoral plate, marécageuse et malsaine.
4. *Libeccio* : vent du sud-ouest.
5. Lucques est une ville fortifiée ; *mura*, ici = remparts.

VIEILLE VILLE

Nous, les jeunes, nous devions désormais nous résigner à vivre dans cette vieille ville où nous étions nés, mais que nous avions abandonnée depuis des années. Ville aux maisons serrées, presque empilées les unes sur les autres, maisons hautes et sombres, aux murs humides, aux porches obscurs ; ville toute sillonnée de rues étroites et tortueuses, qui s'élargissent bien rarement dans la calme respiration d'une place.

Plus vif en nous était le souvenir de la Maremma sauvage et avare, en particulier à cette époque, mais accueillante à sa manière avec ses plaines larges et aérées, parcourues par les troupeaux de buffles et avec, au loin, sur la ligne de l'horizon, une claire chevauchée de montagnes. Nous ne pouvions pas oublier non plus nos villes de bord de mer : rues amples vivifiées par l'odeur âcre de l'air salin, belles même en hiver à cause de la lumière plus épanouie et du mugissement rageur du libeccio. La vieille ville faisait peine au contraire : rues étroites et embrouillées, chéries par l'ombre où il fallait prendre garde pour ne pas bousculer les passants.

Vraiment nous avions du mal à nous faire à cette nouvelle demeure. Avant l'aube, dans un demi-sommeil, des chants aigus de coq évoquaient une campagne désirée en vain, au-delà des remparts de la ville. Sous les couvertures, nous écoutions ce chant lointain et la vie qui s'éveillait (m. à m. : se réveiller) à ce signal. Le soleil – on le devinait – effleurait les cimes des tours, des clochers, le faîte des églises et, sur l'accumulation inégale des toits, les lucarnes les plus hautes : un soleil tendre, rosé et à peine tiède. On entendait les premières crémières qui éveillaient les clients et les marchandes de quatre-saisons avec leurs charrettes bruyantes sur le pavé que les balayeurs nettoyaient (m. à m. : allaient nettoyant) avec une lenteur automatique.

On entend, à cette heure-là, les appels et le choc métallique des bidons suspendus aux guidons des bicyclettes. Quelqu'un répond, tout ensommeillé (m. à m. : pétri de sommeil), du haut d'un troisième ou d'un quatrième étage. Et ces rumeurs agréables croissent en même temps que (m. à m. : l'augmentation de) la lumière : les ouvriers et les employés vont au travail tandis que les rideaux métalliques des magasins sont relevés avec fracas.

La vecchia città, così quieta e in pace con se stessa durante la notte riprende man mano[6] a vivere, a farsi chiassosa, a ritrovare un po' della sua fanciullezza, essa così arcigna e poco propensa al sorriso.

Ma per noi ragazzi era sempre una pena, una tristezza che durò a lungo. Finché un giorno ci riconciliammo con quelle antiche case umidicce, con quelle vie anguste, con quella musoneria che d'inverno par che non voglia finir mai. Fu come risalire al tempo della nostra prima infanzia. Era – mi ricordo – di primavera, allorché principiammo a scoprire il sorriso degli orti e dei giardini interni, così restii a farsi conoscere: una folta vegetazione, e delle più varie, vi cresce, e vi sbocciano fiori vivaci. Talvolta si tratta di un movimentato intrico di fusti, di rami, di foglie, uno slancio vigoroso verso l'alto, verso quel cielo così difficile ad essere avvicinato.

Ci riconciliammo con la vecchia città nelle ore dei pomeriggi primaverili, quando più forte giunge il richiamo della campagna circostante, lungo le cortine delle mura, tra il folto stormire degli alberi secolari, animati dagli uccelli già tutti in faccende.

Le vie della città sembrano assumere un carattere nuovo. Il sole scende più in basso; talvolta mette in fuga l'ombra anche dai vicoli appartati. I vecchi escono a piccoli passi sui viali delle mura, cercano la panchina preferita e vi si trattengono ore ed ore, in quella dolce comprensione della vita che si rinnova.

Che bellezza destarsi, di prima mattina, in una stagione così tanto propizia, al canto del gallo dagli orti!

Non importava la voce della mamma di sulla porta della camera per avvertirci che era tempo di saltare dal letto.

Il sole, dalle imposte socchiuse, veniva a darci l'avviso. Le sue esili dita di luce si appuntavano sul tavolinetto presso la finestra, frugavano tra i nostri libri in disordine, ammiccavano con insistenza, come a dirci che era l'ora di tornare su quelle pagine, a darvi in fretta un ultimo sguardo prima di correre per le vie, verso la scuola.

Felice del Beccaro

6. *Man mano* ; on peut dire aussi : *a mano a mano*. Peu à peu se dit : *a poco a poco* ou aussi : *via via*.

La vieille ville si tranquille et en paix avec elle-même durant la nuit se remet à vivre petit à petit, devient (m. à m. : à devenir) bruyante, retrouve un peu de sa jeunesse, elle si revêche et si peu disposée au sourire.

Mais pour nous, les jeunes, c'était toujours une peine, une tristesse qui dura longtemps. Vint un jour où (m. à m. : jusqu'à ce qu'un jour) nous nous réconciliâmes avec ces vieilles maisons un peu humides, avec ces rues étroites, avec cette humeur maussade qui, en hiver, paraît ne vouloir jamais s'achever. Ce fut comme si nous remontions au temps de notre prime jeunesse. C'était, il m'en souvient, au printemps, alors que nous commençâmes à découvrir le sourire des potagers et des jardins intérieurs, si rétifs à se faire connaître : une végétation dense et des plus variées y pousse et des fleurs aux couleurs vives y éclosent. Parfois, il s'agit d'un enchevêtrement mouvementé de troncs, de branches, de feuilles, d'un élan vigoureux vers le haut, vers ce ciel, d'approche si difficile.

Nous nous réconciliâmes avec la vieille ville pendant les après-midi de printemps lorsque parvient plus fort l'appel de la campagne environnante, le long du rideau des remparts, entre le frémissement dense des arbres séculaires animés par les oiseaux déjà tout affairés.

Les rues de la ville semblent prendre un caractère nouveau. Le soleil descend plus bas ; parfois il fait fuir l'ombre même des ruelles les plus solitaires. Les vieillards sortent à petits pas sur les allées des remparts, recherchant leur banc préféré et là restent assis des heures et des heures, dans cette douce compréhension de la vie qui se renouvelle.

Que c'est beau de se réveiller de bon matin, en une saison à ce point propice, au chant du coq montant des potagers ! Nous n'avions pas besoin d'entendre la voix maternelle au seuil de notre chambre nous avertir qu'il était temps de sauter du lit.

Le soleil, à travers les volets entrouverts, venait nous donner le signal. Ses fins doigts de lumière se posaient sur la petite table près de la fenêtre, fouillaient parmi nos livres en désordre, lançaient des signaux insistants, comme pour nous dire que c'était l'heure de revenir sur ces pages pour y donner en hâte un dernier coup d'œil avant de courir à travers les rues, vers l'école.

TU ED IO

Passati gli anni non vi era nulla di mutato, se non che tu ed io eravamo cresciuti. Gli altri restavano gli stessi: la nonna nella sua umiliata condizione, il tuo protettore col suo tono paterno e severo, il velato sarcasmo della signora. Dida si era fatta più grassa e sapeva ridere senza incrinare il silenzio: preparava un'uguale merenda per te e per me. Anche i crostini erano gli stessi, di pane, burro e marmellata d'arancio[1]. Poi tu ed io uscivamo per recarci in[2] giardino.

Un giorno il babbo, stretto dal bisogno, si era rivolto al tuo protettore per avere trecento lire. Erano molte[3] trecento lire, allora. Al babbo servivano per comperarsi una marsina usata da un rigattiere, siccome aveva trovato lavoro al «Gambrinus» dove i camerieri portavano le falde. Il babbo faceva il cameriere nei caffè. Con le poche decine di lire che rimasero, la famiglia si concesse una scampagnata. Furono i trenta denari. Da quel giorno il babbo non rimise piede a Villa Rossa. Ora il tuo protettore era sicuro di averti conquistato definitivamente ; all'ironia di sua moglie si aggiunse un argomento di più. La nonna[4] si mordeva le labbra ogni volta che l'episodio le veniva rinfacciato, si riprometteva di pagare il debito del babbo con i suoi risparmi : guadagnava una lira l'ora nei suoi mezzo-servizio[5]. Io giocavo con i miei amici, per la strada, di soldi e diecioni: trecento lire era una somma che veniva da ridere a pensarci, tanto mi pareva enorme. Cenavamo, la nonna ed io, a caffè e latte; spendevamo, tutti e due, una lira.

Fu dopo l'episodio del prestito che il tuo protettore proibì di parlare della mamma in tua presenza.

Tu ed io andavamo dunque in giardino. Mi[6] camminavi

---

1. *Arancio* est l'arbre, *arancia*, le fruit ; on dirait plutôt : *marmellata d'arancia*.
2. Notez l'absence d'article ; *nel giardino* introduirait une nuance : on penserait à tel jardin, pas seulement au fait de sortir.
3. *Molte* est ici adjectif.
4. *La nonna* ; plus loin : *il babbo*. L'article confère une note de familiarité.
5. *Mezzo-servizio* désigne le travail à l'heure, en particulier celui d'une femme de ménage qui ne reste pas en service toute la journée.
6. La possession est marquée par le pronom *mi*. On pourrait dire : *Camminavi al mio fianco*.

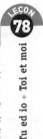

TOI ET MOI

*Les années avaient passé, il n'y avait rien de changé, sinon
que toi et moi, nous avions grandi. Les autres restaient
les mêmes : grand-mère dans sa condition d'humiliée, ton
protecteur avec son ton paternel et sévère, le sarcasme
voilé de la dame. Dida avait grossi et savait rire sans
fêler le silence. Elle préparait le même goûter, pour toi
et pour moi. Même les toasts étaient semblables, de pain,
de beurre et de confiture d'orange. Puis toi et moi, nous
sortions pour nous rendre au jardin.*

*Un jour, papa, contraint par la nécessité, s'était adressé
à ton protecteur pour avoir trois cents lires. C'était
beaucoup à cette époque, trois cents lires. Papa en avait
besoin pour s'acheter chez un fripier un habit d'occasion
puisqu'il venait de trouver du travail au « Gambrinus » où
les garçons portaient la queue-de-pie. Papa était garçon
de café. Avec les quelques dizaines de lires qui restèrent,
la famille s'offrit une partie de campagne. Ce furent là
les trente deniers. Depuis ce jour, papa n'a pas remis les
pieds à la Villa Rouge. Désormais, ton protecteur était sûr
de t'avoir conquis définitivement ; à l'ironie de sa femme
s'ajouta un argument de plus. Grand-mère se mordait les
lèvres chaque fois que lui était reproché l'épisode. Elle se
promettait de solder la dette de papa avec ses économies :
elle gagnait une lire l'heure dans ses ménages. Moi, je
jouais avec mes amis dans la rue par pièces d'un sou et de
deux sous ; trois cents lires étaient une somme qui faisait
rire, rien que d'y penser, tant elle me semblait énorme.
Nous dînions, grand-mère et moi, d'un café au lait, nous
dépensions une lire à nous deux. Ce fut après l'épisode de
l'emprunt que ton protecteur interdit de parler de maman
en ta présence.*

Toi et moi, nous allions donc au jardin. Tu marchais à côté de

al fiancosempre un po' discosto, mi trattavi con una degnazione ostentata, di bambino; eri sempre accigliato, come se mi considerassi un nemico. Mi facevi osservare le piante, i fiori, i pesci della vasca col sussiego di un fanciullo che fa ammirare al coetaneo i suoi giocattoli per stupirlo e muovergli invidia, ma non gli permetterà mai di toccarli. Mi conducevi spesso e volentieri fino alla serra per vedere le tartarughe. Il giorno che ne voltai una sul dorso col piede, ti mettesti a piangere. Nemmeno il giardiniere riuscì a calmarti; mi insultavi fra i singhiozzi. La tartaruga si chiamava Beatrice.

Rientrasti in casa quasi correndo, il tuo protettore mi misurò uno schiaffo, la nonna prese le mie difese. «Roba da forca», esclamò la signora. «Stanotte avrà la febbre», disse il tuo protettore; mi guardava con occhi cattivi. Io non lo temevo più. Le visite a Villa Rossa mi sembravano ormai una commedia. Vivevo una vita diversa, trascorrevo molte ore del giorno sulla strada, venire a Villa Rossa era per me un'avventura, una doppia esistenza che ai miei amici mantenevo segreta.

Avevo dieci anni e la nonna non poteva più tenermi per[7] mano. Quando uscivamo dalla Villa staccavo la corsa per via San Leonardo, entravo nei cortili dei contadini, e lanciavo un urlo, suonavo i campanelli delle ville, raccoglievo le ulive cadute dagli alberi. Le volte che la signora ci accompagnava mi sfrenavo apposta, lei mi minacciava col bastone. Al momento di salutarla la nonna la scongiurava di non riferire al marito le mie prodezze. Era una strana donna, la signora; non di rado, per tutto rimprovero, mi faceva una carezza.

Vasco Pratolini
Cronaca familiare
(Ed. Mondadori).

---

7. *Per mano*, absence d'article. Cf. note 2, p. 332.

moi, toujours un peu à l'écart ; tu me traitais d'enfant avec une complaisance affectée ; tu avais toujours le sourcil froncé, comme si tu me prenais pour un ennemi. Tu me faisais remarquer les plantes, les fleurs, les poissons du bassin avec la condescendance d'un enfant qui fait admirer ses jouets à un autre enfant du même âge pour l'émerveiller et le rendre jaloux mais qui ne lui permettra jamais d'y toucher. Tu m'emmenais souvent et volontiers jusqu'à la serre voir les tortues. Le jour où j'en retournai une sur le dos avec le pied, tu te mis à pleurer. Le jardinier lui-même ne réussit pas à te calmer ; tu m'insultais au milieu de tes sanglots. La tortue s'appelait Béatrice.

Tu rentras à la maison presque en courant ; ton protecteur me gratifia d'une gifle, grand-mère prit ma défense. « Gibier de potence ! » s'exclama la dame. « Cette nuit il aura la fièvre », dit ton protecteur ; il me regardait avec des yeux méchants. Moi, je ne le craignais plus. Les visites à la Villa Rouge me semblaient désormais une comédie. Je vivais une vie différente. Je passais de nombreuses heures de la journée dans la rue ; venir à la Villa Rouge était pour moi une aventure, une double existence que devant mes amis je gardais secrète.

J'avais dix ans et ma grand-mère ne pouvait plus me donner la main. Quand nous sortions de la Villa Rouge, je me mettais à courir dans la rue San Leonardo, j'entrais dans les cours des paysans et je poussais un grand cri, je tirais les sonnettes des villas, je ramassais les olives tombées des arbres. Les fois où la dame nous accompagnait, je faisais exprès de me déchaîner, elle, elle me menaçait de sa canne. Au moment de la saluer, grand-mère la conjurait de ne pas raconter mes prouesses à son mari. C'était une femme étrange, la dame : souvent, pour tout reproche, elle me faisait une caresse.

CASO, PADRONE MIO!

Era stato un amore fulminante. Conosciuta in un dancing di via Meravigli, no domani tu smetti di lavorare, nozze a sessanta giorni bella mia, e così fu. Ero matto, matto, se ne accorsero i portafogli di mezza città. Ah come lavoravo in quel periodo, fra via Silvio Pellico e via Berchet nelle mattine di mercato. Affittammo quattro locali in via S. Gregorio e ce li godemmo come i pulcini godono l'ovatta. La famosa luna di miele è certo un'occupazione di adulti, ma comportandovisi ingenuamente, come bambini, la si gusta di più. Bronci, riconciliazioni, gelosie delle ombre, diminutivi assurdi, è buona la pappa?, fatta la nanna?, di chi è il Momo della Moma sua?, eccetera. Forse quegli abbandoni mi perdettero, o Silvia era Lucifero travestito da angioletto, chi lo sa. Un pomeriggio, tornavo dal Verziere, la colgo mentre ficca la sua roba nelle valigie. Ci guardiamo per cinque minuti, zitti, coi nervi incordati. Pareva che ognuno dicesse all'altro : «Ma chi sei? Ti ho visto mai?» Infine lei gridò[1]:

«Canaglia. Vai[2] rubando portafogli, eh?»

Mi ha seguito, o debbo aver parlato nel sonno, ah quanto è brutta e volgare, pensai. Non tollero che si adoperi quel tono per nominare l'arte mia.

«E con ciò? Mi hai sposato per il meglio come per il peggio. Siediti, ora ti spiego[3]», dissi freddamente.

E lei :

«Scegli: o me ne vado per i fatti miei[4], subito adesso, o appena volti le spalle ti denunzio.»

Figuriamoci: le chiamai un taxi per telefono e le portai giù il bagaglio.

«Addio, Silvia.» «Addio, ladro.» E chi s'è visto s'è visto.

L'amavo, accidenti[5] a lei. Per non avere nell'orecchio, sempre, quei teneri «Di chi è il Momo della Moma sua?» cambiai allog-

---

1. *Gridare* s'écrier : de même *esclamare*, s'exclamer.
2. *Andare* suivi du gérondif indique l'action répétée.
3. *Ora* + présent traduit le futur proche.
4. *Fatti i fatti tuoi,* occupe-toi de tes affaires, débrouille-toi tout seul.
5. *Accidenti!* employé seul, est une exclamation familière. Par exemple, si vous apercevez que vous avez oublié votre portefeuille : *Accidenti! Ho dimenticato il portafogli.*

MON MAÎTRE, LE HASARD

Ç'avait été un amour foudroyant. Connue dans un dancing de la rue Meravigli ; non, demain tu t'arrêtes de travailler ; mariage dans 60 jours, ma belle ; et ce fut ainsi. J'étais fou, fou, les portefeuilles de la moitié de la ville s'en aperçurent ! Ah ! comme je travaillais pendant cette période entre la rue Silvio-Pellico et la rue Berchet les matins de marché. Nous louâmes quatre pièces dans la rue Saint-Grégoire et nous y trouvâmes notre plaisir comme des poussins dans l'ouate. La fameuse lune de miel est certainement une occupation d'adultes, mais on l'apprécie davantage si l'on s'y comporte, naïvement, comme des enfants. Bouderies, réconciliations, accès de jalousie pour des riens, diminutifs absurdes : la sou-soupe est bonne ? Tu as fait ton dodo ? À qui est le Momo à sa Mimi ? etc. Peut-être ces abandons causèrent-ils ma perte, ou bien Silvia était-elle un Lucifer travesti en petit ange, qui sait ? Un après-midi, je revenais du Verziere, je la surprends en train de fourrer ses affaires dans ses valises. Nous nous regardons pendant cinq minutes, en silence, les nerfs tendus. Chacun de nous semblait dire à l'autre : « Mais qui es-tu ? Est-ce que je te connais ? » Enfin elle s'écria : « Canaille, tu voles des portefeuilles, hein ? » Elle m'a suivi, ou bien j'ai parlé en dormant. Ah ! qu'elle est laide et vulgaire, pensai-je. Je n'admets pas que l'on prenne ce ton pour parler de mon art.

« Et alors ? tu m'as épousé pour le meilleur comme pour le pire. Assieds-toi, je vais t'expliquer », dis-je froidement. Et elle :

« Choisis : ou je m'en vais de mon côté immédiatement, ou dès que tu tournes le dos, je te dénonce. »

Pensez donc : j'appelai un taxi par téléphone et lui descendis ses bagages.

« Adieu Sylvie. » « Adieu voleur. » Fini à jamais.

Je l'aimais, le diable soit d'elle. Pour ne pas avoir dans l'oreille, constamment, ces tendres « à qui est le Momo à sa Mimi ? », je changeai de logis ; mais dans la mansarde de la rue Rovello, pendant des mois, la nuit, je mordais

gio; ma nell'abbaino di via Rovello, per mesi, la notte, azzannavo i guanciali. È inutile, chiunque può riavere sua moglie, per legge; senonché l'anticamera della legge è la polizia, è terreno minato per un ladro di portafogli. Dovevo rassegnarmi, e adagio ci riuscii ; fu quasi un divertimento, per me, nel '51, scrivere sul modulo Vanoni[6]: «Silvia Zaffi, moglie, detrazione L 50 000.» Non ci eravamo più incontrati. Un silenzio di tomba, fino al giugno scorso. Riapparve d'improvviso in quella fotografia: i portafogli me l'avevano tolta, ecco, e i portafogli me la restituivano. Come non voler bene al genio mio? E come non cedere alla tentazione di rivederla? Sul tardi, il giorno dopo, ero a Busto Arsizio.

Binari, capannoni, fabbriche, una selva di ciminiere, d'inferriate, di gru, di cavi; un'aria pesante che rifiutava le stelle e corrompeva l'alito della primavera. I biglietti da visita del ragioniere mi guidarono fin sul ballatoio del quinto piano di un palazzacio[7] alla periferia; le vibrazioni del motore acceso di un autocarro, dal sottostante cortile, grattavano scaglie di ruggine dalla ringhiera, pareva che la spulciassero. Davanti all'uscio socchiuso, mi fermai, anche per gli strilli e i pianti che udii. C'era una lite in corso, fra l'uomo e la donna; tre bambini, ammucchiati in un angolo della stanza (un logoro tinello) singhiozzavano impauriti. Dio santo, vidi mia moglie. Affranta, sudicia, giallognola: non aveva trent'anni ed era già una vecchia, piena di ansie e di rancore... la nonna della Silvia che avevo amata io, la nonna, un volto e una figura di mendicante. Il ragioniere e lei si azzuffavano, indovinai, a causa del portafogli mancante. Egli gridò:

«Ma ragiona... che posso farci? Debiti ne abbiamo con tutti... a chi mi rivolgo?» e Silvia, disperata, fuori di sé, lanciandogli un piatto che lui evitò a stento, ribatté:

«Ma che vuoi che ti dica... va' a rubare! va' a rubare!»

Giuseppe Marotta, *Mal di Galleria*
(Éd. Bompiani, Milano).

---

6. Ministre qui a donné son nom à un formulaire de déclaration d'impôts : les hommes mariés déduisent de leurs revenus une certaine somme (ici : 50 000 lires).
7. Le suffixe *-accio* est péjoratif.

mon oreiller. À quoi bon ? La loi donne à chacun le droit de reprendre sa femme. Mais l'antichambre de la loi est la police ; c'est un terrain miné pour un voleur de portefeuilles. Je devais me résigner, et très lentement, j'y parvins ; ce fut presque un divertissement, pour moi, au cours de l'année 51, que d'écrire sur ma déclaration d'impôts : « Sylvie, épouse Zaffi, déduction 50 000 lires. » Nous ne nous étions plus rencontrés. Silence de mort, jusqu'à juin dernier. Elle reparut à l'improviste sur cette photo. C'étaient les portefeuilles qui me l'avaient enlevée, et voilà que les portefeuilles me la rendaient. Comment ne pas vouloir de bien à mon génie ? Et comment ne pas céder à la tentation de la revoir ? Sur le tard, le jour suivant, j'étais à Busto Arsizio. Des rails, des hangars, des usines, une forêt de cheminées, de grilles, de grues, de câbles ; un air lourd qui repoussait les étoiles et emprisonnait le souffle du printemps. Les cartes de visite du comptable me guidèrent jusqu'au palier du 5e étage d'un vilain immeuble de banlieue ; les vibrations du moteur en marche d'un camion montant de la cour détachaient des écailles de rouille de la rampe ; on aurait dit qu'elles l'épluchaient. Devant la porte entrebâillée, je m'arrêtai en raison, aussi, des cris et des pleurs que j'entendis. Il y avait une dispute en cours, entre l'homme et la femme ; trois enfants, entassés dans un coin de la pièce (une vieille salle à manger) sanglotaient apeurés. Mon Dieu, je vis ma femme. Brisée, sale, le teint jaunâtre : elle n'avait pas trente ans et c'était déjà une vieille, emplie d'angoisses et de rancœurs… la grand-mère de la Sylvie que j'avais aimée, moi, la grand-mère, un visage et une allure de mendiante. Le comptable et elle se disputaient, je devinai que c'était à cause du portefeuille absent. Il s'écria : « Mais, réfléchis un peu, que puis-je y faire ? Nous sommes criblés de dettes. À qui est-ce que je peux m'adresser ? » Et Sylvie, désespérée, hors d'elle, lui lançant une assiette qu'il évita de justesse, riposta : « Que veux-tu que je te dise… va voler !… va voler ! »

LE PICCOLE COSE

Le piccole cose
che amo di te
quel tuo sorriso
un po' lontano
il gesto lento della mano
con cui mi carezzi i capelli
e dici: vorrei
averli anch'io così belli
e io dico: caro
sei un po' matto
e a letto
svegliarsi
col tuo respiro vicino
e sul comodino
il giornale della sera
la tua caffettiera
che canta, in cucina
l'odore di pipa
che fumi la mattina
il tuo profumo
un po' blasé
il tuo buffo gilet
le piccole cose
che amo di te

Quel tuo sorriso
strano
il gesto continuo della mano
con cui mi tocchi i capelli
e ripeti: vorrei
averli anch'io così belli
e io dico: caro
me l'hai già detto
e a letto
stare sveglia
sentendo il tuo respiro
un po' affannato

LES PETITS RIEN

Les petits riens
que j'aime de toi
ton sourire
un peu lointain
ton geste lent de la main
qui me caresse les cheveux
et tu dis : je voudrais moi aussi
en avoir d'aussi beaux
et je dis : chéri
tu es un peu fou
et dans notre lit
m'éveiller
à ton souffle tout proche
et sur la table de nuit
le journal du soir
ta cafetière
qui chante dans la cuisine
l'odeur de la pipe
que tu fumes le matin
ton parfum
un peu blasé
ton drôle de gilet
les petits riens
que j'aime de toi

Ton sourire
étrange
le geste continu de ta main
qui me touche les cheveux
et tu répètes : je voudrais moi aussi
en avoir d'aussi beaux
et je te dis : chéri
tu me l'as déjà dit
et dans notre lit
être éveillée
en entendant ton souffle
un peu saccadé

e sul comodino
il bicarbonato
la tua caffettiera
che sibila in cucina
l'odore di pipa
anche la mattina
il tuo profumo
un po' demodé
le piccole cose
che amo di te

Quel tuo sorriso
beota
la mania idiota
di tirarmi i capelli
e dici: vorrei
averli anch'io così belli
e ti dico: cretino,
comprati un parrucchino!
e a letto
stare sveglia
a sentirti russare
e sul comodino
un tuo calzino
e la tua caffettiera
che è esplosa
finalmente, in cucina!
la pipa che impesta
fin dalla mattina
il tuo profumo
di scimpanzé
quell'orrendo gilet
le piccole cose
che amo di te

Stefano Benni,
Ballate
(Ed. Feltrinelli).

et sur la table de nuit
le bicarbonate
ta cafetière
qui siffle dans la cuisine
l'odeur de pipe
dès le matin
ton parfum
un peu démodé
les petits riens
que j'aime de toi.

Ton sourire
stupide
ta manie idiote
de me tirer les cheveux
et tu dis : je voudrais moi aussi
en avoir d'aussi beaux
et je dis : crétin
achète une perruque
et dans notre lit
être éveillée
par tes ronflements
et sur la table de nuit
une de tes chaussettes
et ta cafetière
qui enfin
a explosé dans la cuisine
ta pipe qui empeste
dès le matin
ton parfum
de chimpanzé
cet horrible gilet
les petits riens
que j'aime de toi.

QUANDO MI CHIAMERAI?

Riprendo a camminare. Fa caldo. I piedi cominciano a dolermi. Mi tolgo la giacca, la porto sul braccio. Sento, contro l'avambraccio, nella tasca interna della giacca, il pacchetto delle lettere di Jane, che porto sempre con me, anche se non le rileggerò mai.

Cammino, è notte ormai. Già qualche casa, nel verde, è buia e silenziosa. Avanti, avanti. La mia casa è ancora lontana. A un crocicchio deserto, mi fermo e mi riposo dieci minuti. Mi siedo sullo scalino del marciapiedi. Fumo una sigaretta. Guardo quelle che vedo, davanti a me. La notte, tre, quattro strade che si perdono nella notte, con le loro prospettive di fanali bluastri. Case qua e là, tra gli alberi. Gli asfalti puliti e ruvidi, con i loro chiodi, con le loro righe bianche. Qualche cartello pubblicitario. I nomi delle strade, in altri cartelli, rettangolari, chiari, ciascuno al suo posto. Frecce direzionali, su altri appositi cartelli gialli, di località vicine.

In mezzo al crocicchio ondeggia, al vento di mare che si è levato, un grande fanale azzurro. Le luci del traffico, rosse, verdi, si alternano ad intervalli regolari. Passano rare macchine, molto rapide. Se le luci sono rosse, arrivano, si fermano, aspettano, ripartono.

Guardo quel fanale azzurro che ondeggia contro il cielo nero, ondeggia al vento disperatamente. Mio Dio, che io debba finire la vita qui?

Eppure, queste visioni dovrebbero essermi familiari. Il paesaggio della mia infanzia è questo, o uno molto simile a questo. Perché penso a Roma?

Infine mi alzo, riprendo la marcia.

Due ore fa, verso l'una di notte, sono giunto in vista della mia casa. La *mia* casa. La casa dove dorme Dorothea e i miei bambini. Sono stanco, ho voglia di un bicchiere di whisky che lì, in casa, troverò. E di fumare una pipa. E di finire di scrivere. Ma mi fermo, guardando la casa, a cento passi di distanza. Le finestre sono buie. Il cuore mi si stringe, a tornare lì dentro. Se fuggissi? Così, senza dir nulla, sparire nel mondo. Dove, nel West, nel Messico? No, no, io voglio tornare a Roma.

Je reprends ma marche. Il fait chaud. Mes pieds commencent à me faire mal. J'enlève mon veston, je le porte sur le bras. Je sens, contre l'avant-bras, dans la poche intérieure de mon veston, le paquet de lettres de Jane, que je porte toujours sur moi, même si je ne dois jamais le relire (m. à m. : relirai).

Je marche, la nuit est maintenant tombée. Déjà quelques maisons dans la verdure sont obscures et silencieuses. Il faut avancer, avancer. Ma maison est encore loin. À un carrefour désert, je m'arrête et me repose dix minutes. Je m'assieds sur le bord du trottoir. Je fume une cigarette. Je regarde ce que je vois devant moi. La nuit, trois, quatre rues qui se perdent dans la nuit, avec leur perspective de feux bleuâtres. Des maisons çà et là, à travers les arbres. L'asphalte propre et rugueux avec ses passages cloutés, avec ses lignes blanches. Quelques panneaux publicitaires. Les noms des rues sur d'autres panneaux rectangulaires clairs, chacun à sa place. Des flèches apposées sur d'autres panneaux jaunes, indiquant les directions des localités voisines.

Au milieu du carrefour oscille, au vent de mer qui s'est levé, un grand lampadaire bleu. Les feux de signalisation, rouges et verts, alternent à intervalles réguliers. De rares voitures passent, très rapidement. Si le feu est rouge, elles arrivent, s'arrêtent, attendent, repartent.

Je regarde ce fanal bleu qui oscille contre le ciel noir, oscille au vent, désespérément. Mon Dieu, devrais-je donc finir ma vie ici ?

Pourtant ces visions devraient m'être familières. Le paysage de mon enfance est celui-ci, ou un autre très semblable à celui-ci. Pourquoi pensé-je à Rome ?

Je me lève enfin et je reprends ma marche.

Il y a deux heures, vers une heure du matin, je suis arrivé en vue de ma maison. Ma maison. La maison où dorment Dorothée et mes enfants. Je suis fatigué, j'ai envie d'un verre de whisky que là, chez moi, je trouverai. Et de fumer une pipe. Et de finir d'écrire. Mais je m'arrête, regardant la maison à cent pas de distance. Les fenêtres sont noires. Mon cœur se serre à la pensée de revenir là. Si je fuyais ?

Mi siedo di nuovo sullo scalino del marciapiede. Cavo dalla tasca della giacca il pacchetto delle lettere da Capri. È da tanto che lo voglio fare: decido di bruciarle adesso. Le tolgo, a una a una, dalle loro buste. Tengo gli occhi semichiusi per evitare di leggere, anche senza volerlo, una frase, una parola. Adagio adagio, ogni busta, ogni foglio, strappo tutto: poi cerco, e trovo lì vicino, nel prato, un rametto secco. Lo spezzo. Faccio una piccola armatura, come un'impalcatura, appoggiando i legnetti allo scalino del marciapiede. Poi, sempre tenendo gli occhi semichiusi, vi dispongo sopra le lettere e le buste lacerate. C'è vento. Due pezzi volano via. Devo cacciarmi tutti gli altri in tasca e correre a riprendere quei due. Poi rimetto ogni cosa sui rametti, e studio la direzione del vento, m'inginocchio in modo da far riparo col mio corpo. E accendo. Le lettere bruciano rapidamente. Sono bruciate. Mi rialzo.

Un uomo si avvicina, un uomo di mezza età, con la barba lunga, vestito di tela, un tipo di irlandese o di tedesco. Mi guarda con lo sguardo cattivo. Penso che si fermi e mi chieda l'elemosina. Ma no, niente. Mi guarda con quello sguardo[1] cattivo, di odio, di disprezzo, forse d'indifferenza, e si allontana nella notte.

Ora sono fermo, davanti alla mia casa. Bisogna che mi decida a entrare. L'uomo che è passato... Mi sembra di aver già vissuto questo momento. Forse una notte a Princeton, quando ero con Jane.

Ora devo entrare. Ecco, mi avvio. Devo soltanto attraversare la strada. Tiro fuori la chiave di casa.

Mi chiedo se riuscirò a fuggire un'altra volta.

Ma quando?

Quando mi chiamerai?

Mario Soldati,
Le lettere da Capri
(Ed. Mondadori, Milano).

---

1. *Guardare*, regarder ; *lo sguardo*, le regard ; garder, *custodire*.

Comme ça, sans rien dire, disparaître dans le monde. Où, dans l'Ouest, au Mexique ?

Non, non, je veux retourner à Rome.

De nouveau, je m'assieds au bord du trottoir. Je tire de la poche de mon veston le paquet de lettres de Capri. Il y a si longtemps que je veux le faire : je décide de les brûler maintenant. Je les sors une à une de leur enveloppe. Je ferme à demi les yeux pour éviter de lire, même sans le vouloir, une phrase, un mot. Lentement, très lentement, chaque enveloppe, chaque feuille, je déchire tout ; puis je cherche et je trouve là tout près, dans l'herbe, une petite branche sèche. Je la brise en morceaux. Je dresse une petite charpente, comme un échafaudage, en appuyant les petits bouts de bois contre le bord du trottoir. Puis les yeux toujours mi-clos, je dispose dessus les lettres et les enveloppes déchirées. Il y a du vent. Deux morceaux de papier s'envolent. Je dois remettre les autres dans ma poche et courir pour reprendre ces deux-là. Puis je remets chaque chose sur les brindilles, j'observe la direction du vent et je m'agenouille pour faire un rempart de mon corps. J'allume. Les lettres brûlent rapidement. Les voilà brûlées. Je me relève.

Un homme s'approche, un homme d'âge moyen à la barbe longue, vêtu de toile. Un type d'Irlandais, ou d'Allemand. Il me lance un regard mauvais. Je pense qu'il va s'arrêter pour me demander l'aumône. Mais non, rien. Il me regarde de ce regard mauvais, de haine, de mépris, d'indifférence peut-être, et il s'éloigne dans la nuit.

Je suis immobile maintenant devant ma maison. Il faut que je me décide à entrer. L'homme qui est passé... Il me semble avoir déjà vécu cet instant. Peut-être une nuit, à Princeton, quand j'étais avec Jane.

Maintenant il faut rentrer. Voilà, je m'avance. Je n'ai qu'à traverser la rue. Je sors la clef de la maison.

Je me demande si je réussirai à fuir une autre fois.

Mais quand ?

Quand m'appelleras-tu ?

HO DETTO CHE NON VOGLIO...

Fu il 15 di giugno del 1767 che Cosimo Piovasco di Rondò, mio fratello, sedette per l'ultima volta in mezzo a noi. Ricordo come fosse oggi. Eravamo nella sala da pranzo della nostra villa d'Ombrosa, le finestre inquadravano i folti rami del grande elce del parco. Era mezzogiorno, e la nostra famiglia per vecchia tradizione sedeva a tavola a quell'ora, nonostante fosse già invalsa tra i nobili la moda, venuta dalla poco mattiniera Corte di Francia, d'andare a desinare[1] a metà del pomeriggio. Tirava vento dal mare, ricordo, e si muovevano le foglie. Cosimo disse:
– Ho detto che non voglio e non voglio! – e respinse il piatto di lumache. Mai s'era vista[2] disubbidienza più grave.

A capotavola era il Barone Arminio Piovasco di Rondò, nostro padre, con la parrucca lunga sulle orecchie alla Luigi XIV, fuori tempo come tante cose sue. Tra me e mio fratello sedeva l'Abate Fauchelafleur, elemosiniere della nostra famiglia ed aio di noi ragazzi. Di fronte avevamo la Generalessa Corradina di Rondò, nostra madre, e nostra sorella Battista, monaca di casa. All'altro capo della tavola, rimpetto a nostro padre, sedeva, vestito alla turca, il Cavalier Avvocato Enea Silvio Carrega, amministratore e idraulico dei nostri poderi, e nostro zio naturale, in quanto fratello illegittimo di nostro padre.

Da pochi mesi, Cosimo avendo compiuto i dodici anni ed io gli otto, eravamo stati ammessi allo stesso desco dei nostri genitori; ossia, io avevo beneficiato delle stessa promozione di mio fratello prima del tempo, perché non vollero lasciarmi di là a mangiare da solo. Dico beneficiato così per dire: in realtà sia per Cosimo che per me era finita la cuccagna, e rimpiangevamo i desinari nella nostra stanzetta, noi due soli con l'Abate Fauchelafleur. L'Abate era un vecchietto secco e grinzoso, che aveva fama di giansenista, ed era difatti fuggito dal Delfinato, sua terra natale, per scampare a un processo dell'Inquisizione. Ma il carattere rigoroso che di lui solitamente tutti lodavano, la severità interiore che imponeva a sé e agli altri, cedevano continuamente a una sua fondamentale vocazione per l'indifferenza e il

1. *Desinare* est peu fréquent ; *il desinare*, le déjeuner.
2. On peut dire aussi ; *non s'era mai vista*.

J'AI DIT QUE JE NE VEUX PAS...

Ce fut le 15 juin 1767 que Côme Laverse du Rondeau, mon frère, s'assit parmi nous pour la dernière fois. Je m'en souviens comme si c'était aujourd'hui. Nous étions dans la salle à manger de notre villa d'Ombrosa ; les fenêtres encadraient les branches touffues de la grande yeuse du parc. Il était midi ; et notre famille, obéissant à une vieille tradition, se mettait à table à cette heure-là, bien que fût déjà établie, parmi les nobles, la mode venue de la peu matinale cour de France de se mettre à déjeuner au milieu de l'après-midi. Je me rappelle que le vent soufflait de la mer et que les feuilles bougeaient. Côme dit :

– J'ai dit que je n'en veux pas et je n'en veux pas, et il repoussa le plat d'escargots. On n'avait jamais vu désobéissance plus grave.

Le baron Arminius Laverse du Rondeau, notre père, coiffé d'une perruque Louis XIV descendant jusqu'aux oreilles et démodée comme tant de ses affaires, occupait la place d'honneur. Entre mon frère et moi se trouvait l'abbé Fauchelafleur, aumônier de notre famille et notre précepteur (m. à m. : précepteur de nous, les enfants). En face nous avions la générale Conradine du Rondeau, notre mère, et notre sœur Baptiste, la nonne de la maison. À l'autre extrémité de la table, en face de notre père, était assis, vêtu à la turque, le chevalier-avocat Enée Sylvius Carrega, administrateur et hydraulicien de nos propriétés, et notre oncle naturel, puisqu'il était frère illégitime de notre père. Depuis quelques mois, Côme ayant atteint douze ans et moi huit, nous avions été admis à la même table que nos parents ; ou plutôt j'avais bénéficié de la même promotion que mon frère, avant le temps, car on ne voulut pas me laisser de l'autre côté manger seul. Bénéficié, c'est une façon de parler : en réalité, tant pour Côme que pour moi, c'en était fini de la vie de cocagne et nous regrettions nos repas dans notre petite pièce, tout seuls avec l'abbé Fauchelafleur. L'abbé était un petit vieillard sec et ridé, qui avait réputation de janséniste ; et de fait, il avait fui le Dauphiné, sa terre natale, pour échapper à un procès de l'Inquisition. Mais le caractère rigoureux que tous louaient

lasciar correre, come se le sue lunghe meditazioni a occhi fissi nel vuoto non avessero approdato che a una gran noia e svogliatezza, e in ogni difficoltà anche minima vedesse il segno d'una fatalità cui non valeva opporsi. I nostri pasti in compagnia dell'Abate cominciavano dopo lunghe orazioni, con movimenti di cucchiai composti, rituali, silenziosi, e guai³ a chi alzava gli occhi dal piatto o faceva anche il più lieve risucchio sorbendo il brodo; ma alla fine della minestra l'Abate era già stanco, annoiato, guardava nel vuoto, schioccava la lingua a ogni sorso di vino, come se soltanto le sensazioni più superficiali e caduche riuscissero a raggiungerlo; alla pietanza noi già ci potevamo mettere a mangiare con le mani, e finivamo il pasto tirandoci torsoli di pera, mentre l'Abate faceva cadere ogni tanto uno dei suoi pigri: – ... *Ooo bien!*... *Ooo alors!* Adesso, invece, stando a tavola con la famiglia, prendevano corpo i rancori familiari, capitolo tristo dell'infanzia. Nostro padre, nostra madre sempre lì davanti, l'uso delle posate per il pollo, e sta'dritto, e via i gomiti dalla tavola, un continuo! e per di più quell'antipatica di nostra sorella Battista. Cominciò una serie di sgridate, di ripicchi, di castighi, d'impuntature, fino al giorno in cui Cosimo rifiutò le lumache e decise di separare la sua sorte dalla nostra.

Italo Calvino,
Il barone rampante
(Ed. Einaudi).

3. *Un guaio*, un désastre, un malheur ; *è un guaio*, c'est tout de même malheureux. *Essere in un mar di guai*, être assailli (m. à m. : dans une mer) d'ennuis.

habituellement en lui, la *sévérité* intérieure qu'il s'imposait et imposait aux autres, cédaient continuellement à une vocation fondamentale qu'il avait pour l'indifférence et le laisser-aller, comme si ses longues méditations, les yeux dans le vide, n'eussent abouti qu'à un grand ennui et à un dégoût, et que, dans chaque difficulté, même minime, il voyait le signe d'une fatalité à laquelle il n'était pas utile de s'opposer. Nos repas en compagnie de l'abbé commençaient après de longues oraisons, par des mouvements de cuiller posés, rituels, silencieux, et malheur à celui qui levait les yeux de son assiette ou faisait même la plus légère aspiration en absorbant son bouillon. Mais le potage fini, l'abbé était déjà fatigué, ennuyé ; il regardait dans le vide, faisant claquer sa langue à chaque gorgée de vin, comme si seulement les sensations les plus superficielles et éphémères réussissaient à le toucher. Au plat de résistance, nous pouvions déjà nous mettre à manger avec les mains, et nous finissions le repas en nous lançant des trognons de poire, tandis que l'abbé laissait choir de temps à autre un de ses nonchalants :
– ... Ôôô bien ! Ôôô alors !
Maintenant que nous avions pris place à table avec la famille, au contraire, les griefs familiaux prenaient corps, triste chapitre de l'enfance. Notre père et notre mère toujours présents, l'usage des couverts pour le poulet, et tiens-toi droit, et ôte tes coudes de la table, cela n'arrêtait pas ! Et sans compter cette antipathique qu'était notre sœur Baptiste. Commença une série de gronderies, de piques d'amour-propre, de punitions, de bouderies, jusqu'au jour où Côme refusa les escargots et décida de séparer son destin du nôtre.

IL CORVO DI MIZZARO

Pastori sfaccendati, arrampicandosi un giorno su per le balze di Mizzaro, sorpresero nel nido un grosso corvo, che se ne stava pacificamente a covar le uova.

– O babbaccio, e che fai? Ma guardate un po'! Le uova cova! Servizio di tua moglie, babbaccio!

Non è da credere che il corvo non gridasse le sue ragioni: le gridò, ma da corvo; e naturalmente non fu inteso. Quei pastori si spassarono a tormentarlo un'intera giornata; poi uno di loro se lo portò con sé al paese; ma il giorno dopo, non sapendo che farsene, gli legò per ricordo una campanellina di bronzo al collo e lo rimise in libertà:

– Godi!

Che impressione facesse al corvo quel ciondolo sonoro, lo avrà saputo lui che se lo portava al collo su per il cielo. A giudicare dalle ampie volate a cui s'abbandonava, pareva se ne beasse, dimentico ormai del nido e della moglie.

– *Din dindin din dindin...*

I contadini, che attendevano curvi a lavorare la terra, udendo quello scampanellío, si rizzavano sulla vita; guardavano di qua, di là, per i piani sterminati sotto la gran vampa del sole:

– Dove suonano?

Non spirava alito di vento; da qual mai chiesa lontana dunque poteva arrivar loro quello scampanío festivo?

Tutto potevano immaginarsi, tranne che un corvo sonasse così, per aria.

– Spiriti! – pensò Cichè, che lavorava solo solo in un podere a scavar conche attorno ad alcuni frutici di mandorlo per riempirle di concime. E si fece il segno della croce.

Ora quello scampanellío lo aveva udito prima da lontano, poi da vicino, poi da lontano ancora; e tutt'intorno non c'era anima viva: campagna, alberi e piante, che non parlavano e non sentivano, e che con la loro impassibilità gli avevano accresciuto lo sgomento. Poi, andato per la colazione, che la mattina s'era portata da casa, mezza pagnotta e una cipolla dentro al tascapane lasciato insieme con la giacca un buon tratto più là appeso a un ramo d'olivo, sissignori, la cipolla sì, dentro al tascapane, ma la mezza pagnotta non ce l'aveva più trovata. E in pochi giorni, tre volte, così.

Non ne disse niente a nessuno, perché sapeva che quando gli spiriti prendono a bersagliare uno, guaj a lamentarsene: ti ripigliano a comodo e te ne fanno di peggio.

LE CORBEAU DE MIZZARO

*Escaladant un jour les escarpements de Mizzaro, des bergers,
pour passer le temps, surprirent dans son nid un gros corbeau
en train de couver tranquillement ses œufs.*

*– « Eh gros bêta, qu'est-ce que tu fais ? Mais voyez un peu !
Il couve ! C'est le métier de ta femme, benêt ! »*

*Il ne faut pas croire que le corbeau ne criait pas ses raisons :
il les cria, mais dans la langue des corbeaux, et naturellement
il ne fut pas compris. Les bergers s'amusèrent à le tourmenter
pendant toute une journée ; puis l'un d'eux l'emmena avec
lui au village, mais le lendemain, ne sachant plus qu'en faire,
il lui attacha au cou une clochette en bronze, en guise de
souvenir, et lui rendit sa liberté.*

« Amuse-toi bien. »

*Quelle impression pouvait bien faire au corbeau cette
breloque sonore, c'est lui qui la portait au cou, là-haut dans
le ciel, qui devait le savoir. D'après les amples coups d'aile
auxquels il s'abandonnait, il paraissait y prendre un plaisir
extrême, désormais oublieux de son nid et de sa femelle.*

« Din-dindin, din-dindin… »

*À ce bruit de clochette, les paysans qui travaillaient la
terre, le dos courbé, se redressaient, regardaient de côté et
d'autre, par les plaines qui s'étendaient à l'infini sous le soleil
brûlant.*

« Où est-ce qu'on sonne ? »

*Il n'y avait pas un souffle de vent, de quelle église lointaine
pouvait bien parvenir ce carillon joyeux ?*

*On pouvait tout imaginer sauf qu'un corbeau sonne ainsi
dans les airs.*

*« Des esprits » ! pensa Ciché qui travaillait tout seul dans
un champ, occupé à creuser des cuvettes autour de quelques
plants d'amandiers pour les remplir de fumier. Et il se signa.
Et maintenant, ce bruit de clochette, il l'avait entendu
d'abord de loin, puis de près, puis de loin à nouveau ; et
alentour il n'y avait pas âme qui vive : des champs, des arbres
et des plantes, muets, sourds et qui par leur impassibilité
avaient accru son effroi. Puis il alla chercher le casse-croûte
qu'il avait pris le matin en partant – la moitié d'une miche
de pain et un oignon – et laissé dans sa musette qui était
suspendue avec sa veste, assez loin de là, à une branche
d'olivier. Et là, oui Messieurs, il avait bien trouvé l'oignon
dans la musette mais pas la miche de pain. Et la chose s'était
renouvelée trois fois en quelques jours.*

– Non mi sento bene, – rispondeva Cichè, la sera ritornando dal lavoro, alla moglie che gli domandava perché avesse quell'aria da intronato.

– Mangi però! – gli faceva osservare, poco dopo, la moglie, vedendogli ingollare due o tre scodelle di minestra, una dopo l'altra.

– Mangio, già! – masticava Cichè, digiuno dalla mattina e con la rabbia di non potersi confidare.

Finché per le campagne non si sparse la notizia di quel corvo ladro che andava sonando la campanella per il cielo.

Cichè ebbe il torto di non saperne ridere come tutti gli altri contadini, che se n'erano messi in apprensione.

– Prometto e giuro, – disse, – che gliela farò pagare!

E che fece? Si portò nel tascapane, insieme con la mezza pagnotta e la cipolla, quattro fave secche e quattro gugliate di spago. Appena arrivato al podere, tolse all'asino la bardella e lo avviò alla costa a mangiar le stoppie rimaste.

Forò le fave; le legò alle quattro gugliate di spago attaccate alla bardella, e le dispose sul tascapane per terra. Poi s'allontanò per mettersi a zappare.

Passò un'ora; ne passarono due. Di tratto in tratto Cichè interrompeva il lavoro, credendo sempre di udire il suono della campanella per aria; ritto sulla vita, tendeva l'orecchio. Niente.

E si rimetteva a zappare.

Si fece l'ora della colazione. Perplesso, se andare per il pane o attendere ancora un po', Cichè alla fine si mosse; ma poi, vedendo così ben disposta l'insidia sul tascapane, non volle guastarla: in quella, intese chiaramente un tintinnío lontano; levò il capo.

– Eccolo!

E, cheto e chinato, col cuore in gola, lasciò il posto e si nascose lontano.

Il corvo però, come se godesse del suono della sua campanella, s'aggirava in alto, in alto, e non calava.

«Forse mi vede», pensò Cichè; e si alzò per nascondersi più lontano.

Il n'en parla à personne parce qu'il savait que lorsque les esprits commencent à prendre quelqu'un pour cible, malheur si on se plaint : ils vous rattrapent quand bon leur semble et ils vous en font voir bien pire.

« Je ne me sens pas dans mon assiette », répondait Ciché, le soir quand il rentrait du travail, à sa femme qui lui demandait pourquoi il avait cet air ahuri.

« En attendant, tu n'as pas perdu l'appétit ! » lui faisait-elle remarquer peu après, en le voyant engloutir deux et trois assiettées de soupe, l'une à la suite de l'autre.

« Eh oui, je mange ! » marmonnait Ciché, à jeûn depuis le matin et enrageant de ne pas pouvoir se confier.

Jusqu'au jour où se répandit dans la campagne l'histoire de ce corbeau voleur qui faisait tinter sa clochette dans le ciel. Ciché eut le tort de ne pas savoir en rire comme tous les autres paysans qui avaient pris peur eux aussi.

« Je promets et je jure, dit-il, que je vais le lui faire payer. »

Et que fit-il ? Avec le demi-pain et l'oignon, il prit dans sa musette quatre fèves sèches et quatre aiguillées de ficelle. Dès qu'il fut arrivé dans le champ, il déchargea l'âne de son bât et l'emmena vers le côteau manger les derniers chaumes.

Il fit un trou dans les fèves, y passa les quatre aiguillées de ficelle attachées au bât et les déposa par terre sur la musette.

Puis, il s'éloigna et se mit à piocher.

Une heure passa, puis deux. De temps en temps, Ciché s'arrêtait de travailler, croyant toujours entendre le son de la clochette dans le ciel et en se redressant, il tendait l'oreille. Rien. Et il se remettait à piocher.

Vint l'heure du casse-croûte. Se demandant s'il devait aller chercher son pain ou attendre encore un peu, il finit par se décider à aller manger, mais voyant le piège si bien installé sur la musette, il ne voulut pas le déplacer ; à cet instant précis, il perçut nettement un tintement de clochette dans le lointain et leva la tête.

« Le voilà ! »

Et se baissant sans faire de bruit, le cœur battant, il quitta les lieux et se cacha plus loin.

Mais comme s'il se délectait du son de sa clochette, le corbeau faisait des cercles tout là-haut dans le ciel et ne descendait pas.

« Peut-être qu'il me voit ! » pensa Ciché et il se leva pour se cacher plus loin.

IL CORVO DI MIZZARO (suite)

Ma il corvo seguitò a volare in alto, senza dar segno di voler calar. Cichè aveva fame; ma pur non voleva dargliela vinta. Si rimise a zappare. Aspetta, aspetta; il corvo, sempre lassù, come se glielo facesse apposta. Affamato, col pane lì a due passi, signori miei, senza poterlo toccare! Si rodeva dentro, Ciché, ma resisteva, stizzito, ostinato.

– Calerai! calerai! Devi aver fame anche tu!

Il corvo, intanto, dal cielo, col suono della campanella, pareva gli rispondesse, dispettoso:

– *Né tu né io! Né tu né io!*

Passò così la giornata. Cichè, esasperato, si sfogò con l'asino, rimettendogli la bardella, da cui pendevano, come un festello di nuovo genere, le quattro fave. E, strada facendo, morsi da arrabbiato a quel pane, ch'era stato per tutto il giorno il suo supplizio. A ogni boccone, una mala parola all'indirizzo del corvo: – boja, ladro, traditore – perché non s'era lasciato prendere da lui.

Ma il giorno dopo, gli venne bene.

Preparata l'insidia delle fave con la stessa cura, s'era messo da poco al lavoro, allorché intese uno scampanellío scomposto lì presso e un gracchiar disperato, tra un furioso sbattito d'ali. Accorse. Il corvo era lì, tenuto per lo spago che gli usciva dal becco e lo strozzava.

– Ah, ci sei caduto? – gli gridò, afferrandolo per le alacce. – Buona, la fava? Ora a me, brutta bestiaccia! Sentirai!

Tagliò lo spago; e, tanto per cominciare, assestò al corvo due pugni in testa.

– Questo per la paura, e questo per i digiuni!

L'asino che se ne stava poco discosto a strappar le stoppie dalla costa, sentendo gracchiare il corvo, aveva preso intanto la fuga, spaventato. Cichè lo arrestò con la voce; poi da lontano gli mostrò la bestiaccia nera:

– Eccolo qua, Ciccio! Lo abbiamo! lo abbiamo!

Lo legò per i piedi, lo appese all'albero e tornò al lavoro. Zappando, si mise a pensare alla rivincita che doveva prendersi. Gli avrebbe spuntate le ali, perché non potesse più volare; poi lo avrebbe dato in mano ai figliuoli e agli altri ragazzi del vicinato, perché ne facessero scempio. E tra sé rideva.

Mais le corbeau continua à voler haut, sans faire montre de vouloir descendre. Ciché avait faim mais ne voulait pas s'avouer vaincu. Il se remit à piocher. Il avait beau attendre, le corbeau était toujours là-haut comme pour le narguer. Affamé, le pain à quelques pas, oui Messieurs, et pourtant impossible de l'atteindre ! Il rongeait son frein, Ciché, mais il résistait avec fureur et obstination.

« Tu finiras bien par descendre ! Tu dois avoir faim, toi aussi ! »

Pendant ce temps, du haut du ciel, le corbeau semblait lui répondre au son de sa clochette, exaspérant :

« Ni toi ni moi ! Ni toi ni moi ! »

La journée s'écoula ainsi. À bout de nerfs, Ciché s'en prit à son âne en lui remettant sur le dos le bât auquel étaient suspendues les quatre fèves, comme une guirlande d'un genre nouveau. Et chemin faisant, il mordait avec rage dans le pain qui avait fait son supplice pendant toute la journée. À chaque bouchée, une insulte à l'adresse du corbeau – « Bandit, voleur, traître » – parce qu'il n'était pas tombé dans le piège.

Mais le lendemain, la chance fut avec lui.

Après avoir préparé le piège des fèves avec le même soin, il s'était mis depuis peu au travail lorsqu'il entendit tout proche un bruit désordonné de clochette et un croassement désespéré au milieu d'un claquement d'ailes furieux. Il accourut. Le corbeau était là, retenu par la ficelle qui lui sortait du bec et l'étouffait.

« Ah ! tu y es tombé ! lui cria-t-il en l'attrapant par les ailes. Elle était bonne, la fève ? À mon tour, sale bête ! Tu vas me le payer ! »

Il coupa la ficelle, et en matière d'introduction, il asséna deux coups de poing sur la tête du corbeau.

« Voilà pour la peur et voilà pour le ventre vide ! »

L'âne, qui était là tout près en train de brouter les chaumes au pied du côteau, avait pris la fuite, épouvanté par les croassements. Ciché l'arrêta de la voix, puis de loin lui montra la sale bête noire.

« Le voilà, Coco ! Nous le tenons, nous le tenons ! »

Il l'attacha par les pattes, le suspendit à l'arbre et retourna au travail. En piochant, il se mit à penser à sa revanche. Il lui rognerait les ailes pour qu'il ne puisse plus voler, puis il l'abandonnerait à ses enfants et aux autres gamins du village pour qu'ils le massacrent. Et il riait tout seul.

Venuta la sera, aggiustò la bardella sul dorso dell'asino; tolse il corvo e lo appese per i piedi al posolino della groppiera; cavalcò, e via. La campanella, legata al collo del corvo, si mise allora a tintinnire. L'asino drizzò le orecchie e s'impuntò.

– *Arrí!* – gli gridò Cichè, dando uno strattone alla cavezza.

E l'asino riprese ad andare, non ben persuaso però di quel suono insolito che accompagnava il suo lento zoccolare sulla polvere dello stradone.

Cichè, andando, pensava che da quel giorno per le campagne nessuno più avrebbe udito scampanellare in cielo il corvo di Mizzaro. Lo aveva lì, e non dava più segno di vita, ora, la mala bestia.

– Che fai? – gli domandò, voltandosi e dandogli in testa con la cavezza. – Ti sei addormentato?

Il corvo, alla botta:

– *Cràh!*

Di botto, a quella vociaccia inaspettata, l'asino si fermò, il collo ritto, le orecchie tese. Cichè scoppiò in una risata.

– *Arrí*, Ciccio! Che ti spaventi?

E picchiò con la corda l'asino sulle orecchie. Poco dopo, di nuovo, ripeté al corvo la domanda:

– Ti sei addormentato?

E un'altra botta, più forte. Più forte, allora, il corvo:

– *Cràh!*

Ma, questa volta, l'asino spiccò un salto da montone e prese la fuga. Invano Cichè, con tutta la forza delle braccia e delle gambe, cercò di trattenerlo. Il corvo, sbattuto in quella corsa furiosa, si diede a gracchiare per disperato; ma più gracchiava e più correva l'asino spaventato.

– *Cràh! Cràh! Cràh!*

Cichè urlava a sua volta, tirava, tirava la cavezza; ma ormai le due bestie parevano impazzite dal terrore che s'incutevano a vicenda, l'una berciando e l'altra fuggendo. Sonò per un tratto nella notte la furia di quella corsa disperata; poi s'intese un gran tonfo, e più nulla.

Il giorno dopo, Cichè fu trovato in fondo a un burrone, sfracellato, sotto l'asino anch'esso sfracellato: un carnajo che fumava sotto il sole tra un nugolo di mosche.

Il corvo di Mizzaro, nero nell'azzurro della bella mattinata, sonava di nuovo pei cieli la sua campanella, libero e beato.

Luigi Pirandello, Novelle per un anno
(Éd. Mondadori).

Le soir venu, il sella son âne, prit le corbeau et le suspendit par les pattes derrière la selle ; il grimpa sur l'âne et en route. La clochette attachée au cou du corbeau se mit alors à tinter. L'âne dressa les oreilles et refusa d'avancer.

« Hue ! » *lui cria Ciché, en tirant sur le licou.*

Et l'âne repartit, pas très convaincu cependant par le son insolite qui accompagnait son lent piétinement dans la poussière de la route.

Tout en marchant, Ciché pensait que dorénavant plus personne n'entendrait le corbeau de Mizzaro carillonner dans le ciel. Il le tenait et à présent la sale bête ne donnait plus signe de vie.

« Qu'est-ce que tu fais ? *lui demanda-t-il en se retournant et en le frappant sur la tête.* Tu t'es endormi ? »

« Croa ! » *fit le corbeau en recevant le coup.*

Surpris par cette voix dissonante, l'âne s'arrêta brusquement, dressant le cou, pointant les oreilles. Ciché éclata de rire :

« Hue Coco ! De quoi as-tu peur ? »

Et il frappa l'âne sur les oreilles avec la bride. Peu après, il répéta sa question au corbeau :

« Tu t'es endormi ? »

Et une autre taloche, plus forte. Plus fort alors le corbeau :

« Croa ! »

Mais cette fois l'âne rua des quatre fers et prit la fuite. Ciché, de toute la force de ses bras et de ses jambes, tenta vainement de le retenir. Ballotté dans cette course furieuse, le corbeau se mit à croasser comme un désespéré, mais plus il croassait et plus l'âne s'emballait, empli d'épouvante.

« Croa ! Croa ! Croa ! »

Ciché hurlait à son tour, tirait, tirait le licou, mais désormais les deux bêtes semblaient prises de folie en raison de la terreur qu'elles se communiquaient, l'une s'égosillant et l'autre fuyant.

La furie de cette course désespérée résonna un moment dans la nuit, puis on entendit un grand bruit sourd et plus rien.

Le lendemain, on découvrit Ciché au fond d'une ravine, écrasé, sous l'âne écrasé lui aussi : un amas de chairs fumantes sous le soleil et couvertes de mouches.

Le corbeau de Mizzaro, noir dans l'azur du matin resplendissant, faisait à nouveau tinter sa clochette dans le ciel, libre et heureux.

LETTERA DI CALIPSO, NINFA, A ODISSEO, RE DI ITACA

Violetti e turgidi, come carni segrete sono i calici dei fiori di Ogigia[1]; piogge leggere e brevi, tiepide, alimentano il verde lucido dei suoi boschi; nessun inverno intorbida le acque dei suoi ruscelli.

È trascorso un battere di palpebre dalla tua partenza che a te pare remota, e la tua voce, che dal mare mi dice addio, ferisce ancora il mio udito divino in questo mio invalicabile ora. Guardo ogni giorno il carro del sole che corre nel cielo e seguo il suo tragitto verso il tuo occidente; guardo le mie mani immutabili e bianche; con un ramo traccio un segno sulla sabbia – come la misura di un vano conteggio; e poi lo cancello. E i segni che ho tracciato e cancellato sono migliaia, identico è il gesto e identica è la sabbia, e io sono identica. E tutto.

Tu, invece, vivi nel mutamento. Le tue mani si sono fatte ossute, con le nocche sporgenti, le salde vene azzurre che le percorrevano sul dorso sono andate assomigliando ai cordami nodosi della tua nave; e se un bambino gioca con esse, le corde azzurre sfuggono sotto la pelle e il bambino ride, e misura contro il tuo palmo la piccolezza della sua piccola mano. Allora tu lo scendi dalle ginocchia e lo posi per terra, perché ti ha colto un ricordo di anni lontani e un'ombra ti è passata sul viso: ma lui ti grida festoso attorno e tu subito lo riprendi e lo siedi sulla tavola di fronte a te: qualcosa di fondo e di non dicibile accade e tu intuisci, nella trasmissione della carne, la sostanza del tempo.

(1) *Ogigia*: Ogygie, nom donné dans l'Odyssée à l'île de Calypso.

LETTRE DE LA NYMPHE CALYPSO À ULYSSE, ROI D'ITHAQUE

Violets et turgescents comme des chairs secrètes sont les calices des fleurs à Ogygie, des pluies brèves et légères, tièdes, y alimentent le vert lumineux de ses bois ; aucun hiver ne trouble l'onde de ses ruisseaux.

Un battement de paupières me sépare de ton adieu qui à toi semble lointain et ta voix d'alors venue de la mer blesse encore mon oreille divine dans cet infranchissable présent qui est le mien. Chaque jour je regarde le char du soleil qui se déplace dans le ciel et je suis sa course vers ton occident ; je regarde mes mains immuables et blanches ; à l'aide d'une branche je trace un signe sur le sable – comme la mesure d'un décompte inutile ; et puis je l'efface. Et les signes que j'ai tracés et effacés sont des milliers ; identique est le geste, identique est le sable et moi, je suis identique. Et toute chose l'est.

Toi au contraire, tu vis dans le changement. Tes mains sont devenues osseuses, aux jointures saillantes, les vigoureuses veines bleues qui les parcouraient sur le dessus sont devenues semblables aux cordages noueux de ton bateau ; et si un enfant joue avec elles, les cordes bleues s'estompent sous la peau et l'enfant rit et mesure contre ta paume la petitesse de sa petite main. Alors tu le fais descendre de tes genoux et tu le poses à terre parce qu'un souvenir d'années lointaines t'a saisi et une ombre est passée sur ton visage, mais lui pousse des cris joyeux autour de toi et aussitôt tu le reprends et tu l'assois devant toi sur la table : quelque chose de profond et d'indicible se produit et tu devines dans la transmission de la chair la substance du temps.

Ma di che sostanza è il tempo? E dove esso si forma, se tutto è stabilito, immutabile, unico? La notte guardo gli spazi fra le stelle, vedo il vuoto senza misura; e ciò che voi umani travolge e porta via, qui è un fisso momento privo di inizio e di fine.

Ah, Odisseo, poter sfuggire a questo verde perenne! Potere accompagnare le foglie che ingiallite cadono e vivere con esse il momento! Sapermi mortale.

Invidio la tua vecchiezza, e la desidero: e questa è la forma d'amore che sento per te. E sogno un'altra me stessa, vecchia e canuta, e cadente; e sogno di sentire le forze che mi vengono meno, di sentirmi ogni giorno più vicina al Grande Circolo nel quale tutto rientra e gira; di disperdere gli atomi che formano questo corpo di donna che io chiamo Calipso. E invece resto qui, a fissare il mare che si distende e si ritira, a sentirmi la sua immagine, a soffrire questa stanchezza di essere che mi strugge e che non sarà mai appagata – e il vacuo terrore dell'eterno.

Antonio Tabucchi,
Piccoli equivoci senza importanza
(Éd. Sellerio, Palermo).

Mais de quelle substance est le temps ? Et où se forme-t-il, si tout est fixé, immuable, unique ? La nuit je regarde les espaces, entre les étoiles, je vois le vide sans mesure ; et ce qui vous entraîne et vous emporte, vous les humains, est ici un instant immobile sans commencement ni fin.

Ah Ulysse ! pouvoir fuir cette verdure pérenne ! Pouvoir accompagner les feuilles qui tombent, jaunissantes, et vivre l'instant avec elles ! Me savoir mortelle !

J'envie ta vieillesse et je la désire : et c'est la forme d'amour que je ressens pour toi. Et je rêve une autre moi-même, vieille et chenue, et chancelante, et je rêve de sentir mes forces qui déclinent, de me sentir chaque jour plus proche du Grand Cercle au mouvement duquel toute chose retourne, de disperser les atomes qui forment ce corps de femme que j'appelle Calypso. Et au contraire je demeure, fixant la mer qui se gonfle et qui se retire, me sentant son image, souffrant de cette lassitude d'être qui me consume et que rien jamais n'apaisera, face à la terreur stérile de l'éternité.

LE BUGIE BISOGNA SAPERLE DIRE

Rincasando dopo essere stato a tradire sua moglie Isabella, Corrado non era tranquillo. Aveva fatto tardi e Isabella poteva sospettare qualche cosa. Occorreva trovare una scusa. Ma una buona scusa. Solida. Sicura. Una bugia inconfutabile.

Ma che si scervellava? L'aveva a portata di mano, la scusa. Non era fissata per oggi la conferenza del suo direttore, il comm. Ciclamino? Corrado avrebbe detto d'essere stato alla conferenza di Ciclamino e d'aver dovuto aspettare la fine per congratularsi.

Avvertì una leggera punta di rimorso, mentre architettava la bugia, al pensiero di Isabella, di quella donna fedele e innamorata che era piena di fiducia in lui.

Messa a tacere la conscienza, Corrado affrettò il passo verso casa, quando due dubbi lo fermarono di botto. Primo: e se la conferenza non ci fosse stata? Secondo: e se alla conferenza fosse andata Isabella?

La prima eventualità era meno probabile ma non impossibile: un'improvvisa indisposizione, un rinvio. Quanto alla seconda, non ci aveva pensato ma era una cosa più che probabile. Occorreva accertarsi circa i due casi.

Stava per entrare in un posto telefonico pubblico nei pressi di casa sua quando si sentì chiamare:

« Corrado! Corrado!»

Si voltò. Era Carolli, un collega d'ufficio.

«Ciao,» gli disse Corrado «vieni dalla conferenza di Ciclamino?»

«Sì,» fece l'altro; e aggiunse guardandosi attorno: «una barba».

«Sai se per caso c'era mia moglie?»

«Non c'era.»

«Ne sei sicuro?»

«Sicurissimo.»

Carolli voleva addentrarsi in particolari, ma Corrado non gliene lasciò il tempo e, salutatolo in fretta, si slanciò su per le scale della propria casa.

Trovò Isabella che doveva essere rientrata da poco, a giudicare dal fatto che aveva ancora addosso gli abiti di fuori. Corrado stava per spiattellare la progettata bugia, ma la donna lo prevenne.

«Ho fatto tardi,» disse «perché sono stata alla conferenza del commendator Ciclamino.»

LES MENSONGES, IL FAUT SAVOIR LES DIRE

En rentrant chez lui après avoir trompé sa femme Isabelle, Conrad n'avait pas la conscience tranquille. Il rentrait tard et Isabelle pouvait soupçonner quelque chose. Il fallait trouver une excuse. Mais une bonne excuse. Solide. Sûre. Un mensonge irréfutable.

Mais à quoi bon se creuser la cervelle ? Elle était à portée de main, l'excuse. La conférence de son directeur, Mr. Cyclamen, n'était-elle pas fixée à la date d'aujourd'hui ? Conrad dirait qu'il était allé à la conférence de Cyclamen et qu'il avait dû attendre la fin pour le féliciter.

Tout en échafaudant son mensonge, il ressentit une légère pointe de remords, à la pensée d'Isabelle, de cette femme fidèle et amoureuse qui avait entière confiance en lui.

Ayant fait taire sa conscience, Conrad pressa le pas pour rentrer chez lui lorsque deux doutes le clouèrent sur place. Et d'un : et si la conférence n'avait pas eu lieu ? Et de deux : et si Isabelle était allée à la conférence ?

La première éventualité était la moins probable mais pas impossible : une indisposition subite, un report. Quant à la seconde, il n'y avait pas songé mais c'était une hypothèse plus que probable. Il fallait vérifier dans les deux cas.

Il s'apprêtait à entrer dans une cabine téléphonique proche de chez lui, quand il entendit quelqu'un l'appeler :

« Conrad ! Conrad ! »

Il se retourna. C'était Carolli, un collègue de bureau.

« Salut, lui dit Conrad, tu viens de la conférence de Cyclamen ? »

« Oui », fit l'autre, et il ajouta en regardant autour de lui :

« Quelle barbe ! »

« Est-ce que par hasard tu sais si ma femme y était ? »

« Elle n'y était pas. »

« Tu en es sûr ? »

« Sûr et certain. »

Carolli voulait entrer dans les détails, mais Conrad ne lui en laissa pas le temps et après l'avoir salué en hâte, il monta quatre à quatre les escaliers de chez lui.

Il trouva Isabelle qui devait être rentrée depuis peu, à en juger par le fait qu'elle n'avait pas encore ôté son manteau. Conrad allait lui débiter le mensonge qu'il avait inventé, mais sa femme le devança.

Le bugie bisogna saperle dire • Les mensonges, il faut savoir les dire

Corrado si morse le labbra. Stava per farla grossa. Fortuna che Isabella, con la sua consueta precipitosità, aveva parlato per prima. Se lui avesse detto subito la sua bugia, la moglie avrebbe scoperto tutto.

Quel Carolli, però, che imbecille! Bisognava trovare subito una bugia di ripiego.

«Anch'io ho fatto tardi,» mormorò Corrado guardando di sottecchi la moglie «sono stato a far visita a Della Pergola, che sta poco bene.»

Era la prima bugia che gli fosse venuto di dire. Della Pergola era un amico di casa. Corrado notò che Isabella aveva corrugato leggermente le sopracciglia. Che avesse indovinato che mentiva? Corrado preferì cambiar discorso.

L'indomani Corrado trovò il collega d'ufficio.

«Mi stavi mettendo in un bel pasticcio, ieri sera» gli disse.

«Perché?»

«Ma come? Mi assicuri che mia moglie non era alla conferenza di Ciclamino e...»

«E non c'era.»

«Ma forse non l'hai vista tra la folla.»

«Anzitutto, alla conferenza eravamo quattro gatti, quindi, se tua moglie ci fosse stata, l'avrei vista. In secondo luogo, del fatto che non ci fosse ero ben certo per la semplice ragione che, pochi minuti prima di incontrare te, avevo incontrato lei che mi aveva domandato: "Sa per caso se alla conferenza c'era mio marito?" e le avevo detto che non c'eri. Quindi è chiaro che non c'era nemmeno lei, altrimenti non avrebbe domandato a me...»

Corrado non capiva. Allora era Isabella che aveva detto una bugia a lui. Ma per quale ragione?

«Ma sei sicuro» insisté «che mia moglie abbia voluto sapere se io c'ero? Forse hai capito male.»

«Ma fammi il piacere! Quando me l'ha detto era con lei quel vostro amico di casa, come si chiama...»

Corrado cominciava a capire qualcosa.

«Della Pergola?» suggerì con lo sguardo nel vuoto.

E al «sì» del collega, rimase pensieroso a ricostruire una quantità di piccole circostanze che negli ultimi tempi gli erano sfuggite.

Achille Campanile, *Manuale di conversazione*
(Éd. Rizzoli, Milano).

« Je rentre tard, dit-elle parce que je suis allée à la conférence de Mr Cyclamen. »

Conrad se mordit les lèvres. Quelle bourde allait-il faire ! Heureusement qu'Isabelle, avec sa précipitation habituelle, avait parlé la première. S'il lui avait sorti tout de suite son mensonge, sa femme aurait découvert le pot aux roses.

Tout de même, quel imbécile, ce Carolli ! Il fallait immédiatement se replier sur un nouveau mensonge.

« Je rentre tard, moi aussi, murmura Conrad en regardant sa femme à la dérobée, je suis allé faire une visite à Della Pergola qui ne va pas très bien. »

C'était le premier mensonge qui lui était passé par la tête. Della Pergola était un ami du couple. Conrad remarqua qu'Isabelle avait légèrement froncé les sourcils. Aurait-elle deviné qu'il mentait ? Conrad préféra changer de conversation.

Le lendemain, Conrad retrouva son collègue au bureau.

« Tu as failli me mettre dans un beau pétrin, hier soir », lui dit-il.

« Pourquoi ? »

« Mais comment ! Tu m'affirmes que ma femme n'était pas à la conférence de Cyclamen et... »

« Et elle n'y était pas. »

« Mais peut-être que tu ne l'as pas vue dans la foule. »

« Premièrement, à la conférence nous étions trois pelés et un tondu, alors si ta femme avait été là, je l'aurais vue. Deuxièmement, j'étais absolument certain qu'elle n'y était pas, pour la bonne raison que quelques minutes avant de te rencontrer, c'est elle que j'avais rencontrée et elle m'avait demandé : "Est-ce que par hasard vous savez si mon mari était à la conférence ?" et je lui avais dit que tu n'y étais pas. Donc c'est clair qu'elle n'y était pas non plus, sinon elle ne m'aurait pas demandé... oui ? »

Conrad ne comprenait plus. Alors c'était Isabelle qui lui avait menti. Mais pour quelle raison ?

« Mais tu es sûr, insista-t-il, que ma femme a voulu savoir si j'y étais ? Tu as peut-être mal compris. »

« Allons donc ! Quand elle me l'a dit, elle était avec votre ami à tous deux, comment s'appelle-t-il ? »

Conrad commençait à comprendre.

« Della Pergola ? » souffla-t-il, le regard perdu dans le vide.

Et au « oui » de son collègue, il demeura pensif, occupé à reconstituer une quantité de petits détails qui lui avaient échappé dans les derniers temps.

LA FINE DEL BALLO

Il ballo continuò ancora a lungo, si fecero le sei del mattino: tutti erano sfiniti e avrebbero voluto essere a letto da almeno tre ore; ma andar via presto era come proclamare che la festa non era riuscita, e offendere i padroni di casa che, poveretti, si erano dati tanta pena.

I volti delle signore erano lividi, gli abiti sgualciti, gli aliti pesanti. «Maria! che stanchezza! Maria! che sonno!» Al disopra delle loro cravatte in disordine, le faccie degli uomini erano gialle e rugose, le bocche intrise di saliva amara. Le loro visite a una cameretta trascurata, a livello della loggia dell'orchestra, si facevano più frequenti: in essa era disposta in bell'ordine una ventina di vasti pitali, a quell'ora quasi tutti colmi, alcuni sciabordanti per terra. Sentendo che il ballo stava per finire, i servitori assonnati non cambiavano più le candele dei lampadari: i mozziconi corti spandevano nei saloni una luce diversa, fumosa, di mal augurio. Nella sala del *buffet*, vuota, vi erano soltanto piatti smantellati, bicchieri con un dito di vino che i camerieri bevevano in fretta, guardandosi attorno. La luce dell'alba s'insinuava dai giunti delle imposte, plebea.

La riunione andava sgretolandosi e attorno a donna Margherita vi era già un gruppo di gente che si congedava. «Bellissimo! Un sogno! All'antica!» Tancredi dovette faticare per svegliare don Calogero che, con la testa all'indietro, si era addormentato su una poltrona appartata; i calzoni gli erano risaliti sino al ginocchio e, al disopra delle calze di seta, si vedevano le estremità delle sue mutande, davvero molto paesane. Il colonnello Pallavicino aveva le occhiaie anche lui; dichiarava, però, a chi volesse sentirlo, che non sarebbe andato a casa e che sarebbe passato direttamente da palazzo Ponteleone alla piazza d'armi; così infatti voleva la ferrea tradizione seguita dai militari invitati ad un ballo.

LA FIN DU BAL

Le bal se prolongea encore, jusqu'à six heures du matin ; tous les invités étaient épuisés et auraient voulu être dans leur lit depuis au moins trois heures ; mais partir trop tôt, c'était comme proclamer que la fête n'était pas réussie et faire un affront aux maîtres de maison qui, les pauvres, s'étaient donné tant de mal.

Les visages des femmes étaient livides, leurs robes fripées, leur haleine chargée. « Marie ! que je suis fatiguée ! Marie ! que j'ai sommeil ! » Au-dessus des cravates en désordre, les hommes avaient des figures jaunes et ridées, la bouche empâtée de salive amère. Leurs visites à une petite pièce malpropre, au niveau de la loge d'orchestre, devenaient de plus en plus fréquentes : là étaient rangés en bon ordre une vingtaine de grands pots de chambre, presque tous pleins désormais, certains même débordants. Sentant que le bal allait s'achever, les domestiques qui dormaient debout ne réalimentaient plus les lampes, les bouts de chandelle répandaient dans les salons une lumière différente, fumeuse, de mauvais augure. Dans la salle du buffet, déserte, il n'y avait plus que des assiettes éparpillées, des verres avec un fond de vin que les serviteurs buvaient en hâte, en regardant autour d'eux. La lumière de l'aube s'insinuait par les fentes des volets, triviale.

La réunion se désagrégeait peu à peu et autour de donna Margherita, il y avait déjà un groupe qui prenait congé. « Extraordinaire ! Un rêve ! À l'antique ! » Tancrède eut toutes les peines du monde à réveiller don Calogero qui, la tête renversée, s'était endormi dans un fauteuil, à l'écart ; son pantalon était remonté jusqu'au genou et au-dessus des bas de soie, on voyait l'extrémité de son caleçon, vraiment très rustique. Le colonel Pallavicino avait des cernes sous les yeux, lui aussi, mais il déclarait à qui voulait l'entendre qu'il ne rentrerait pas chez lui et qu'il irait tout droit du palais Ponteleone à la place d'armes ; ainsi le voulait la tradition de fer à laquelle se soumettaient les militaires invités à un bal.

Quando la famiglia si fu messa in carrozza (la guazza aveva reso umidi i cuscini), don Fabrizio disse che sarebbe tornato a casa a piedi ; un po' di fresco gli avrebbe fatto bene, aveva un'ombra di mal di capo. La verità era che voleva attingere un po' di conforto guardando le stelle. Ve n'era ancora qualcuna proprio su, allo zenith. Come sempre, il vederle lo rianimò, erano lontane, onnipotenti e nello stesso tempo tanto docili ai suoi calcoli ; proprio il contrario degli uomini, troppo vicini sempre, deboli e pur tanto riottosi.

Nelle strade vi era di già un po' di movimento: qualche carro con cumuli d'immondizie alti quattro volte l'asinello grigio che li trascinava. Un lungo barroccio scoperto portava accatastati i buoi uccisi poco prima al macello, già fatti a quarti e che esibivano i loro meccanismi più intimi con l'impudicizia della morte. A intervalli una qualche goccia rossa e densa cadeva sul selciato.

Da una viuzza traversa intravide la parte orientale del cielo, al disopra del mare. Venere stava lì, avvolta nel suo turbante di vapori autunnali. Essa era sempre fedele, aspettava sempre don Fabrizio alle sue uscite mattutine, a Donnafugata prima della caccia, adesso dopo il ballo.

Don Fabrizio sospirò. Quando si sarebbe decisa a dargli un appuntamento meno effimero, lontano dai torsoli e dal sangue, nella propria regione di perenne certezza?

G. Tomasi di Lampedusa,
Il gattopardo
(Éd. Feltrinelli, Milano).

Quand la famille se fut installée dans la voiture (les coussins étaient humides de rosée), don Fabrizio dit qu'il allait rentrer à pied au palais ; un peu de fraîcheur lui ferait du bien, il avait un léger mal de tête. La vérité est qu'il voulait puiser un peu de réconfort dans les étoiles. Il y en avait encore quelques-unes, juste au-dessus de lui, au zénith. Comme toujours, leur spectacle le ranima, elles étaient lointaines, toutes-puissantes et en même temps si dociles à ses calculs, tout le contraire des humains, toujours trop proches, faibles et pourtant si rebelles. Dans les rues il y avait déjà un peu de mouvement : une charrette avec des monceaux de détritus quatre fois plus hauts que le petit âne gris qui la tirait. Un long chariot sans bâche portait en tas les bœufs qu'on venait de tuer à l'abattoir, déjà en quartiers et exhibant leurs mécanismes les plus intimes avec l'impudeur de la mort. De temps en temps, une goutte rouge et dense tombait sur les pavés.

Une ruelle transversale lui laissa entrevoir le ciel vers l'orient, au-dessus de la mer. Vénus était là, enturbannée de vapeurs automnales. Elle était toujours fidèle, elle attendait toujours don Fabrizio dans ses sorties matinales, à Donnafugata avant la chasse, et maintenant après le bal.

Don Fabrizio soupira. Quand allait-elle se décider à lui donner un rendez-vous moins éphémère, loin des trognons et du sang, dans la région de la certitude éternelle ?

COME SI FACEVA UN FILM

Agli albori della cinematografia italiana, un produttore mi disse: «Mi scriva un soggetto nel quale ci sia una donna cattiva.» «Niente di più facile», riposi, e dopo due giorni lo misi al corrente delle mie meditazioni, riservandomi di esporgli più tardi le ulteriori scelleratezze della donna cattiva. «Benissimo», mi incoraggiò il produttore, «continui così. Però vorrei che nella storia ci fosse un fachiro». «Ci metterò il fachiro» promisi, e dando alla perfida protagonista un itinerario che non avevo in programma, la mandai a fare il viaggio di nozze sulle rive sacre del Gange, dove qualche male informato crede ancora che esistano i fachiri. «Stupendamente risolto!», approvò, prendendo dalle mani della moglie la tazza di tè, e porgendomela con un largo gesto di mecenate. E mi fece la rivelazione: «L'idea del fachiro è venuta a mia moglie.» «Mi compiaccio con la signora», risposi ipocritamente, e questa, incoraggiata dal mio consenso, prese la parola: «In questi giorni ho comprato uno stock di costumi veneziani del '700. Non si potrebbe rievocare, in una bella festa carnevalesca, la Venezia di Giacomo Casanova?» «Niente di più semplice» risposi, «la scena del tradimento, invece di avvenire alla trattoria della "Bersagliera", a Santa Lucia, si svolgerà sotto i lampadari dell' Hôtel Danieli». Il mattino dopo il marito mi telefonò che ammirava la mia prodigiosa elasticità mentale, e che sua moglie aveva comprato un cannone dell'esercito napoleonico, una meraviglia di fusione e di cesello. «Ebbene?» domandai, sapendo che la mia domanda era pleonastica. «Non si potrebbe utilizzare il cannone?» domandò il marito. «Se spara, sì», risposi. «Spara», dichiarò lui. «Ha anche il proiettile?» domandai. «Un proiettile dell'epoca», mi assicurò, dopo una pausa evidentemente impiegata per consultare la signora. «Allora, faccia così – conclusi –: da una parte del cannone infili la palla, dall'altra ci metta la testa della sua signora e spari. Sua moglie andrà a esercitare la sua fantasia altrove, lei andrà all'ergastolo, io ai bagni di mare, e avremo un movimentatissimo finale di film.»

Pitigrilli, da *Peperoni dolci*
(Ed. Sonzogno, Milano).

COMMENT ON FAISAIT UN FILM

À l'aube de la cinématographie italienne, un producteur me dit : « Écrivez-moi un scénario dans lequel il y ait une femme méchante. » « Rien de plus facile », répondis-je et deux jours après, je le mis au courant de mes méditations, me réservant de lui exposer plus tard les scélératesses ultérieures de la femme méchante. « Très bien, me dit le producteur pour m'encourager, continuez ainsi. Cependant, je voudrais que dans l'histoire il y ait un fakir. » Et moi de promettre (m. à m. : je promis) : « J'y mettrai un fakir », et, donnant à la perfide protagoniste un itinéraire que je n'avais pas au programme, je l'envoyai faire son voyage de noce sur les rives sacrées du Gange, où les gens mal informés croient encore qu'il existe des fakirs. « Magnifiquement résolu », approuva-t-il, prenant des mains de sa femme une tasse de thé, et me la tendant d'un geste large de mécène. Et il me fit cette révélation : « L'idée du fakir est venue à ma femme. » « Je vous félicite, madame », répondis-je hypocritement, et celle-ci, encouragée par mon assentiment, prit la parole. « Ces jours-ci, j'ai acheté un stock de costumes vénitiens du XVIIIᵉ siècle. Ne pourrait-on pas évoquer, dans une belle fête de carnaval, la Venise de Jacques Casanova ? » « Rien de plus simple, répliquai-je, la scène de la trahison, au lieu d'avoir lieu au restaurant de la "Bersagliera" à Sainte-Lucie, se déroulera sous les lampadaires de l'hôtel Danieli. » Le lendemain matin, le mari me téléphona pour dire qu'il admirait ma prodigieuse souplesse mentale, et que sa femme avait acheté un canon de l'armée napoléonienne, une merveille de fonderie et de ciselure. « Eh bien ? » demandai-je, sachant que ma question était de trop. « Ne pourrait-on pas utiliser le canon ? » demanda le mari. « S'il tire, oui », répondis-je. Lui de déclarer : « Il tire. » Et moi de demander : « Il a des boulets ? » « Un projectile de l'époque », m'assura-t-il, après une pause évidemment employée à consulter sa femme. Je conclus : « Alors, faites la chose suivante : d'un côté du canon enfilez l'obus, de l'autre mettez la tête de votre femme et tirez. Votre femme ira exercer son imagination ailleurs, vous partirez pour le bagne, moi aux bains de mer et nous aurons une fin de film très mouvementée. »

APPELLATIVITI

«Angelo della vita mia!»
«Ninna nanna bel bambin!»
«Smettila, pasticcione!»
«Dico a lei, somarello del terzo banco!»
«Cretinoide che non sei altro!»
«È questa l'ora di tornare a casa, tesoro?»
«No, la prego, mi lasci, signorino!»
«Su, sveglia, pelandrone!»
«Che diavolo mi combina, sergente?»
«Congratulazioni, dottore!»
«A che cosa pensi, orsacchiotto mio?»
«E ci sono speranze, avvocato?»
«Basta adesso, demonio!»
«Non le sarà sfuggito, egregio collega...»
«Qua un bacetto, commendatorone!»
«Mi gratti la schiena, paparino?»
«Preferisce conciliare, signore?»
«Di qua, prego, onorevole!»
«Adesso devo lasciarti, bel gattone!»
«Se mi permette, signor presidente...»
«Me lo regali, nonno?»
«Come la va, vecchio mio?»
«Lei forse ricorderà, maestro...»
«E a premere qui le duole, eccellenza?»
«Pace a te, fratello in Cristo!»
«Come se ne è andato, poverino!»

Dino Buzzati,
Le notti difficili
(Ed. Mondadori, Milano).

EXCLAMATIONS

« Ange de ma vie ! »

« Dodo, l'enfant do ! » (m. à m. : berceuse bel enfant)

« Arrête-toi de faire des bêtises ! »

« C'est à vous que je parle, le cancre du troisième rang ! »

« Crétin que tu es ! »

« C'est à cette heure-ci que tu rentres, trésor ? »

« Non, je vous en prie, ne me touchez pas,
jeune homme ! »

« Allez, debout, fainéant ! »

« Qu'est-ce que vous fabriquez au juste, sergent ? »

« Félicitations, cher lauréat ! »

« À quoi penses-tu, mon gros nounours ? »

« Et y a-t-il un espoir, maître ? »

« Ça suffit maintenant, démon ! »

« Vous n'avez pas été sans remarquer,
cher et distingué collègue... »

« Un bisou ici, gros pacha ! »
(m. à m. : grand commandeur)

« Tu me grattes le dos, mon petit papa ? »

« Vous préférez un règlement à l'amiable, monsieur ? »

« Par ici, je vous prie, votre Honneur ! »

« Maintenant il faut que je te quitte, mon gros minet ! »

« Si vous me permettez, monsieur le Président... »

« Tu m'en fais cadeau, grand-père ? »

« Comment ça va, mon vieux ? »

« Vous vous souvenez peut-être, maître... »

« Et quand j'appuie ici, vous avez mal, Excellence ? »

« Paix à toi, mon frère devant le Seigneur ! »

« Comme il s'en est allé, le pauvre ! »

ALCUNI PIATTI ITALIANI

Cacciucco (specialità livornese)

Dose per sei persone: un chilo di pesce, grammi trecento di olio, mezzo chilo di pomodori maturi, un peperoncino rosso, aglio, prezzemolo, un bicchiere di vino rosso o mezzo bicchiere di aceto. Occorrono molte qualità di pesce e alcuni frutti del mare Mediterraneo.

Fate soffriggere una grossa cipolla, tagliata sottilissima, con l'olio e il peperone rosso, poi aggiungete i pomodori pelati, l'odore di aglio e prezzemolo e il bicchiere di vino rosso o il mezzo bicchiere di aceto; aggiungete il pesce lavato e tagliato e lasciate bollire adagio.

Servite con fette di pane abbrustolito.

Melanzane alla Parmigiana

Dose per sei persone: sei melanzane, grammi cinquanta di olio, e grammi cinquanta di burro, salsa di pomodoro, grammi cinquanta di parmigiano grattugiato, basilico, una mozzarella.

Scegliere melanzane di buona qualità, preferibilmente napoletane. Lavarle e asciugarle, privarle del gambo, sbucciarle, tagliarle nel verso della lunghezza e friggerle subito nell'olio, leggermente infarinate perché assorbano meno unto. Ungere di burro una teglia e cominciare a disporre sul fondo uno strato di melanzane, che verrà condito con salsa di pomodoro o pomodori pelati tagliati a pezzi, parmigiano grattato misto a pane grattugiato, al quale sarà stato unito un po' di basilico tagliuzzato e qualche fettina di mozzarella. Continuare a disporre le melanzane a strati finché non saranno ultimate. L'ultimo strato sarà formato da sugo di pomodoro, parmigiano e mozzarella. Metterle nel forno per venticinque minuti circa affinché possano amalgamarsi e dorarsi.

Cuciniamo all'italiana, a cura di Veronica
(Malipiero, Bologna).

QUELQUES PLATS ITALIENS

Cacciucco (spécialité livournaise)

Pour six personnes : un kilo de poisson, 300 g d'huile, 500 g de tomates mûres, un piment rouge, de l'ail, du persil, un verre de vin rouge ou un demi-verre de vinaigre. Il faut de nombreuses sortes de poissons et quelques fruits de mer de la Méditerranée.

Faites revenir un gros oignon, coupé très fin, avec l'huile et le poivron rouge, puis ajoutez les tomates épluchées, un soupçon (m. à m. : l'odeur) d'ail et de persil et le verre de vin rouge ou le demi-verre de vinaigre ; ajoutez le poisson lavé et coupé et laissez bouillir lentement.

Servez avec des tranches de pain grillé.

Aubergines à la parmesane

Pour six personnes : six aubergines, 50 g d'huile et 50 de beurre, de la sauce tomate, 50 g de parmesan râpé, du basilic, une mozzarella.

Choisir des aubergines de bonne qualité, napolitaines de préférence. Les laver et les essuyer, enlever le pédoncule, les éplucher, les couper dans le sens de la longueur et les frire tout de suite dans l'huile, légèrement passées dans la farine, afin qu'elles absorbent moins de graisse. Beurrer une tourtière (m. à m. : oindre de beurre) et commencer à disposer dans le fond une couche d'aubergines qui sera accommodée de sauce tomate ou de tomates épluchées coupées en morceaux, du parmesan râpé mélangé à du pain finement émietté, auquel on aura ajouté un peu de basilic coupé fin et quelques tranches de mozzarella. Continuer à disposer les aubergines en couches jusqu'à la dernière. La dernière couche sera formée de sauce tomate, de parmesan et de mozzarella. Les mettre au four pendant 25 minutes environ afin que l'ensemble puisse s'amalgamer et se dorer.

Ossobuco (Lombardia)

Dose per sei persone: sei ossibuchi, odori, mezzo litro di brodo, cento grammi di burro, quindici grammi di conserva, un cucchiaio di farina.

Gli ossibuchi vanno cotti lentamente in una salsa che i Lombardi chiamano «gremolada», composta di un pesto di aglio, rosmarino, salvia, prezzemolo, buccia di limone e burro e portando il tutto a cottura mediante aggiunta di brodo e, verso la fine, si aggiunge il concentrato di pomodoro stemperato con un pizzico di farina, per ottenere che il sugo risulti denso e cremoso. Si serve con risotto o con abbondante purea di patate.

Maccheroni alla chitarra

La «chitarra» su cui vengono modellati i maccheroni è un telaio di legno quadrato o rettangolare sul quale sono tirati dei sottili fili d'acciaio, proprio come nello strumento musicale da cui prende il nome.

La sfoglia ottenuta con uova o anche senza uova, impastata solo con acqua e sale, si taglia a striscie larghe quanto le corde della «chitarra» premendola con uno speciale matterello contro i fili in modo che cada tagliata in sottilissimi taglierini che risultano di forma quadrangolare sodi e compatti, la cui speciale conformazione determina un gusto speciale che si differenzia dalla pasta ottenuta con altri sistemi. La cottura è rapida. Vanno conditi in vario modo.

Salsa abruzzese

Dose per sei persone: gr. 150 polpa di maiale tritata, odori, gr. 50 strutto, un cucchiaio di conserva, mezzo bicchiere di vino bianco.

La carne suina pestata va messa in un condimento di cipolla, aglio, sedano, carota e un peperone rosso, il tutto molto tritato e va rosolata in un po' di strutto, a cui si aggiunge un cucchiaio di conserva diluito in un mezzo bicchiere di vino bianco, lasciando sul fuoco fino a cottura degli ingredienti.

Risotto alla milanese

Dose per sei persone: centosessanta grammi di burro, mezza cipolla, centodieci grammi di midollo di bue, un bicchiere di vino bianco, una bustina zafferano, un litro di brodo, cento grammi di parmigiano.

Ossobuco *(Lombardie)*
Pour six personnes : jarret de veau avec os coupé en 6 morceaux, herbes, un demi-litre de bouillon, 100 g de beurre, 15 g de concentré de tomate, une cuillerée de farine. Les morceaux de jarret doivent être cuits lentement dans une sauce que les Lombards appellent « gremolada », composée d'un mélange pilé d'ail, de romarin, de sauge, de persil, de zeste de citron et de beurre ; on fait cuire le tout en ajoutant (m. à m. : moyennant adjonction) du bouillon et, vers la fin, le concentré de tomate délayé avec une pincée de farine, pour que la sauce soit dense et crémeuse. On sert l'ossobuco avec du riz ou avec une abondante purée de pommes de terre.

Macaroni « à la guitare »
La « guitare » sur laquelle sont moulés les macaronis est un châssis de bois carré ou rectangulaire sur lequel sont tendus de minces fils d'acier exactement comme sur l'instrument de musique dont elle tire son nom. La pâte obtenue avec ou sans œufs, pétrie seulement avec de l'eau et du sel, est coupée en bandes aussi larges que les cordes de la « guitare » en la pressant avec un rouleau spécial contre les fils de façon qu'elle tombe coupée en de très fins rubans qui sortent en section carrée, fermes et compacts. Cette conformation donne une saveur spéciale qui est différente de celle de la pâte obtenue par d'autres procédés. La cuisson est rapide. On les assaisonne de différentes façons.

Sauce des Abruzzes
Pour six personnes : 150 g de viande de porc hachée, des herbes, 50 g de saindoux, une cuillerée de concentré de tomate, un demi-verre de vin blanc.
La viande de porc est mise dans un assaisonnement d'oignon, d'ail, de céleri, de carotte et d'un poivron rouge, le tout bien haché ; on la fait revenir dans un peu de saindoux, auquel on ajoute une cuillerée de concentré de tomate dilué dans un demi-verre de vin blanc ; on la laisse sur le feu jusqu'à cuisson des ingrédients.

Risotto à la Milanaise
Pour six personnes : 160 g de beurre, un demi-oignon, 110 g de moelle de bœuf, un verre de vin blanc, un petit sachet de safran, un litre de bouillon, 100 g de parmesan.

Narra la leggenda che il classico risotto alla milanese sia nato in Duomo ed abbia avuto per autore un modesto garzone di pittore che a furia di mettere zafferano nei colori, finì col versarne un pizzico nella minestra, restando incantato per l'insospettato colore e sapore che il riso aveva assunto. Lo zafferano è l'ingrediente caratteristico del risotto alla milanese, e si prepara così:

Si mette in casseruola il burro, mezza cipolla tritata, il midollo di bue e si fa rosolare il tutto, poi si aggiunge il riso, mescolando di continuo, e il bichiere di vino bianco. Quando il vino è assorbito si unisce lo zafferano e si tira a cottura con il brodo di carne. Cotto, si unisce il parmigiano grattato e si serve bollente. Si accompagna benissimo agli ossibuchi.

Pesto alla genovese

Il pesto alla genovese si prepara così: si prende abbondante basilico (circa grammi trecento), si lava e si asciuga in un tovagliuolo, si taglia finemente e vi si aggiungono due o tre spicchi di aglio, grammi cinquanta di pinoli, una mezza dozzina di noci tritate, formaggio grana in misura notevole misto con pecorino o sardo e grammi cinquanta di olio di oliva e si pone il tutto in un mortaio in modo da ottenere una pasta omogenea. Con queste proporzioni se ne può preparare una quantità discreta, poiché conservato in vetro e coperto da uno strato d'olio, si mantiene a lungo fresco e profumato.

> *Cuciniamo all'italiana, a cura di Veronica,*
> (Giuseppe Malipiero, Bologna).

Modo di cuocere gli spaghetti

Gettate gli spaghetti in acqua bollente e salata (cinque litri per cinquecento grammi). Agitate con una forchetta gli spaghetti perché non s'incollino e lasciate cuocere a fuoco lento per circa otto minuti. Tale tempo non è valido per tutti i tipi di spaghetti che dovranno essere tolti dall'acqua e scolati quando, alla prova, risultino ancora un po' duri sotto i denti. Servite in piatti fondi, versate la salsa sugli spaghetti e cospargete il tutto di formaggio grattugiato.

La légende rapporte que le traditionnel risotto à la Milanaise serait né dans la Cathédrale et aurait eu pour auteur un modeste apprenti peintre qui, à force de mettre du safran dans ses couleurs, finit par en répandre une pincée dans son potage. Il fut enchanté de la couleur et de la saveur insoupçonnées que le riz avait prises. Le safran est l'ingrédient caractéristique du risotto à la milanaise qui se prépare ainsi : on met dans une casserole le beurre, un demi-oignon haché, la moelle de bœuf et l'on fait revenir le tout ; ensuite on ajoute le riz en remuant continuellement, et le verre de vin blanc. Quand le vin est absorbé on ajoute le safran et on continue la cuisson avec le bouillon de viande. Une fois cuit, on ajoute le parmesan râpé et l'on sert bouillant. Le risotto accompagne parfaitement l'ossobuco.

Pistou à la génoise
On prépare le pistou à la génoise comme suit : on prend une bonne quantité de basilic (environ 300 g), on le lave et on le sèche dans un torchon, on le coupe finement et on y ajoute deux ou trois gousses d'ail, 50 g de pignons, une demi-douzaine de noix concassées, du parmesan en bonne quantité mélangé avec du fromage de brebis ou du fromage sarde et 50 g d'huile d'olive, et on met le tout dans un mortier de façon à obtenir une pâte homogène.
Ces proportions permettent d'en préparer une bonne quantité, car conservé dans un bocal de verre et recouvert d'une couche d'huile, il conserve longtemps sa fraîcheur et son parfum.

Cuisson des spaghettis
Jetez les spaghettis dans l'eau bouillante et salée (5 litres pour 500 grammes). Remuez les spaghettis avec une fourchette afin qu'ils ne collent pas et laissez cuire à feu lent pendant près de 8 minutes. Ce temps ne convient pas pour tous les types de spaghettis qui devront être sortis de l'eau et égouttés lorsqu'ils seront encore un peu fermes sous la dent. Servez dans des assiettes creuses ; versez la sauce sur les spaghettis et saupoudrez le tout de fromage râpé.

MEMENTO GRAMMATICAL

LA PRONONCIATION

L'ACCENT TONIQUE

Tout comme la musique ou la danse, la langue parlée suit un rythme. Ce rythme de la phrase, tantôt lent, tantôt précipité, est lié à l'idée exprimée et à l'intention de celui qui parle. Mais il dépend aussi d'une caractéristique physique sonore : l'accent tonique.

Prenons un exemple : le mot *Italia*. Ce mot a trois syllabes : I-ta-lia. Mais ces trois syllabes ne sont point égales : la plus importante, celle à laquelle vous devez communiquer le plus de vie et d'intensité c'est -*ta*. Elle constitue le cœur du mot. Par analogie avec les nuances de la musique, disons que la première syllabe du mot *Italia* : *I*- est « mezzo**fo**rte », la deuxième -*ta*- « **fo**rte » ou « for**ti**ssimo », et la troisième -*lia* seulement « piano ». Prenons le mot *Forlí*, nom d'une ville où nacquit le peintre Melozzo da Forlí. La dernière syllabe porte l'accent tonique, c'est sur cette syllabe que vous devez faire porter toute l'impulsion. Prenons le cas de *Napoli*. *Na* est fortissimo tandis que les deux dernières syllabes du mot -*poli* sont dans la nuance piano. Le mot semble rebondir.

La syllabe « forte » ou « for**ti**ssimo » est qualifiée de tonique ou d'accentuée, de même que la voyelle qui supporte plus particulièrement cette nuance, dans le cas d'une diphtongue : dans *Ti**e**polo*, par exemple, le -*e* est tonique, le -*i* atone.

Dans la méthode, la voyelle en caractère gras est la voyelle tonique. Il n'y a que trois sortes de mots possibles en italien, relativement à la place de l'accent tonique : *parola tronca, parola piana, parola sdrucciola*.

• Les mots accentués sur la finale s'appellent ***parole tronche***.
   Ex. : *parlerò*.

• Les mots accentués sur l'avant-dernière syllabe s'appellent ***parole piane***. Ce sont les mots les plus nombreux de la langue italienne : *R**o**ma, v**i**a, p**a**pa, mus**e**o*.

• Les mots accentués sur la troisième syllabe avant la fin s'appellent ***sdrucciole*** : *N**a**poli, G**e**nova, p**a**rlano, s'acc**o**modi*, etc.

• Apparentés aux « sdr**u**cciole » sont les ***bisdrucciole***. Ce sont les mots les moins fréquents ; ce sont toujours des formes verbales.

Ex. : *recitano*, ils récitent ; *dandoglielo*, en le lui donnant (les pronoms sont rejetés après le verbe et soudés à lui, ce qui allonge le mot, mais ne déplace pas l'accent tonique).

Il est important de s'entraîner à respecter la place de l'accent tonique. C'est une condition essentielle pour être compris et maintenir la phrase dans son équilibre musical.

LES SONS

2

• Les sons du français qui n'existent pas en italien :

a) Le *r* tel qu'on le prononce à Paris, par exemple, n'est pas italien.

b) Le *j* de « Jean », le *g* de « gens ».

c) Le *x* ne se trouve que dans les mots étrangers.

d) Le *e* muet de « ce », le *u* de « tu », les voyelles nasales « an », « in », « on », « un », « ien », « oin », « uin ». La lettre *e* se prononce é ou è (voyez ci-après), le u toujours « ou » ; *an, en, in, on*, se prononcent en séparant la voyelle : *avanti* [a-n], *ente* [e-n], *interno* [i-n], *con* [o-n].

e) Le *eu* de « œuf » ou de « veuf ». *Europa* se prononce [e-ou].

• Les sons italiens nouveaux pour un francophone :

a) Le *r* (*Roma*, *Cremona*, *Varese*, etc.) se prononce en roulant la partie avant de la langue (voyez *Le Bourgeois gentilhomme*, Acte II, scène 6). Contrairement à la grande majorité des Français d'aujourd'hui, monsieur Jourdain savait le prononcer. Nous vous enseignons à notre façon comment l'acquérir : il est très voisin du *l* puisque, comme le *l*, le *r* de Monsieur Jourdain ou le *r* italien se prononcent avec l'extrémité de la langue.

b) Le son [dj] *argento*, argent, *Girolamo*, Jérôme. De même *Giorgio*, Georges, *giusto*, juste (ne prononcez presque pas le *i*). Il suffit d'un léger « d » devant le « j » de Jean. Le *i* placé après le « g », devant « o » et « u », empêche de prononcer [go], [gou], comme dans *gomma*, *Gubbio*.

c) Le son [tch], *città*, ville, *certo*, certes, le peintre *Cimabue*. Devant un *o*, un *a*, un *u*, le *i* évitera le son [co], [ca], [cou].

d) Le son [ts], [dz] : *Firenze* [ts], *Venezia* [ts], *pranzo* [dz], dîner.

e) Le son [ly] du français : « lier », « liasse » : *meglio*, *migliore*. Ce son n'est délicat pour un francophone à prononcer que dans le cas de l'article ou du pronom *gli* [lyì].

• Le français n'ignore pas les consonnes doubles. Par exemple : grammaire [m-m]. Mais il n'impose pas de les prononcer en toute occasion. En italien, il faut faire entendre très clairement et prononcer très soigneusement toute consonne double, comme si l'on s'y attardait à plaisir afin de mieux chanter le mot. Mais il ne faut pas allonger la voyelle qui précède ni celle qui suit. Étudions l'exemple suivant : *Non c'è dubbio*, il n'y a pas de doute. Après un *u* [ou] très court, il convient de cesser le mot dès que la syllabe *io* est entendue.

• On s'exercera utilement, dans chaque leçon, aux exercices proposés à cet effet. Il conviendra, par exemple, de bien distinguer *raso* [razo], de *messa* [mes-sa] ; *Firenze* [ts] de *piazza* [ttz] ; et bien distinguer [d-dz] puis [ts] dans le mot *capitalizzazione* [iddzatsioné].

L'ORTHOGRAPHE

CONVENTIONS ORTHOGRAPHIQUES

En italien, on écrit tout ce que l'on prononce, et, à l'inverse, on prononce tout ce qui est écrit.

• Conventions concernant l'écriture des sons :
Les lettres « y » et « x » n'existent pas.
   Ex. : *idraulico*, hydraulique ; *eccellente*, excellent ; *lessico*, lexique.

Pour la lecture (et donc l'écriture) les différences avec le français sont les suivantes :

a) *Ciascuno* se lit [tchascouno] et *Giovanni* se lit [djovanni].

b) Le son [ch] du mot français « chose » s'écrit, en italien, *sc* devant *i* et *e* : *scendere* [ch], descendre, *uscita* [ch], sortie. Devant un *a*, un *o*, ou un *u*, pour éviter la prononciation [ca], [co], [cou], l'on écrira *sci* : *Brescia* [cha].

c) Le son [c] du mot français « cas » s'écrit *c* devant un *a*, un *o*, ou un *u* : *cassa*, *così*. En cela pas de différence avec le français.
Mais il s'écrit *ch* devant *i* ou *e* car *ci* et *ce* se prononceraient [tchi], [tche].
   Chi viene? [ki], qui vient ? *Che fa?* [ke], que fait-il ?

d) Le son [g] du mot français « gare » s'écrit *g* devant un *a*, un *o* ou un *u* [ou]. En cela pas de différence avec le français.
   Gatto, chat ; *gomma,* gomme ; *Gubbio* (ville de l'Ombrie).

Mais il s'écrit *gh* devant un *e* ou un *i*.
   Ghetto ; *ghiaccio,* glace.

N.B. : Le « u » se prononce toujours après un « q » ou un « g ».
   Quanto [cou**a**-nto], *guerra* [gou**e**rra].

e) *Gl* se lit comme le « l » de « million », « lier », etc., entre deux voyelles (voyez ci-dessus § 2 : *meglio, migliore* et § 1 : *dandoglielo*).
   Aglio, ail. Exception : *glicerina,* glycérine ; prononcez [gli] comme en français.

• Convention concernant l'écriture de l'accent tonique.

En italien l'accent tonique s'écrit sur la voyelle tonique des mots *tronchi* (qui est donc la voyelle finale) sous la forme de l'accent grave français ou de l'accent aigu. La règle est la suivante :

a) L'accent grave sur « o » ouvert ou « e » ouvert, sur le « a », sur « i » final ou « u » final.
   Ex. : *partirò,* je partirai, *però,* cependant, *perciò,* pour cela, *caffè, tè* ; *città,* ville, *unità, così,* ainsi, *virtù.*

N.B. 1. Le « o » tonique final est toujours ouvert. – 2. Dans *po'* l'apostrophe représente la syllabe finale de *poco.* (Voyez le phénomène de l'élision au § 4.)

b) L'accent aigu sur « e » fermé.
   Ex. : *perché,* parce que, *né,* ni.

DIFFICULTÉS DE PRONONCIATION EN LISANT

4

• On n'écrit jamais l'accent tonique sur les mots *piani* ou sur les mots *sdruccioli.* Donc, si vous n'avez jamais entendu prononcer *Brindisi, Ancona,* vous serez incapable, en lisant, de savoir que le premier est *sdrucciolo* [br**i**ndisi], le second *piano* [anc**o**na].
Dans nos leçons, nous avons obéi au parti suivant : **jusqu'à la leçon 10,** nous marquons par un caractère gras la voyelle accentuée de tous les mots *piani* et *sdruccioli* ; les mots *tronchi* ayant toujours le repère écrit, ainsi qu'il vient d'être exposé, ne présenteront pas

de caractère gras. **De la leçon 11 à la leçon 25,** nous n'employons plus le caractère gras que pour les mots *sdruccioli*. **À partir de la leçon 26**, nous n'employons plus le caractère gras que pour les mots *sdruccioli* nouveaux, en principe. Nous avons estimé qu'il n'était pas inutile de signaler, à plusieurs reprises, certains accents *sdruccioli* et même *piani* (par exemple : ceux du type *galleria*, afin que vous détachiez bien le « **i** » du « a »). **Pour les textes de la leçon 76 à la leçon 90,** n'hésitez pas à recourir au dictionnaire, lorsque vous avez un doute. Dans le Mémento : caractère gras pour les *sdruccioli*.

• Distinction des homonymes : *dà*, il donne ; *da*, chez, à, de ; *né*, ni ; *ne*, en ; *è*, il est ; *e*, et ; *tè*, thé ; *te*, toi ; *sì*, oui ; *si*, on ; etc.

• [ç] ou [z] ?

Nous avons vu que *cassa* se prononçait en doublant nettement le *s* du mot français « caisse ». Il en sera de même chaque fois que vous lirez *ss*. Mais comment prononcerez-vous les mots : *casa, mese*? – [caça], [mece]. L'orthographe italienne, dans des cas de ce genre, déroute le Français.

Ainsi : *caso*, cas, *esame*, examen, se prononcent :
à Rome : [ç],
à Florence : [z].

Nous vous laisserons le plaisir de passer pour un Romain à Florence ou pour un Florentin à Rome !

• [tç] ou [dz] ?

La même différence, qui vient d'être signalée, existe pour les sons représentés par la lettre z, laquelle tantôt se prononce [tç], tantôt [dz]. La prononciation figurée indiquée entre crochets dans cha-cune de nos leçons vous tirera d'embarras.

N'oubliez pas de prononcer le doublement marqué par les deux z (-zz-). Sachez que les terminaisons -*zione*, -*zia*, -*enze* sont toujours prononcées [tç].

• Les *e* et les *o* : ouverts ou fermés ?

Rappelons que les sons ouverts sont ceux, par exemple, du français « grès » « grotte » et les sons fermés avec ceux du français « gré », « gros ».

Il y a, en français, une règle : tout *e* ou tout *o* suivi de deux conson-nes est ouvert : « belle, reste, je jette, sotte, molle, borde »... En italien, cette règle ne règne pas aussi généralement qu'en français. Vous n'aurez pas de doute, en lisant un texte, dans les cas suivants :

a) Pour les *e* et les *o,* s'ils sont à la fin des mots et toniques ; car, dans ce cas, l'accent écrit grave marque l'ouverture du *o* ou du *e* (comme en français : cède) et l'accent écrit aigu marque la fermeture de l'*e* (comme en français : « été »).

b) Pour les *e* et les *o* qui ne sont pas sous l'accent tonique ; car, dans ce cas, les *e* sont plutôt fermés, et les *o* plutôt ouverts et d'une nuance mezzoforte ou piano (voyez le § 1 ci-dessus).

Vous hésiterez en lisant un texte dans le cas des mots *sdruccioli* et *piani* où ces voyelles *e* ou *o* sont toniques. Vous voudrez bien vous reporter à notre prononciation figurée. Le signe ° indique l'ouverture ; le signe • la fermeture.

Ex. : °*moda* [ò] ; •*Roma* [ò] ;
°*tiepido* [è], tiède ; •*selva* [é], la forêt.

L'ARTICLE

L'ARTICLE DÉFINI

5

• Masculin

a) ***il*** *libro*, le livre ; ***i*** *libri*, les livres.

b) Devant une voyelle : ***l'****amico*, l'ami ; ***gli*** *amici*, les amis.

c) Devant un *s* + consonne (appelé *s* impur), un *z*, ou *x*, *gn*, *ps* :
   Lo *stato*, l'État, ***gli*** *Stati Uniti*, les États-Unis.
   Lo *scambio*, l'échange, ***gli*** *scambi*, les échanges.

• Féminin

a) ***la*** *casa*, la maison, ***le*** *case*, les maisons.
   La *scolara*, l'écolière, ***le*** *scolare*, les écolières.

b) Devant une voyelle : ***l'****anima*, l'âme, ***le*** *anime*, les âmes ; ***l'****erba*, ***le*** *erbe*.

6

L'ARTICLE INDÉFINI

• *Un* uomo**, un homme.**

Devant *s* impur, *z, x, gn, ps* : *uno* sviluppo, un développement ; *uno* gnocco, etc.

• *Una* moglie**,** une femme. Élision devant voyelle ; *un' e*poca, *un'* età, une époque, un âge.

• *L'article indéfini n'a pas de pluriel*
   Ex. : *una casa*, une maison ; *case*, des maisons ; *un amico*, amici.

Cependant « quelques maisons » se dira *alcune case* ; quelques amis, *alcuni* amici, ou bien *delle case*, *degli* amici.

On pourra dire :
   Sono bei fiori ou *sono dei bei fiori*, ce sont de belles fleurs.
   Ci sono ville ou *ci sono delle ville*, il y a des villas.

7

L'ARTICLE PARTITIF

L'italien utilise l'article partitif comme le fait le français mais d'une manière légèrement différente :
   Pietro mangia del pane, Pierre mange du pain.

Mais l'on peut dire aussi : *Pietro mangia pane.*

Dans le premier cas, le pain à manger existe, il est par exemple sur la table. Dans le second cas, il s'agit d'une attitude générale : Pierre mange du pain par principe.

La même différence de nuances est à trouver dans les deux exemples suivants :
   Pietro mangia pane nero, Pierre mange du pain noir (c'est une règle chez lui).
   Pietro mangia del pane nero, Pierre mange du pain noir (qui est sur la table et qu'il préfère aux autres sortes de pain).

8

L'ARTICLE CONTRACTÉ

L'article contracté résulte, ainsi qu'en français, de la réunion, en un seul petit mot, d'une préposition et d'un article, en effet :
   au = à le   du = de le
   aux = à les   des = de les.

En italien, les articles définis, qu'ils soient au singulier ou au pluriel, se contractent :

• Avec la préposition *di*.
Ex. : le chapeau du professeur, le chapeau de l'élève, ... de l'oncle, ... de la mère, ... des enfants, ... des hommes, ... des épouses, des femmes.
*Il cappello **del** professore, **dell'**alunno, **dello** zio, **della** madre, **dei** bambini, **degli** uomini, **delle** mogli, **delle** donne.*

• Avec la préposition *a*.
Ex. : J'écris au professeur... *Scrivo **al** professore, **all'** alunno, **allo** zio, alla..., ai..., agli..., alle...*

• Avec la préposition *da* (de, par).
Ex. : La lettre est écrite par le professeur, l'élève : *La lettera è scritta **dal** professore, **dall'** alunno, **dallo** zio, **dalla**..., **dai**, **dagli**... **dalle**...*

• Avec la préposition *su*, sur : *sul, sull', sullo; sulla; sui, sugli; sulle.*
Ex. : *Sul lago*, au bord du lac, sur le lac ; *sui treni*, dans les trains...

• Avec la préposition *in*, dans : *nel, nell', nello; nella; nei, negli, nelle.*

• Avec la préposition *con*, avec, ne peuvent se contracter que *il* et *i.*
Ex. : *Col padre e con la madre*, avec le père et avec la mère.
Au pluriel : *coi padri e con le madri.*

ITALIANISMES

9

Utilisation de l'article défini :

a) avec les adjectifs possessifs :
Il mio libro, la mia casa, mon livre, ma maison.
Mais : *mio padre, tua madre, suo figlio.*

b) familièrement, devant un prénom féminin :
Ho visto la Caterina, j'ai vu Catherine.
Mais : *ho visto Giacomo*, j'ai vu Jacques.

• Omission de l'article :
Essere a dieta, ... a riposo, ... a caccia, être à la diète, ... au repos, ... à la chasse.
Andare a scuola, aller à l'école.
Tirare a sorte, tirer au sort.

Lavorato a mano, fait à la main.
A occhio nudo, à l'œil nu.
Da parte di, de la part de.
A Nord, a Sud, a levante, a ponente, a Est, a Ovest, au nord, etc.

LE FÉMININ ET LE PLURIEL

RÈGLE GÉNÉRALE

10

a) Le féminin

Les adjectifs en *-o* font leur féminin en *-a* : *l'italiano, l'italiana.*

Les adjectifs en *-e* gardent cette terminaison au féminin : *l'inglese,* l'anglais, l'anglaise.

b) Le pluriel

Noms et adjectifs font leur pluriel en *i,* sauf les noms et adjectifs féminins en *-a* qui font leur pluriel en *-e* :

l'artista italiano - gli artisti italiani
lo scrittore francese - gli scrittori francesi
l'artista italiana - le artiste italiane
la legge italiana - le leggi italiane

RÈGLES PARTICULIÈRES

11

• Sont invariables :

a) les mots *tronchi* (voyez § 1) ; *la virtù, l'età* font *le virtù,* les vertus, *le età,* les âges.

b) les noms terminés en -ie ; *la barbarie,* la barbarie fait : *le barbarie.*

Cependant : *la moglie, le mogli,* les femmes ; *la superficie, le superficie* ou *le superfici,* les surfaces.

c) les noms terminés par *-i* ou par une consonne ; *la crisi, le crisi*; *lo sport, gli sport.*

• Les noms terminés en *-cia,* en *-gia* forment régulièrement leur pluriel.

*La farma**cia**, le farma**cie**; la bu**gia**,* le mensonge, *le bu**gie**.*

Mais les noms terminés en *-cia* et *-gia* (*-i* atone) font leur pluriel en -ce et -ge.

La provincia, le province ; *la valigia, le valige*, les valises ; on trouve, cependant, parfois : *le valigie*.

Et l'usage a conservé « ie » au pluriel dans les noms suivants : *audacia, audacie; acacia, acacie; camicia*, chemise, *camicie; socia*, associée, *socie; ferocia*, férocité, *ferocie*.

• Les noms terminés en *-io* forment régulièrement leur pluriel :
   Lo zio, l'oncle, *gli zii; l'oblio*, l'oubli, *gli oblii*.

Mais les noms terminés en *-io* (*-i* atone) font leur pluriel en *-i* :
   Il criterio, i criteri; lo studio, gli studi.

Pour distinguer des homonymes, remarquez les cas suivants :
   Il palio (page 234), *i palii; il palo*, le poteau, *i pali*.
   Il conio, la frappe, *i conii; il cono*, le cône, *i coni*.
   L'odio, la haine, *gli odii; tu odi*, tu entends.
   Il tempio, le temple, *i tempii (i templi); il tempo*, le temps, *i tempi*.
   L'omicidio, l'homicide (le fait de tuer), *gli omicidii; l'omicidio* (l'homme qui tue), *gli omicidi*.
   L'assassinio, l'assassinat, *gli assassinii; l'assassino*, l'assassin, *gli assassini*.

Dans les cas suivants il n'y a pas homonymie, car la voyelle tonique diffère :

sdruccioli	piani
gli **a**rbitri, l'**a**rbitro, l'arbitre	
	arb**i**tri, arb**i**trio, arbitraire
ben**e**fici [è], ben**e**fico, bénéfique	
	i benef**i**ci, il benef**i**cio, le bénéfice
mal**e**fici [è] mal**e**fico, maléfique	
	i malef**i**ci, il malef**i**cio, maléfice
i m**a**rtiri, il m**a**rtire, le martyr	
	i mart**i**ri, il mart**i**rio, le martyre
i pr**i**ncipi, il pr**i**ncipe, le prince	
	i princ**i**pi, il princ**i**pio, le principe

• Cas des mots terminés en *-co* et en *-go* :

Conservation du son, au pluriel, pour les mots de deux syllabes.
   Ex. : *fico*, figue, *fichi; lago*, lac, *laghi; fungo*, champignon, *funghi; palco*, balcon, *palchi*.
   Exceptions : *greco*, grec, *greci; porco*, porc, *porci*.

Mago, le magicien, *i maghi*; mais *i Re magi*, les Rois mages.

Pour les autres mots en *-co* ou *-go* de plus de deux syllabes, il convient d'apprendre le pluriel en même temps que le singulier.

• Cas des mots terminés en *-ca* ou *-ga* : conservation du son au pluriel :
   Ex. : *il collega*, le collègue, *i colleghi*; *la collega*, le colleghe.

Cependant : *il Belga*, le Belge, *i Belgi*; *la Belga*, la Belge, *le Belghe*.

L'ADJECTIF

LE COMPARATIF

⑫

• Égalité : *Pietro è **così** alto **come** Paolo*, aussi grand que... ou bien : *Pietro è **tanto** alto **quanto** Paolo*.

• Supériorité : *Pietro è **più** alto **di** Paolo*, ... plus... que...

• Infériorité : *Pietro è **meno** intelligente **di** Paolo*, ... moins... que...

Si on compare une qualité de Pierre à une autre de ses qualités, il faut employer **che**.
   Ex. : *Pietro è **meno** intelligente **che** alto; Pietro è **più** alto **che** intelligente.*

LE SUPERLATIF

⑬

• Relatif
   *Pietro è **il più** alto di tutti gli alunni*, Pierre est le plus grand de tous les élèves.
   *Pietro è **il meno** intelligente di tutti gli alunni.*

N.B. : *il libro **più** interessante di tutti*, le livre le plus intéressant. Le superlatif perd son article quand il est précédé d'un nom pourvu lui-même d'un article.

• Absolu
   *Pietro è **molto alto***, Pierre est très grand = *Pietro è **altissimo*** = *Pietro è **alto alto.***

Irrégularités : *celebre, celeberrimo; acre, acerrimo; integro, integer-rimo; aspro, asperrimo.*

Quelques comparatifs et superlatifs irréguliers. L'emploi de la forme irrégulière est facultatif. C'est pourquoi nous faisons suivre chacune de la forme régulière correspondante.

a) *buono*, bon	*migliore*	**o**ttimo
	più buono	*buonissimo = molto buono*
		= buono buo-no
b) *cattivo*, méchant	*peggiore*	**pe**ssimo
	più cattivo	*cattivissimo*
c) *grande*, grande	*maggiore*	**ma**ssimo
	più grande	*grandissimo*
d) *piccolo*, petit	*minore*	**mi**nimo
	più piccolo	*piccolissimo*
e) *alto*, grand, haut	*superiore*	*sommo*
	più alto	*altissimo*
f) *basso*, bas	*inferiore*	**i**nfimo
	più basso	*bassissimo*

L'ADJECTIF *BELLO*

14

Bello subit devant un nom des transformations qui rappellent le français « beau » : un bel homme, etc.
   Bel soldato, bell'uomo, bello studente (s impur), *bell'anima*; beau soldat, bel homme, bel étudiant, belle âme.

Cette transformation de *bello* en *bel, bell'* est à rapprocher des trois formes de l'article défini : *il soldato, l'uomo, lo spettacolo.*

Mêmes comparaisons au pluriel :
   i soldati, gli uomini, gli studenti;
   bei soldati, begli uomini, begli studenti.

Bello après le nom n'a pas d'irrégularités :
   questo cane è bello, questi cani sono belli.

LES PRONOMS PERSONNELS

RAPPEL

Ainsi qu'en français, il faut distinguer le pronom sujet des pronoms compléments et, parmi ces derniers :

• les pronoms placés *après* le verbe, directs ou indirects ;
  Ex. : Je les vois, lui et Pierre (« lui » est complément direct).
  Je parle avec elle (« elle » est complément indirect).

• les pronoms placés *avant* le verbe, directs ou indirects.
  Ex. : *Il me montre son livre* (« me » est complément indirect.)
  Il me le montre (« le » est complément direct).
  Il me voit (« me » est complément direct).

16

TABLEAU DES PRONOMS PERSONNELS

SUJETS COMPLÉMENTS					EXEMPLES		
Fr.	Ital.	après	avant ind.	avant dir.	après le verbe	avant le verbe indirect	avant le verbe direct
moi, je	io	me	mi	mi	Il pane è ...per me	mi dà il pane	mi vede
toi, tu	tu	te	ti	ti	...per te	ti dà...	ti vede
lui, il	egli	lui	gli	lo	...per lui	gli dà...	lo vede
	esso[1]	esso[1]			...per esso		
	lui						
elle	lei	lei	le	la	...per lei	le dà...	la vede
	ella[2]	essa			...per essa		
	essa[1]	essa[1]					
nous	noi	noi	ci	ci	...per noi	ci dà...	ci vede
vous	voi	voi	vi	vi	...per voi	vi dà...	vi vede
eux, ils	essi	essi		li	...per essi		li vede
	loro	loro[3]			...per loro		
elles	esse	esse		le	...per esse		le vede
	loro	loro[3]			...per loro		

(1) Animal ou chose

(2) Forme vieillie

(3) *Loro* est le complément indirect correspondant à la troisième personne du pluriel. Il se place toujours après le verbe. Ex. : *dà loro il pane*, il leur donne le pain. *Dice loro*, il leur dit

N.B. *Vede me, non lui.* Il me voit moi, pas lui. On aura donc : *vede me, vede te, ... lui, ... esso*, etc.

FORME DE POLITESSE

Rappel : en français, la forme de politesse utilise *vous*, qu'il s'agisse du singulier ou du pluriel, c'est-à-dire que l'on s'adresse à une personne ou à plusieurs personnes.

En d'autres termes, « vous parlez » peut s'adresser :

A) à des enfants à qui l'on dirait individuellement : « tu parles ».

B) à une personne avec qui l'on emploie la forme polie.

C) à plusieurs personnes avec qui l'on emploie la forme polie.

Comment traiter, en italien, les cas B et C ?

• **Cas B :**

Si l'on s'adresse, à la forme de politesse, à une seule personne :

• Le verbe est à la 3ᵉ personne du singulier.

• Les pronoms sont à la 3ᵉ personne du **féminin singulier** (*lei, le, la* : voyez le tableau du § 16). Étudiez les exemples suivants.

1. Le pronom sujet :
   Come sta lei? Comment allez-vous ? (monsieur, madame, etc.).
   *Se lei volesse **e**ssere così gentile da prestarmi la penna...* Si vous vouliez être assez aimable pour me prêter votre plume...

Comme dans les exemples précédents, *lei* peut représenter un homme ou une femme.
Il est évident que les pronoms sujets, conformément à la règle générale, restent facultatifs : *Come sta? ... Se volesse **e**ssere così gentile da...*

2. Le pronom complément indirect :
   Le dico, je vous dis (monsieur ou madame).
   Lo faccio per lei, je le fais pour vous (monsieur ou madame).

Comparez les deux exemples suivants :
   a) dico a Pietro di venire = gli dico di venire. Je dis à Pierre de venir = je lui dis de venir.
   b) Pietro, le dico di venire, Pierre, je vous dis de venir.

Dans le premier exemple, je parle de Pierre ; donc le pronom complément indirect masculin singulier à employer est : *gli*. Dans le second exemple, je parle à Pierre que je vouvoie, donc, conformément à la règle qui vient d'être énoncée, j'emploie le pronom complément indirect féminin : *le*.

3. Le pronom complément direct :
La vedo, je vous vois (monsieur ou madame, etc.).

N.B. Par construction *le dico* a deux sens : 1) je lui dis (à elle), je vous dis (à vous, monsieur ou madame). Le contexte permet la distinction de sens. De même pour *la vedo*, etc.

• L'adjectif ou le participe passé se met au genre de la personne à qui l'on s'adresse. Exemples :
lei è molto dinamico, vous êtes très dynamique (monsieur) ;
lei è molto dinamica, … (madame).

• **Cas C :**

Les exemples qui précèdent devraient, logiquement, pouvoir se mettre tels quels au pluriel. Il n'en est rien ; la pratique présente un certain désordre.
On dira, en effet «*Come stanno loro?*» (pluriel de «*Come sta lei?*») à plusieurs personnes que l'on vouvoierait en français. Mais, en fait, on dira tout aussi poliment : *Come state (voi)?*
Pour les pronoms compléments, au lieu de la 3e personne avec *loro*, on emploiera plus volontiers, et avec autant de courtoisie, les pronoms de la 2e personne du pluriel.
Ex. : au lieu de *dico loro, lo faccio per loro, vedo loro*, on dira : *vi dico, lo faccio per voi, vi vedo* (messieurs ou mesdames).

Ces formes sont donc valables à la fois pour le tutoiement pluriel (cas A) et pour le vouvoiement pluriel.

• Lorsqu'on écrit une lettre, les pronoms personnels ou les adjectifs possessifs se rapportant au(x) destinataire(s) peuvent prendre une majuscule mais cet usage se fait rare.
Ex. : *Abbiamo ricevuto la Sua lettera*, Nous avons reçu votre lettre.
Mi rivolgo a Lei per..., Je m'adresse à vous pour...

18

GLIELO, GLIELA, GLIELI, GLIELE

Lorsque deux pronoms personnels se suivent, en français l'ordre est tantôt complément indirect puis complément direct (« il me le donne »), tantôt l'ordre inverse (« il le lui donne »).
En italien l'ordre est toujours le même : complément indirect puis complément direct. Exemple : *me lo dà*, il me le donne.

Si les deux pronoms sont à la 3ᵉ personne, le premier, c'est-à-dire le pronom complément indirect, est toujours *gli* (qui devient *glie*).

On a donc les combinaisons suivantes : *glielo, gliela, glieli, gliele*.

a) Je lui montre le musée ; je le lui montre (à Pierre, à Paule) :
   Gli mostro il museo; glielo mostro (a Pietro);
   Le mostro il museo; glielo mostro (a Paola).

b) Je leur montre le musée ; je le leur montre.
   Mostro loro il museo; glielo mostro (a Pietro e Paola).

c) S'il s'agit de plusieurs musées : *glieli mostro.*
   S'il s'agit d'une maison : *gliela mostro.*
   S'il s'agit de plusieurs maisons : *gliele mostro*, que ce soit à Pierre tout seul, à Paule toute seule ou à Pierre et à Paule.

REJET DU PRONOM COMPLÉMENT APRÈS LE VERBE

19

Rappel : en français on dit « montre-moi le musée », « montre-le-moi ». Le rejet du pronom après le verbe ne s'effectue en français qu'à l'impératif, à la forme affirmative.

En italien, le phénomène de rejet du pronom (ou des pronoms) personnel complément après le verbe se présente :

• à l'impératif affirmatif, formes de tutoiement et 1ʳᵉ personne du pluriel. *Mostra**glieli**, montre-les-lui (par exemple : montre les tableaux à Pierre).
   *Mostra**teglieli**: montrez-les-lui.
   *Mostria**moglieli**: montrons-les-lui.

Négativement : *non mostra**rglieli**, non mostra**teglieli**, non mostria**moglieli**.

N.B. : 1) à la forme négative, on peut ne pas employer le rejet du pronom : *non glieli mostrare, non glieli mostrate, non glieli mostriamo*.

2) À la forme de politesse, au singulier puis au pluriel, on ne rejette pas les pronoms, sauf *loro* :

glieli mostri	*glieli mostrino*	montrez-les-lui
li mostri loro	*li mostrino loro*	montrez-les-leur.

• à l'infinitif :
   *Desidero mostra**rglieli***, je désire les lui montrer.

• au gérondif :
   Sta mostrandoglieli, il est en train de les lui montrer.

• au participe passé :
   Levatosi il cappello, entrò; après avoir ôté son chapeau, il entra.

N.B. : l'accent tonique reste sur le verbe (mots *sdruccioli* ou *bisdruccioli*).

LES DÉMONSTRATIFS

LES ADJECTIFS DÉMONSTRATIFS

20

En français : ce livre-ci (rapproché), ce livre-là (éloigné).
En italien : •*questo libro*,   •*quel libro*.
La distinction entre rapprochement et éloignement est mieux observée en italien qu'en français.

• *Questo libro, questa casa; questi libri, queste case.*
Avec l'élision : *quest'uomo, quest'erba* (au pluriel pas d'élision : *questi uomini, queste erbe*).

• Quello scolaro.
Au féminin : *quella casa, quelle case*.
Au masculin singulier et pluriel, *quello* présente les mêmes transformations que *bello* ou l'article *il* :

quel professore	*quei professori*
quell'uomo	*quegli uomini*
quello zoppo	*quegli zoppi*, ce boîteux, ces...

• *Remarques :*

1. *Stamattina*, ce matin ; *stasera*, ce soir ; *stanotte*, cette nuit sont les abréviations de : *questa mattina, questa sera, questa notte*.

2. Une particularité de la langue italienne : •*codesto*.
Codesto désigne un être ou un objet qui se trouve loin de la personne qui parle et relativement plus près de la personne qui écoute.
   Codesto foglio, cette feuille, *codesti fogli. Codesta matita*, ce crayon, *codeste matite*.
On dit aussi *cotesto*. Surtout employé en Toscane.

LES PRONOMS DÉMONSTRATIFS

En français : celui-ci (rapproché) ; celui-là (éloigné).
En italien, il convient de faire la distinction suivante :

• Pour les animaux ou les choses : ***questo*** (*questi; questa, queste*) =
celui-ci ; ***quello*** (*quelli; quella, quelle*) = celui-là.
  Che modello le piace, questo o quello? Quel modèle vous plaît, celui-ci ou celui-là ?

Au pluriel cet exemple devient : *Che modelli le pi**a**cciono, questi o
quelli?*

• Pour les personnes :

a) Dans la langue familière, on peut employer aussi « questo »,
« quello », comme pour les animaux ou les choses.
  Che vuole questo? E quello, che fa? Que veut celui-ci ?
  Et celui-là, qu'est-ce qu'il fait ?

b) Il est plus correct de n'employer ni « questo » ni « quello », mais, à
leur place, respectivement : ***questi*** et ***quegli***. Dans ce cas, la même
forme *questi* sert donc pour le singulier et pour le pluriel, tandis que
l'on a *quegli* = celui-là, *quelli* = ceux-là.
  *Giovanni e Francesco sono amici: questi abita in campagna e quegli
  in città; sfortunamente a quest'ultimo (= questo ultimo) non piace
  la città e a quegli non piace la campagna.* Jean et François sont
  des amis : celui-ci habite la campagne et celui-là la ville ; malheureusement ce dernier n'aime pas la ville et l'autre n'aime pas la
  campagne.

Toutefois, ces dernières formes sont des formes littéraires.

• Particularités de la langue italienne :

1. ***Costui*** (féminin *costei*; pluriel commun *costoro*) a une nuance pé-
jorative et volontiers dédaigneuse.
*Cosa vuole cost**u**i?* Qu'est-ce qu'il veut celui-là ?

2. ***Colui*** (féminin : *colei*; pluriel commun : *coloro*). *Beato colui che ci
crede.* Heureux celui qui y croit.

• Autres pronoms démonstratifs :
1. Ceci, cela.
Ceci = ***ciò*** ou bien *questo*.
  È ciò che voglio. C'est ceci que je veux. *Dico questo.* Je dis ceci.
Cela = *ciò, quella cosa.*

2. Ce qui, ce que = **ciò che** ou bien *quello che*.
   Quello che mi piacerebbe fare, sarebbe visitare la Sardegna. Ce que j'aimerais faire, ce serait visiter la Sardaigne. Ou bien : *Ciò che mi piacerebbe fare, ...*

LES POSSESSIFS

ADJECTIFS ET PRONOMS

Il est bon d'apprendre les adjectifs et les pronoms possessifs en correspondance avec les pronoms personnels sujets. Faisons varier, de personne en personne (je, tu, il, etc.), l'exemple suivant :

Moi j'ai mon livre ; il est à moi ; c'est le mien.
*Io ho **il mio** libro; è **mio**; è il mio.*
*Tu hai **il tuo** libro; è **tuo**; è il tuo.*
*Egli ha **il suo** libro; è **suo**; è il suo.*
Ella...
*Noi abbiamo **il nostro** libro; è **nostro**; è il nostro.*
*Voi avete **il vostro** libro; è **vostro**; è il vostro.*
*Essi hanno **il loro** libro; è **loro**; è il loro.*
Esse...

Attention à l'accent tonique : *mio, tuo, suo.*

• Masculin pluriel
   Ho i miei libri; sono miei, sono i miei [mi**e**i].
Liste : *i miei, i tuoi, i suoi; i nostri, i vostri, i loro.*

• Féminin singulier
   Ho la mia cravatta; è la mia.
Liste : *la mia, la tua, la sua; la nostra, la vostra, la loro.*

• Féminin pluriel
   Ho le mie cravatte; sono mie; sono le mie.
Liste : *le mie, le tue, le sue, le nostre, le vostre, le loro.*

• Pour la formule de politesse (avec les troisièmes personnes) on emploiera *suo* si l'on s'adresse à une seule personne, *loro* si l'on s'adresse à plusieurs. (Voir § 17.)

ADJECTIFS POSSESSIFS
AVEC OU SANS ARTICLE ?

En italien on emploie donc l'article devant l'adjectif possessif. Cependant, il y a certains cas où l'adjectif possessif s'emploie sans article :

• *Giovanni è mio amico,* Jean est mon ami, aura un sens moins restrictif que *Giovanni è il mio amico,* sous-entendu : Jean est mon seul ami, ou mon meilleur ami.

• Dans une apostrophe : *mio caro amico,* mon cher ami ; *caro amico* ou *amico mio caro.*

• Devant certains noms de parenté au singulier : ***mio padre***, mon père ; *mia madre,* ma mère ; *mio fratello,* mon frère ; *mia sorella,* ma sœur ; *mio zio,* mon oncle.

Au pluriel, l'article réapparaît : ***i miei fratelli***, mes frères ; *i miei genitori,* mes parents.

Au singulier, il faut aussi l'article :

a) si le nom de parenté est accompagné d'un adjectif : ***il mio caro padre***, *la mia giovane sorella.*

b) si le nom de parenté est un diminutif : ***il mio zietto***, mon petit oncle ; *il mio fratellino,* mon petit frère ; *il mio babbo,* mon papa ; *la mia mamma,* ma maman.

• L'italien emploie souvent, pour donner plus de force à une affirmation, un adjectif possessif avec un adjectif démonstratif :
Ex. : ***Questi vostri*** discorsi non mi piacciono = Vos discours ne me plaisent pas. (Ces discours qui sont les vôtres.)

LES PRONOMS RELATIFS

CHE

24

1) Traduit « qui » sujet.
La persona [ó] ***che viene*** *è mio fratello* [è]. La personne qui vient est mon frère.
2) Traduit « que » complément.
La persona ***che lei vede*** *qui è mio fratello.* La personne que vous voyez ici est mon frère.

25

MÉMENTO

CUI

1) Traduit « qui » après une préposition.
*L'amico **a cui** scrivo.* L'ami à qui j'écris. *Le amiche con cui parlo.* Les amies avec qui je parle.

2) Sert à traduire « dont ».

a) « dont » complément de verbe = ***di cui***. En effet, dont = de qui.
L'amico di cui parlo non è ancora arrivato. L'ami dont je parle n'est pas encore arrivé.

b) « dont » complément de nom = article défini + *cui* + nom. Il convient d'accorder l'article avec le nom :
La persona il cui libro... La personne dont le livre…
La persona i cui libri... La personne dont les livres...
Le persone le cui case... Les personnes dont les maisons...

3) Traduit aussi « quoi » après préposition :
Ciò su cui ti eserciti tanto. Ce sur quoi tu t'exerces tant.

25
bis

CHI

1) Traduit « celui qui ».
Chi non parla non sbaglia. Celui qui ne parle pas ne se trompe pas.

2) Traduit « qui » au sens interrogatif. Voir au chapitre suivant.
Chi parla oggi? Qui parle aujourd'hui ? – *Non so chi parla oggi.* Je ne sais pas qui parle aujourd'hui.

3) Répété, il traduit « l'un... l'autre » ; « les uns... les autres » et le verbe est au singulier.
Chi rideva, chi piangeva. Les uns riaient, les autres pleuraient.

26

IL QUALE, LA QUALE, I QUALI, LE QUALI

Il treno sul quale si trovava è deviato. Le train sur lequel il se trouvait a déraillé.

L'INTERROGATION

LES MOTS INTERROGATIFS

1. **Che** *è questo?* Qu'est ceci ?

2. **Chi**, invariable : *Chi è quest'uomo?* Qui est cet homme ?

3. **Quale-quali** s'accorde avec le nom : *qual fiore preferisci?*
   Quelle fleur préfères-tu ? *Quali libri leggi?* Quels livres lis-tu ?

4. **Quanto**: *Quanto costa questo libro?* Combien coûte ce livre ?
   Quanti anni ha? Quel âge avez-vous ?
   Quanto s'accorde avec le nom devant lequel il est placé.

5. **Come**: *Come si chiama?* Comment vous appelez-vous ?

6. **Dove** *va?* Où allez-vous ?
   Da dove viene? D'où venez-vous ? = *Di dove viene? Vengo da Roma.*
   Je viens de Rome.
   Di dov'è? – Sono di Roma. D'où êtes-vous ? – Je suis de Rome.

7. **Quando** *desidera andare a Vicenza?* Quand désirez-vous aller à
   Vicence ?
   Da quando sta qui? Depuis quand êtes-vous ici ?

LA NUMÉRATION

LES ADJECTIFS NUMÉRAUX CARDINAUX

28

A.		
0 uno	11 **u**ndici	
2 d**u**e	12 d**o**dici	
3 tre	13 tr**e**dici	
4 quattro	14 quatt**o**rdici	
5 cinque	15 qu**i**ndici	
6 s**e**i	16 s**e**dici	
7 sette	17 diciassette	
8 otto	18 diciotto	
9 nove	19 diciannove	
10 dieci	20 venti	

30 trenta
40 quaranta
50 cinquanta
60 sessanta
70 settanta
80 ottanta
90 novanta
100 cento

B. 21 ventuno; 22 ventidue; 23 ventitré, etc.
   31 trentuno; 32 trentadue, etc.
   41 quarantuno; 42 quarantadue, etc.
   101 centouno, etc.
   200 duecento.
   1 000 mille; 2 000 duemila, etc.
   un milione; due milioni, etc.
   un miliardo; due miliardi, etc.

Remarques :

1) – **Uno** prend la marque du féminin : *una lira*, une lire.

2) **Cento** est invariable.
Mille devient **mila** au pluriel.

3) *Il Quattrocento*, le xvᵉ siècle (c'est-à-dire les années 1400). *Il Cinquecento*, le xvIᵉ siècle, etc.

29

LES ADJECTIFS NUMÉRAUX ORDINAUX

A. 1º primo   11º undicesimo [è]
   2º secondo   12º dodicesimo
   3º terzo   13º tredicesimo
   4º quarto   14º quattordicesimo
   5º quinto   15º quindicesimo
   6º sesto   16º sedicesimo
   7º settimo   17º diciassettesimo
   8º ottavo   18º diciottesimo
   9º nono   19º diciannovesimo
  10º decimo   20º ventesimo

B. 21° ventun**e**simo
22° ventidu**e**simo
23° ventitre**e**simo
24° ventiquattr**e**simo, etc.
100° cent**e**simo ; 200° duecent**e**simo, etc.
1 000° mill**e**simo
1 000 000° milion**e**simo

Remarques :

1) Emploi des ordinaux dans les cas suivants où le français emploie les cardinaux : *Napoleone terzo*, Napoléon III ; *Pio dodicesimo*, Pie XII ; *Corso Vittorio Emanuele terzo*, avenue V.-E. III ; *Il capitolo quinto*, le chapitre chapitre V.

2) Les fractions : pour le dénominateur, employez les ordinaux : *i due terzi*, les deux tiers.

3) La moitié, *la miettà*. Demi, *mezzo*. Ex. : *una mezza mela*, une demi-pomme. *Mezzo* ne s'accorde que s'il est devant le nom. Ainsi : *sono le due e mezzo*, il est deux heures et demie ; *una mela e mezzo*, une pomme et demie.

4) Ne confondez pas : *la prima donna*, la jeune première, et : *prima di partire, ha voluto congedarsi*; avant de partir, il a voulu prendre congé.

LES DÉRIVÉS

30

• Double ; triple, etc.

Doppio, duplice;
triplo, triplice;
quadruplo, quadruplice;
quintuplo; sestuplo; decuplo; centuplo.

• Dizaine ; douzaine, etc.
Diecina (pluriel : *diecine*) ;
Dozzina; quindicina; ventina; trentina; paio, paire ; *centinaia; migliaio*, millier (pluriels irréguliers et féminins : *paia, centinaia, migliaia*).

Ex. : *Parecchie centinaia di carabinieri*, plusieurs centaines de carabiniers ;
migliaia di spettatori, des milliers de spectateurs.

LE TEMPS

L'HEURE

1) *Che ore sono?* Quelle heure est-il ? (*ore* est le pluriel de *ora*).
È l'una, il est une heure. *Sono le quarto*,Il est quatre heures.
Sono le otto e dieci, il est huit heures dix.
Sono le otto meno dieci,, il est huit heures moins dix.
Sono le otto e un quarto, e mezzo, il est huit heures un quart, et de-
mie (*mezzo* invariable après le nom, voyez § 29).
Mancano tre minuti alle cinque, il est cinq heures moins trois.

2) *È mezzogiorno*, il est midi. *È mezzanotte*, il est minuit.

3) *Alle due del mattino*, à deux heures du matin (*della mattina*)… *del
pomeriggio*… de l'après-midi (*della sera*).

LA DATE

• *Lunedì, martedì, mercoledì, giovedì, venerdì, sabato, domenica.*

• *Gennaio, febbraio, marzo, aprile, maggio, giugno, luglio, agosto, settembre, ottobre, novembre, dicembre.*

• *Che giorno è oggi?* Quel jour est-ce aujourd'hui ?
Oggi è il l° gennaio20… (il primo) *Domani sarà il 2 gennaio* (il due).
Ieri era il 31 dicembre.
Quanti ne abbiamo? Le combien sommes-nous ? *Oggi è l'otto.*
Aujourd'hui c'est le huit.
Che giorno è oggi? Oggi è domenica.

• Hier, aujourd'hui, demain.
ieri, ieri mattina, ieri sera. Oggi, stamattina, ce matin, *stasera*, ce soir,
stanotte, cette nuit. *Domani, domani mattina, domani sera, dopodomani*, après-demain ; *l'indomani*, le lendemain. *Ora*, maintenant ;
adesso, tout de suite ; *dopo, poi*, ensuite ; *subito*, tout de suite. *Or
ora*, tout à l'heure, sur-le-champ.
    Ex. : *Sono arrivato or ora*, je suis arrivé tout à l'heure.
    Or ora peut traduire **venir de** : *ho mangiato or ora = ho appena
    mangiato*, je viens de manger.

LA DURÉE

Due giorni fa, il y a deux jours (*fare,* faire) ; *otto giorni fa; due settimane fa,* il y a deux semaines.

Da tre mesi, depuis trois mois ; *dal primo febbraio,* depuis le premier février (voyez le § 37, n° 5), *dopo il primo febbraio,* après le premier février.

Fino a oggi, jusqu'à aujourd'hui ; *fin da ora, fin d'ora,* à partir de maintenant ; *fin da oggi, fin d'oggi,* à partir d'aujourd'hui, dès aujourd'hui. *Dalla settimana prossima,* à partir de la semaine prochaine.

Fra una settimana, tra una settimana, dans une semaine ; *tra otto giorni. Oggi ad otto,* d'aujourd'hui en huit ; *verrà fra una settimana,* il viendra dans une semaine.

Fra poco, sous peu ; *a fra poco,* à tout à l'heure.
In una settimana avrà terminato il suo lavoro, en une semaine il aura terminé son travail.

LE LIEU

TRADUCTION DE « Y »

34

Il y a deux manières : **ci** ou **vi** (forme plus rare).
    Ex. : *A Roma? Ci andiamo!* ou *Vi andiamo!* À Rome ? Nous y allons !
    Ci stiamo già = Vi stiamo già. Nous y sommes déjà.
    Ci vado = Vi vado. J'y vais.

TRADUCTION DE « IL Y A »

35

C'è (+ nom singulier) : *c'è molta gente,* il y a beaucoup de monde.
Ci sono (+ nom pluriel) : *ci sono molto chiese,* il y a beaucoup d'églises.
• Il y en a (nom singulier sous-entendu) = *ce n'è.*
Ex. : *C'è un libro; ce n'è uno.* Il y a un livre ; il y en a un.
• Il y en a (nom pluriel sous-entendu) = *ce ne sono.*
Ex. : *Ci sono libri; ce ne sono.*

ADVERBES ET PRÉPOSITIONS DE LIEU

Qui, qua, ici (endroit rapproché).

Lì, là, là (endroit éloigné).

Dov'*è l'ufficio? Su? Giù?* Où est le bureau ? En haut ? En bas ?
Dov'è la matita? Sulla tavola? Sotto la tavola? Où est le crayon ? Sur la table ? Sous la table ?

Di fronte *c'è una fabbrica*, en face il y a une usine. *Di fronte alla casa c'è una fabbrica,* en face de la maison il y a une usine.

Dinanzi*, c'è un giardino*, devant, il y a un jardin (= *Davanti, c'è…*). *Dinanzi alla nostra casa, c'è un giardino,* devant notre maison, il y a… (= *Davanti alla…*).

Dietro *c'è un cortile*, derrière, il y a une cour. *Dietro alla casa c'è un cortile,* derrière la maison, il y a… (= *Dietro la casa, c'è…*).

Sopra *ci sono le camere*, au-dessus, il y a les chambres. *Sull'ufficio ci sono le camere,* au-dessus du bureau, il y a…

Sotto *c'è la cantina*, dessous, il y a la cave. *Sotto l'ufficio c'è la cantina,* sous le bureau, il y a la cave.

Dietro, sopra, sotto se construisent avec la préposition *di* devant un pronom personnel : *dietro di noi,* derrière nous.

LES PRÉPOSITIONS

37

DI, DA

• ***Di*** exprime :

1) la possession
Questi libri sono di Paolo, ces livres sont à Paul.

2) la matière
È tutto d'argento, c'est tout en argent.

3) le lieu d'appartenance
Sono di Parigi, je suis de Paris.

4) italianismes
Viaggio di giorno, di notte, je voyage le jour, la nuit.
Di palo in frasca, du coq à l'âne.
Venire di corsa, venir en courant.
Di sfuggita, en passant.
Fare di testa propria, n'en faire qu'à sa tête.

• **Da** exprime :

1) l'agent, dans la conjugaison passive
La casa è stata costruita da noi. La maison a été construite par nous.

2) l'usage, la manière d'être
Una macchina da scrivere, une machine à écrire.

3) le lieu d'origine
Vengo da Roma, je viens de Rome.
Da dove viene? Esco dalla casa di mia zia. D'où venez-vous ?
– Je sors de chez ma tante.

On pourrait dire aussi : *di dove viene? Esco di casa. Si allontanano di casa*, ils s'éloignent de la maison.
Leonardo da Vinci, parce que Léonard était né à Vinci ;
Raffaello Sanzio da Urbino, parce que Raphaël était né à Urbino.
Mais *da* ne s'emploie que pour les hommes célèbres. Nous dirons : *Siamo di Urbino, di Vinci…*

4) la valeur
Desidero la cravatta da trenta euro. Je désire la cravate à 30 euros.
Ho pagato con un biglietto da cinquanta euro. J'ai payé avec un billet de 50 euros.

5) le temps
Da tre ore. Depuis trois heures. (Voyez § 33.)

AUTRES PRÉPOSITIONS

38

• **a** : *parlare a vanvera*, parler à tort et à travers.
a voce alta, à haute voix.
a bassa voce, à voix basse.
a galla, à flot.
a gara, à l'envie.
lampada a petrolio, lampe à pétrole.

• **con** : *parlare con coraggio*, parler courageusement.
con le buone, par la douceur.
con le cattive, par la force.

- **per** exprime le moyen : *per via aerea*, par avion.

la cause : *l'ho fatto per paura*, je l'ai fait par peur.

le mouvement : *partirò per Parigi*, je partirai pour Paris.

le temps : *non mangiai per tre giorni*, je suis resté trois jours sans manger.

la manière : *l'ho incontrato per caso*, je l'ai rencontré par hasard.

lo dico per scherzo, je plaisante, je le dis pour rire.

lo faccio per amore, je le fais par amour.

le but : *lavoro per vivere*, je travaille pour vivre.

- **in** exprime la matière : *una statua in terracotta*, une statue en terre cuite.

la manière : *vivere in pace*, vivre en paix.

vivere in povertà, vivre dans la pauvreté.

cadere in disgrazia, tomber en disgrâce.

le lieu : *abito in campagna*, j'habite à la campagne.

vado in campagna, je vais à la campagne.

le temps : *in un'ora*, en une heure (durée).

in primavera, au printemps.

ON, EN, C'EST… QUE

TRADUCTION DE « ON »

- « On » se traduit par **si**. *Si va in Italia per visitare i musei*, on va en Italie pour visiter les musées.

- En français on dit aussi bien : « On ne vend pas cher les livres de poche = Les livres de poche ne se vendent pas cher. »
En italien c'est, mot à mot, cette dernière manière qui traduit « on » : *Non si vendono cari i libri tascabili*.
Il en résulte que le complément direct français devient le sujet en italien et que le verbe doit s'accorder en conséquence.

• Cas d'un verbe réfléchi.

Soit le verbe *sentirsi*, se sentir. La troisième personne du singulier, à l'indicatif présent est : *si sente*. « On » ne peut se traduire par *si*, puisque ce pronom fait déjà partie du verbe *sentirsi*.

Ex. : On ne se sent pas bien d'avoir trop mangé.

Trois manières possibles :

a) **La gente** *non si sente bene quando ha mangiato troppo.*

b) **Uno** *non si sente bene…*

c) *Non ci si sente bene quando si è mangiato troppo. Ci* est ici impersonnel.

Rappel : avec *mi, ti, si, ci, vi*, on ne peut pas employer *avere* comme auxiliaire d'un temps composé.

TRADUCTION DE « EN »

40

Le pronom français « en » se traduit dans tous les cas par ***ne***.

De ces livres j'en ai trois. *Di questi libri ne ho tre.*

De Rome ? – J'en viens. *Da Roma? – Ne vengo.*

TRADUCTION DE « C'EST… QUE »

41

Le français utilise beaucoup « c'est… que ».

L'italien emploie la tournure équivalente : *è… che*. Mais elle n'est pas à conseiller.

   È lui che vedo, c'est lui que je vois.

   È a Roma che vado, c'est à Rome que je vais.

• Préférer toujours les phrases simples : *Vedo lui; vado a Roma.*

Employez ***proprio*** = vraiment, réellement. Dites :

   Vedo proprio lui; vado proprio a Roma.

   Proprio ieri ho visto questa persona, c'est hier que j'ai vu cette personne.

LA CONJUGAISON
VERBES RÉGULIERS

PARLARE, parler : *parlante, parlando, parlato*

Indicatif	Présent	Imparfait	Passé simple	Futur
io	parlo	parlavo	parlai	parlerò
tu	parli	parlavi	parlasti	parlerai
egli	parla	parlava	parlò	parlerà
noi	parliamo	parlavamo	parlammo	parleremo
voi	parlate	parlavate	parlaste	parlerete
essi	parlano	parlavano	parlarono	parleranno
che io	parli		parlassi	parlerei
che tu	parli		parlassi	parleresti
che egli	parli		parlasse	parlerebbe
che noi	parliamo		parlassimo	parleremmo
che voi	parliate		parlaste	parlereste
che essi	parlino		parlassero	parlerebbero

Subjonctif Présent		Imparfait	*Conditionnel* Présent

Observation : après l'infinitif, nous donnons : le sens en français, le participe présent, le gérondif, le participe passé.

43

REMARQUES

• Conservation du son de l'infinitif (verbes en *-care* ou *-gare*).
Exemples : *cercare*, chercher ; *cerchiamo*, nous cherchons, *cercherò*, je chercherai. *Pagare*, payer ; *paghi*, tu paies, *pagherò*, je paierai. D'où nécessité d'ajouter un *h* devant les terminaisons en *-e* ou *-i*.

• Lorsque le radical est terminé par *-ci*, *-gi*, *-sci* :
lanciare, lancer : *lanci*, *lancerò*, tu lances, je lancerai.
mangiare, manger : *mangi*, *mangerò*, tu manges, je mangerai.
strisciare, ramper : *strisci*, *striscerò*.

• Lorsque le radical est terminé par *-i* :
a) Conservation du *-i-* s'il est accentué à la 1re pers. du présent : *obliare*, oublier, fait *io oblio* ; donc *tu oblii*, tu oublies.
b) Chute du *-i-* s'il n'est pas accentué à la 1re pers. du présent : *variare*, varier, fait *io vario* ; donc *tu vari*.

CREDERE [é], croire : *credente, credendo, creduto*

	Présent	*Imparfait*	*Passé simple*	*Futur*
io	credo	credevo	credei (-etti)	crederò
tu	credi	credevi	credesti	crederai
egli	crede	credeva	credé (-ette)	crederà
noi	crediamo	credevamo	credemmo	crederemo
voi	credete	credevate	credeste	crederete
essi	credono	credevano	crederono (-ettero)	crederanno

che io	creda		credessi	crederei
che tu	creda		credessi	crederesti
che egli	creda		credesse	crederebbe
che noi	crediamo		credessimo	crederemmo
che voi	crediate		credeste	credereste
che essi	credano		credessero	crederebbero

Subjonctif	*Présent*		*Imparfait*	***Conditionnel*** *Présent*

REMARQUES

45

• Deux formes pour le passé simple (personnes 1, 3, 3) :
credei ou *credetti* ; *credé* ou *credette* ; *crederono* ou *credettero*.

• Modifications du son de l'infinitif, pour les verbes dont le radical est terminé en -*c*- ou -*g*-, devant les voyelles *o* ou *a*.

Exemples :

nascere, naître ; *nasco* ; *che nasca*, etc.
emergere [è], émerger : *emergo*, *emerga*, etc.

Pour les mêmes verbes : conservation du son de l'infinitif au participe passé (terminaison en -*uto*) : *piacere*, *piaciuto* ; *giacere*, *giaciuto*.

• L'infinitif est tantôt *sdrucciolo* (*credere*, *nascere*, *emergere*…) tantôt *piano* (*piacere*, *giacere*…). Voir § 1.

46

PARTIRE, partir : *partente, partendo, partito*

Indicatif	*Présent*	*Imparfait*	*Passé simple*	*Futur*
io	parto	partivo	partii	partirò
tu	parti	partivi	partisti	partirai
egli	parte	partiva	partì	partirà
noi	partiamo	partivamo	partimmo	partiremo
voi	partite	partivate	partiste	partirete
essi	partono	partivano	partirono	partiranno
che io	parta		partissi	partirei
che tu	parta		partissi	partiresti
che egli	parta		partisse	partirebbe
che noi	partiamo		partissimo	partiremmo
che voi	partiate		partiste	partireste
che essi	partano		partissero	partirebbero

Subjonctif	*Présent*		*Imparfait*	*Conditionnel*
				Présent

47

CAPIRE, comprendre (comme « partire », sauf les personnes ci-dessous)

Indicatif	*Présent*
io	capisco
tu	capisci
egli	capisce
essi	capiscono
che io	capisca
che tu	capisca
che egli	capisca
che essi	capiscano

48

REMARQUES

À la troisième conjugaison (en -ire) appartiennent deux classes de verbes :

• ceux qui suivent *partire* : ce sont les moins nombreux.

• ceux qui, comme *capire*, intercalent -*isc*- entre le radical et la terminaison aux trois personnes du singulier et à la troisième personne du pluriel, des présents de l'indicatif et du subjonctif.

ITALIEN DÉBUTANT

Nouvelle édition

par
Vittorio Fiocca

mise à jour par
Danièle Polard

Le Livre de Poche

© Librairie Générale Française, 1970 et 2002.

© Arnoldo Mondadori Editore S.p.A., Milano pour l'extrait de *Notturno*, de Gabriele D'Annunzio.

© Antonio Tabucchi, pour l'extrait de *I Volatili del Beato Angelico* publié par Sellerio Editore.

© Gaetano Campanile, pour l'extrait du *Manuale di conversazione* publié par Rizzoli.

Tous droits réservés.

ISBN : 978-2-253-08426-6 – 1ʳᵉ nouvelle édition revue et corrigée.
(ISBN 2-253-08095-0 – 1ʳᵉ publication LGF)

SOMMAIRE

Présentation.. 9

L'Italia è bella • L'Italie est belle 12

Come stà? • Comment allez-vous ? 16

Che cosa abbiamo? • Qu'est-ce que nous avons ? ... 20

Parla italiano? • Parlez-vous italien ? 24

Loro scrivano in italiano? •
Écrivez-vous en italien ? 28

Parte solo? • Partez-vous seul ? 32

Capisce l'italiano? • Vous comprenez l'italien ? 36

Perché non ci va? • Pourquoi n'y allez-vous pas ?.... 40

Che cosa fa? • Que faites-vous ? 44

Bisogna ch'io parta • Il faut que je parte 48

Contrôle et révisions 52

Devo, posso, so, voglio •
Je dois, je peux, je sais, je veux 54

Sedere, rimanere, vedere • S'asseoir, rester, voir ... 58

Venga via, esca! • Venez dehors, sortez 62

3

14 Che cosa mangeremo? • Que mangerons-nous ? 66

15 Se lo sapessi glielo dire! •
Si je le savais, je vous le dirais 70

16 La vita è bella • La vie est belle 74

17 Chiuse la porta • Il a fermé la porte 78

18 Che cosa desiderava? • Que désiriez-vous ? 84

19 Arrivederla, signore • Au revoir, monsieur 86

20 Che ore sono? • Quelle heure est-il ? 90

20 bis *Contrôle et révisions* 94

21 La fiamma brucia allegramente •
La flamme brûle allègrement 96

22 Agli esami di guida • Le permis de conduire 100

23 Vorrei che tu ti alzassi •
Je voudrais que tu te lèves 104

24 Dal tabaccaio • Au bureau de tabac 108

25 L'autostrada del Sole • L'autoroute du Soleil 112

26 La macchina • La voiture 116

27 Alla stazione di servizio • À la station-service 120

28 L'aereo • L'avion 124

29 Per prendere l'aereo • Pour prendre l'avion 128

30 Il treno • Le train 132

30 bis *Contrôle et révisions* 136

31 Prendiamo il treno • Nous prenons le train 138

La nave • Le navire 142

L'arrivo a bordo • L'arrivée à bord 146

Il passaporto • Le passeport 150

La dogana, il cambio • La douane, le change 154

L'albergo, la camera • L'hôtel, la chambre 158

Per prenotare una camera d'albergo •
Pour réserver une chambre d'hôtel 162

L'arrivo all'albergo • L'arrivée à l'hôtel 166

I pasti • Les repas 170

La prima colazione • Le petit déjeuner 174

Contrôle et révisions 178

Una rapida colazione • Un déjeuner rapide 180

Il pranzo • Le dîner 184

La circolazione in città • La circulation en ville 188

Per chiedere informazioni •
Pour demander son chemin 192

La banca, la posta • La banque, la poste 194

Alla banca • À la banque 200

Alla posta • À la poste 204

Il telefono • Le téléphone 208

Il medico • Le médecin 212

Dal medico e dal dentista •
Chez le médecin et chez le dentiste 216

Contrôle et révisions 220

51 I monumenti, i musei •
Les monuments, les musées 222

52 Al museo e alla cattedrale •
Au musée et à la cathédrale 226

53 A teatro • Au théâtre 230

54 Il Palio di Siena • Le Palio de Sienne 234

55 Formule di cortesia • Formules de politesse 238

56 Visita ad amici • Une visite à des amis 242

57 La campagna • La campagne 246

58 Escursioni • Excursions 250

59 Acquisto di regali • Achat de souvenirs 254

60 A zonzo, guardando le vetrine •
En flânant devant les devantures 258

60 bis *Contrôle et révisions* 262

61 Acquisti alimentari • Achats d'alimentation 264

62 Libri, carta, giornali • Livres, papier, journaux 268

63 Abbigliamento maschile • Vêtements d'homme 272

64 Abbigliamento femminile • Vêtements de femme 276

65 Le scarpe • Les chaussures 280

66 Dal parrucchiere • Chez le coiffeur 284

67 Pulizia • Propreté 288

68 La casa di campagna • La maison de campagne 292

69 L'appartamento • L'appartement 296

70 Alcuni amici vi prestano il loro appartamento •
Des amis vous prêtent leur appartement 300

La famiglia • La famille 304

Bambini a scuola • Enfants à l'école 308

Il corpo umano • Le corps humain 312

Che cosa vi piace leggere? • Qu'aimez-vous lire ? .. 316

Che cosa volete vedere? Che cosa volete sentire? •
Que voulez-vous voir ? Que voulez-vous entendre ? 320

Contrôle et révisions 324

Il Pian • Le Lambin (Umberto Fracchia) 326

Vecchia città • Vieille ville (Felice del Beccaro) 330

Tu ed io • Toi et moi (Vasco Pratolini) 334

Caso, padrone mio! •
Mon maître, le hasard (Giuseppe Marotta) 338

Le piccole cose •
Les petits riens (Stefano Benni)) 342

Quando mi chiamerai? •
Quand m'appelleras-tu ? (Mario Soldati) 346

Ho detto che non voglio... •
J'ai dit que je ne veux pas (Italo Calvino) 350

Il corvo di Mizzaro •
Le corbeau de Mizzaro (Luigi Pirandello) 354

Il corvo di Mizzaro •
Le corbeau de Mizzaro (suite) 358

Lettera di Calipso, ninfa, a Odisseao, re di Itaca •
Lettre de la nymphe Calypso à Ulysse,
roi d'Ithaque (Antonio Tabucchi) 362

Le bugie bisogna saperle dire •
Les mensonges, il faut savoir les dire
(Achille Campanile) 366

7

87 La fine del ballo •
La fin du bal (G. Tomasi di Lampedusa) 370

88 Come si faceva un film •
Comment on faisait un film (Pitigrilli) 374

89 Appellativi • Exclamations (Dino Buzzati) 376

90 Alcuni piatti italiani • Quelques plats italiens 378

Mémento grammatical 387

Table des matières du Mémento grammatical 445

Index grammatical 447

PRÉSENTATION

Plan de l'ouvrage
• **90 leçons réparties en 3 séries**
Leçons 1 à 25 : **éléments de base** (prononciation et grammaire).
Leçons 26 à 75 : **situation pratique** (vocabulaire nouveau).
Leçons 76 à 90 : **choix de textes** (langue des journaux, du théâtre et des romans).

• **7 leçons de révision**
(10 bis, 20 bis, 30 bis, 40 bis, 50 bis, 60 bis, 75 bis).
Exercices de contrôle.

• **Mémento grammatical**
(conjugaisons, verbes irréguliers, etc.).
Au total, 2 500 mots du vocabulaire le plus courant.

Comment utiliser ce livre
Les leçons 1 à 25 sont conçues pour des débutants qui devront en respecter la progression. Les lecteurs possédant déjà les bases de la langue peuvent revoir ces leçons plus rapidement.

Cadre de travail
Les leçons 1 à 75 comportent 4 pages :
• 1re page (gauche) : texte italien + prononciation des mots difficiles.
• 2e page (droite) : traduction du texte italien + explications de prononciation et, éventuellement, vocabulaire.

• 3e page (gauche) : éventuellement, explication de grammaire.

• 4e page (droite) : exercice + corrigé.

Pour les leçons 26 à 75, la 3e page comporte souvent, à la fois, l'explication de grammaire, l'exercice et son corrigé ; dans ce cas, la 4e page présente un texte d'illustration avec sa traduction.

Méthode de travail

• **lire** le texte italien en consultant la page de droite.

• **se reporter** au bas de la page de gauche pour la **prononciation** des mots signalés par un astérisque (*), ainsi qu'aux notes de la page de droite.

• **relire** le texte à la lumière des explications de **grammaire** (et éventuellement des renvois au Mémento).

• **apprendre** au fur et à mesure le **vocabulaire** nouveau de chaque leçon.

• **faire** les exercices pour contrôler les acquisitions.

• **réviser** en traduisant (par écrit ou oralement) du français en italien et vice versa le texte de chaque leçon et des exercices correspondants.

Comment bien prononcer l'italien

L'accentuation

En italien comme en français, tout mot de plus d'une syllabe présente une voyelle portant l'accent tonique ; les différences avec le français, de ce point de vue, sont les suivantes :

1) **L'accent tonique** est beaucoup **plus fort** en italien qu'en français.

2) **L'accent tonique,** en français, tombe toujours sur la dernière voyelle, le e muet final étant exclu par définition (exemple : parl**er**, je p**a**rle, nous parl**ons**) alors qu'en italien l'accent tonique peut tomber sur :

– **la dernière syllabe :** *parló*, il a parlé. Dans ce cas, la voyelle finale porte obligatoirement un accent écrit.

– **l'avant-dernière syllabe :** *parlo*, je parle.

– **la syllabe précédent l'avant-dernière syllabe** : *parlano*, ils parlent. De l'accent tonique correctement placé pourra naître le rythme, porteur à la fois de signification et d'agrément (voyez le Mémento § 1 et suivants).

Les sons

Les difficultés propres à l'italien sont présentées progressivement dans la *Méthode 90* afin que l'utilisateur puisse, dès la première leçon, lire à vitesse normale et faire naître, en lui, le rythme d'élocution indispensable au fonctionnement de la mémoire et à la compréhension de toute phrase entendue ou dite, lue ou écrite.

On lira avec beaucoup d'attention les explications données en page 2 de chaque leçon ou dans le Mémento (§ 1 et suivants). **Bien prononcer une langue vivante est à la portée de tout le monde.** Il convient essentiellement de considérer que, comme tout acte de vie, l'expression linguistique surgit de l'être – corps et esprit – et que le fonctionnement des organes de phonation (par exemple les muscles de la langue et ceux des lèvres) pour une langue nouvelle, à l'âge de raison, dépend, en particulier, d'une prise de conscience kinesthésique intime. L'homme moderne ne doit-il pas apprendre à se détendre, à se contrôler pour être plus heureux ?

L'ITALIA È BELLA

1 *Un uomo, *una donna, *due bambini.
L'uomo è italiano.
La donna *non è italiana.
I bambini non sono italiani.

2 Essi sono in Italia.
L'Italia è bella.
Il *sole è caldo.
L'italiano è *gentile.

3 *C'è un posto *vuoto.
È un posto vicino al bambino.
– C'è un posto?
– Sì, c'è un posto vicino al bambino.
– *Lei è italiano?
– Sì, sono italiano. E lei è italiana?
– No, non sono italiana, ma amo l'Italia.
– Lei è *molto gentile.

---

1. un uomo [**ou**-n ouòmo]; una donna [**ou**na dò-nna]; due bambini [do**u**é ba-mbini]; non [**nò**-n].
2. sole [s**ó**lé]; gentile [djé-ntilé].
3. c'è [tchè]; vuoto [vouòto]; lei [lèi]; molto [m**ó**lto].

IL PAESE DOVE IL SÌ SUONA.

L'ITALIE EST BELLE

1 Un homme, une femme, deux enfants. L'homme est italien. La femme n'est pas italienne. Les enfants ne sont pas italiens.

2 Ils sont en Italie. L'Italie est belle. Le soleil est chaud. L'Italien est gentil.

3 Il y a une place vide. C'est une place près de l'enfant. – Y a-t-il une place ? – Oui, il y a une place près de l'enfant. – Êtes-vous italien ? – Oui, je suis italien. Et vous, êtes-vous italienne ? – Non, je ne suis pas italienne, mais j'aime l'Italie. – Vous êtes très gentille.

Prononciation

● Lorsqu'un mot italien a plusieurs syllabes, l'une d'entre elles porte l'accent tonique et c'est généralement l'avant-dernière syllabe. C'est le cas de tous les mots de cette première leçon. Nous marquerons en caractère gras la voyelle tonique des mots de plus d'une syllabe.

● En italien, le son « u » du mot français « une » n'existe pas. La lettre *u* se prononce toujours [ou].

● Le *e* est tantôt ouvert (français « belle ») : *lei, c'è* ; tantôt fermé (français « été ») : *gentile, due*.

● Le *o* est tantôt ouHvert (français « comme ») : *uomo, donna*; tantôt fermé (français « autre ») : *sole, molto*.

● La lettre *c* devant « i » ou « e » se prononce toujours [tch]. Le groupe *gl* devant « i » ou « e » se prononce presque comme le « l » mouillé en français. Prononcez « lié » ; puis au lieu du son « é », prononcez « i » ; vous obtenez ce que nous écrirons [lyi] dans la prononciation figurée (page de gauche). C'est exactement ce que vous devez prononcer lorsque vous voyez écrit *gli*.

● Toutes les lettres se prononcent. Vous devrez prononcer clairement les deux « l » dans *bella* ; les deux « n » dans *donna*, les deux « s » dans *spesso*, etc. De même, séparez nettement le « a » du « m » dans *bambina*, le « e » du « n » dans *gentile*, etc.

LE PAYS OÙ LE « SI » RÉSONNE.

GRAMMAIRE

• Essere : être

> **io sono,** *je suis*
> **egli, ella è,** *il, elle est*
> **noi siamo,** *nous sommes*
> **essi, esse sono,** *ils, elles sont.*

Nous ne tutoierons pas pour l'instant. Mais dans le Mémento grammatical, vous trouverez le verbe **essere** aux six personnes (les trois du singulier et les trois du pluriel, avec les pronoms correspondants).

• Il bambino, i bambini, la bambina, le bambine

Le pluriel des noms et des adjectifs masculins est en **-i**.

Le pluriel des noms et des adjectifs féminins se terminant en **-a** est en **-e**.
Il bambino, i bambini. La bambina, le bambine.
Lorsque le féminin singulier est en **-e**, le féminin pluriel est en **-i**.
La donna è gentile, le donne sono gentili.

• L'italiano, gli italiani

De même qu'en français vous dites « le chêne » mais « l'arbre », « la chaise » mais « l'aiguille », en italien vous direz **il posto,** mais **l'uomo** ; **la bambina,** mais « l'**i**taliana ».
En français, au pluriel, vous direz « les » dans tous les cas. En revanche, vous direz en italien :
– au masculin pluriel, **i bambini,** mais, **gli i**taliani (parce que le mot **italiani** commence par une voyelle).
– au féminin pluriel, **le bambine** et **le italiane.**

• Vicino al bambino, nel bus

Vicino a signifie « près de » (remarquez la différence des prépositions : **a** en italien, « de » en français). **Al** est mis pour « **a il** ». Comparez en français : je vais au bois (au = à le). De même **nel bus, nel** = « **in il** ».

• Lei è italiano?

Pour s'adresser à une personne que l'on vouvoierait en français (par exemple un monsieur que l'on ne connaît pas et à qui l'on demanderait : « Êtes-vous italien ? »), il faut employer **lei** et le verbe à la troisième personne du singulier. Au féminin : **lei è italiana,** vous êtes italienne ; quand on s'adresse à plusieurs personnes : **loro sono italiani** (masc.), **loro sono italiane** (fém.).

EXERCICE

Traduisez en italien :
1. Les dames sont belles et gentilles.
2. Les enfants sont beaux et gentils.
3. Ils sont italiens.
4. Les dames ne sont pas italiennes.
5. Dans le bus il y a une dame près de l'enfant.
6. Y a-t-il un Italien dans le bus ?
7. Vous n'êtes pas italienne ?
8. Si, je suis italienne, mais je ne suis pas souvent en Italie.
9. Il y a un Italien.
10. Y a-t-il un enfant ?
11. Est-ce qu'il y a une place ?

CORRIGÉ

1. Le signore sono belle e gentili.
2. I bambini sono belli e gentili.
3. Sono italiani.
4. Le signore non sono italiane.
5. Nel bus c'è una signora vicino al bambino.
6. C'è un Italiano nel bus?
7. Non è italiana?
8. Sì, sono italiana, ma non sono spesso in Italia.
9. C'è un Italiano.
10. C'è un bambino?
11. C'è un posto?

COME STA?

1 – Buon *giorno. Come sta?
 – Sto *molto bene. *Grazie. E lei?
 – Io non sto molto bene, *oggi.

2 – I bambini, dove sono?
 – Sono da una *zia a Napoli.
 – Sono *contenti?
 – Sì, sono molto contenti.

3 – *Giuseppe è in casa?
 – *No, non c'è. È a *scuola.
 – E Aldo e Giovanna, ci sono?
 – No, non ci sono, sono *fuori.
 – Bene, *arrivederci.

Vocabulaire

Arrivederci, au revoir (mot à mot : à nous revoir).

1. giorno [djóĮno]; molto bene [mólto bèné]; grazie [gĮatcié]; oggi [òdji].
2. zia [tcìa]; contenti [co-ntè-nti].
3. Giuseppe [Djouzèp-pè]; no [nò]; scuola [scouòla]; fuori [fouòĮi]; arrivederci [aĮĮivédéĮtchi].

IL BUON GIORNO SI VEDE DAL MATTINO.

16

COMMENT ALLEZ-VOUS ?

1 – Bonjour. Comment allez-vous ? – Je vais très bien. Merci. Et vous ? – Je ne vais pas très bien aujourd'hui.

2 – Les enfants, où sont-ils ? – Ils sont chez une tante à Naples. – Sont-ils contents ? – Oui, ils sont très contents.

3 – Joseph est-il à la maison ? – Non, il n'y est pas. Il est à l'école. – Et Aldo et Jeanne sont là ? – Non, ils n'y sont pas ; ils sont dehors. – Bien, au revoir.

Prononciation

• Le *r* italien est roulé du bout de la langue comme on le fait encore dans certaines régions de France. Vous parviendrez progressivement à une prononciation correcte en pensant à un « l » chaque fois que vous verrez écrit un « r ». C'est en effet à la partie avant de la langue que s'articule le « l ». C'est la raison pour laquelle nous représentons le son de *r* par [!] dans la prononciation figurée (page ci-contre).

• Nous avons vu que *c*è se prononce [tchè]. Aujourd'hui rappelez-vous que « z » se prononce [tç] et que *ge, gio, giu* par exemple se prononce [dje], [djo], [djou].

• En français nous prononçons différemment « rose » et « rosse ». En italien cette distinction phonétique existe aussi : par exemple, bien distinguer la prononciation de *roso*, rongé, de celle de *rosso*, rouge.

• Prenez bien garde de séparer la voyelle du *n* dans *non, contenti*, de bien prononcer [ou] dans *tutti, scuola, fuori*.
Napoli. L'accent tonique tombe dans ce mot sur la 3e syllabe avant la fin. Prenez une impulsion sur la syllabe « na » et prononcez le reste du mot d'une manière plus rapide.

BON DÉBUT PROMET BONNE FIN
(m. à m. : le bon jour se voit dès le matin).

GRAMMAIRE

• **Stare**

> **io sto**
> **egli, ella sta**
> **noi stiamo**
> **essi, esse stanno**

Le verbe **stare** a plusieurs sens : *être, se trouver…* Suivi des adverbes **bene, male,** il indique l'état de santé :

Come sta lei? *Comment allez-vous ?*

• **Emploi idiomatique de c'è, pluriel ci sono**
  C'è un posto. *Il y a une place.*
  Ci sono posti. *Il y a des places.*

• La forme négative s'exprime par **non** placé devant le verbe :
  Sono contento. Non sono contento.
  Je suis content. Je ne suis pas content.

  Ci sono posti. Non ci sono posti.
  Il y a des places. Il n'y a pas de places.

Remarquez que dans la dernière phrase, « pas de » ne se traduit pas.

• **A casa,** *à la maison* **;** le mot **casa** veut dire *maison.*
  Sto a casa, *je suis à la maison, chez moi.*

• **Arrivederci**
  Rivedere, *revoir ;* **ci** est le pronom complément « nous ».

Constatez que le pronom se place après l'infinitif et se soude à lui, contrairement au français.

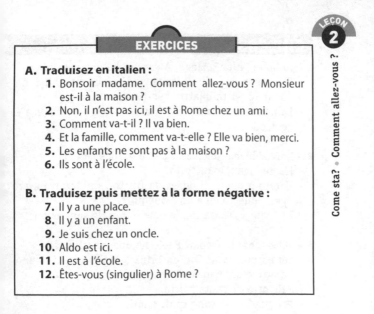

EXERCICES

A. Traduisez en italien :

1. Bonsoir madame. Comment allez-vous ? Monsieur est-il à la maison ?
2. Non, il n'est pas ici, il est à Rome chez un ami.
3. Comment va-t-il ? Il va bien.
4. Et la famille, comment va-t-elle ? Elle va bien, merci.
5. Les enfants ne sont pas à la maison ?
6. Ils sont à l'école.

B. Traduisez puis mettez à la forme négative :

7. Il y a une place.
8. Il y a un enfant.
9. Je suis chez un oncle.
10. Aldo est ici.
11. Il est à l'école.
12. Êtes-vous (singulier) à Rome ?

CORRIGÉS

A.
1. Buona sera signora. Come sta? Il signore è in casa?
2. No, non c'è, è a Roma da un amico.
3. Come sta? Sta bene.
4. E la famiglia come sta? Sta bene, grazie.
5. I bambini, non sono in casa?
6. Sono a scuola.

B.
7. C'è un posto. 8. C'è un bambino. 9. Io sono da uno zio.
10. Aldo è qui. 11. È a scuola. 12. Lei è a Roma?

7. Non c'è un posto. 8. Non c'è un bambino. 9. Io non sono da uno zio. 10. Aldo non è qui. 11. Non è a scuola.
12. Lei non è a Roma?

CHE COSA ABBIAMO?

1 – Io ho un' Alfa Romeo. *Anche lei ha una macchina?
   – Sì, è una macchina italiana. La mia macchina ha
     *quattro posti, quattro *portiere.
   – La mia è una macchina *francese. Non è veloce ma è
     *comoda.

2 – Noi *abbiamo una casa. È una grande casa.
   – Ha due piani e un *orto.
   – L'*orto è pieno di alberi da frutto : un *arancio, un
     *pero, due *meli e un *ciliegio.
   – Le *ciliege, le arance, le pere e le mele sono buone.

3 – *Che *cosa ha Paolo? Paolo ha una macchina?
   – Lei ha una casa? Con un orto? I *nostri amici hanno
     un orto e un giardino.
   – Nell' orto c'è tanta frutta.
   – Nel giardino ci sono tanti *fiori.

Vocabulaire

Le ciliege, le arance, le pere, le mele font au singulier : *la ciliegia, l'arancia, la pera, la mela.*
La porta, la porte ; *la portiera,* la portière ; *il portone,* la porte cochère ; *il portale,* le portail (d'église, etc.).

1. macchina [makina]; anche [a-nké]; quattro [couattlo]; portiere [poltiélè]; francese [flantchézé]; [còmoda].
2. abbiamo (doublement du « b »); arancio [ala-ntcho]; orto
[òlto]; pero [pélo]; melo [mélo]; ciliegio [tchilièdjo].
3. Che cosa [ké]; nostri [nòstli]; fiori [fiólli].

IL BENE NON È MAI TROPPO.

QU'EST-CE QUE NOUS AVONS ?

3

1 – *Moi, j'ai une Alfa Romeo. Vous aussi vous avez une voiture ? – Oui, c'est une voiture italienne. – Ma voiture a quatre places, quatre portières. – La mienne est une voiture française. Elle n'est pas rapide, mais elle est confortable.*

2 – *Nous, nous avons une maison. – C'est une grande maison. – Elle a deux étages et un jardin potager. – Le jardin potager est plein d'arbres fruitiers : un oranger, un poirier, deux pommiers et un cerisier. – Les cerises, les oranges, les poires et les pommes sont bonnes.*

3 – *Qu'est-ce qu'a Paul ? Paul a-t-il une voiture ? – Vous avez une maison ? Avec un jardin potager ? – Nos amis ont un potager et un jardin. Dans le potager il y a beaucoup de fruits. – Dans le jardin il y a beaucoup de fleurs.*

Prononciation

● *Che, anche :* le *ch* se prononce comme un « k »; nous le représentons [k].
● La lettre *h* ne se prononce pas.

Remarque importante :
Nous avons vu (page 13) que l'italien connaît un *e* fermé (comme le français « et »), un *e* ouvert (« est »), un *o* fermé (« sot »), un *o* ouvert (« sotte »). Cette distinction est juste, en ce qui concerne le *e* et le *o* toniques. Les *e* et *o* atones (c'est-à-dire qui ne sont pas sous l'accent tonique) ont un son moyen, entre fermé et ouvert. Inutile donc de figurer la prononciation des *e* et *o* atones.
Nous continuerons à figurer la fermeture par l'accent aigu [é], [ó], l'ouverture par l'accent grave [è], [ò] des seuls *e* et *o* toniques ; nous n'aurons pas besoin, dans ce cas, d'utiliser le caractère gras, sauf si, par exemple, la présence de deux *e* ou de deux *o* risquait de vous faire hésiter (cas de *inter**è**sse, emozi**ó**ne*).

ABONDANCE DE BIENS NE NUIT PAS
(m. à m. : le bien n'est jamais de trop).

L'ouverture ou la fermeture restera longtemps un problème pour vous (il l'est aussi pour les Italiens, d'ailleurs !). Car, comment un francophone formé à des habitudes constantes d'orthographe peut-il deviner, en lisant, que les *e* toniques de *stesso, freddo, questo* sont fermés ? Nous n'hésiterons pas à nous répéter, pour vous aider à établir vos habitudes. D'autre part, nous ne ferons mention que des mots recevant un traitement identique à Rome et à Florence : par exemple *uomo, giorno* prononcés [uòmo], [gióļno] dans ces deux villes.

Pour certains mots, en effet, le *e* ou le *o* est ouvert à Rome mais fermé à Florence et vice versa pour d'autres mots. Nous ne signalerons donc pas ces cas.

N.B. : dans les groupes *uo, ie*, le « o » et le « e » sont toujours ouverts. Ex. : *ieri* [ièļi].

GRAMMAIRE

• **Verbe avere**

> **io ho**
> **lei, egli, ella ha**
> **noi abbiamo**
> **loro, essi, esse hanno.**

• Notez au masc. sing. : un amico – un giardino, et au fém. sing. : un' Alfa Romeo – una ma**c**china.

• **Un amico, amici**

La prononciation de la dernière syllabe change au pluriel [amitchi], mais en règle générale, les mots en **-co** dont l'accent tonique tombe sur l'avant-dernière syllabe font leur pluriel en **-chi** [ki].

ex : **parco** [parko], **parchi** [parki] avec maintien de la même prononciation au sing. et au plur.

Au féminin, les mots en **-ca** [ka] font leur pluriel en **-che** [ke] et gardent leur prononciation.

ex. : **un amica, delle amiche** [ke].

• Un a**l**bero **da** frutta. La préposition **da** indique l'usage. De même on dira carta da le**t**tere, *du papier à lettre.*

Vous connaissez déjà un autre sens de la préposition **da** : chez. **Sono da uno zio a Napoli.** *Je suis (ils sont) chez un oncle à Naples.*

• **Io sono contento; sono contento**

Vous pouvez toujours supprimer le pronom sujet devant un verbe chaque fois que le sens est clair.

Par exemple : **sono contento,** *je suis content* ; **sono contenti,** *ils sont contents…* ou bien : **sono contenta,** *je suis contente* ; **sono contente,** *elles sont contentes.*

Mais **sono a Parigi,** *je suis à Paris,* ou : *ils (ou elles) sont à Paris.*
Si le contexte ne permet pas de préciser, il faudra donc employer le pronom sujet **io, essi, esse…**

On fera de même pour insister : **Noi siamo a Parigi.** *Nous, nous sommes à Paris.*

EXERCICE

Traduisez en italien :

1. Aldo a-t-il une maison ? **2.** Est-ce une grande maison ? **3.** Comment est-elle ? **4.** Est-ce une maison avec un jardin ? **5.** Aldo n'a pas de maison. **6.** Les amis d'Aldo ont une grande maison. **7.** Elle est belle. **8.** Elle a un jardin et un potager. **9.** Il y a quatre orangers. **10.** Les amis d'Aldo sont très contents d'avoir des orangers. **11.** Le jardin a beaucoup de fleurs. **12.** Françoise a une âme gentille : elle aime les fleurs et travaille souvent parmi les fleurs. **13.** Et vous ? Avez-vous aussi un jardin ? **14.** Non, nous n'avons pas de jardin. **15.** Mais nous, nous avons une voiture. **16.** Les amis d'Aldo n'ont pas de voiture.

CORRIGÉ

1. Aldo ha una casa? **2.** È una casa grande? **3.** Com'è? **4.** È una casa con un giardino? **5.** Aldo non ha una casa. **6.** Gli amici di Aldo hanno una casa grande. **7.** È bella. **8.** Ha un giardino e un orto. **9.** Ci sono quattro aranci. **10.** Gli amici di Aldo sono contentissimi di avere degli aranci. **11.** Il giardino ha molti fiori. **12.** Francesca ha un animo gentile : ama i fiori e lavora spesso tra i fiori. **13.** E loro? Hanno pure un giardino? **14.** No, noi non abbiamo un giardino. **15.** Ma noi abbiamo una macchina. **16.** Gli amici di Aldo non hanno macchina.

PARLA ITALIANO?

1 – Desidera *imparare l'italiano?
– Sì, desidero imparare l'italiano.
– Anche il mio amico desidera imparare l'italiano.
– Il suo amico non parla italiano?
– Lo parla *molto *poco.
– E la sua amica?
– No, lei parla *benissimo l'italiano.

2 – *Con chi parla italiano?
– Lo parlo con i *miei amici italiani.
– Di che cosa parla con *loro?
– Con loro parlo del più e del *meno.
– Parla anche di *letteratura?
– No, parliamo di pittura.
– Le piace la pittura?
– Sì, la pittura, la scultura e la musica.

3 – Con chi parla Maria in italiano?
– Maria parla con le sue amiche.
– Maria *insegna l'italiano alle sue amiche?
– No, le sue amiche parlano benissimo l'italiano.

Vocabulaire

Chi è Paolo? Qui est Paul ? *Chi è?* Qui est-ce ?
Che cosa è? Qu'est-ce ? *Che cosa c'è?* Qu'est-ce qu'il y a ?

1. imparare [i-mpaḷaḷé]; [mólto]; [pòco]; benissimo (double-ment du s).
2. con chi [có-n ki]; miei [mièi]; loro [lóḷo]; meno [méno]; let-teratura (doublement du t).
3. insegna [i-nségna].

SBAGLIANDO S'IMPARA.

PARLEZ-VOUS ITALIEN ?

1 – *Désirez-vous apprendre l'italien ? – Oui, je désire apprendre l'italien. – Mon ami aussi désire apprendre l'italien. – Votre ami ne parle-t-il pas italien ? – Il le parle très peu. – Et votre amie ? – Non, elle parle très bien l'italien.*

2 – *Avec qui parlez-vous italien ? – Je le parle avec mes amis italiens. – De quoi parlez-vous avec eux ? – Avec eux je parle de choses et d'autres (m. à m. : du plus et du moins). – Parlez-vous de littérature aussi ? – Non, nous parlons de peinture. – Aimez-vous la peinture ? – Oui, la peinture, la sculpture et la musique.*

3 – *À qui parle Marie en italien ? – Marie parle avec ses amies. – Marie enseigne l'italien à ses amies ? – Non, ses amies parlent très bien l'italien.*

Prononciation

● *Desidero, imparo*. Prenez garde : dans *desidero* l'accent tonique tombe sur *i* (3ᵉ syllabe avant la fin) ; dans *imparo* il tombe sur a (avant-dernière syllabe.)

● *Benissimo, letteratura, pittura* : n'oubliez pas le doublement du s, du t.

● En faisant l'effort de doubler le « t » de « letteratura », ne déplacez pas l'accent tonique : c'est le « u » qui est accentué.

● *Chi, amiche* : le « ch » se prononce comme un « k », ainsi que nous le représentons entre crochets, au bas de la page ci-contre.

● Chaque fois que vous lisez un mot italien, imposez-vous de mettre correctement l'accent tonique. Nous indiquons, à dessein, en caractères gras la voyelle tonique de chaque mot de deux syllabes et plus, dans la première page de chaque leçon. C'est à dessein aussi que nous employons le moins possible le caractère gras dans les trois autres pages de chaque leçon. Vous devez alors retrouver dans votre mémoire le rythme propre à chaque mot.

C'EST EN FORGEANT QU'ON DEVIENT FORGERON
(m. à m. : en se trompant, on apprend).

• Verbe **parlare**

> **io parlo**
> **egli, essa parla**
> **noi parliamo**
> **essi, esse parlano**

> **Attention :** « **pa**rlano » est *sdrucciolo* (voyez pages 8 et 9, et Mémento § 1). Nous venons de signaler au paragraphe « Prononciation » la différence d'accentuation tonique entre certaines formes des verbes *desiderare* et *imparare*. Comparons les formes de ces deux verbes au présent de l'indicatif :

> | | |
> |---|---|
> | **desidero** | **imparo** |
> | **desidera** | **impara** |
> | **desideriamo** | **impariamo** |
> | **desiderano** | **imparano** |

Seul l'usage permet de se familiariser avec cette différence de traitement. Remarquez qu'à la 3ᵉ personne du pluriel, **desiderano** est accentué sur la 4ᵉ syllabe avant la fin (mot **bisdrucciolo** ; voyez le Mémento). L'infinitif des verbes en -are est toujours accentué sur le *-a-* de la terminaison.

• L'emploi ou le non-emploi des pronoms sujets deviendra vite spontané. Voici un cas où sans hésiter vous emploierez les pronoms sujets :
Lei non parla italiano, ma io parlo italiano.
Vous ne parlez pas italien mais moi je parle italien.

• **Lei parla; loro parlano,** *vous parlez.* (Voyez pages 12-13).
Le pronom **lei** s'emploie si on s'adresse à une seule personne.

Le pronom **loro** s'emploie si on s'adresse à plusieurs personnes que l'on vouvoierait individuellement.

> **Attention :** *loro* veut dire aussi : eux. *Con loro* : avec eux. (Le contexte évite toute confusion.)

• **Il mio professore,** *mon professeur.*
On emploie l'article défini devant l'adjectif possessif (on le fait en français seulement devant le pronom possessif « le mien »…).

il mio professore	**i miei professori**
il suo professore	**i suoi professori**

Cependant pas d'article devant un nom de parenté singulier : **mio padre, mia madre; mio fratello,** *mon frère* ; **mia sorella,** *ma sœur.*

• Le piace la pittura

Attention à cette construction : le verbe *piacere* a pour sujet « la peinture » et pour complément la personne à qui la peinture plaît. La construction française si courante : « vous aimez la peinture », dans laquelle « vous » est sujet et « la peinture » complément, se rendra donc, en italien, mot à mot : « vous plaît la peinture », dans laquelle « vous » est complément et « la peinture » sujet. Nous reviendrons sur le verbe *piacere* à la leçon suivante.

EXERCICE

Traduisez en italien :
1. Qui parle italien ? **2.** À qui parlez-vous ? **3.** De quoi parlez-vous ? **4.** Avec qui parlent-ils ? **5.** Eux ne parlent pas italien. **6.** Vous (messieurs) vous parlez italien. **7.** Mes amis parlent aussi italien. **8.** Ils parlent très bien. **9.** Ma sœur désire parler italien avec eux. **10.** Elle parle avec ses amis et aussi avec sa mère. **11.** Qui enseigne l'italien à votre sœur, monsieur ? **12.** C'est très utile de bien parler l'italien. **13.** Je parle avec beaucoup de plaisir à mes amis qui parlent très bien.

CORRIGÉ

1. Chi parla italiano? **2.** A chi parla? **3.** Di che cosa parla? **4.** Con chi parlano loro? **5.** Loro non parlano italiano. **6.** Loro (signori) parlano italiano. **7.** Anche i miei amici parlano italiano. **8.** Parlano molto bene. **9.** Mia sorella desidera parlare italiano con loro. **10.** Lei parla con i suoi amici e anche con sua madre. **11.** Chi insegna l'italiano a sua sorella, signore? **12.** È molto **u**tile parlare bene italiano. **13.** Io parlo con molto piacere ai miei amici che parlano molto bene.

LORO SCRIVONO IN ITALIANO?

1 – Sì, *noi parliamo, scriviamo e *leggiamo in italiano.
– *Pensano anche in italiano?
– Non *sempre. E loro pensano, *leggono e scrivono in italiano?
– Sì, quando siamo stanchi di parlare, leggiamo un libro o un giornale; e, prima *della *colazione, scriviamo.
– Io scrivo molte lettere ai miei *genitori.

2 – Anche a *me piace scrivere le lettere. E a lei piace scrivere?
– A me piace scrivere, ma a *Francesco non piace scrivere.
– No, a Francesco piace leggere libri di *storia e geografia.

3 – Parliamo *molto *spesso con i *nostri amici in italiano.
– Ci piace parlare con loro.
– Io non parlo molto, non mi piace parlare.
– Impariamo l'italiano a *poco a poco, *ogni *giorno.
– Le piace l'italiano?
– A me piace molto. Scrivo ogni giorno qualche frase.

Vocabulaire

« Apprendre » en français a aussi le sens d'enseigner. En italien on distingue bien *insegnare*, enseigner ; *imparare*, apprendre.

1. [nói]; [pènsano]; [sèmple]; [lèggono]; leggiamo [leddjamo]; colazione [colatcióné]; genitori [djénitóli].
2. [mé]; Francesco [flantchésco]; storia [stòlia].
3. [mólto]; [spésso] (doublement); nostri [nòstli]; [pòco]; [ógni]; giorno [djólno].

LE PAROLE VOLANO, GLI SCRITTI RESTANO.

ÉCRIVEZ-VOUS EN ITALIEN ?

1 – Oui, nous parlons, nous écrivons et nous lisons en italien.
– Pensez-vous aussi en italien ? – Pas toujours. Et vous,
vous pensez, vous lisez et vous écrivez en italien ? – Oui,
quand nous sommes fatigués de parler, nous lisons un
livre ou un journal ; et, avant de déjeuner, nous écrivons.
– Moi, j'écris beaucoup de lettres à mes parents.

2 – J'aime aussi écrire des lettres. Et vous, vous aimez
écrire ? – J'aime écrire, mais François n'aime pas écrire.
– Non, François aime lire des livres d'histoire et de
géographie.

3 – Nous parlons très souvent avec nos amis en italien.
– Nous aimons parler avec eux. – Moi, je ne parle pas
beaucoup, je n'aime pas parler. – Nous apprenons l'italien
peu à peu, chaque jour. – Aimez-vous l'italien ? – Je
l'aime beaucoup. J'écris quelques phrases chaque jour.

Prononciation

Vous savez prononcer *genitori, giornale*, dans ce dernier mot le
i après le *g* a un rôle comparable au « e » français après un « g »
devant « a, o, u » ; ainsi : nous mangeons, en italien *mangiamo*.
Dans *leggere* faites entendre la double consonne. Vous remarquerez ci-après *io leggo leg-go*, le son [dj] de l'infinitif n'est pas
conservé.

Remarque importante :
L'orthographe italienne marque un accent sur la voyelle tonique
lorsqu'elle est à la fin d'un mot : *città, più*, etc. (Voyez le Mémento).
Dans les autres cas le mot est *piano* ou *sdrucciolo*. Nous emploie-
rons désormais le caractère gras uniquement pour les mots
sdruccioli (sauf cas délicats ; par exemple : *compagnia*). Continuez
toujours à prendre appui sur les voyelles toniques, à l'exclusion
de toute autre, pour communiquer à la phrase son rythme exact.
N'hésitez pas à souligner d'un trait de crayon la voyelle accentuée,
si vous constatez que ce procédé visuel vous aide.

LES MOTS S'ENVOLENT, LES ÉCRITS RESTENT.

• **Verbes leggere et scrivere**

Ces infinitifs sont des mots **sdruccioli** [lɛdʒeɾe] [scɾiveɾe]

leggo	scrivo
legge	scrive
leggiamo	scriviamo
leggono	scrivono

La 3ᵉ personne du pluriel est toujours **sdrucciola** (Comparez avec : **parlano**, à la leçon précédente).

• **A me piace** leggere = **mi piace** leggere ; *j'aime lire* (m. à m. : lire me plaît).

Rappel : en français celui qui aime est sujet du verbe « aimer », tandis qu'en italien il est complément indirect du verbe **piacere**. Il faut donc penser que **piacere** veut dire « *plaire* ».

Servons-nous de cette construction pour apprendre les pronoms personnels compléments.

A me piace leggere	=	**Mi piace leggere**
(à moi plaît lire)		*(me plaît lire)*
A lui »	=	**Gli** "
(à lui)		
A lei »	=	**Le** "
(à elle)		
A lei »	=	**Le** "
(à vous, singulier)		
A noi »	=	**Ci** "
(à nous)		
A loro »	=	**Piace loro leggere**
(à eux, elles)		
A loro »	=	"
(à vous, pluriel de vouvoiement)		

Vous remarquerez qu'à chaque pronom complément indirect simple correspond un pronom complément précédé de **a**.

De plus, **loro** se place toujours après le verbe.

• **Ogni giorno, ogni settimana,** *chaque jour, chaque semaine. Ogni* est invariable et suivi d'un nom singulier.

• **Qualche amico, qualche frase,** *quelques amis, quelques phrases.* **Qualche** est invariable et suivi du singulier mais il a un sens pluriel.

On pourrait aussi employer l'adjectif **alcuni**, masc. plur., ou **alcune**, fém. plur. : **Alcuni amici, alcune frasi.**

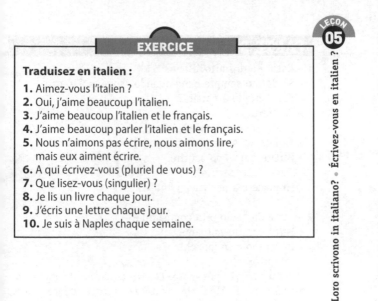

EXERCICE

Traduisez en italien :

1. Aimez-vous l'italien ?
2. Oui, j'aime beaucoup l'italien.
3. J'aime beaucoup l'italien et le français.
4. J'aime beaucoup parler l'italien et le français.
5. Nous n'aimons pas écrire, nous aimons lire,
   mais eux aiment écrire.
6. A qui écrivez-vous (pluriel de vous) ?
7. Que lisez-vous (singulier) ?
8. Je lis un livre chaque jour.
9. J'écris une lettre chaque jour.
10. Je suis à Naples chaque semaine.

CORRIGÉ

1. A lei piace l'italiano?
2. Sì, mi piace molto l'italiano.
3. Mi piacciono molto l'italiano e il francese.
4. Mi piace molto parlare italiano e francese.
5. A noi non piace scrivere, ci piace leggere,
   ma a loro piace scrivere.
6. Loro, a chi scrivono?
7. Lei che legge?
8. Io leggo ogni giorno un libro.
9. Io scrivo ogni giorno una lettera.
10. Sono a Napoli ogni settimana.

PARTE SOLO?

1 – Come ha dormito? Bene?
 – Sì, dormo sempre bene quando *sono a *Firenze.
 – Sua *sorella è partita?
 – Sì, *ieri.
 – E lei, *quando parte?
 – *Adesso. *Avverto i miei amici e i miei genitori.
 – Partire è un *po' morire.
 – A lei piace partire?
 – Mi piace ma per viaggi *brevi.

2 – Parte da *solo o in compagnia?
 – Parto con un mio amico.
 – In *treno o in macchina?
 – In *piroscafo.
 – Buon viaggio per mare. Lo *scorso anno ho fatto un viaggio sulle Alpi. Ho avuto la fortuna d'incontrare molti compagni simpatici. Abbiamo fatto molte gite in montagna. Siamo saliti sulle cime più vicine. Dalle alture abbiamo ammirato uno *splendido panorama.

3 Giovanni ha seguito dei *corsi d'italiano. Anch'io li ho seguiti. Li ho seguiti con *interesse e sono stato lodato. Il *professore ha spiegato le prime *lezioni. Le ha spiegate con molti esempi e ha parlato di tante cose.

---

1. [bèné]; dormo [dò|mo]; sóno; Firenze [fi|éntcé]; sorella [so|èlla] (doublement); ieri [iè|i]; quando [coua-ndo]; [adèsso] (doublement); avverto [avvè|to] (doublement), infinitif [avvér-ti**r**e]; pò; brevi [b|èvi].
2. [so|o]; treno [t|èno]; piroscafo [pi|òscafo]; scorso [scó|so]; [splèndido].
3. corsi [có|si]; interesse [inte|èsse]; professore [p|ofessó|e] (doublement); lezioni [letció|ni].